유럽을 만든 사람들

【일러두기】

1. 유럽국들이 민족과 국가 명칭은 물론이고 인명과 지명에서 같은 어원을 놓고 서로 다른 언어를 사용해 전혀 달라 보이기 때문에 정확한 이해를 위해 나라별로 표기와 발음을 언급하되 해당국의 언어를 주로 사용했다.
2. 중양이라는 용어가 자주 등장한다. 동쪽의 동양과 서쪽의 서양 사이에 있는 지중해-중동을 가리킨다.

일생에
한번은
역사에
미쳐라

유럽을 만든 사람들

현경병 지음

무한

차례

제2편 중세 유럽

제3편 근대 유럽의 서막

머리글

〈유럽을 만든 사람들〉이란 제목에서 알 수 있듯이 이 책의 특징은 역사와 인물전의 결합이다. 원래 인문학의 요체이자 정수는 역사다. 특히 나를 현명하게 바꿀 때 인물전보다 좋은 것은 없다.

사실 유럽은 정말 다채롭다. 그래서 수많은 나라들이 복잡다단하게 얽혀 전개해온 역사를 놓고 시대순으로 정리하는 한편, 주도적인 역할을 하면서 유럽의 변화를 일으키고 이끌어온 인물들을 중심으로 설명했다. 아울러 그들을 둘러싼 시대적 배경과 원인, 활약상과 이후의 전반적인 변화까지 두루 살펴봄으로써 유럽의 진면목을 알 수 있도록 노력했다. 워낙 방대한 내용이라 1권에 다 담지 못하고 2권으로 펴내게 되어 아쉬움이 남는다.

이 책에서는 좋은 본보기 인물들을 다루고 있다. 이들 중에 누군가를 길잡이로 삼으면 비슷하게 닮아가면서 현명한 판단과 처세를 배울 것으로 믿는다. 그런 만큼 성공을 꿈꾸는 독자라면 이들을 만나 자신에게 소용되는 좌우명, 사고방식과 행동, 목표 설정, 용인술, 전략전술, 위기극복, 목표달성법과 실천방안 등을 얻으면 좋겠다. 특히 자신의 운명은 물론이고 세상을 바꿔나가며 꿈을 이루어가는 지혜와 용기를 얻었으면 하는 바람이 간절하다.

소크라테스-플라톤-아리스토텔레스와 같이 지도자는 아니지만 한 시대를 풍미한 선구자로서 세상의 변화를 꿈꾸고 실현한 경우도 담고 있다. 더러는 레오나르도 다 빈치-미켈란젤로-라파엘로와 같이 밤하늘의 별처럼 빛나는 인물들이 아름다운 세상을 만들어가며 유럽을 바꾼 내용도 다루고 있다.

그러면서 독자들께서 궁금해할 만한 분야와 내용에 대해 그때 그때 설명함으로써 실용적이고 재미난 유럽 이야기를 기획해봤다.

1째, 유럽이 40여개에 이르는 나라들로 구성되어 복잡한 듯 보이지만 인명, 지명, 명소, 건축물에 대해 어원별로 설명해 정확한 실체를 이해할 수 있도록 했다.

2째, 공부를 하든 여행을 가든 유럽에 관심을 가지고 접근할 경우 중요한 국가들 및 지방과 도시를 가급적 언급하여 입체적인 인식을 할 수 있도록 했다.

3째, 주요 유럽국들에 대해 탄생부터 형성과 발전을 거쳐 오늘에 이르는 역사와 중요한 내용을 다룸으로써 유럽국가별로 지식기반을 형성할 수 있도록 했다.

4째, 유럽의 획을 그은 사건사고, 전쟁, 사랑뿐만 아니라 자랑거리인 건축물, 미술 등을 함께 담아 우리가 일상에서 흔히 접하는 유럽의 모습을 전달하도록 했다.

5째, 인물별로 전개되는 시대와 상황을 놓고 동양은 물론이고 한국에 관한 내용이나 관련 부분을 언급하여 시·공간을 우리 중심적 사고에서 접근하도록 했다.

6째, 독자가 해당 국가나 지역 사람들을 만나더라도 그 핵심적인 주제와 내용을 알게 함으로써 즐거운 화제를 공유할 수 있도록 했다.

흔히 유럽이나 서구, 서방이라는 말을 할 때 서유럽을 가리키는 경우가 많다. 현재 유럽의 주도권을 잡고 있는 데다 독일, 영국, 프랑스 같은 유럽의 3대 강국을 비롯한 대다수의 주요국들이 포진하고 있어서다. 근대사를 주도하고 19세기를 유럽의 시대로 만들어 유럽의 자부심으로 여겨지기 때문이기도 하다. 하지만 여기에서는 자기중심적인 과장이나 왜곡·조작을 걷어내고, 있는 그대로의 실체를 정확하게 알 수 있도록 최대한 노력했다.

아는 만큼 보인다고 한다. 아마도 이 책에 나오는 역사적 사실과 주요 등장인물만 알고 있어도 유럽에 대한 상당한 이해는 물론이고 어떠한 판단을 해야 할 때 기준으로 활용할 수 있을 것이다. 유럽의 역사와 문명을 이해하고 본질과 참모습을 들여다봄으로써 유럽의 미래를 예측하고, 우리와의 협력을 모색하는 데에도 도움이 될 수 있을 것이다. 이렇게 하여 전작인 〈중국을 만든 사람들〉과 함께 인류문명의 양대축인 동양과 서양에 대한 체계적인 이해를 할 수 있기도 하다.

이 책은 1982년부터 모아온 자료와 분류철에 기반하여 작성해왔다. 그동안 즐거움과 슬픔을 함께해온 아내 신윤주, 자신보다 나를 더 사랑해주시는 부모님, 나보다 더 사랑하는 아들 현준용과 딸 현채영, 지은이와의 인연을 유지해온 모든 분들께 감사드린다. 이 책을 완성하기까지 도와준 무한출판사의 이금석 대표님과 박수진 팀장님을 비롯한 관계자 여러분께도 감사드린다.

—2015년 6월 책상에 앉아

유럽의 시대 구분

원시	인류가 등장한 이후 선사 시대까지
고대	BC 700년경~AD 476년(그리스 문명부터 서로마의 멸망까지)
중세	476~1453년(서로마 제국의 멸망부터 동로마 제국의 멸망까지)
근대	1453~1945년(동로마의 멸망부터 2차 세계대전의 종전까지)
현대	1945~현재(2차대전 이후 현재까지)

* 유럽은 민족 권역별로 크게 3권역으로 나눠 라틴족의 남유럽권, 게르만족의 서·북 유럽권, 슬라브족의 동유럽권으로 접근해야 정확하게 이해할 수 있다. 원시와 고대 문명사는 남유럽에만 해당하고, 서·동 유럽은 부재 상태였다. 중세는 주로 서유럽에 해당하며, 동유럽과 일부 남유럽에서는 15세기까지 동로마 제국이 유지되어 중세가 따로 없다. 근대는 근대화를 전개한 서유럽과 일부 남유럽에 해당하는 별도의 현상이다.

* 일부에서는 근대를 근세와 근대로 세분한 후 르네상스를 시초로 본다.

* 일부에서는 근·현대를 놓고 1차 세계대전(1914~18)을 기준으로 삼는다.

1. 지중해 문명 이전

○ 메소포타미아는 유프라테스강과 티그리스강 일대의 바빌론, 바그다드, 모술 등지를 중심으로 한 지역으로 인류 최초의 문명이 일어났다.

○ 페르시아(이란)는 서아시아의 양대 지역 중 동쪽의 이란 고원(370만km²)을 중심으로 한 지역이다. 아케메네스 제국을 세워 서아시아(지중해-중동, 중양, 오리엔트)를 최초로 통합했고, 파르티아와 사산 제국으로 이어지며 651년 아랍 이슬람 세력이 등장할 때까지 패권을 유지했다.

○ 레반트는 '해가 뜨는 곳'이란 뜻으로 소아시아(아나톨리아·지금의 터키) 아래 시리아, 레바논, 팔레스타인(가나안, 지금의 이스라엘)에 걸친 지중해 연안 지역을 말하며 지중해 최초로 문명이 일어났다. 페니키아와 혼용해 쓰기도 한다.

○ 소아시아는 처음에 아시아를 가리켰으나, 더 동쪽에 훨씬 더 넓은 아시아 지역이 있음을 알고 소아시아라 부르게 되었다. 그리스 철학이 이곳에서 최초로 발생했듯이 그리스 문명이 서아시아와 지중해를 통해 본격화했다.

○ 그리스 문명의 정수인 그리스 신화조차 메소포타미아·이집트·페니키아의 신화에서 본딴 것이다. 현실세계의 대표격인 건축과 조각은 BC 6세기경부터 이집트의 것들을 그대로 따른 것이다(유럽 외부에 의한 영향을 부정하려는 의도에다 그리스 문명만을 독창적이고 뛰어난 문명으로서 유럽과 인류사회에 큰 영향을 미친 것으로 강조하다보니 일반에는 알려져 있지 않을 뿐이다).

○ 지중해는 면적이 296만km²이다. 서쪽 끝은 폭 14km에 지나지 않는 지브롤터 해협까지 이르며 대서양과 이어진다. 햇살에 빛나는 아름다운 풍광과 지중해 일대에서 빚어낸 다채롭고 풍요로운 해양문화는 여전히 인류의 사랑을 받고 있다.

2. 지중해 문명의 기원

– 페니키아인: 지중해 문명을 연 진정한 원조 –

○ 페니키아는 가나안, 키나아니·키나, 시돈·티레, 포에니라고도 한다.

○ 메소포타미아에서 옮겨와 정착한 후, 해양·교역민족으로 활동했다.

○ 레반트를 무대로 BC 1200년경 이후 400년간 지중해의 주역으로 활약하며 유럽에 문자를 선물하고, 지중해 세계를 유럽 남부로 확대했다.

> 페니키아가 미친 3대 영향
>
> ○ 도시국가의 형성과 독립적인 유지 ➜ 폴리스들에 의한 그리스 세계 형성
>
> ○ 지중해 해양 문명의 형성과 번영 ➜ 그리스와 로마의 지중해 세계 편입
>
> ○ 알파벳 창안과 보급 ➜ 그리스어·라틴어를 비롯한 유럽의 언어 형성
>
> * 지중해 세계를 연 진정한 원조로서 알파벳, 신화, 조선술과 항해술, 상술, 과학기술 등을 전파해 그리스 문명을 충실히 예비했다.

카르타고

○ 페니키아인의 후예로 포에니, 칼케돈이라고도 부른다.

○ BC 814년경 북아프리카의 튀니스(튀니지의 수도)에 건설한 도시를 기반으로 한 방대한 도시국가의 연합으로 페니키아가 지중해 동쪽을 주 무대로 한 것과 달리 서쪽을 지배했다.

○ 비유럽인 최초로 유럽으로 진출하여 코르시카, 사르데냐(영어로 사르디니아), 시칠리아(영어로 시실리), 이베리아 반도(히스파니아, 지금의 스페인·포

르투갈) 등지를 지배했다. 이탈리아 반도를 기반으로 지중해로 세력을 키우던 로마와 경쟁했다.

포에니 전쟁(BC 264~146)

1차(BC 264~41): 카르타고의 선공으로 벌어졌으나 로마가 승리하여 시칠리아 차지

2차(BC 218~01): 한니발에 고전하다가 대스키피오의 활약으로 로마의 역전승

3차(BC 149~46): 소스키피오의 활약으로 카르타고가 멸망하고 속주가 됨

* 피로스 전쟁(BC 280~75)이 일어난 후 로마 이전에 이탈리아 반도를 지배하던 에트루리아와 그리스의 도시국가들까지 참여한 국제전으로 벌어졌다.

* 로마는 BC 146년에 승리한 후, 그리스가 카르타고를 도운 것을 빌미로 합병했다.

* 로마사에는 스키피오라는 이름이 정말로 많이 나온다. 최고위직인 집정관만 해도 10여명을 훨씬 넘고, 포에니 전쟁에서도 2명이 등장한다. 유럽의 관습에 따라 앞선 인물을 대스키피오, 뒤를 소스키피오로 구분해 부른다.

3. 지중해 문명의 초기

– 그리스인: 유럽의 원류를 형성하다 –

태양보다 찬란한 그리스 문명

그리스의 역사

청동기시대: 헬라스 문명, 키클라데스 문명, 크레타(미노스·미노아) 문명, 미케네 문명

↓

그리스 암흑기(BC 1200년경~750): 도리아인의 남하와 지배, 철기 문명 시작

↓

그리스 고졸기(BC 750~510): 도시국가(폴리스)의 성립과 성장, 식민지 건설

↓

그리스 고전기(BC 510~336): 아테네를 중심으로 한 찬란한 고대 그리스 문명기 (1세기에 걸쳐 인류 문명의 다른 어떤 시기보다 창의적이고 화려했던 시절)

○ 그리스인은 넓게는 라틴족에 포함되기도 하지만 주로 독자적인 민족으로 간주한다(로마는 라틴족이 주도했다).

○ 솔론의 개혁을 거쳐 클레이스테네스의 주도로 민주정을 성립한 후 페리클레스 때 황금기를 구가했다(그리스 민주정의 3대 지도자들이다).

○ 그리스는 신화, 철학, 역사, 시와 연극, 문학, 수학, 과학, 학문, 건축과 조각, 민주주의, 공화정, 올림픽 등을 창안하고 꽃피웠다.

○ 남유럽을 기반으로 한 지중해-중동 문명으로 알렉산드로스의 동방원정을 비롯해 한결같이 동쪽을 지향했다. 반면에 서쪽은 지중해 일대의 일부 도시에 국한되었고, 유럽 대륙은 미개 상태의 비문명 지역이었다. 켈트족이 살던 갈리아(지금의 서유럽)는 카이사르에 의해 정복되어 문명권에 처음으로 편

입되었다. 서유럽의 주역이 되는 게르만족은 갈리아 북방의 게르마니아에서 살다가 대초원 북방 세력인 훈족의 유럽 진출로 대이동이 일어난 후 비로소 갈리아로 진출하면서 등장했다(이후 중세 봉건사회와 로마가톨릭의 종교지배로 1000년이 넘는 암흑시대를 거쳐 근대화의 성공으로 주역이 되었다).

* 이 책에서는 '대초원 문명'이란 용어가 이따금 나온다. 유라시아 북방 초원지대를 근거지로 한 여러 민족과 세력들이 활동하면서 이루어낸 역사와 문화를 말한다. 유라시아 문명, 몽골리안 문명, 대초원 북방세력, 북방계 기마민족, 유라시아 초원지대, 한초원 문명지대 등으로 쓰이기도 한다.

그리스의 대표 폴리스와 전성기
아테네(BC 448~31) ➔ 스파르타(BC 404~371) ➔ 테베(BC 371~38) ➔ 마케도니아(BC 338~23)

그리스의 4대 전쟁

○ 페르시아 전쟁(BC 492~48): 아테네가 델로스 동맹을 이끌며 페르시아 아케메네스 제국의 공격을 막아냈다.

○ 펠로폰네소스 전쟁(BC 431~04): 스파르타가 펠로폰네소스 동맹을 이끌며 아테네에 승리하여 그리스 세계의 패권을 잡았다.

○ 레우트라 전투(BC 371): 테베가 보이오티아 동맹을 이끌며 스파르타에 이겨 그리스의 패권을 잡았다.

○ 카이로네이아 전투(BC 338): 마케도니아가 코린트 동맹(코린토스·신코린트·2차코린트·헬라스 동맹)으로 테베에 승리해 그리스의 첫 통합을 이루어냈다.

* 페르시아 전쟁은 크게 3차에 걸쳐 벌어졌다. 1차에서는 마라톤 전투, 2차에서는 살라미스 해전, 3차에서는 비잔티움 전투가 대표적이다.

* 테르모필레 전투는 살라미스 해전 직전에 스파르타 왕 레오나다스와 300명의 전사가 결사항전한 전투로 영화 〈300〉으로 유명하다.

그리스 세계의 양대 맞수

아테네	스파르타
아카이아인의 이주에 의해 성립	도리아인의 정복에 의한 성립
민주정	과두정
공화주의	군국주의
상업	농업
해군 중심	육군 중심
자유	통제
전성기 때 30만명 (시민(자유민) 12만명, 노예 8만명, 외국인 3만명 등)	전성기 때 7만명 (시민(자유민) 1500~2000명, 반자유민 2만명, 노예 5만명 등)

제1편

고대 유럽

소크라테스 – 플라톤 – 아리스토텔레스

알렉산드로스 대왕

카이사르

콘스탄티누스 대제

아틸라 대왕

그리스 세계와 주요 폴리스

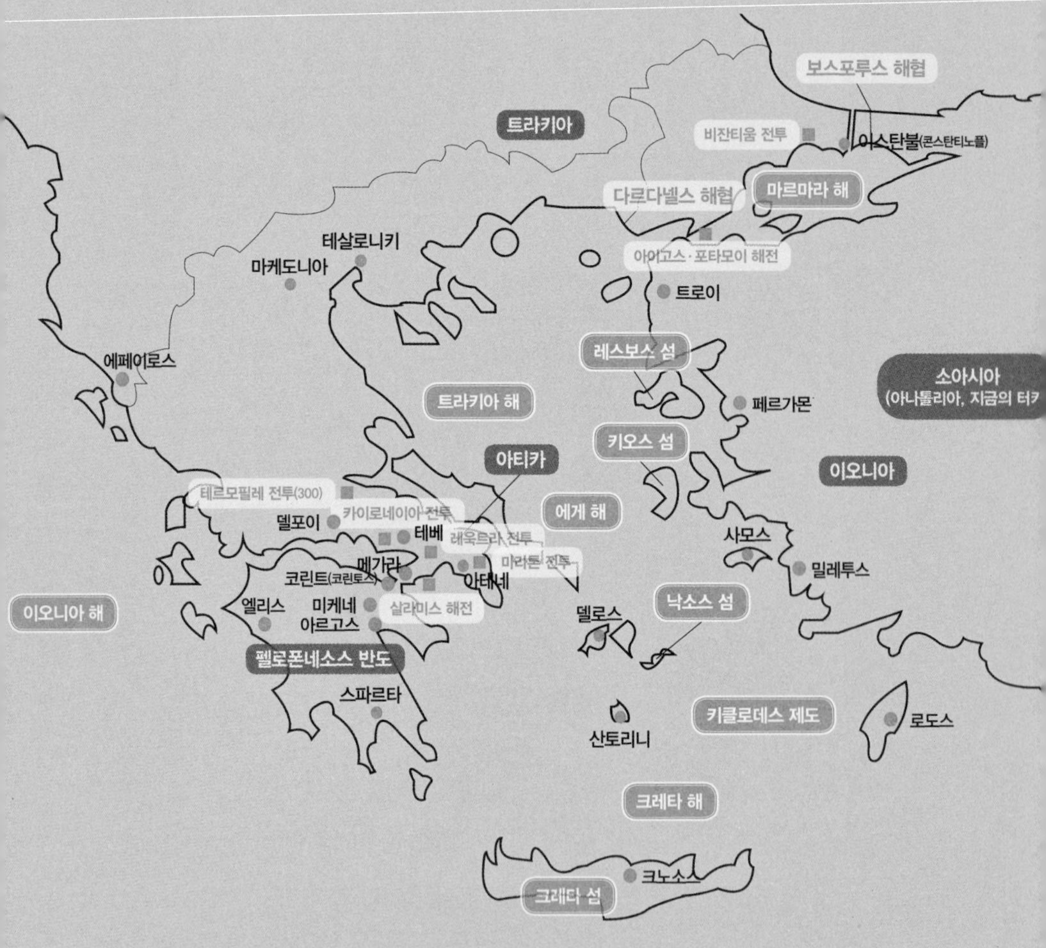

* 페르시아 전쟁은 크게 3차례 벌어졌다. 1차에서는 마라톤 전투가, 2차에서는 살라미스 해전이, 3차에서는 비잔티움 전투가 대표적이다.
* 펠로폰네소스 전쟁 중 BC 405년에 벌어진 아이고스–포타모이 해전이 사실상 최후의 전투로 스파르타가 승리했다.

소크라테스-플라톤-아리스토텔레스

유럽인의 정신 세계를 형성하다

철학을 통해 사람을 세상의 중심에 세우다

서양 철학의 근간을 이룬 10명의 대가라면 누구를 들 수 있을까?

'소크라테스, 플라톤, 아리스토텔레스, 베이컨, 데카르트, 존 로크, 루소, 존 스튜어트 밀, 마르크스, 막스 베버다.'

그중에서 가장 위대한 인물을 꼽으라면?

'물론 창시하고 근간을 형성한 소크라테스, 플라톤, 아리스토텔레스다. 굳이 1명을 들라면 소크라테스라고 봐야 한다.'

현대인이 기본 교양과 지식으로 내공을 키우기 위한 가장 좋은 방법은 인문학을 공부하는 일이다. 그러자면 서양 인문학의 4대 분야 즉 철학, 문학, 미술, 음악을 알아야 한다. 특히 중요한 4대 대상인 그리스·로마의 철학과 문학, 르네상스의 미술과 인문학, 근대 유럽의 과학·학문과 문학, 서양 음악 클래식을 알아야 한다. 그중에서도 근본이 되는 그리스·로마의 것이 중요한데, 로마는 그리스의 아류거나 답습한 성향이 강해 그리스의 철학가와 문인을 아는 일이 가장 중요하다.

소크라테스-플라톤-아리스토텔레스는 고대 서양 철학의 진정한 토대를 세우고 정수를 확립하면서 절정기까지 누렸다. 오늘날까지 다양한 학파와 이론들로 이어지고 있지만 여전히 가장 돋보인다.

소크라테스는 관찰과 사유의 대상을 자연에서 '사람'으로 옮겨왔고 자신의 무지를 자각하여 가치 있는 존재로서의 삶을 지향하도록 이끌었다. 플라톤은 관념론에 입각한 진정한 철학을 정립하고 정치적인 접근을 통해 거시적인 토대를 다졌다. 아리스토텔레스는 철학을 비롯한 다양한 관심을 온갖 다채로운 분야로 확산하여 학문과 과학의 종합적인 전개를 가져왔다.

이들 3대가의 철학은 중세의 암흑기를 지나 근대 이후 다시 주된 관찰과 사유의 대상이 되어 유럽인의 정신세계 형성, 철학을 비롯한 학문과 과학의 발전, 정치와 사회 전반의 가치 확립 등에 크나큰 영향을 미치면서 오늘에 이르고 있다.

철학(Philosophy)은 '지혜를 사랑한다'는 뜻에서 유래했다. 사람과 세상을 연구 대상으로 하여 진리를 찾고자 하는 모든 학문의 출발이자 근간이며 종착점이다. 우리는 철학자 덕분에 세상의 중심을 사람으로 생각하게 되었고, 나를 중심으로 한 세상에 대한 인식을 갖게 되었다. 그래서 철학자는 위대함의 존재 그 자체라 해도 지나친 말이 아니다. 하물며 창시하고 기틀을 다진 철학자라면 더 말할 필요조차 없다.

사실 사람의 본질과 추구하는 바는 궁극적인 가치를 통해 행복을 얻는 데 있다. 그런데 그 요체가 되는 진리(지혜)를 추구함에 있어 여러 종교와 철학에서 나름대로의 방법을 제시하고 있다.

대표적인 인도철학인 힌두교(신두 = 힌두 = 인도)와 그에 영향받아 석가모니가 창시한 불교에서는 '수행'을 통해 깨달음을 얻어 고난에 찬 윤회의 수레바퀴를 끊고, 반야, 열반, 해탈에 이를 수 있다고 주장한다.

유학에서는 창시자인 공자가 수기치인(修己治人) 즉 스스로를 수양해 인격을 완성하는 한편 세상을 제대로 다스리는 것으로 규정하고, 학문을 통해 최고의 경지에 도달할 것을 강조했다.

유학과 더불어 중국 철학의 양대축을 이룬 도가에서는 도(道)라는 우주만물의 근본적인 이치이자 궁극적인 가치를 얻기 위해 자연과 세상의 법칙인 무위(無爲), 즉 있는 그대로의 모습으로 살아갈 것을 갈파했다.

유대교에서 파생된 기독교에서는 '여호와를 경외함이 지식의 근본이다'라는 말처럼 지혜와 신앙의 기준으로 '오직 하느님'을 믿어 올바른 신앙생활로 구원을 얻을 것을 가르치고 있다.

현대사회는 불안정하고 도무지 앞이 보이지 않는다. 그래서 이러한 현실에 휘둘리며 고뇌에 찬 삶을 살기보다 고대부터 발견하고 규명한 지혜를 잘 활용하는 것이 부처, 군자 또는 성인, 도인, 구원받은 사람일 수 있다. 적어도 인생 전반을 생각하는 철학적 존재가 될수록 진정한 행복을 얻을 수 있을 것이다.

그리스어 진리(VERITAS)의 반대말은 허위가 아니라 '망각'이다. 자신을 버려둔 채 잊어버리거나 찾으려조차 하지 않기보다 철학적인 관찰·사유·공부를 통해 진리와 행복을 추구해야 할 것이다.

소크라테스: 지혜와 행복을 얻으려 한 철학의 진정한 창시자

소크라테스(BC 470?~399)는 아테네에서 조각가인 아버지와 산파인 어머니 사이에서 태어났다. 평범한 가정에서 태어나 못생기고 몸집도 작았으나, 옷차림이나 주위의 시선에 아랑곳하지 않았다. 힘이 좋고 참을성이 많았으며 느긋한 성품의 소유자였다. 어릴 적부터 사색과 토론을 좋아하고 남을 가르치는 일을 잘했다. 철학은 물론이고 수학과 천문학을 배워 과학적, 객관적, 구체적 사고의 틀을 다졌다. 그러다가 철학에 빠져 정신세계를 살피는 일에 전력했다. 훨씬 어린 크산티페와 결혼해 3명의 자녀를 두었다(그의 제자인 크세노폰이 쓴 〈회고록〉에 크산티페의 엄격함에 대드는 아들과 소크라테스가 그런 아들을 달래는 모습이 나와 후대로 갈수록 그녀를 말 많은 악처로 인식하게 되었지만 다분히 과장되었다).

아테네 곳곳을 찾아다니면서 시민들의 자각을 부르짖었다. 나이가 들어서도 계속해 광장을 누비자 수많은 사람들이 모여들어 경청했고 따르는 사람들도 늘어났다. 신분과 계급을 따지지 않고 좋은 제자들을 두고 가르쳤다. 토론과 가르침의 대가로 그 무엇도 요구하지 않았으며, 자신의 세계관이 넓어지고 상대가 무언가를 얻는 것에 만족했다.

반면에 말로 명예와 부를 누렸던 소피스트들에 대해 극히 부정적이었다. 그들이 활개 치고 이에 따라가는 세태에 대해 격정적으로 비판했다. 그의 언행은 정계와 지식인을 중심으로 다수의 적을 만들었다. 그의 파격적인 철학과 도덕관을 증오하는 사람들도 덩달아 늘어났다.

그의 말년 때 아테네는 자기만의 민주주의를 옹호하려는 시민 세력과 강성한 힘으로 새로운 패권자로 부상하던 스파르타를 배우려 한 귀족 세력의 대립이 깊어졌다. 한때 아테네가 펠로폰네소스 전쟁에서 패배하자 귀족 세력이 힘을 얻었으나, 신흥 계급의 등장으로 다시 기세를 되찾은 시민 세력은 소크라테스가 민주주의를 비판하는 것으로 여겨 제거하려 했다. 사실 그의 이론은 귀족의 입맛에 맞는 측면이 있었고, 제자와 친구들의 상당수가 귀족 편에 서 있기도 했다. 무엇보다 그의 제자인 알키비아데스와 크리티아스가 아테네의 패전과 몰락을 자초하자 공격의 화살이 그를 정조준했다.

결국 소크라테스는 재판에 붙여져 유죄를 선고받았다.

"신을 믿지 않아 신성을 모독했고, 젊은이를 현혹하여 부패하도록 만들었다."

소크라테스는 사형 판결을 받았다. 정부와 측근들이 처형을 피해 도망칠 것을 넌지시 권유했으나, 유명한 유언격인 말과 함께 71세의 나이로 당당하고 여유롭게 죽음을 맞이했다.

"악법도 법이다."

그는 자신의 신념을 지키기 위해 독약을 마시고 영원히 잠들었다(수제자인 플라톤이 쓴 〈파이돈〉에서 그의 최후를 자세하게 그렸는데, 이런 말을 한 적은 없었으며 후대에 와서 다듬어졌다).

서양 철학은 그리스 철학에서 시작되었다. 어찌 보면 그리스 철학을 다시 끄집어내 근대 이후 유럽의 사상과 이론으로 삼은 것이기도 했다.

그리스 철학은 소크라테스 이전과 이후로 나눌 수 있다. 직접 저술을 남기지 않아 아쉽지만 제자들이 남긴 책을 통해 그의 사상을 알 수 있다(제자인 플라톤과 크세노폰이 저술에서 충실하게 전하고 있다).

소크라테스의 철학은 크게 5가지 특징으로 정리할 수 있다.

1째, 변증법의 시원이 되는 '문답법, 특히 산파술'이란 독특한 철학적 접근방식에 치중했다. 질문하는 것을 중시하고 다양한 사람들과 토론하는 것을 즐겼다. 그동안 교육자가 제자에게 가르치고 질문을 받던 방식과 달리, 그는 자신이 질문을 던지고 토론을 통해 결론에 접근해갔다.

2째, 사람들이 무지를 자각하도록 노력했다. 그로 인해 '너 자신을 알라'는 고대 격언이 사람에 대한 내면적인 탐구를 추구하는 사고와 학문의 원칙으로 세워졌다. 그러면서 사람들이 무지를 스스로 깨닫도록 문답법을 활용한 것이다.

3째, '덕(德)은 지(知)'라 하여 앎을 지향했다. 추구하는 여러 가치들을 얻기 위해 도덕적이며 원칙적인 올바름을 제대로 알 것을 호소했다. 정의, 선, 미(아름다움), 용기, 우정 같은 다양한 주제를 놓고 앎을 통해 지혜를 사랑하고 얻음으로써 궁극적인 존재에 이르도록 노력했다. 그는 최소한의 자세로서 자신부터 금욕, 절제, 겸손을 실천했다.

4째, 사람과 국가의 행위에서 최고·최종적인 정치에 대해 거침없이 비판했다. 현자에 의한 통치, 입바른 연설에 대한 공격, 도덕적인 실천지의 추구 등이 그의 정치적 입장으로 여겨지고 제국적인 힘과 승리감에 도취한 시민들의 무지함을 지적하는 것으로 해석되면서 아테네의 민주정치와 정부를 위협하는 것으로 받아들여질 정도였다. 그래서 자신들의 권위와 지배력이 위협받자 그를 제거한 것이다.

5째, 객관적·목적적·절대적인 가치로서 보편타당한 진리를 찾으려 했다. 더러는 초월적이고 이상주의적이기도 했다. 주관적·수단적·상대적인 차원에서 접근하고 해석하는 것을 배격했다. 이러한 그의 일관된 자세는 시대와 상황에 따라 오가는 차원이 아니라 궁극적이며 영원한 철학을 확립했다.

여기에 더해 그는 자신의 주장을 몸소 실천한 진정한 선각자로서 책상머리 이론에 얽매이지 않았다. 학문의 세계에 안주하거나 주의주장과 논설을 세워 돈벌이를 하거나 계보와 분파로 갈려 처신하는 지식인에게 그래서는 안된다는 경종을 울려주었다.

그러나 육체는 죽을지라도 영혼은 죽지 않는다고 생각했고, 철학적 생각을 깊게 하는 데 있어 육체가 방해된다고 여겨 현대 과학과 인식에서 보면 큰 오류를 범했다(물론 아직도 영혼 불멸을 완전히 부정할 어떠한 근거도 없다).

자신의 소신이나 철학적 입장과 다르면 지나치게 대립적·투쟁적이었고, 그로 인해 자신에게 화를 불러왔다. 수사와 처세적 달변을 비난했지만, 그 역시 말을 지나치게 즐겨 만화구(萬禍口) 즉 온갖 화를 부르는 말을 경계하지도 실천하지도 못했다. 상대를 두고 아무것도 알지 못하면서 안다고 생각하는 것을 안타깝게 여기다보니 자존심이 상한 지식인과 시민들이 적이 되었다.

그는 체계화되고 검증된 진리를 밝혀 놓거나 이론화 또는 학문으로 정립하지 못했다. 자연과 사람의 인과관계와 서로 공유하는 본질적 특성을 간과했다. 지식의 과시이자 사치로 여겨 그랬을지 모르지만 저술을 하지 않아 '나도 나를 모르는' 마당에 남들의 글을 빌려 그의 철학을 엿보아야 하는 안타까움을 남겼다.

그렇지만 철학자 중의 철학자인 소크라테스의 위대함은 가려질 수 없다. 그의 열정 덕분에 그리스 철학이 황금기를 구가했다. 수제자인 플라톤이 그의 사상을 계승·발전시켜 이상적인 이데아와 철인정치를 주장했듯이 그의 아래에서 뛰어난 후대들이 즐비하게 배출되면서 여러 학파들을 발전시켜 철학을 풍성하게 만들었다.

그리스는 물론이고 인류의 철학과 국민윤리가 그의 영향을 절대적으로 받았으며, 서양철학은 그의 토대 위에 서 있다고 해도 지나친 말이 아니다. 또한 정치인과 지식인이 권력, 부, 명성 같은 속물적인 이익에 얽매여 연설과 달변을 앞세워 궤변이나 시민에 대한 선전선동을 일삼는 것에 대해 정면으로 문제 삼은 비판의 선구자였다.

그는 3가지 측면에서 위대했다.

1째, 서양 최초의 진정한 철학자이자 인류 최고의 스승이다. 깨우침 즉 자신의 무지에 대한 자각을 위해 질의토론(문답·질문응답)을 통해 답 즉 합당한 지식을 얻는 교육 최고의 원칙을 정립했다. 이전에도 존재한 방식이었지만, 그에 의해 확실한 체계가 잡혔다. 자신에게 엄격했고, 남에게는 친절하였으며, 세상과 운명에 겸손했다. 델포이(델피) 신탁에서 '가장 현명한 사람'으로 선언하자 그는 아무렇지도 않다는 듯이 말했다.

"나는 아무것도 모른다."

2째, 사람을 철학의 주제로 한 최초의 철학자이다. 사람을 도덕적 인격으로 보고 영혼을 철학의 주제로 삼아 진정한 철학의 장을 열었다. 그동안 우주와 천지만물을 놓고 법칙과 과학을 찾아내려 한 것과 달리, 세상의 주체를 '사람'으로 설정하고 합당한 답을 찾으려 했다. 그것도 남과 세상이 아닌 자신을 보는 철학을 정립했다. 과감하게 신의 존재와 섭리를 거부했다. 그로부터 고대 철학은 '자연'에서 '사람'으로 옮겨졌다. 지금도 그의 말은 세상 사람들의 머리와 가슴을 때리고 있다.

"너 자신을 알라."

3째, 소크라테스는 자신을 우주의 시민으로 여긴 인물이다. 그리스와 아테네를 누구보다 사랑했다. 아니, 목숨까지 바쳐가며 지키려 했다. 그렇다고 국적, 지역, 신분, 학력, 재력 등에 얽매이지 않았다. 돈을 많이 버느냐, 누가 얼마나 가졌는지를 따지는 세태를 질타했다. 그래서 그는 돈타령에 얽매이는 현대인에게 강한 자성의 메시지를 던지고 있다. 생각과 행동에서 우주와 세상의 주인답게 살 것을 촉구한 것이다. 누가 그에게 어디 출신인지를 묻자 당연한 듯이 대답했다.

"나는 세계의 시민이오."

〈지혜의 결정체인 훌륭함〉

아테네에 전쟁의 광풍이 몰아쳤다. 최강이었던 페르시아(이란)의 아케메네스 제국을 겨우 막아내자, 이젠 내부에서 전쟁이 벌어졌다. 스파르타를 중심으로 한 세력과 펠로폰네소스 전쟁을 오래 겪어야 했다.

소크라테스는 전쟁에 3번을 참전했다. 47세의 나이가 되어서도 시민의 일원으로서 갑옷과 방패·칼로 무장한 중장보병이 되어 기꺼이 전선을 향했다.

한 공성전에 참전했을 때였다. 3년 동안 포위당한 채 벌인 전투에서 전염병이 돌아 아테네군 1000여명이 죽었고, 방치된 시체들은 짐승들의 먹이가 되었다. 나중에 양식이 떨어지자 성 안의 시민들은 서로를 잡아먹었다. 이 광경을 바라본 그는 큰 충격을 받았다. 한동안 깊은 사유에 빠진 채 새로운 초월적 가치 개념을 정립했다.

'훌륭함(좋음·탁월함·덕, 아레테).'

그동안 그리스에서의 훌륭함은 강함, 남성다움, 육체적 우월, 군사적 용맹으로 여겨졌다. 이에 대해 부드러움, 정신적 우월, 절제와 헌신, 정의의 실천, 지혜의 추구 등을 진정한 훌륭함이라고 정리했다.

소크라테스는 전쟁 후 아테네로 돌아와 새로운 철학을 가르치고 전파했다. 수사·변론·웅변에 맞춘 장광설을 지향한 기존의 소피스트들과 달리 오히려 '질문'을 했다. 지식을 가르치려 한 것이 아니라 스스로 생각하고 깨우치도록 이끌었다. 해답을 제시한 것이 아니라 의문을 갖게 했다. 상대가 훌륭함에 스스로 도달할 때까지 질문을 이어가며 대화와 토론을 벌였다. 이렇게 하여 시민들이 지혜를 중시하는 진정한 가치 공동체를 만들려고 노력했다.

"나에게 숨 쉴 능력이 있는 한 많은 사람들을 만날 것이다. 이보시오, 그대는 그리스에서 가장 위대하고 강하며 지혜로운 아테네 시민이오. 부와 명예와 명성을 얻으려 안달하기보다 진리와 영혼의 최선의 상태에 대해 관심을 기울이고 생각하시오."

"정의로운 사람이 부정의한 사람보다 더 행복하오."

그러면서 자신의 내면과 언행의 일치를 실천했다. 못생긴 얼굴과 작고 초라하게 배가 나온 자신의 외모에 전혀 신경 쓰지 않았다. 겉치레보다 내면의 아름다움, 즉 진리를 추구했다.

"모든 신이시여, 나의 내면이 아름다워지게 해주시고, 나의 외면을 내면과 일치하게 해주소서. 나는 지혜로운 사람이 되고 싶습니다."

그러나 아테네인은 훌륭함을 버렸고 교만에 찬 채 멸망의 길로 향해 갔다(당시 아테네는 외면의 가치에 치중했다. 델로스 동맹의 맹주로서 다른 폴리스들로부터 조공과 분담금을 거둬 번영을 누렸으나 물질에 빠져 파르테논 신전의 모든 신상을 황금으로 도금했다. 젊은 시민들은 스파르타에서 헤라클레스를 숭배하듯이 아테네의 영웅 테세우스를 숭배하면서 육체가 아름다운 사람을 최고의 가치로 여기면서 얼짱·몸짱이 되려 했고, 여성들은 본격적으로 진한 화장을 했다).

그 결정타가 바로 소크라테스의 살해였다. 이는 지혜의 죽음이자 아테네 문명의 사형선고였다.

3차 전쟁이 일어나자 그의 제자인 알키비아데스의 주장에 따라 아테네군이 시칠리아로 원정을 떠났다가 참패했다. 이후 스파르타의 조종을 받는 '30인 참주'가 아테네를 통치하면서 그의 제자로 플라톤의 친척인 크리티아스가 공포 정치를 일삼다가 타도되었다. 시민들은 패전의 원인이 된 시칠리아 원정을 부추긴 장군의 스승이자, 스파르타의 앞잡이로 참주정을 이끌며 민주정을 부정한 정치가의 스승이라 하여 그를 지목하여 죽인 것이다.

* 참주(tyrannos)는 그리스의 폴리스에서 비합법적으로 독재권을 확립한 지배자를 말한다. 원래 세습적이고 합법적인 군주를 가리켰으나, BC 4세기 플라톤 이후 세습적·합법적인 왕을 가리키는 바실레우스와 대조되는 존재로서 티라노스라 칭하면서 오늘에 이르고 있다.

전기와 후기로 나누는데, 전기는 BC 7~5세기경 귀족과 평민의 대립을 활용해 독재권을 확립했다. 후기는 펠로폰네소스 전쟁이 끝난 BC 4세기부터 군사력을 앞세워 민주정 형태를 활용한 독재권을 확립했다. 아테네의 3대 정치 지도자인 솔론·클레이스테네스·페리클레스는 참주나 다름없는 권력을 행사했지만, 민주정의 대표적인 인물로 여겨진다.

〈소크라테스의 재판 대 프리네의 재판〉

아테네는 법정(재판정)이 도시의 구성에서 필수적인 부분이었으며, 시민권과 질서유지에서 중요한 역할을 했다. 아고라의 법정은 시민으로 구성되어 결정하는 배심원제로 시민재판(대중재판·국민재판)이 이루어졌고, 직업 재판관이나 검사가 따로 없었다.

시민이라면 누구든지 고소할 수 있었으며, 재판이 열리면 시민들로 구성된 배심원단을 구성했다(소크라테스의 재판에서는 500명이었고, 2000명이 참석할 때도 있었다고 한다). 재판에서는 배심원들의 심리를 움직이거나 분위기를 이끌어가는 것이 관건이라 변론을 중요시했고, 읍소를 통한 감성적 접근도 이루어졌다.

가장 역설적인 2가지 재판 사례가 유명하다. 소크라테스와 프리네의 재판이다. 소크라테스는 재판을 받으면서 피고인이 되었지만 70세가 다

된 나이에도 당당한 자세로 서서 또렷하고 카랑카랑한 목소리로 거침없는 논조에 따라 이성적인 사유를 촉구하는 변론을 펼쳤다. 그러나 연설과 변론의 달인이었던 그도 감성적인 호소에 실패한 채 사형선고를 받았고, 도망칠 수 있었지만 법을 지키겠다며 독배를 마셨다.

그에 반해 아테네의 미녀 프리네는 달변가들의 변론에도 불구하고 유죄로 판결 날 가능성이 높아지자, 법정에서 갑자기 자신의 옷을 벗고 알몸이 되어 무죄를 강변했다. 그러자 배심원들은 무죄를 선고했다.

"저렇게 아름다운 몸속에 악한 마음이 들어있을 리 없다."

프리네는 육체를 유별나게 중시해 '건강한 육체에 건강한 정신'이라는 풍토 속에서 고대 올림픽까지 개최하던 시민들의 심리를 이용함으로써 말솜씨로 이름 높던 천하의 소크라테스를 이긴 셈이다.

우리는 그가 죽음보다 철학에 기반한 명예를 중시한 것을 높이 평가해야 한다. 그가 외친 이상과 내용에 대한 가치를 잊어서는 안된다. 반면에 그가 말로 인해 죽음을 맞았듯이 말이란 것이 결국 날카로운 화살이 되어 되돌아와 자기 가슴에 박히기 마련이고, 끝내 파멸에까지 이르게 할 수 있다는 사실을 잊지 말아야 할 것이다.

플라톤: 이데아를 제시한 관념론의 대가이자 진정한 철학의 확립자

플라톤(BC 427?~347)은 아테네의 명문 귀족가문에서 태어났다. 젊었을 때 소크라테스의 제자가 되어 충실한 배움을 통해 결정적인 영향을 받았다. 오죽하면 그의 방대한 저서들이 모두 소크라테스를 주인공으로 한 대화편이었다. 28세 때 스승의 죽음에 큰 충격을 받고는 정치가의 꿈을 버리고 철학자가 되었다.

그는 스승을 죽인 아테네를 떠나 12여년을 여행했다. 여행하는 동안 이데아와 변증법에 대한 기초를 세워 관념적인 철학을 확립했고, 실질적인 이론과 체계까지 깨우치면서 자신의 철학을 더해갔다. 그러면서 〈소크라테스의 변론〉, 〈크리톤〉, 〈리시스〉 등을, 40세에 아테네로 되돌아와 〈고르기아스〉, 〈프로타고라스〉, 〈히피아스(대·소)〉 등을 저술했다.

그는 여전히 이상국가를 꿈꾸고 있었다. 그러던 차에 시칠리아의 남동쪽에 있는 시라쿠사에서 정치인으로 활동하던 친구의 권유로 군주로부터 초청을 받아갔다. 그러나 막상 그가 올바른 정치를 주장하며 참주정치를 비판하는 바람에 노예로 전락하기도 했다. 나중에 그의 저서를 본 사람에 의해 극적으로 구출되어 귀국했고, 그 뒤에는 아테네 교외에 '아카데메이아'라는 학교를 세워 교육과 저술에 매진했다. 그즈음 〈파이돈〉, 〈향연〉, 〈국가(론)〉 등을 저술했다. BC 367년과 361년에 60세와 66세의 나이로 후임 참주의 간청이 있자 다시 시라쿠사로 가 이상정치를 펴보려 했으나 번번이 실패하고 귀국해 〈정치가〉, 〈법률〉 같은 저술을 남긴 채 80세의 나이로 숨을 거두었다.

플라톤은 관념론의 창시자로서 유물론의 원조인 데모크리토스와 대립하며 자신의 사상을 정립했다. 35권에 이르는 대화편을 저술해 모든 존재와 인식의 근거가 되는 영원하며 절대적·초월적인 참실재로서 '관념·의식·이념'을 뜻하는 이데아(idea) 학설을 주장했다.

"세계의 중심을 이루는 것은 영혼이다. 사람의 영혼은 세계의 영혼이 주관하는 이데아계에 있던 불멸의 것이다. 이데아를 늘 생각하는 것에서 진정한 인식이 얻어진다."

그는 이탈리아 남부에 갔을 때 피타고라스 학파들과 교류하면서 만물의 근원이자 철학의 요체로서 '수' 이론을 중시했다.

"영혼에 의한 지적 직관으로 형성되는 참지식은 완전하고 합리적인 지식인 '수학'을 통해 얻어진다."

또한 최고의 철학적 접근법이자 인식의 방법으로 변증법을 주장했다. 오래전부터 있어 오던 것을 소크라테스의 영향을 받아 논리와 대화의 결정적인 방법으로 강조한 것이다(후대에 가서 칸트를 거쳐 헤겔에 의해 정(正)·반(反)·합(合)의 단계적 인식, 생명과 운동의 논리와 존재로까지 정립되었다. 어떠한 정이라도 속에는 모순을 안고 있어 결국에는 반을 초래한다. 반 역시 대칭적 논리에서 벗어나지 못해 결국에는 총론적·타협적 합으로 귀결된다. 이 주장은 우리 사회가 새겨야 할 가르침이라 할 만하다).

플라톤은 이상국가의 형태로 '철인정치가 실현되는 귀족정 국가'를 구상했다. 국가를 개인의 확대로 접근하여 영혼이 가진 이성(로고스)·용기(기개)·욕망(욕망)의 속성을 준거로 통치자인 철학자에 의한 지배를 중심에 두고, 그 아래로 군인·관리, 더 아래로 농민·공업자·상인을 설정했다. 철학자는 현실 세계를 이상에 가깝게 가도록 이끌어주는 역할을 해야 한다고 주장했다. 이는 소크라테스의 수제자로서 죄 없고 훌륭한 스승의 죽음에 분노하면서 중우(우민) 세력에 의한 민주주의를 혐오하며 현실적인 대안으로 이상주의적인 철인정치를 주장한 것이다.

그는 사람의 몸에 잠깐 머물고 있는 영혼에 의해 이데아계를 인식하는 것을 최고의 기쁨이라 여겼다. 그러다가 말년으로 갈수록 〈국가〉와 〈법률〉에 나타나듯이 '정치가와 법'의 중요성에 주목해 보다 현실적인 접근에 충실해졌다.

플라톤은 객관적 관념론(idealism) 철학을 처음으로 확립했다. 관념을 사람의 개별적인 정신세계가 아니라, 하나의 참다운 실재로 보고 정신과 개체를 초월한 이데아와 접목해 철학적 세계를 정립한 것이다. 철학만의 철학, 철학을 위한 철학을 지향하여 후대를 거쳐 오늘에 이르기까지 사상계의 주류적 흐름을 이끌며 지대한 영향을 미치고 있다.

그러나 그의 사상은 비판을 피하기 어렵다. 육체에서 욕망과 감정이 비롯된다고 판단해 이성에 의한 통제에만 집착했다. 경험과 현실을 있는 그대로 바라보지도 인정하지도 않았다. 황당할 정도로 관념적이고, 이상에 매달려 현실에 적용하기 어렵다. 엘리트주의에서 벗어나지 못했다. 우수한 사람들이 통치해야 하고, 그렇지 못한 사람들은 피지배자로서 따라야 한다고 강조해 현대 민주주의의 기반인 국민주권주의에 정면으로 배치된다. 이상사회를 꿈꾸는 지식인 출신이 지도자가 되었을 때 조선 건국을 주도한 정도전이나 프랑스혁명 때의 로베스피에르처럼 지나치게 교조적·이상적인 자신의 일방적인 신념을 세상과 국민에 강제하려 했다가 실패했음을 간과했다.

그의 주장은 계급적·차별적인 접근에 충실해 아테네 귀족 정치의 한계를 뛰어넘지 못했다. 이상적인 정체에 매달려 민주정마저 비판했다. 평등 사상을 제시했지만 여성과 어린이를 소유당하는 존재로 인식했고, 통제 경제를 근간으로 삼아 일정 기준 이상의 사유재산까지 부정했다.

비그리스인을 이민족으로 규정하고 전쟁과 약탈마저 정당화했다.

무엇보다 관념론에 머물러 현실 세계의 복잡하고 다양한 국면을 이해하지도 해결방안을 제시하지도 못했다. 그토록 중시한 변증법에 따르면 '정'의 단계에서 더 이상 나아가지 못한 것이다. 소크라테스에 함몰되어 초월적인 극복을 시도했지만, 철인정치와 이데아론에 바탕한 관념의 세계와 비현실적인 이상을 추구하는 모습에서 벗어나지 못했다.

그렇지만 플라톤의 위대한 철학은 영원히 빛날 것이다. 철학을 학문으로 정립하고, 그 기반 위에서 정치학, 윤리학, 형이상학, 인식론 등의 학문적 토대를 닦아놓았다. 스승을 계승하면서도 독자적인 체계와 이론을 정립해 아리스토텔레스와 후대의 플라톤 학파를 충실히 예비했다.

그의 철학은 경제학, 행정학 등의 학문 전반에도 엄청난 영향을 미치고 있다. 그가 설립한 아카데메이아는 529년까지 계속되면서 대학의 초기 형태를 갖췄고, 1483년에 라파엘로가 그려 르네상스를 대표하는 걸작이자 인류의 유산으로 빛나는 〈아테네 학당〉의 원천이 되었다.

무엇보다 소크라테스가 철학적 관점을 촉발하고 문제 제기를 한 것이라면 그가 철학을 학문의 반석 위에 올려놓은 공적은 아무리 강조해도 모자람이 없다.

"서양의 2000년 철학은 모두 플라톤의 설명에 지나지 않는다."

오죽하면 "철학이 플라톤이고 플라톤이 철학"이라는 말에 더해 후대의 모든 철학을 그의 추종에 불과한 것으로 간주했을까.

'철학 = 플라톤'

〈동굴에서의 탈출〉

플라톤은 소크라테스의 죽음에 큰 충격을 받았다. 아테네를 떠나 이집트, 시칠리아, 이탈리아 남부, 크레타 섬을 돌아보며 넓은 세상을 체험한 뒤에 돌아와 아테네 근교에 정착해 아카데메이아를 열었다(후일 르네상스를 주도한 메디치 가의 실질적인 창건자인 코시모에 의해 '플라톤 아카데미아'라 하여 다시 개설되어 근대화를 이끌었다).

그는 그즈음 〈국가〉를 집필하여 반드시 존재하되, 가장 중요한 가치인 정의에 입각하는 국가를 살펴보았다. 이대로 두어서는 안될 아테네에 대한 새로운 해법을 찾으려 한 것이다.

'이상 국가를 실현하기 위해서는 통치자가 지혜를 추구해야 한다. 이 지혜는 일반 지식이 아니라 나라에 도움이 되는 전문 지식이다. 수호자는 소신을 지키려는 진정한 용기를 가져야 한다. 욕망이 솟거나 괴롭거나 두려워도 소신을 버리지 않아야 한다. 구성원들은 각자의 역할에 부지런해야 한다. 절제를 해야 한다. 질서를 지켜야 한다. 국가나 개인의 차원에서 더 나은 부분이 더 못한 부분을 통치한다는 것을 인정해야 한다.'

이상국가를 만들기 위해 통치자와 수호자 같은 지배층의 역할과 책임을 강조한 것은 의미가 있다. 일정한 교양과 지성에 기반한 리더십을 강조하고, 철저한 교육을 받은 후에야 수행할 수 있다고 밝혀 신성불가침한 절대권력을 옹호하지 않았다. 차츰 현실적으로 변화하면서 지도자가 제대로 교육을 받고 참된 역할을 수행할 때 정당화된다는 것에 무게를 둔 것이다.

특히 플라톤은 동굴 속에 갇힌 노예처럼 쇠사슬에 묶여 있는 현실에서 벗어날 것을 외쳤다.

"스스로 쇠사슬을 끊고 뒤를 돌아보시오. 횃불 앞에 일렁거리는 환영의 실체를 보시오. 지금까지 당신이 믿는 실체는 그림자일 뿐이오. 거기서 멈춰 있지 말고 어두운 동굴 밖으로 나가서 태양을 보시오."

그는 한때 분노했지만 결코 버릴 수 없는 아테네 시민들이 노예가 아닌 자유지성인으로서 진실에 찬 세상으로 다가서도록 애정 어린 지적을 했다. 실체를 바라보면서 영혼을 일깨우고 활짝 열린 진정한 세상에서 살기 위해 곧바로 실천할 것을 주장했다. 여기에 더해 나와 세상에 대해 제대로 알고 나면 다시 동굴 속으로 들어가 쇠사슬에 묶인 노예처럼 살고 있는 형제자매와 이웃이 탈출하도록 도와야 한다고 강조했다.

나의 안락한 삶에만 안주하려 해서는 안된다. 자기와 가족, 돈과 물질에만 매달리면 자신이 바로 어두운 동굴 속의 쇠사슬에 묶인 노예와 다르지 않다. 우리 사회의 구성원, 그중에서도 어렵고 힘든 약자들의 아픔을 함께하고, 이들이 더 나은 삶을 살도록 자원봉사, 후원, 기부 등에 나서야 한다. 인문학을 통해 '나는 누구인가'에 대한 내면의 실존을 확립하면서 실천하는 한편 '남과 사회의 행복이 나와 가족의 행복'이라는 현명하고 지혜로운 생각 아래 구체적인 행동에 나서야 한다.

아리스토텔레스: 철학에 바탕해 학문의 세계를 연 철학의 집대성자

아리스토텔레스(BC 384~22)는 마케도니아에서 태어났다. 국왕의 시의(주치의)였던 아버지 덕분에 어려서부터 책을 가까이 하면서 원하는 공부를 맘껏 할 수 있었다. 17세에 아테네로 가서 아카데메이아에 입학해 플라톤의 제자가 되어 스승이 죽을 때까지 20년 동안 머물며 매진했다. 그는 철학을 비롯해 학문과 과학 전반에서 폭넓은 관심을 보였다.

41세의 나이가 된 아리스토텔레스는 마케도니아 왕 필리포스 2세의 초청으로 13세가 된 알렉산드로스 왕자의 스승이 되었다. 그로서는 교육을 통해 훨씬 다양하고 성숙한 학문연구에 충실할 수 있었다.

BC 334년 알렉산드로스 대왕이 그리스 세계를 통합한 후 동방원정을 떠날 때 남게 되자, 알렉산드로스의 도움을 받아 아테네 교외에 도서관과 박물관은 물론이고 연구시설을 갖춘 리케이온을 세웠다.

이후 정복사업의 잇따른 성공 속에 풍부한 지식과 물자들이 흘러들어와 그가 학문을 꽃피우기에 더할 나위 없이 좋았다. 그는 방대한 이론을 확립했고, 강연과 저술로 유명했다. 나무들로 우거진 산책로를 따라 거닐면서 강의해 그의 학파를 '소요학파(페리파토스 학파)'라 불렀다. 학교에서 제자들을 가르치며 저술에 몰두해 당시의 강의 초고를 바탕으로 오늘날까지 전해지는 저서들의 대부분을 썼다.

BC 323년에 알렉산드로스가 갑자기 죽자 그의 운명도 위험에 빠졌다. 아테네에서 반마케도니아 분위기가 확산되면서 시민들에게 늘 이방인이었던 그의 목을 조여왔다. 급기야 신에 대해 아무런 관심을 보이지 않은 것에 대해 고소를 당했다.

"신을 모독했다."

그는 자신에 대한 공격이 극심해지자 그대로 머물 수 없음을 느끼고 고향으로 피신했다가 다음해에 62세의 나이로 죽었다.

아리스토텔레스는 워낙 다방면에 걸쳐 관심을 기울였다. 공부와 연구를 거듭하며 역작들을 펴내면서 독창적인 이론과 체계를 확립했다. 논리학(Logic)을 창안하여 기초를 세우고 존재와 그 구성·원인·기원을 다루는 형이상학(Metaphysics)을 통해 철학을 정립했다. 그 바탕 위에서 정치학, 법률, 윤리학, 시, 연극, 음악, 수사학, 수학, 동물학, 생물학, 자연학, 광학, 물리학 등에 걸쳐 방대한 저술을 남겼다(지금까지 전하는 저작물만 해도 엄청난데, 원래 쓴 글의 1/3 정도라고 한다).

그의 위대하고 독창적인 업적은 크게 5가지로 정리할 수 있다.

1째, 체계적이고 과학적인 접근을 통해 3단논법의 명제론, 추리론, 논증, 정의, 분류, 추론, 오류 등을 확립했다. 저서로는 뛰어난 문필력을 발휘하여 쓴 〈정치학〉, 〈니코마코스 윤리학〉, 〈형이상학〉, 〈수사학〉, 〈변증학〉, 〈분석론〉, 〈시학〉, 〈자연학〉, 〈동물 탐구〉 등이 있다. 자연스럽게 과거 그리스 철학자들의 모든 학설을 모아 정리하고 비판하면서 논리학이란 독자적인 체계로 대체했다.

2째, 사람을 정치적·이성적 동물로 파악했다(한때 사람을 사회적 동물이라 오역해 통용되기도 했다). 정치의 요체가 되는 정치체제를 놓고 특정한 형태보다 제반 환경, 특히 국민의 성격과 필요에 의해 선택되어야 한다고 보고, 참주정, 과두정, 민주정의 3가지로 구분했다(더러는 각각 군주제·전제정, 귀족제·공화정, 중우제·우민정으로 표현한다).

3째, 실천 철학을 제시했다. 플라톤의 관념론적 이상주의와 대비되는 경험론적 현실주의로 독자화했다. 사람만의 특징인 이성에 의해 지혜를 찾아가는 것을 중시했고, 이런 기조 아래 방법이자 생활로서 접근할 때 사람의 궁극적인 목표인 행복을 얻을 수 있다고 주장했다.

4째 시를 철학의 진정한 방법으로 지향했다. 플라톤이 자연계를 이데아의 모방으로, 예술을 다시 모방하는 '모방의 모방'으로 여겨 참실재인 이데아의 참인식을 흐려놓는 부정적인 방법으로 본 것과 달리, 예술을 모방기술로 보되 비극이 울적한 기분을 발산시켜 정신을 정화(카타르시스)시킨다고 주장하면서 시학을 통해 창조적·예술적 지평을 넓혔다.

5째, 자연과학을 학문의 세계로 정립했다. 알렉산드로스의 정복사업에서 전리품으로 획득해 가져온 선진적이고 방대한 서아시아의 서적과 자료들을 통해 동물학, 생물학, 자연학, 광학을 중심으로 자연과학의 새 장을 열었다. 사람의 본질과 특성을 이해하기 위해 동물에 각별한 관심을 기울여 다수의 저술과 더불어 최초의 동물원을 세우기도 했다.

그러나 전체를 포괄하는 논리와 학문으로 발전하지 못한 채 플라톤의 사상과 2원론적인 대칭점에 서 있는 절반의 한계도 드러냈다.

정치체제에서 과두정을 우선하며 민주정을 가미한 혼합 정체 또는 탁월한 소수가 통치하는 귀족정을 최상의 정체로 지지했다. 노예제를 자연발생적인 형태로 옹호했다. 지금의 관점에서 보면 시대적 순응의 한계와 보편성의 결여가 그대로 드러난다.

지식의 보편화를 추구해 자연에 바탕한 철학을 제시했지만 지나치게 추상적인 견해에 고착했다. 자연철학의 단계에서 벗어나지 못해 과학적 오류도 적지 않다. 심지어 명백하게 틀린 천동설에 근거한 우주론을 주창하여 코페르니쿠스(1473~1543)와 갈릴레오(1564~1642)가 지동설을 주장할 때까지 정반대의 잘못된 학설을 유지하는 결과를 초래했다.

특히 관념론과 유물론을 양면에서 다루며 조화를 시도했으나, 정반대로 활용되기도 했다. 중세 기독교에서는 그의 관념론적 철학을 신학의 확립에 활용했고, 근대 자본주의사회에서는 공산주의를 주장할 때 그의 유물론적 철학이 관념론을 타파하는 근거로 사용되었다.

그렇지만 아리스토텔레스는 일부의 잘못과 오류를 훨씬 뛰어넘는 영원히 빛날 업적을 이룩했다. 그리스 철학을 집대성했고 방대한 저술을 통해 다양한 학문의 전개를 가능하게 만들었다. 소크라테스와 플라톤이 지향하던 '철학적 지혜'를 존중하되 현실적인 '실천적 지혜'를 집대성해 철학은 물론이고 다양한 분야의 학문적 토대와 후대의 다채로운 발전을 가능하게 만들었다. 사실 덕·지와 같이 실체를 알기 어려운 소크라테스와 지나치게 이상적이고 추상적인 플라톤을 뛰어넘어 실체적이고 경험적인 학문을 확립하여 서양 철학의 본격적인 전개를 가져왔다.

정치를 다룸에 있어 사람과 세상으로부터 초월 또는 이탈하는 것이 아니라 그 속에서 쓸모 있는 차원에서 접근함으로써 정치체제의 선택과 적용, 입법 전문가의 양성과 같은 효용 있는 방안과 학문을 제시했다.

무엇보다 그의 철학과 학문은 확고한 실용적 이론에 바탕했기 때문에 서양의 정신세계와 지식계를 정립할 때 가장 비중 높은 위치를 확보했다. 중세 암흑기 때의 신학자들조차 자신들의 입장과 일치하는 내용을 찾아 학문의 기초로 삼음으로써 중세 스콜라 철학으로 이어지며 확실한 뿌리를 내렸다. 이후로도 막대한 영향을 미치면서 근·현대까지 이어지고 있음은 물론이다.

폴리스: 그리스 세계는 자유로운 도시국가들로 이루어졌다

폴리스(도시국가)는 BC 8세기경 올리브 재배와 소규모의 상업을 중심으로 발전하면서 형성되었다. 자연적으로 지중해를 끼고 산과 반도와 섬이 주로 자리하여 작은 지역으로 분리된 채 독자화하며 번영했다.

시민은 자유민인 폴리스의 주권자로서 자유와 독립성을 최선의 가치로 중시하여 군주제나 절대왕정 같은 형태가 아닌, 시민들을 중심으로 한 정치와 사회 공동체를 형성해 직접 민주주의 방식에 기반한 민주정을 운영했다. 외부의 개입이나 침략에 대해서는 공동으로 군대를 편성하여 대응했다. 물론 대표자 1명 또는 소수집단이 군주 같은 역할을 했지만 선출된 임기직으로 제한적인 역할을 수행하도록 했다.

그리스 세계는 활발한 이주, 교역, 식민 개척과 도시 건설을 통해 나날이 확장되었다. 처음에는 에게해를 중심으로 그리스 남부 해양에서 출발하여 발칸 반도를 중심으로 동쪽으로 동지중해와 흑해에 이르렀고, 서쪽으로 남유럽의 이탈리아 반도, 프랑스 남부, 이베리아 반도에 걸쳐 방대한 그리스 세계를 구축했다.

그리스는 동방과의 교역을 위해 서아시아와 흑해 연안을 더욱 중시한 아시아-유럽 국가였다. 호메로스(영어로 호머)가 지은 인류 최초이자 최고의 대서사시인 〈일리아드(일리아스)〉와 〈오디세이(오디세이아)〉의 배경이자 그리스·로마 신화에서 '신의 시대'에 이은 '사람의 시대' 중에 가장 유명한 무대가 된 트로이도 지금의 터키 즉 소아시아 일대에 있었다. 그리스의 철학이 처음 시작된 곳인 밀레투스를 포함하는 이오니아 지역도 터키에 있다(그리스 최초의 철학자인 탈레스(BC

624~546)의 고향이자 활동을 벌인 본거지라 하여 그의 학파를 밀레투스 또는 이오니아 학파라고 부른다). 유럽 지역에서는 마르세유, 모나코, 나폴리, 이스탄불 등지에 교역을 위한 식민도시를 건설한 정도였다. 게다가 유럽 대륙 내부로는 전혀 진출하지 않았다.

폴리스는 성벽으로 둘러싸인 시가지와 다시 길게 뻗어나간 교외로 이루어졌다. 시민은 시가지나 교외에 살고 있었지만, 중요한 위치나 시설은 시가지에 집중되었다. 시민 공동체의 성격이 강해 시민 중심의 도시 배치와 공간 활용이 반영되었다(로마를 비롯한 유럽 어느 나라든지 폴리스의 원형에 따른 도시 형태를 지키고 있다).

시내에는 '아고라(광장)'라 하여 시민 전체의 공공 광장이 있고, 의사당, 재판소, 상점 등이 주변을 에워싸며 배치되었다. 그곳은 시민들이 오가는 만남과 교류의 장, 정보와 현안을 정책화하는 토론의 장, 법이 발표되고 연설이 이루어지는 정치의 장, 온갖 물자들을 사고파는 시장, 재판정에서 시민 배심원이 모인 가운데 열리는 재판의 장, 운동을 하거나 올림픽과 축제가 행해지는 공동체 활동의 장이었다.

아고라 근처에는 폴리스를 구성하는 또 하나의 중심지로 방어를 위해 만들어진 핵심 지역인 '아크로폴리스(성채)'가 조성되어 도시의 가장 높은 곳에 위치했다. 주요 정부청사와 신전이 모여 있어 시민 중의 시민이 폴리스를 이끌어가는 도시의 심장부 역할을 했다.

아고라에서 아크로폴리스로 가는 길에는 넓은 빈터에 돌 연단을 둔 '프닉스(노천 의사당)'가 있었다. 시민들은 언제나 이 언덕에 모여 민회를 열어 중요한 정책이나 의결사항을 직접 결정해 인류 역사상 최초의 민주주의가 탄생했다.

폴리스는 수백명에서 수천명의 단위로 구성되는 경우가 많았으며, 1000개가 넘게 산재하고 있었다. 규모를 놓고 플라톤은 가장 이상적인 시민의 수를 5040명이라 주장했고, 아리스토텔레스는 사람들을 1곳에 모았을 때 연설의 소리가 닿는 범위인 2000명이라 밝힌 바 있다.

하지만 우리가 빠뜨려서는 안될 폴리스의 내면이자 진정한 가치가 있다. 바로 그리스 문명이다.

'신과 영웅의 세계에 대한 신화, 생각에서 나온 지혜로서의 철학, 시대와 인물 이야기로서의 역사, 세상만물에 대한 궁금증이 낳은 과학, 시와 연극을 중심으로 풍요로운 삶을 담아낸 문학, 사고의 내면을 구현하는 예술, 세상을 가장 정확하게 밝히는 수학, 온갖 관심을 정리하고 체계화한 학문, 도시와 문명을 공간에 펼친 건축, 사람의 언행과 삶의 준거에 관한 윤리학, 다수의 시민을 위한 정치 이념과 체제인 민주주의, 건강한 육체와 그리스 세계의 통합을 이루어낸 올림픽 등등.'

그리스 문명은 그리스인이 가졌던 다양한 궁금증이 일으킨 지적 운동으로 이만큼 다채롭고 화려했던 시절은 그전에도 그후에도 없었다. 엄청난 창작물을 쏟아내면서 발전시켜 다른 어떤 문명보다 유럽과 인류 사회에 미친 영향이 컸다. 아고라 광장을 중심으로 정치와 철학을 꽃피우며 정치학, 수사학, 윤리학 등의 학문을 성립시켰다. 일일이 열거하기가 힘들 정도로 많은 인류 최초의 인물들과 생산물들을 배출했다. 우리가 알고 있는 서양 학문과 과학을 비롯한 근대 이후의 결과물조차 그리스인의 창조물을 본따거나 그에서 나온 아류로 보기도 한다. 시인과 극작가와 예술가를 비롯한 쟁쟁한 대가들이 나와 역사, 시, 문학, 예술 등을 형성했다. 시를 통해 사람의 정신세계와 감성을 표현했고, 인류 최초의 극장이 세워지면서 수많은 공연이 이루어졌다.

후대에 가서 그리스에 뿌리를 두고 르네상스를 일으켜 본격적인 유럽화와 근대화를 이룩했다. 지금까지도 작품 소재나 배경으로 즐겨 애용되고 있는 경우가 허다하다.

물론 그리스 신화가 비과학적이듯이, 지구의 형태와 끝을 전혀 이해하지 못했다. 그리스 최초의 철학자인 탈레스가 만물의 근원이자 자연의 본질을 '물'이라 주장하여 오늘날의 시각에서 보면 터무니없이 틀렸듯이, 많은 철학자와 과학자의 주장에서 잘못된 경우가 수두룩하다. 그리스 최고의 지성인으로 손꼽는 아리스토텔레스조차 천동설을 주장했고, 명백하게 잘못된 이 사실도 일반적으로 받아들여졌다. 그렇지만 이러한 오류조차 오랜 세월에 걸친 시도가 쌓이면서 과학과 학문으로 발전했듯이, 인류가 진보하는 과정으로 이해할 수 있다.

그리스의 이러한 성취는 통합된 왕국이 없었기 때문이었다. 절대왕정이 성립하거나 강대국이 출몰하지 않은 상황에서 폴리스들로 흩어진 채 국가의 통제가 약하고 언행과 이동이 자유로운 상태에서 자유롭게 사색하고 원하는 분야의 학문을 연구할 수 있었다. 그야말로 다양한 방면에서 다채로운 주의·주장이 나와 사고와 연구의 지평을 넓혀 주었다. 그러다보니 학문과 문예의 놀라운 출현과 발달이 전개되어 화려한 문명을 발전시킨 것이다.

이런 점에서 춘추전국시대 때 수많은 나라들로 분립한 상태에서 제자백가들이 맹활약하며 중국의 원형을 형성하고 거의 모든 분야에서 창의가 넘치는 문명을 꽃피운 것과 다를 바 없다. 르네상스 때 피렌체·로마·베네치아(영어로 플로렌스·롬·베니스) 같은 이탈리아의 도시국가들이 자유로운 인문주의와 미술을 선보이며 1000년이 넘도록 잠자던 중세 유럽을 깨우면서 근대 유럽으로 가는 길을 연 것과 같은 이치다.

지금도 자유로운 분위기가 제공되어야 더욱 창의적이고 미래지향적인 성취를 이룰 수 있음은 당연하다. 다만 현대사회에서는 과학·학문과 문화예술 간의 통섭과 융·복합이 활발해지고 막대한 재정과 인력이 투입되어야 한다. 그래서 중앙정부의 주도 아래 다원적인 참여를 통합하면서 재정을 비롯한 다양한 지원을 할 수 있는 국가라야 가능한 현실도 무시할 수 없다. 이런 점에서 한국도 국제기준보다 더 선도적이고 파격적인 '자유와 개방'에 토대한 사회를 조성하되, 정부와 각계각층의 통합을 통해 인류 문명에 이바지할 수 있는 성과물을 만들어내야 할 것이다.

〈민주정은 중우화를 막아내야 좋은 제도로 살아남을 수 있다〉

아리스토텔레스는 〈정치학〉에서 정체론, 즉 3가지 형태의 정치체제를 제시하면서 과두정과 민주정의 혼합 정체 또는 탁월한 소수가 통치하는 귀족정을 가장 바람직한 정체로 옹호했다.

그는 소수의 귀족이나 원로원 같은 특정집단이 정치·경제 권력을 차지하고 국가를 운영하는 것이 가장 강력하지만 독단과 폭정을 막을 수 없는 군주제보다 낫다고 주장했다. 그러나 역사적으로 보면 귀족정 또는 과두정은 최악의 정체였다. 이권독점과 권력투쟁이 일상화하여 혼란이 극심하고 국민이 살기 힘들었다. 여기에 플라톤과 아리스토텔레스의 계급적 이익과 현실 영합적인 태도가 작용한 것도 본질을 흐리게 했다.

역사라는 도도한 흐름에서 군주제는 동서고금을 막론하고 귀족정을 제압, 해체, 무력화하고 중앙집권 체제를 확립했다. 그러다가 근대 이후 루소가 최고의 정체로 거론한 민주정으로 전환되었다. 유럽에서는 국민의 지지를 등에 업은 개혁적 귀족이나 신흥 계급이 세력화하여 의회정치와 내각책임제를 제도화했다. 현대사회에서는 대다수 유럽국들이 국민의 선출에 기반하는 민주정을 원칙으로 삼아 대세를 이루고 있다.

다만 우리는 민주정 역시 완전무결하지 못하다는 사실을 잊어서는 안된다. 특히 중우정으로 치달으면 가장 위험한 제도가 될 수 있다. 민주정치를 처음 실현한 아테네가 클레온을 비롯한 선동정치가들에 휘둘려 교만에 찬 시민들에 의해 몰락했다. 로마 공화정이 시민들의 열렬한 지지 속에 황제를 옹립해 제국으로 전환하도록 앞장섰다(신화일 뿐이라서 로마 왕정이 원로원에 의한 공화정, 즉 귀족정으로 전환했다는 논리는 성립하기 어렵다). 르네상스의 황금기를 이끈 피렌체 역시 수도사인 사보나롤라의 선전선동에 휩쓸린 광란에 찬 시민들에 의해 파괴되고 몰락했다.

20세기가 되어서도 그랬다. 독일에서 국민들의 열광적인 지지 속에 '무능하고 마음에 들지 않는다'는 이유로 가장 민주적인 바이마르 체제를 끝장내고, 히틀러의 독재정을 초래해 유럽과 전 세계를 전쟁으로 몰아가 인류 최대의 비극을 연출했다. 이러한 행태는 이탈리아에서도 마찬가지로 벌어져 무솔리니와 파시스트에 의한 독재정을 불러왔다.

이런 까닭에 민주정을 유지하고 지키려면 개방과 자유의 사회를 근간으로 하되, 일정한 경제력을 토대로 지식과 교양을 갖춘 다수의 국민이 중산층이 되어 집단 지혜를 발휘해야 가능하다. 특히 선동가에 의해 민심이 출렁거리고 끌려다니면 이보다 더 위험한 상황이 없음을 늘 새겨두고, 절제와 겸손을 잊지 말아야 할 것이다.

〈클레온, 아테네를 말아먹은 선동가〉

아테네는 그리스 문명을 대표하는 폴리스로 오래 존속하며 역사상 돋보이는 황금기를 누렸다. 하지만 번영을 누린 지 얼마 지나지 않아 멸망해 그 원인과 배경이 자못 궁금하다. 그런데 르네상스를 개화해 완성하고는 갑자기 몰락한 피렌체와 대비해보면 재미난 결론을 얻을 수 있다. 아테네에서는 '페리클레스와 클레온'을, 피렌체에서는 '로렌초 데 메디치와 사보나롤라'를 주목하면 보다 정확한 실상을 알 수 있기 때문이다. 피렌체와 르네상스의 절정기를 꽃피운 장본인인 로렌초는 말년에 극단적인 선동에 열을 올린 사보나롤라의 공격을 받았다. 로렌초가 죽자 피렌체 시민들이 사보나롤라의 대책 없는 충동적·파괴적 행동에 열광하며 추종했다가 피렌체와 르네상스의 전성기도 끝났다.

페리클레스(재위 BC 461~29)는 길고 힘들었던 페르시아 전쟁에서 아테네의 승리에 결정적인 역할을 한 뒤 정치와 경제·문화 중심지가 된 아테네의 최전성기를 주도했다. 민주정을 확립하고 학문과 문화예술을 장려해 그리스 세계의 중심이 되도록 역할했다. 지금도 그가 아테네를 이끌던 시기를 '페리클레스의 시대'라고 부르며 찬양할 정도다.

반면에 그의 정적과 비판자들은 그의 존재와 정책을 비난하는 일에만 매달렸고, 시민들도 그의 치적과 아테네의 번영을 외면했다.

"페리클레스는 민주정의 형식만 갖춘 채 제1시민으로서 1인 독재정을 펼치고 있다."

"페리클레스는 적의 침입을 보고서도 어쩌질 못하는 겁쟁이다."

"그의 지나친 전횡으로 다른 폴리스들의 자유에 개입해 스파르타와의 전쟁을 자초했다."

일부의 주장을 부정할 수는 없지만 전체적으로 보면 도무지 말이 되지 않는 흠집잡기다. 아테네의 몰락을 그와 관련짓는 것 자체부터가 지나친 비약이다. 오히려 그의 사후 아테네는 급속도로 쇠락했다.

그의 생전에 아테네는 승리와 영광의 시대를 구가했다. 그러다가 그의 부재 속에 패전과 몰락이 찾아온 것이다. 페리클레스가 살아있었더라면 결코 스파르타에 패전하지 않았을 것이다. 그는 아테네의 패권을 견제해 펠로폰네소스 동맹을 결성한 스파르타와의 전쟁을 피할 수 없다고 보고 전쟁을 준비했고 펠로폰네소스 전쟁이 일어난 초반을 이끌었다.

정말 주목해야 할 것은 아테네의 몰락을 이끌고 간 클레온과 그의 말에 춤춘 시민들이다. BC 430년 전염병이 돌자, 클레온이 검사가 되어 재판까지 열고 그의 책임을 물어 이미 망조가 들고 있었다. 페리클레스는 자신의 인품과 지도력을 폄하하며 좇아한 시민들의 배은망덕함에 대해 섭섭함을 드러낼 정도였다. 그나마 명연설 덕분에 이듬해에 총사령관으로 복귀했지만 가족들이 역병으로 죽고 그도 이내 죽었다.

그가 죽자마자 아테네는 그리스의 전통을 깨고 제국처럼 오만하게 행세했다. 주변국에 대한 전횡과 수탈을 벌여 그리스 세계의 보편적 자유와 폴리스 간 자치권을 뒤흔들었다. 심지어 동맹의 기금을 끌어다가 제멋대로 유용하는 일도 예사였다. 무엇보다 아테네 시민의 교만은 가히 하늘을 찔러 파멸로 가는 최후의 길을 스스로 걸어갔다.

아테네는 만성적인 전쟁 속에 농업이 황폐화되고 빈부차마저 극심해진 상태에서 선동정치가들이 날뛰었다. 문제를 해결하는 대책을 내놓는 것이 아니라, 자신의 이익을 위해 달콤한 말로 되지도 않는 논리와 지키지도 못할 약속을 외치면서 중우정치가 판을 쳤다.

클레온은 전형적인 선동정치가로 전쟁 없는 승리가 아닌 호전적인 전쟁만을 내세웠다. 달변을 앞세워 시민의 인기와 지지를 한 몸에 받으며 아테네를 전쟁으로 내몰았고, 한때 전쟁의 지휘권을 맡아 이기기도 했지만 결정적인 패배로 전사했다. 숱한 소피스트들처럼 인기와 돈에 매달려 말의 성찬을 벌이던 천박한 선동정치가들과 함께 아테네를 몰락으로 몰고간 것이다(농성 작전을 펼친 아테네에 흑사병이 창궐하면서 인구의 1/3을 잃어 패배하게 된 측면도 무시할 수는 없다).

클레온의 가장 큰 죄악은 시민들을 선동해 파멸로 이끌었던 것이지만, 가장 큰 우스꽝은 연설의 품격을 완전히 날려버렸다는 것이다. 연설을 하다가 소리를 지르거나 뛰어다녔으며 자신의 몸을 치는 행위를 유행시켜 지도자의 가벼운 처신과 국정에 대한 경멸을 자초하면서 온 나라를 혼란에 빠뜨렸다. 나중에는 자신의 목숨은 물론이고 아테네를 멸망으로 내몰아 민주정의 파괴자가 되었다(일부에서는 클레온이 10년에 걸쳐 시민과 델로스 동맹을 이끌면서 과감한 정책을 펼쳐 아테네를 구했다고 주장한다. 하지만 한번의 승리에 빠져 동맹의 기금을 2~3배로 늘렸고, 민주정을 이용했을 뿐이지 시민적·국가적 역량을 모아 현명하게 대처하지 못했다. 과연 페리클레스라면 아테네가 그렇게 되었을지 돌아보면 쉽게 짐작할 수 있다).

〈인문학: 지혜와 행복을 추구한다〉

우리가 흔히 말하는 인문학은 소크라테스-플라톤-아리스토텔레스 3인에 의해 토대가 다져졌다. '자유로운 사람'을 주제로 하되 철학을 중심으로 현실 세계의 기록인 역사와 명상 세계의 기록인 문학으로 기초를 갖추면서 인문학(人文學 ·Liberal arts, 로마에서 휴머니타스라 한 후 Humanities가 됨)이 형성되었다. '인문주의 즉 휴머니즘(humanism)'은 말 그대로 사람을 대상으로 한다. 각자 자기 자신을 돌아보는 것에서 출발한다. 전체를 놓고 보면 우주를 비롯해 천지만물과 자연도 살펴보아야 한다. 그 이치와 원리가 사람의 정신과 육체에 그대로 적용되기 때문이다.

인문학에서 학문을 공부하는 목적은 뚜렷하다.

'나는 누구이며, 어떻게 살 것인가.'

인문학에서는 '사유(사색)'가 가장 중요하며, 출발이 된다. 낮에는 대지와 바다를, 밤에는 하늘의 별을 바라보아야 한다. 고요하고 조용한 가운데 내면을 들여다봐야 한다. 그러면서 나는 지금 어디에 서 있는지를 살핀 후, 삶에 대한 목표와 방법을 설정하고, 남과 세상을 위한 가치 있는 그 무언가를 찾아내고 만들어야 한다. 오랜 실천과 함께 탐구, 연구, 토론, 발표 등을 통해 값지게 활용되도록 노력해야 한다.

그런데 일부에서는 인문학을 놓고 문사철 즉 문학, 역사, 철학을 3대 기둥으로 삼아 인문과학을 강조하면서, 자연을 대상으로 하는 자연과학과 대비하고 있다.

하지만 21세기를 맞이한 지금은 서로 간의 융·복합을 통해 더욱 풍성한 인문학으로 포괄해야 한다. 종교(신학), 미술, 음악, 경제 등은 물론이고, 천문학, 수학, 기하학, 의학, 물리학, 화학, 생물학, 지구과학 등에 걸쳐 접근해야 한다. 사실 인문학은 근대까지 종교와 정치에 휘둘렸다. 그런 중에 자연과학에 힘입어 비현실성을 비판하면서 과학성을 강화해 사람의 근원적 존재와 내면적 실체에 대한 영역을 넓혔다.

플라톤은 수학을 철학의 가장 정확한 기준으로 강조했다. 아리스토텔레스는 자연학과 광학 등을 연구해 저술을 남겼다. 의학자인 프로이트와 융의 정신분석 덕분에 사람의 내면을 파악하면서 심리학이라는 중요한 영역을 개척했다. 생물학에서 체제이론이 나와 현상을 이해하는 접근법으로 활용되어 정치학과 행정학의 영역을 확장했다. 그래서 넓은 인문학으로 접근해야지 서로 분리하거나 좁은 개념으로 여겨서는 안 된다.

동양에서 유학자들이 사상만을 강조하는 경향이 강하지만, 원래 창시자인 공자는 이론에 집착한 책상머리 공부에 매달린 것이 아니라 '6예'를 골고루 중시하여 활쏘기, 승마, 수학 등에 능통했고, 하루도 빠짐없이 음악을 즐겼다.

세종과 정조가 성군으로 여겨지는 것도 좁은 학문의 세계에 얽매인 것이 아니라 농업과 자연과학에도 지대한 관심을 기울여 조선과 국민의 실정에 맞는 학문을 했기 때문이다. 세종은 한글을 비롯해 국민의 실생활에 필요한 물자, 발명품, 서적들을 만들어 보급했다. 정조 역시 활쏘기와 승마에 뛰어났고 실학과 미술(풍속화)을 장려했다.

그리스 철학의 학파

○ **이오니아(밀레투스) 학파**: 탈레스(물, 최초의 철학자), 아낙시만드로스(아페이론), 아낙시메네스(공기), 헤라클레이토스(불, 로고스를 제창한 우울한 철학자)

* BC 6~5세기경 우주 만물의 근원을 밝힌 후 기원과 구성을 전개하며 철학의 기원을 이루었다. 1원론과 물활론에 바탕한 자연철학이다.

○ **엘레아(이탈리아) 학파**: 크세노파네스(흙, 유일신), 파르메니데스(존재의 철학자), 제논(변증법의 발견), 멜리소스(이 학파 최후의 철학자)

* 파르메니데스를 시조로 보기도 한다.

* 피타고라스 학파는 만물의 근원이자 진리를 '수'로 보고 접근했다.

○ **다원론자**: 엠페도클레스(물, 공기, 불, 흙의 4원설), 아낙사고라스(무한히 다양한 원소), 데모크리토스(원자론, 최초의 유물론자로서 플라톤과 대립)

* 세상과 자연을 놓고 3가지 이상의 궁극적인 존재 또는 원리를 통해 설명했다.

○ **소피스트(궤변학파)**: 프로타고라스(사람은 만물의 척도다), 고르기아스(《비유에 관해》 씀), 히피아스(토론과 연설의 달인), 프로디쿠스(무신론), 트리시마코스(보편적 정의를 부정하고 강자의 논리 강조)

* BC 5세기 후반~4세기경 아테네의 철학 사조로서 그리스 철학의 2기에 해당한다. 상대주의적 입장으로 변론에 치우쳐 궤변론자라 한다.

* 디아고라스는 BC 5세기에 활동한 소피스트로 최초의 무신론자였다.

○ **소크라테스-플라톤-아리스토텔레스**: 그리스 철학의 3기에 해당하지만 사람을 대상으로 한 진정한 철학을 열고 정립했다.

- ○ 소소크라테스 학파
  - 메가라 학파(쟁론파·변증파): 에우클레이데스, 유클리드 ➔ 회의학파(피론)
  - 키니코스 학파(견유학파, 퀴닉·퀴닉스 학파): 안티스테네스, 디오게네스 ➔ 스토아 학파(제논)
  - 키레네 학파(쾌락 학파): 아리스티포스 ➔ 에피쿠로스 학파(에피쿠로스)
- ○ 신플라톤 학파: 플루타르코스, 플로티노스, 프로클로스
- ○ 소요학파(페리파토스 학파): 테오프라스토스, 에우데모스

* 유클리드는 플라톤의 제자로 피타고라스를 계승해 기하학 등 수학을 정립했다.

* 스토아 학파가 제논, 클레안테스, 크리시포스, 파나이티오스, 포세이도니오스, 키케로, 세네카, 에픽테토스, 마르쿠스, 아우렐리우스, 플로티노스, 프로클로스 등으로 이어지며 AD 5세기까지 철학을 주도했다. 이후 중세 때는 철학의 부재 속에 토마스 아퀴나스로 대표되는 스콜라 학파만이 명맥을 유지했다.

알렉산드로스의 원정로와 마케도니아 제국

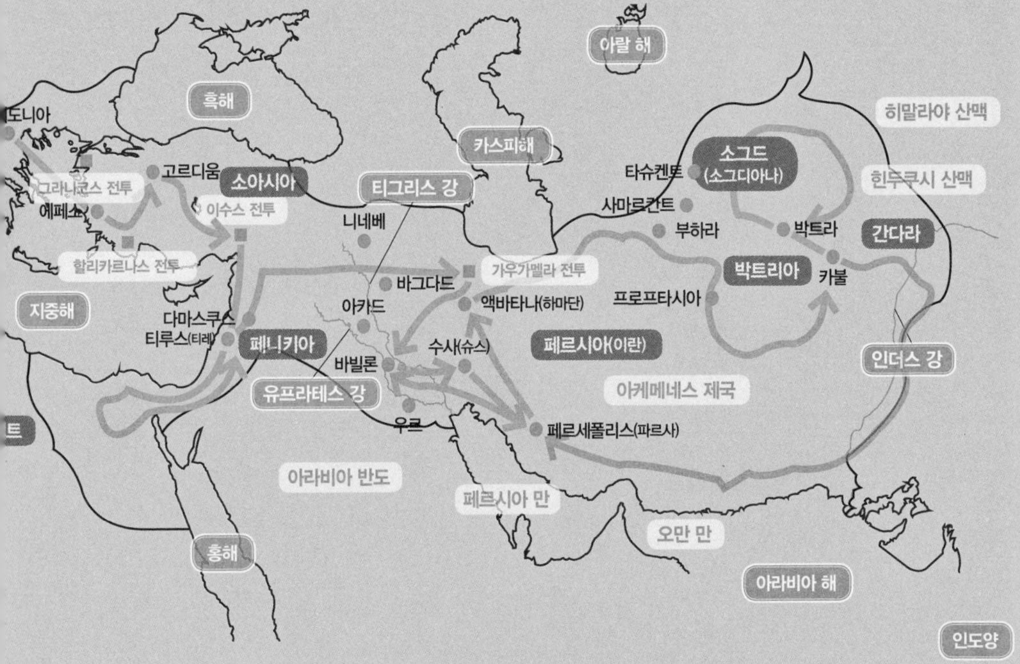

알렉산드로스 대왕

유럽의 첫 영웅으로 헬레니즘을 꽃피우다

가장 강한 자를 추구하며 세상 끝까지 정복하려 하다

유럽인이 자랑하는 위대한 영웅이라면 누가 있는가?

'알렉산드로스, 카이사르, 엘리자베스 1세, 나폴레옹, 비스마르크 등이 대표적이다.'

알렉산드로스가 가장 먼저 등장하나?

'그렇다. 그는 시대적으로 가장 먼저 등장하는 정복군주로서 유럽의 아시아화를 막아냈을 뿐만 아니라, 유럽 역사상 최초로 외부 세계로 원정해 자랑스러운 고대사의 흔적을 남겼다.'

알렉산드로스의 동방원정과 영광은 놀라운 성공으로 인정받는다. 다만 그의 후광이 헬레니즘 시대를 통해 300년 동안 지속되었다는 주장은 다분히 과장된 것이다. 그의 사후 제국은 4개로 쪼개졌고, 유럽 남부와 지중해 일대에서는 로마가 등장하고 있었다. 서아시아(유럽에서는 동방·

오리엔트로 부름)에서는 페르시아인이 다시 일어서면서 아케메네스 제국(BC 550~330)을 뒤이어 막강한 파르티아 제국(아르사크 왕조·안식국. BC 248~AD 226)과 사산 제국(사산 왕조·사산조. 226~651)이 잇따라 존속했다(파르티아 또는 사산을 페르시아 파르티아 또는 페르시아 사산이라 부르거나 뭉뚱그려 페르시아 제국(왕국)이라고도 부른다).

'헬레니즘'이란 말조차 후대의 유럽학자가 유럽 우위의 인류 문명사를 구성하면서 만들어낸 논리적 틀이다. 극히 짧게 끝난 원정 이후 그의 후광이 어느 정도 이어진 것을 헬레니즘 시대로 개념화하여 유럽의 우월성을 강조하는 계기로 만든 것이다. 그 과정에서 그의 침략과 약탈, 문명 파괴 등을 위대한 정복으로 포장했고, 유럽 세력이 역사상 처음으로 지중해-중동의 패권자가 되어 서아시아에 대한 주도권을 확보한 자랑스러운 역사로 인식하도록 만들었다.

그런데 서유럽에서 그의 원정과 헬레니즘을 영광의 역사라 하여 자신의 일부처럼 여기는 것은 잘못이다. 민족(그리스인-게르만족), 종교(다신교-기독교), 활동 영역(지중해-대서양) 등에서 전혀 다르다. 굳이 공통점이라면 같은 유럽이란 사실 뿐이다. 이런 식이라면 아시아에서도 대부분 서아시아에 영토 기반을 두었고 치세와 활동의 비중에서 유럽보다 월등히 높아 얼마든지 자기 역사라고 주장할 수 있다.

이것은 한국과 중국 또는 한국과 인도를 하나로 묶어 설명하는 것과 다를 바 없다. 중국이 고구려와 발해의 역사를 필요에 따라 자국 역사로 편입하는 것과 다를 바 없다. 동북아시아, 동남아시아, 남아시아, 중앙아시아, 서아시아 등지의 역사를 놓고 한국이 편의적으로 같은 아시아 지역이라 하여 우리의 역사라고 짜맞추는 것과 다를 바 없다. 메소포타미아 문명을 두고 같은 아시아의 역사인 만큼 한국에서 우리 문명사의 시원으로 삼아 오랜 역사로 자랑하는 것과 무엇이 다른가.

이젠 그리스 문명과 헬레니즘을 일으킨 그리스인, 로마 제국을 일으킨 라틴족, 서유럽의 주역이 된 게르만족을 제각각 명확하게 구분 지어 그들 나름대로의 고유한 역사로 접근해야 맞다.

우리는 중국의 고대사를 놓고 같은 동양의 역사라 하여 한국사로 만들거나 인식하지 않는다. 반면에 중국이 한국사까지 끌어당겨 자기 역사로 만들고 있어 문제다. 요하 문명, 고대 조선(고조선)과 고구려·발해 제국사, 대륙과 해양 경영사 등을 연구대상 분야로 설정한 후, 역사적 사실을 찾아내고 조명하면서 국민의 가슴속에 새겨나가야 할 것이다.

다만 한·중·일 동양 3국이 역사위원회를 발족해 자기 민족 또는 국가의 역사를 넘어서서 서양에 대비되는 전체로서의 동양사 및 서로 간의 공통사를 연구해 공유할 필요는 있다.

군주와 정복자의 기질을 스스로의 힘으로 기르다

알렉산드로스 대왕(알렉산더 3세, BC 356~23, 재위 BC 336~23)은 독일어·영어로 알렉산더, 라틴어로 알렉산데르, 러시아어로 알렉산드르, 프랑스어로 알렉상드르, 아랍어로 이스칸다르로 불린다(유럽국들이 민족과 국가 명칭은 물론이고 인명과 지명에서 같은 어원을 놓고 서로 다른 언어를 사용해 전혀 달라 보이기 때문에 이 책에서는 정확한 이해를 위해 나라별로 표기와 발음을 언급하되 해당국의 언어를 주로 사용했다).

그는 수도인 펠라에서 필리포스 2세와 에페이로스의 공주였던 올림피아스 사이에서 태어났다. 어릴 적에 어머니로부터 사랑과 사려 깊은 엄격한 교육을 받으면서 독서와 무예를 익히며 조용하게 보냈다. 그러다가 12세 때에 사나운 명마를 길들이며 전혀 다른 모습을 보여주었다.

원래 이 야생마는 크고 검은 털을 가진 훌륭한 말이었지만 워낙 사나워 아무도 어쩌지 못했다. 하는 수 없이 필리포스는 상인에게 데려가라고 명했다. 그때 옆에 서 있던 그가 무심코 내뱉듯이 말했다.

"명마를 얻고도 솜씨와 배짱이 없어 잃으면 너무 안타깝지 않은가!"

필리포스는 꾸짖듯이 말했다.

"어떤 방법을 써도 다룰 수가 없는데 뭐라 하는가?"

그는 소신 있게 되받았다.

"제가 누구보다 이 말을 잘 탈 수 있습니다."

필리포스가 되물었다.

"그렇다면 해보거라. 그러나 잘 타지 못하면 어떻게 하겠느냐?"

그는 자신있게 대답했다.

"제우스 신께 맹세하건대 이 말 값을 제가 치르겠습니다."

그는 말에 올라타 말이 자기 그림자 때문에 놀란 것을 알고는 말 머리가 태양을 향하도록 해 안심시킨 뒤 단숨에 길들였다.

그동안 감수성이 강하고 음악과 독서를 즐기던 소년에서 용맹함과 지혜로움을 드러낸 것이다. 사실 그는 칼을 잘 다루었고 달리기도 빨랐으며, 기마술에서 남달랐다. 이후 이 명마는 그의 애마가 되어 그가 죽을 때까지 세계를 향해 내달렸다.

필리포스는 13세가 된 그의 역량을 키우기 위해 대학자인 아리스토텔레스를 스승으로 삼도록 했다. 그는 뛰어난 무예에 더해 철학·정치학·문학은 물론이고 자연과학·의학 등을 배워 지성까지 갖추어갔다. 당시의 그리스 정세와 문화를 꿰뚫게 되었고, 호메로스의 명저로 아리스토텔레스가 교정한 〈일리아드〉와 〈오디세이〉를 읽은 이후 죽기 전까지 언제나 베개 밑에 가까이 두었다.

그는 후계자 수업뿐만 아니라 실습과 체득도 진행했다. 부왕이 나라를 비울 때마다 통치를 대행하며 정치력을 길렀다. 특히 남다른 전략과 전투력을 가지고 있어 장군이 된 후 일선의 전투에서 뛰어난 활약을 보였다.

그는 16세 때 처음 전투에 참가했다. 페린토스와 가까운 곳에서 벌어진 전투에서 놀라운 활약을 펼쳐 섭정으로 임명되었다. 다음해에 반란이 일어나자 아직 어린 나이였지만 지휘관으로 출전하여 깔끔하게 진압해 군사 지도자로서의 면모를 유감없이 발휘했다. 18세 때에는 그리스 세계를 통일하는 계기가 된 카이로네이아 전투에서 자신의 기병대를 이끌고 전격적인 전술과 용맹한 진격으로 테베군의 전열을 무너뜨리며 결정적인 승리를 이끌었다.

위대한 군주는 정복사업을 통해 빛을 낸다: 동방을 정복하다

BC 336년 필리포스 2세가 암살되자, 알렉산드로스는 20세의 젊은 나이에 마케도니아 국왕이 되었다. 당시 마케도니아는 국내외의 어지러운 정국 상황이 겹쳐 왕위계승이 쉽지 않았다. 아버지의 암살에 이어 왕국 내·외부에서 그의 실각과 목숨을 노리는 음모와 반란이 진행되었다.

그는 먼저 국내적으로 배다른 형제 및 사촌과의 치열한 왕위 쟁탈전을 이겨냈고, 곳곳에서 자신을 노리던 정적들을 숙청했다. 민회의 승인에 이어 군대의 추대 속에 백성들의 열렬한 환영을 이끌어내며 단숨에 전폭적인 지지를 얻어냈다.

국외적으로는 그를 만만하게 본 폴리스들이 반란을 일으켰다. 그는 군사들을 이끌고 테베와 아테네를 제압했다. 그뒤 북방 원정에 나섰다가 가벼운 부상을 당하자, 그가 죽었다는 소문이 돌면서 그리스 전체가 놀란 가운데 테베와 아테네의 주도로 다시 반란이 일어났다. 그는 곧바로 3만 병력을 이끌고 속도전으로 진격하여 반란을 주도한 테베를 공격해 치열한 공성전 끝에 함락했다. 뒤이어 여러 도시들의 반란을 진압해 어지럽던 그리스 세계를 완전히 장악했다.

그 과정에서 처분을 동맹도시들에게 맡기는 방식으로 테베를 파괴하고 전 시민을 노예로 팔아 철저하게 응징함으로써 배후에서 음모나 반란을 꾸미지 못하게 각인시켰다. 그리고는 그리스 도시들의 대표자 회의를 열어 코린트 동맹의 맹주로 선출되고, 그리스군 총사령관으로서 확고부동한 권력자가 되었다. 이때가 BC 334년으로 그의 나이 22세였다.

알렉산드로스는 어릴 적부터 자신과 함께 해온 장수와 참모들은 물론이고 아버지가 남긴 당대 최강의 육군 및 뛰어난 지휘관들과 더불어 선대부터 준비해왔던 페르시아 원정에 본격적인 박차를 가했다.

그는 성대한 축전을 열어 이별을 고했다. 뒤이어 마케도니아군을 중심으로 5000명의 기병과 3만명의 보병을 주력으로 한 그리스 연합군을 이끌고 출정했다. 그동안 지중해–중동의 패권자이자 끊임없이 그리스를 위협해왔던 아케메네스 제국에 대한 원정에 나선 것이다.

그는 방심한 아케메네스 해군의 저항을 전혀 받지 않은 채 다르다넬스 해협을 건넜다(바다 거리가 짧아 1.5km 정도다). 이후 소아시아(아나톨리아, 지금의 터키)에 상륙해 육로를 따라 진격했고, 트로이(일리오스·일리움)를 거쳐 아버지가 설치했던 교두보인 아비도스에서 1만 병력을 합류시켜 소아시아를 정복해갔다.

지중해 연안을 따라 남하하다가 아케메네스군과 1번째 전투(그라니코스 전투)를 벌였다. 상대가 주력인 기병을 가파른 둑 위에 배치하는 패착을 틈타 전투력을 발휘할 수 없는 좁은 강변에서 뒤엉킨 적의 기병대를 중장보병들이 하나하나 죽여가며 대승을 거두었다. 그는 늘 하던 대로 말을 몰아 적진으로 돌진해 적장들과 1대1로 싸워 이기는 무용을 보였다.

이 전투의 승리로 많은 전리품을 획득해 시급했던 재정을 해결했다. 그리스 도시국가들의 생명선이나 다름없던 소아시아와 흑해 연안의 곡물 유통과 해상권을 장악함으로써 배후의 반란을 근원적으로 해소했다.

승전보를 올리며 진군하는 그의 인기는 하늘을 찔렀다. 현지 사람들이 영웅으로 받들면서 많은 도시들이 별다른 저항 없이 투항했다. 그는 이러한 상황을 정확하게 간파해 정복지의 기존 질서와 특권을 그대로 인정하고 도시들의 평화를 보장해 민심을 얻었다. 다만 마케도니아와 그리스인을 배치하여 지배력을 확립하는 안배만은 빠뜨리지 않았다.

그는 빠른 진격을 거듭하며 멈추지 않았다. 그 과정에서 할리카르나소스가 장기전에 대비한 채 강력하게 저항하자 격전 끝에 하는 수 없이 배후 공격을 막을 군대를 남겨두고 철수한 후 우회하여 진격했다.

BC 333년, 알렉산드로스는 고르디움을 거쳐 카파도키아를 정복한 후 소아시아 전역을 손에 넣었다. 이후 지중해 연안을 공격해 도망치기에 바쁜 아케메네스 해군을 무력화했다.

이번에는 진정한 목표를 정면으로 겨냥했다. 내륙을 향해 출정해 다리우스 3세(재위 BC 336~30)의 대군과 마주했다. 하지만 이수스 전투에서 예상외로 손쉽게 대승을 거두었다. 다리우스가 내분을 미처 수습하지 못한 상황에서 맹렬한 공격을 받았고, 엄청난 대군을 보유하고도 상대를 가벼이 여겨 교만에 찬 대응을 했다가 어이없이 무너진 것이다.

그는 배후 공격을 차단하기 위해 다리우스를 추격하지 않고 해군 본거지인 페니키아(지중해 연안의 레반트)로 남하했다. 지중해 연안의 다른 도시들이 항복한 것과 달리 티루스가 끝까지 저항하자 7개월에 걸쳐 그가 치른 전투 중에서 가장 치열한 공방전을 벌인 후에야 겨우 함락했다.

이후 그의 남하에는 아무런 걸림돌이 없었다. 이집트에 다다랐을 때에는 아케메네스의 폭압 통치에 반발하던 이집트인들이 해방군으로 뜨겁게 호응한 덕분에 쉽게 점령할 수 있었다. 그는 새로운 정복지에 자신의 이름을 딴 그리스풍 도시를 건설하기로 하고, 나일강 델타 지대의 파로스 섬을 선택해 알렉산드리아를 계획도시로 건설했다. 그는 곡창지대인 이집트에서 식량을 충분히 확보하고 전열을 정비했다. 이렇게 하여 소아시아, 페니키아, 이집트를 정복했다.

BC 331년, 그는 본격적인 동진에 나섰다. 별다른 저항 없이 아케메네스의 본토를 파고들며 유프라테스강과 티그리스강을 건너 길게 진격했다. 마침내 가우가멜라 전투에서 최후의 결전을 벌여 대승했다.

이후로도 그는 계속 동진했다. 바빌론(지금의 바그다드 남쪽 90km 일대), 수사(페르시아의 원조격인 엘람의 수도로 지금의 슈스), 페르세폴리스(페르시아의 수도인 파르사의 그리스어 명칭), 엑바타나(페르시아인 최초의 왕조인 메디아(메데아)의 수도로 지금의 하마단)를 잇따라 점령하며 약탈을 벌여 막대한 금과 물산들을 차지했다. 당시 그가 획득한 재물들을 운반할 때 화차 1만대와 낙타 5000마리가 동원되었다고 한다.

그는 도망친 다리우스를 집요하게 추격했다. 다리우스가 동쪽 멀리 박트리아로 달아났다가 그곳의 총독에게 살해되자 살인자를 응징하고 후하게 장사 지내 관대한 지도자로서의 명망을 놓치지 않았다.

다만 안타깝게도 과거 페르시아 전쟁 때 크세르크세스 1세가 아테네를 함락해 아크로폴리스를 불태운 일에 대한 복수로, 수도인 페르세폴리스 전역을 몇 달에 걸쳐 약탈을 벌인 뒤 건축물들을 깡그리 불태우고 폐허로 만들었다. 만일 건축과 예술의 정수로서 지상에 세운 낙원이라 불린 궁전을 비롯한 위대한 건축물들이 지금까지 남아 있었더라면 그 웅장함과 아름다움으로 건축의 한계는 물론이고 상상의 한계마저 뛰어넘는 놀라운 모습을 볼 수 있었을 것이다.

〈이수스 전투와 가우가멜라 전투〉

BC 333년, 알렉산드로스는 이수스로 진군해 다리우스 3세와 격돌했다. 기병 1만1000명을 중심으로 10만 병력이라는 수적 우위를 믿었던 아케메네스군은 급경사 지역에 포진해 주력인 기병이 제대로 기량을 발휘하지 못하는 전략적인 패착을 범했다. 그는 상대의 빈틈을 파고들며 돌진했다.

"다리우스를 집중적으로 공격하라. 내가 앞장서겠다, 나를 따르라."

아케메네스군은 마케도니아군의 주력으로 중앙을 맡은 중장보병의 밀집대형에 압도당해 전세가 기울어갔다. 그는 기병대를 이끌고 적군을 분단하며 거세게 공격했다. 결국 다리우스가 겁에 질려 도주하면서 그의 승리로 끝났다. 급히 도망친 아케메네스군으로부터 획득한 전리품이 엄청나 군사들의 사기를 높였고 차후의 원정에 큰힘이 되었다.

이후 그는 기병을 다마스쿠스로 보내 더 큰 승리와 전리품을 챙겼다. 다리우스가 다급한 나머지 남겨 두었던 가족의 반환과 강화를 요청해왔다. 그는 포로가 된 다리우스의 어머니, 왕비, 2명의 딸을 정중하게 대했지만, 자신의 목적이 제국 전체에 대한 정복임을 밝히면서 거절했다.

BC 331년, 그는 페니키아와 이집트를 정복한 후 티루스로 돌아왔다. 다리우스는 모든 역량을 총동원해 기병 4만5000명을 비롯해 15만 병력의 엄청난 대군을 편성했다(기록 중에 가장 적은 규모인 10만 병력을 기준으로 하더라도 마케도니아군의 3배를 넘는다). 15마리의 코끼리를 앞세웠고, 창과 검으로 고슴도치처럼 무장한 채 주위의 말과 병사를 베기 위한 낫을 4바퀴에 장착한 200대의 대형전차까지 포진했다. 아케메네스군은 앞의 패전을 거울삼아 전차부대와 기병전에 유리한 평원에 포진했다.

이 소식을 들은 알렉산드로스는 정복전의 승부처로 판단해 전열을 정비한 후 진격했다. 티루스를 출발해 길게 동진하여 모술과 가까운 가우가멜라 평원에서 아케메네스군과 마주한 채 정면으로 격돌했다. 다리우스가 아케메네스군에게 명을 내렸다.

"전차부대는 적군을 향해 중앙으로 정면 돌진하라."

마케도니아군은 일단 예봉을 피하기 위해 길을 터주었다가, 곧바로 뒤돌아 전차 뒤에서 창을 던지거나 활을 쏴 말과 마부를 공격해 쓰러뜨리는 전법으로 무력화했다. 이에 아케메네스군은 기병을 출전시켜 정면 공격에 나섰지만, 마케도니아군은 우익을 따르던 그리스 기병대를 내세워 맞서 싸우게 했고, 뒤이어 주력인 마케도니아 기병대를 투입했다.

그러면서 그는 기병대의 선두에 서서 다리우스를 향해 돌진했다.

"다리우스가 저기 있다. 저자를 집중 공격하라. 나를 따르라."

기병대가 맹렬하게 공격하던 중에 그가 던진 창에 마부가 쓰러지자 겁에 질린 다리우스가 전차에서 내려 말을 타고 도망쳤다. 그러자 아케메네스 군사들도 뒤따라 달아나기에 바빴다. 다만 바빌론의 주 장관이 지휘하는 아케메네스의 기병대가 마케도니아군 우익을 거세게 공격하는 바람에 추격을 멈추고 회군했다. 그러나 이미 전의를 잃은 아케메네스군은 퇴각하기 시작했고, 그는 다시 승리했다(전쟁의 승패는 훈련과 실전경험에 달려 있다. 마케도니아군은 잘 훈련되었고 실전경험이 풍부했다. 여기에 알렉산드로스의 뛰어난 지도력 아래 조직적으로 움직이며 어떠한 수세나 위기상황에서도 목숨 걸고 싸워 상대를 압도했다).

그는 어마어마한 재물과 식량·전차·병장기를 비롯한 전리품을 획득했다. 옛 수도였던 바빌론도 항복하면서 그를 해방자로 환영했다. 전리품을 병사들에게 분배해 약탈을 막았다. 끝까지 항전했던 바빌론의 주 장관을 용장으로 인정하여 바빌로니아 전체의 부왕(副王)으로 임명해 향후 정복지의 주 장관직을 페르시아인에게 맡기는 관행을 확립했다.

그는 다시 동진에 나서 거침없는 진군을 계속했다. '제국의 금고'로 불렸던 수사를 점령해 금 1000톤에 해당하는 재물과 200톤의 금화를 획득했다. 다만 수도인 페르세폴리스에 대해서는 항복 여부와 상관없이 잔인한 처분을 내렸다. 100년 전에 아테네를 점령해 약탈과 학살을 벌인 일에 대한 복수였다. 병사들에게 약탈행위를 허용하자, 아침부터 밤까지 이어지면서 남성들을 모두 죽였고, 여성들은 능욕했다. 그는 금 3000톤에 상당하는 재물을 손에 넣어 새로운 제국의 운영에 필요한 충분한 자금을 확보했다.

지나침은 모자람만 못하다: 끝없는 원정으로 내분 속에 무너지다

알렉산드로스의 원정에서 준비사항이나 병력 규모 같은 여건들을 감안하면 무모한 원정으로 보이기도 한다. 식량은 10일치 정도밖에 준비하지 않았고, 마지못해 뒤따르는 동맹도시들의 병사들이 섞여 있었다. 북방의 여러 부족들과 가족까지 데리고 나선 병사들도 있었다. 군사들 뒤에는 관리·상인·학자·기술자·예술가 등의 다양한 비전투 그리스인뿐만 아니라 여성·어린이·노예들까지 뒤따라 가히 도시의 이동이자 행진이라 아케메네스 제국을 이길 수 있는 상황이 아니었다. 그런데도 다리우스는 그를 우습게 보고 총동원령조차 내리지 않고 방심했다.

사실 아케메네스는 내부의 혼란과 피정복민에 대한 가혹한 지배로 속병이 들어 있어 쉽게 무너진 측면도 있다. 이집트에서는 하도 폭정에 시달린 나머지 새로운 정복자가 누구인지를 알기도 전에 해방군으로 여기고 열렬하게 환영했다. 게다가 궁전 내부의 음모와 암투가 극심했다. 군주마저 암살당한 가운데 다리우스가 제위에 올라 전횡하던 환관을 독살하고 전권을 잡았으나, 제국을 제대로 수습할 겨를조차 없을 때 알렉산드로스가 침공해오자 패배를 거듭하다가 멸망한 것이다.

이렇게 볼 때 지혜와 용맹을 갖춘 그의 지휘 덕분에 전격적인 돌진과 예상을 뛰어넘는 작전을 전개하며 잇따른 승리를 거둔 것을 알 수 있다.

마침내 그는 마케도니아 제국을 세워 그리스 세계에 이어 페르시아 세계까지 통합했다. 명실상부한 지중해-중동의 패권자가 된 것이다.

그는 만족하지 않았다. BC 329년에 박트리아와 소그드에 대한 정복에 나섰다. 그러나 마케도니아군의 기병대장을 비롯해 곳곳에서 반란을 일으켜 진압해야 했다. 그리스 기병대는 그의 명에 불복하고 본국으로 돌아가버려 주력군의 일부를 아시아인으로 편성해야 했다. 이후 2년에 걸쳐 적군의 기습, 내부의 배신, 부상과 질병을 계속하여 겪었다.

그러나 그는 세상 끝까지 정복하려는 발걸음을 멈추지 않았다. 오히려 더욱 거센 공격을 이어가며 박트리아를 점령했고, 다시 북상하여 소그드까지 평정했다. 또한 포로로 잡은 박트리아 귀족의 딸인 록사나(록사네)와 결혼하고, 병사들에게 현지 여성을 아내로 맞도록 해 온건한 유화책을 동시에 구사하며 정복지를 서아시아 최동쪽까지 넓혔다.

BC 327년, 그는 쉬지 않고 곧바로 다시 원정을 강행하려 했다. 마가다국의 존재를 알고는 인도를 공략하려 한 것이다. 이에 오랜 원정에 지친 병사들이 돌아가기를 강력하게 원했다. 결국 지원자만 이끌고 원정에 나서 아프가니스탄을 지나 인도의 젖줄인 인더스강까지 진출했다.

하지만 거기까지였다. 병사들은 지칠대로 지친 상태에서 열병에 걸려 죽었다. 습한 기후와 장마 속에 숨 막히는 더위가 괴롭혔다. 인도군의 항전으로 힘겨운 전투가 이어지자 탈영에다 반란까지 일어나 1/3도 남지 않았다. 그나마도 고향으로 돌아가자면서 진군을 거부했다. 그는 3일을 기다렸지만 병사들의 뜻이 변함없자 해로와 육로로 나눠 회군했다.

당시 알렉산드로스의 회군이 전투에서의 패배 때문만은 아니었다. 그렇지만 많은 병사들이 목숨을 잃었고, 이전까지 단 1번의 패배 없이 승리를 이어가다가 멀리 원정 간 곳에서 승리를 거두지 못한 채 퇴각하는 상황이 벌어져 타격도 적지 않았다.

그는 BC 326년에 인더스강을 따라 남하한 후 다음해에야 인도양에 도착했다. 서쪽으로 방향을 바꿔 육로를 통해 발루치스탄 사막을 지나는 지옥 행군을 거쳐 BC 324년 초에 페르세폴리스로 돌아왔다.

돌아오는 길에 수사에 머물 때에는 성대한 잔치를 열고 합동 결혼식을 올려 페르시아인을 비롯한 이민족과의 혼혈을 통한 융합을 꾀했다. 또한 페르시아 청년 3만명을 군대에 편입하고, 기병에게는 강한 반발에도 불구하고 '동료'라는 명예로운 칭호를 수여했다.

그는 새로운 수도로 삼은 바빌론으로 되돌아왔다. 그곳에서 아라비아 원정을 준비하던 중에 열병에 걸려 33살의 젊은 나이로 죽었다(그의 죽음을 둘러싸고 일반적으로 말라리아(학질)에 의한 급사로 보지만, 일부에서는 내부의 반역으로 독살되었다고도 본다).

〈알렉산드로스를 둘러싼 숱한 이야기들〉

알렉산드로스는 역사상 가장 위대한 정복자 중의 1명이다. 극적인 삶을 살다가 갑자기 세상을 떠나 숱한 전설과 민담의 주인공이 되었다. 사실인 경우도 있지만 대체로는 오랜 세월을 거치면서 많은 이야기들이 만들어지거나 과장되어 전하고 있다.

그가 아폴론의 신탁을 들으러 델포이 신전에 갔을 때의 일이다.

"나의 운명을 알려 달라."

그러나 무녀는 아무 말도 하지 않으려 했다.

"……."

그는 참다못해 무녀를 신전으로 끌고 갔고, 당황한 무녀가 외쳤다.

"당신은 천하무적이오."

강한 힘으로 신의 의지까지 받아냈고, 결국 무녀의 말 그대로 신탁이 이루어진 셈이다.

그는 동방원정을 진행하던 중에 소아시아에 있던 프리기아(지금의 터키 앙카라 일대)의 도읍인 고르디움에 입성했다. 당시 그 도시에는 '고르디우스의 수레'가 제우스 신전 기둥에 묶여 있었다. 오래전 프리기아 왕 고르디우스가 아끼던 수레를 신에게 바친 뒤 절대로 풀 수 없는 매듭으로 묶은 다음에 예언했다.

"이 수레의 매듭을 푸는 자가 세상의 지배자가 될 것이다."

수많은 사람들이 매듭을 풀려고 노력했으나 실패했다. 묶은 매듭이 너무 복잡하게 얽혀 있어 어느 누구도 풀지 못한 것이다.

때마침 동진하던 그가 이 이야기를 듣고는 찾아갔다. 수레 앞에 이르러 매듭을 풀려고 애를 썼다. 온갖 노력에도 불구하고 풀리지 않자, 결국 짜증을 내며 칼을 빼고는 매듭을 단칼에 잘라 버렸다. 그동안 해오던 방식들을 깨버리고 매듭을 풀어 스스로를 '세상의 지배자'로 만들었다.

따지고 보면 그도 매듭을 푼 것은 아니다. 하지만 온갖 머리와 방법으로 도저히 해결하지 못할 때 문제 자체에 함몰되기보다 문제의 근원을 찾아 푸는 방식을 '고르디우스의 매듭'이라 하여 그가 했던 과감한 방식대로 한번에 해결해버리는 사례로 인용되고 있다.

12세기에 만들어진 낙원으로의 탐험도 잘 알려져 있다. 중세 유럽에서는 세상의 동쪽 끝에 지상낙원이 존재한다고 알려져 있었는데, 그가 그곳으로 가 낙원에 도착한 이야기다. 그는 당시 세계의 끝이라고 여겨지던 갠지스강에 도착한 뒤 말로만 듣던 낙원을 찾아나서 마침내 강변에 큰 벽으로 둘러싸인 도시를 발견했다.

그러나 배를 타고 입구를 찾지 못한 채 끝없이 이어지는 벽만 보면서 강을 거슬러 올라가다가 드디어 작은 창 하나를 찾아냈다. 그때 한 노인이 나타나 도시에 들어가는 것을 막았다.

"이곳은 지복을 누리는 사람들의 도시로 들어올 수 없소."

알렉산드로스는 그 대신에 건네받은 신비의 돌을 가지고 돌아왔다. 가장 유명한 현자를 불러 묻자, 현자는 천칭저울을 가져와 한쪽 접시에 돌을 올려놓은 후 다른 한쪽에 어떤 물건을 올려놓아도 언제나 돌이 더 무거웠다. 하지만 돌에 먼지가 묻자 깃털보다 더 가벼워졌다.

"아, 이 돌처럼 내가 아무리 위대하고 권세와 부를 비롯한 세상의 모든 것을 가져도 먼지가 상징하는 죽음이 닥치면 한낱 깃털만한 무게에도 어쩌지 못하는구나."

그는 크게 느낀 바가 있어 편안하게 죽음을 맞이했다고 한다.

후대에 대한 준비는 치세만큼 중요하다: 제국의 분열

알렉산드로스는 동방원정을 10년 동안 진행하면서 2만7000km를 원정해 320만km²에 이르는 영토를 손에 넣었다. 숱한 전쟁에서 단 1번도 패배한 적이 없다. 아케메네스의 대부분을 차지하며 그리스와 발칸 반도를 비롯한 지중해 일대는 물론이고 소아시아, 이집트, 메소포타미아, 중앙아시아, 인도 편잡에 이르렀다. 이렇게 하여 알렉산드로스 제국은 남유럽의 동쪽 일대, 인도 일부에 이르는 서아시아, 이집트를 중심으로 한 북아프리카의 세 대륙에 걸친 대제국을 건설했다.

이후로도 그는 세상의 끝까지 가고 싶었던 자신의 열망을 멈추지 않아 기어코 인도 정복을 강행했다가 회군한 후, 갑작스런 열병에 걸려 시름시름 앓자 원정을 함께 한 동료이자 부하들이 물었다.

"후계자를 누구로 해야 합니까?"

그는 간단명료하게 답했다.

"가장 강한 자(크라스토)."

그가 세상을 떠나며 유언에서 후계자를 명시하지 않다보니 가장 강한 존재가 되기 위한 극심한 후계다툼을 불러왔다(일부에서는 자신의 아들을 당연한 후계자로 강조한 것이라 주장한다). 측근의 장군들은 후계자

결정 회의에 매달려 그의 유해를 관에 넣어둔 채 며칠 동안 방치했다.

창업보다 수성이 더 중요하다는 사실을 간과한 결과는 참극을 불러왔다. 죽음을 앞두고 현명한 계승을 이루어내지 못해 제국은 내분에 빠져들었다. 휘하 장군들이 후계자(디아도코이·에피고노이)로 자처하면서 천하를 나눠가지는 것으로 정복전쟁은 마무리되었다. 그 과정에서 자신의 후손과 왕가는 비참하게 도륙당했다. 또한 제국은 기틀도 잡기 전에 분열되어 혼란을 거듭했다.

〈잔혹한 후계다툼〉

BC 310년 친구이자 휘하 장군이었던 카산드로스는 그의 아들로 13살이 된 알렉산드로스 4세를 비롯해 그의 어머니 올림피아스와 아내 록사나를 죽였다. 그리고는 그의 배다른 누이동생과 결혼해 알렉산드로스 왕가의 정통을 차지하려 했다.

BC 306년 안티고노스 장군이 선수를 쳐 마케도니아 왕을 선언하자, 이듬해에 카산드로스가 마케도니아 왕을 자칭하면서 본격적인 후계다툼이 벌어졌다. BC 301년 카산드로스가 세력을 규합해 안티고노스를 죽였고, BC 298년 안티고노스의 아들인 데메트리오스가 반격에 나서 카산드로스를 죽이고 마케도니아 왕이 되어 그리스를 장악했다.

이런 중에 셀레우코스 장군은 동방으로 가 이집트와 소아시아 북서부를 제외한 서아시아 영토를 차지하고 제국을 세웠다. 또한 리시마코스 장군이 트라키아(발칸 반도 남동쪽)와 소아시아 북서부 일대를 기반으로 왕조를 세우자, 내전 끝에 죽이고는 합병했다.

한편 프톨레마이오스(프톨레미) 장군도 후계다툼에 뛰어들어 이집트와 에게해 일부를 손에 넣고 가장 뒤늦게 이집트 왕에 올랐다.

알렉산드로스 제국 (마케도니아 제국, BC 336~23)	→	마케도니아(안티고노스, BC 323~168) → 로마 셀레우코스(시리아, BC 311~63) → 로마 트라키아(리시마코스, BC 306~281) → 셀레우코스 프톨레마이오스(이집트, BC 305~30) → 로마

이렇게 되자 제국은 4개 나라로 분립했다가 셀레우코스가 트라키아를 병합하면서 3국 체제로 바뀌었다. 분할된 후대 국가들 중에 가장 영토가 넓었던 셀레우코스가 그리스를 잘 계승하여 헬레니즘의 중심지로 번영을 누렸다. 하지만 지나치게 그리스의 우월성을 강조하면서 피정복민의 전통과 문화를 무시한 채 그리스화만을 강요했다. 이런 까닭에 제국 전역에서 반발과 독립이 일어나 국력이 쇠퇴했다.

셀레우코스의 약화에 따라 소아시아를 중심으로 한 아탈로스 왕국(페르가몬 왕조, BC 282~133), 중앙아시아의 박트리아와 소그드를 중심으로 한 그리스-박트리아 왕국(BC 250~125), 인도 북서부를 중심으로 한 인도-그리스 왕국(BC 180~BC 10) 등이 존속했다(박트리아는 소그드 아래 아무다리야강과 힌두쿠시 산맥 사이의 박트라(지금의 발흐)를 중심으로 한 지역이다. 소그드는 스키타이·사카·소그디아·소그디아나·소그다니아로도 불리는 시르다리야강(시르강·야크사르강)과 아무다리야강(아무강·옥수스강) 사이의 사마르칸트와 부하라를 중심으로 한 지역이다).

특히 파르티아 제국이 일어나 강성해지자 점차 서쪽으로 밀려나면서 메소포타미아와 시리아 일대까지 대부분의 서방 영토를 잃었다. 뒤이어 강국으로 떠오른 로마가 마케도니아에 이어 셀레우코스와 이집트도 차례대로 멸망시키며 병합했다.

이렇게 하여 알렉산드로스의 후계자들이 세웠던 왕국들은 서쪽에서는 로마 제국으로, 동쪽에서는 파르티아 제국으로 양분되어 편입되면서 막을 내렸다.

매력이 넘치는 정복자

알렉산드로스는 전형적인 마케도니아인의 특징인 푸른 눈(벽안), 금발, 하얀 피부를 가졌다. 몸이 갸날팠고 살결이 희고 부드러웠으나 보기와 달리 강건했다. 호방하고 냉철한 실리주의자로서 군사와 외교를 적절히 활용해 그리스를 통합한 아버지를 뒤따랐다. 그러면서도 다혈질에 감성을 자제하지 못한 아버지와 달랐다.

어머니가 새 왕비 때문에 버림받는 것을 막지 못했으나, 형제들과 사촌을 비롯한 치열한 후계다툼에서 단호하게 대처해 강인한 권력 의지를 드러내며 기어코 왕위에 올랐다.

그는 통찰력까지 갖춘 채 자신만의 전략적 사고를 적절히 활용했다. 그의 전매특허나 다름없는 과감한 행동으로 위기 때마다 정면 돌파하여 강력한 지도력을 확립했다. 전격전에 바탕하되 상대에 맞춘 다채로운 전술을 구사하면서 기병, 투창병 및 궁병, 중무장 및 경 보병 같은 기능별 부대를 효율적인 협력 아래 운용해 정복전을 승리로 장식했다(이순신처럼 전승을 거둔 것은 아니다. 할리카르나소스 전투와 인도 원정에서

격전을 벌였으나 끝내 실패하고 물러서야 했다).

풍부한 감성과 인간성을 지닌 파격적인 사고의 소유자로서 친구나 동지들과 격의 없이 술과 지식을 교류했다. 장군은 물론이고 군사들과도 부하라기보다 동료 관계로 지냈다. 전투가 벌어지면 여러 차례 부상을 당했지만 개의치 않은 채 직접 기병대를 이끌고 앞장서서 싸웠다.

그러나 그는 어머니로부터 신의 피가 흐른다고 가르침을 받아 신비적·몽환적 기질을 드러내며 신화 속의 주인공처럼 생각하고 처신했다. 제우스의 아들로 믿어 세계를 정복하려는 원대한 포부를 품었다. 어릴 적부터 가장 즐겨 읽던 〈일리아드〉에 나오는 주인공인 아킬레우스의 화신으로 여겼다. 이집트를 정복한 후에는 신탁을 받아 태양신인 아몬의 아들로 자칭하면서 살아있는 신임을 주장했다. 그 바람에 과신이 지나쳐 무모할 정도로 용맹했지만 전쟁터에서 자주 큰 부상을 당했고, 세상의 끝까지 차지하려 무리를 하다가 신망을 잃었다. 또한 전염병에 걸렸다가 나은 경험을 믿었다가 회군 후에 열병에 걸려 죽었다.

그는 젊고 유약해 보이는 외모로 인해 여러 번의 반란과 내분을 겪었다. 오랜 원정을 거듭하면서 피로가 쌓여 정신적 공황상태와 우울증에 시달렸다. 불안정과 격정 속에 비정상적인 행동을 보이기도 했다. 날이 갈수록 성격이 괴팍해져 부하는 물론이고 친구까지 처형하기도 했다. 술에 빠져 잦은 연회를 열었다. 절대군주처럼 자신을 만날 때 페르시아식으로 무릎을 꿇고 절하는 인사를 강요하기도 했다.

알렉산드로스는 뛰어난 통치자로 남지 못했다. 훌륭한 군인이자 군사전략가로서 탁월한 전투능력을 발휘했을지는 모르지만 제국을 잘 다스려 안정시키는 정치가로는 모자랐다. 창업에는 성공했지만 수성에는 실패했다. 맹목적일 정도로 정복에만 열중해 통치에서 빈약했다. 안정된 체제와 법·제도를 확립하지 못해 후대의 혼란을 자초했다. 워낙 젊은 나이에 요절하는 바람에 정치가로서의 면모를 제대로 보여줄 기회도 없었지만 그만큼 자기관리에 부실했음을 방증한다.

그 자신은 아킬레우스처럼 전설적인 영웅이 되었지만, 가족은 몰살되고 친구와 동지들은 서로 죽고 죽이는 혈전을 벌이게 만들었다. 그의 정복 전쟁으로 살육과 파괴가 일상적으로 벌어져 피정복민들에게 엄청난 고통을 안겨주었다.

그렇지만 그의 매력 넘치는 위대함은 신화와 전설까지 더해지며 오늘에 전하고 있다. 자신에게 엄격하여 자제력을 유지했다. 사치와 향락을 멀리했고 근검절약하며 금욕적인 생활을 실천했다. 3년간 아리스토텔레스에게 배운 후에는 교양과 지식을 갖추었다. 늘 사유하면서 독서와 공부를 멈추지 않았다. 젊은 패기에 더해 지혜를 활용할 줄 알았다. 그리스 문명의 세례를 받아 그 문화와 사상을 전파하겠다는 사명감에 불타올랐고 그대로 실천했다. 군주로서의 기품과 역할을 잊은 적이 없었고, 그의 지도력은 확고하게 유지되었다.

마케도니아인이 독자적인 언어와 고유한 문화를 유지한 데다 변경에 위치해 있어 그리스인으로부터 야만족 즉 '바르바로스(복수로 바르바로이)'로 불리며 멸시받던 것을 그와 아리스토텔레스의 활약으로 단숨에 극복했다(물론 당시에도 그리스인들의 반감은 여전했고, 그가 죽자 이내 적개심을 드러냈다).

그는 그리스가 오랜 전란에 시달리던 상황을 근원적으로 해소했다. 아케메네스의 위협을 통쾌한 정복 전쟁으로 해결했다. 당시 아케메네스는 그리스를 정복하지 못하자, 넉넉한 재정을 활용해 폴리스들을 뇌물로 매수했고, 절묘한 책략과 외교정책을 펼쳐 서로 분열한 채 대립하도록 만들었다. 그러면서 끈질기게 그리스를 차지하려는 시도를 멈추지 않았다. 이에 알렉산드로스는 수세적인 방어 전략에서 벗어나 아예 위협의 근원인 아케메네스를 겨냥해 동방원정을 벌여 서방의 안정과 평화를 확립한 것이다. 도저히 넘을 수 없는 거대한 장벽처럼 보이던 페르시아를 이기는 영웅의 역할을 맡아 원 없이 이루어냈다.

그는 일정한 지도력을 보여주기도 했다. 무력을 앞세운 정복만이 아니라 정치를 통해 정복지와 피정복민을 다스리려 노력했다. 민심을 얻기 위해 최대의 숙적이었던 다리우스 3세가 죽자 정중하게 장사를 지내주었다. 피정복지의 지배를 원래의 왕족과 지배층에게 일정하게 위임했다. 동서 융합 정책을 펼쳐 다수의 그리스인을 소아시아로 이주시켰고, 페르시아인 관리들을 기용했다. 특히 결혼 정책으로 혼혈을 통한 그리스화를 추진했다. 자신부터 다리우스의 딸과 결혼했고, 박트리아 정복 때에는 현지 귀족의 딸과 결혼했다. 80명의 고관을 비롯해 무려 1만명에 이르는 그리스 군인과 페르시아 여성 간의 집단 결혼을 성사시켰고, 서로의 사실혼을 정식 결혼으로 인정했다.

그는 원정의 대가인 전리품으로 막대한 재정과 물자를 확충했다. 시리아, 이집트 등지에 조폐소를 만들어 아케메네스의 막대한 금을 화폐로 바꿔 제국 전역에 방대한 경제권을 형성하려 했다. 마케도니아, 알렉산드리아, 바빌론, 수사, 페르세폴리스, 엑바타나, 프로프타시아, 카불, 박트라, 사마르칸트에 이르는 방대한 거점 도시들과 자신의 이름을 딴 신도시들을 건설하여 제국을 안정시키려 했다.

그리스에서 군인들뿐만 아니라 정복지를 다스릴 각계각층의 사람들을 데려와 국정을 맡겨 관리했다. 상업과 교역을 장려했을 뿐만 아니라 학문과 문화예술에도 각별한 공을 들였다. 이런 점에서 볼 때 그의 정치력이 결코 만만치 않음을 알 수 있는데, 짧은 생애로 인해 그의 치세를 보지 못하게 된 것이 몹시 안타깝다.

그는 헬레니즘을 화려하게 꽃피웠다. 그리스 문명 전파의 선구자가 되려 했을 뿐만 아니라 문화를 통한 결합에도 노력해 동·서방 문화의 융합을 이루어내고 불교 미술에까지 영향을 미쳐 그 정수로 여겨지는 간다라 미술을 꽃피웠다. 그리스어(헬라어·코이네)는 공용어가 되었으며, 그리스 문화의 융합적 보편화와 확산을 이루어냈다(그리스어는 이후 로마를 지나 AD 6세기 동로마 황제인 유스티니아누스 대제의 전성기를 거쳐 610년에 제국의 공용어가 되어 지중해의 공통어로 사용되었다).

줄기차게 정복사업을 전개하면서 편협한 그리스보다 훨씬 넓은 세계주의를 지향하여 지리적, 경제적, 문화적 보편주의가 자리잡았다. 뒤이어 등장한 로마로 계승되었으며, 그리스 학문은 지식인이라면 기본적으로 배워야 하는 필수사항이 될 정도로 생명력이 유지되었다.

위대한 여정은 숱한 이야기와 그림자를 남긴다: 헬레니즘

헬레니즘은 그리스어로 신화 속 건국영웅인 '엘렌'에서 나온 말로 영어화에 따라 헬렌이라 한 것에서 유래되어 '그리스의 문명이 주도한 시대'를 뜻한다(그리스인은 스스로를 엘렌의 자손이라하여 '엘리네스(헬레네스)'라고 부른다). 지금도 그리스인은 자신의 나라를 엘라스(헬라스)로 부르고 있고, 한자로는 음차 표기에 따라 희랍(希臘)이라 한다.

알렉산드로스는 대대적인 정복사업을 펼치면서 그리스가 세계사의 전면에 등장하도록 만들었다. 그의 고향인 그리스에서 옮겨온 문화를 바탕으로 서아시아의 발전된 문화를 융합시켜 찬란한 헬레니즘 시대(Hellenism, BC 323~30)를 열고 무려 300년에 이르도록 지속했다.

그는 관대한 정책을 펼치면서 그리스의 신(신화), 생활·관습, 학문, 문화와 예술 등을 정복지 전역에 부지런히 전파했다. 그리스어는 정복지의 공용어가 되어 철학과 문학 그리고 학문과 과학의 발전을 가져왔다. 도서관은 지식·정보의 원천이자 보고로서 큰 역할을 했다.

이집트를 정복한 후 그리스의 폴리스처럼 나일강 하구에 자신의 이름을 딴 알렉산드리아 시를 건설하는 등 정복지 전역에 걸쳐 알렉산드리아라고 이름 지은 도시를 최소한 70개 넘게 건설했다(지금까지 정확하게 확인된 곳은 25곳에 이른다). 처음에는 그리스인들이 대거 이주·정착하는 가운데 군사기지이자 물자를 충당·보급하기 위한 거점으로 건설되었지만, 세월이 흐르면서 현지화를 통해 번영을 누렸다.

하지만 우리가 잊지 말아야 할 것은 19세기 유럽의 한 학자가 '헬레니즘'이란 용어를 만들고 연대와 특징을 정립하기 전까지 알렉산드로스의 죽음과 함께 그리스 시대도 마감된 것으로 인식했다는 사실이다. 그러다가 유럽의 우위를 강조하기 위한 논거가 되어 서아시아에 대한 오랜 지배사로 일반화했다.

우리의 경우도 다를 바 없다. 앞으로 지혜롭고 현명한 대학자가 나와 한민족의 활동 내용에 관한 이론화를 통해 학문적인 체계를 확립하면서 참신한 역사화에 노력한다면, 한국사는 후대로 갈수록 더욱 빛이 나고 인류 문명사의 중요한 일부로서 소중하게 다루어질 것이다.

〈알렉산드리아 도서관: 모든 책을 모으려 한 지상 최고의 도서관〉

이집트의 알렉산드리아는 그가 정복지에 자신의 이름을 딴 도시로서 건설한 후 가장 큰 대도시가 되었다. 제국의 군주가 통치하는 수도로서 정치·경제의 중심지이자 지중해와 나일강의 물산·교역의 집산지로 역할하면서 발전을 거듭해 세계에서 가장 번성하는 도시가 되었다. 인구 50만명에 자유 시민만 해도 30만명에 이르는 거대 도시로서 번영을 누려 부족함이 없는 도시로 표현되었다.

'없는 것은 (겨울에 하늘에서 내리는) 눈뿐이다.'

이 도시는 세계 전역에서 학자·과학자·문인·예술가들이 밀려와 학문과 문화예술의 중심지로 역할했다. 미녀·금·포도주 등이 욕망을 부추겼고, 연극·체육 등이 성행하며 활력이 넘치는 세상의 중심이었다.

관용 정책에 따라 유대인도 자유 시민으로 인정해주자 예루살렘의 멸망 이후 대거 이주해와 경제권을 장악한 뒤 도시 전반에서 맹활약했다. BC 3세기경에는 히브리어로 기록된 구약을 그리스어로 번역한 최초의 번역본인 〈70인역 성경〉의 편찬을 주도해 지금까지도 기독교에서는 이 책을 원전으로 삼고 있다(오늘날 유대인은 히브리어(유대어·헤브라이어) 성경을 원전으로 여긴다).

기독교의 5대 교구 중의 1곳으로 초기 기독교의 중심지가 되어 중요한 역할을 했다. 아리우스·아타나시우스 등을 비롯한 숱한 기독교 인물들을 배출했다. 기념비적인 건축물도 유명하다. 세계 7대 불가사의 중 하나로 '지중해의 진주'라 불린 135m의 높고 거대한 파로스 등대, 숱한 학자들을 길러낸 학예관·사원으로 뮤지엄(박물관·미술관)의 어원이 된 무세이온, 세계에서 가장 큰 도서관이자 존재하는 세상의 책과 지식을 다 모았다는 알렉산드리아 도서관은 지금도 회자되고 있다.

특히 이 도서관은 프톨레마이오스 1세가 세운 왕립 종합기관으로 대도서관, 연구실, 강의실, 대강당, 천문대, 동식물원 등을 갖추었고, 100여명의 연구원들이 좋은 대우를 받으면서 연구에 매진했다.

프톨레마이오스는 도서관을 가득 채울 책을 구하도록 명했다.

"세상의 모든 서적을 수집하라."

이후 역대 왕들도 열띤 애정과 막대한 재정을 들여 책을 모았다. 가장 큰 책 시장이었던 아테네·로도스를 비롯한 곳곳을 찾아다니며 사들였다. '선박판'이라 하여 알렉산드리아에 들른 모든 배를 뒤져 1권이라도 나오면 도서관으로 가져와 소유자에게 돌려줄지 사들일지를 결정할 정도였다. 심지어 그리스 철학자나 문인의 자필 원본 같은 희귀본이 아테네 국립 문서관에 있자, 관리에게 뇌물을 주고 아테네에 엄청난 돈을 맡긴 다음 빌려와 원전은 이 도서관에 두고 필사본을 돌려

주기도 했다. 장서가 무려 70만 두루마리에 달해 지금의 책 기준으로 하면 1억1000만권 정도의 분량을 소장했다(장서가 양피지에 손으로 쓴 뒤 엮은 값비싼 책들이라 그 방대함과 가치는 실로 대단해 상상을 초월한다).

하지만 안타깝게도 깡그리 불타 아무것도 남아있지 않다. BC 48년 카이사르가 클레오파트라와 손잡고 출정한 전쟁에서 작전상 자신의 함선에 불을 질렀다가 실수로 이 도서관마저 일부가 불타버렸다고 한다. 무엇보다 기독교의 공인 이후 로마가톨릭이 주도권을 잡자, 391년에 위대한 신전인 세라페이온을 파괴했던 대주교가 이단 탄압의 광풍 속에 도서관마저 파괴할 것을 지시해 불에 타고 말았다.

어쨌든 인류 문명의 보고에 대한 방화는 크나큰 잘못이자 손실로 안타까움을 금할 수 없다. 다행히 1974년에 이집트 정부가 지적 보고를 다시 세워야 한다는 간절한 열망으로 이 도서관의 복원에 나섰다. 국제사회에 호소하여 유네스코의 주도 아래 부흥계획을 추진해 1995~2002년간 공사를 끝내고 개장했다. 처음에는 50만권을 소장하고 있다가 2010년에 50만권을 한꺼번에 기증받아 100만권을 넘어섰다. 하지만 규모와 장서량에서 고대의 도서관과 비교조차 되지 않아 아쉬움은 여전하다.

위대한 인물이 남긴 유산은 널리 퍼지고 오래가는 법이다

알렉산드로스는 정복군주로서 그리스를 통일한 후 역사상 최초로 남유럽 세력으로서 서아시아를 석권했다. 그의 정복지에서는 모든 왕조와 지배층이 스스로를 그리스인이자 그리스 국가로 자처했다. 그러다보니 식민화와 그리스 문화의 확산이 자연스럽게 진행되었다.

알렉산드리아 도서관이 상징하듯 책을 중시하고 지식과 학문의 발전에 큰 영향을 미쳤다. 기독교 문명에서 지금도 사용하는 성경 역시 이 시기에 그리스어로 펴낸 것에 바탕하여 각 나라의 고유언어로 번역·개찬하여 사용하고 있다.

남아시아의 대표적인 문화이자 찬란한 예술로 손꼽는 간다라 미술은 파키스탄의 간다라 지역을 중심으로 그리스 문화를 받아들여 역사상 처음으로 불상을 만들어 불교 문화의 상징으로 확립한 것이다. 다시 동쪽으로 전파되어 급기야 천년왕국 신라까지 도달함으로써 1995년에 유네스코 세계문화유산으로 지정된 석굴암을 통해 조형미와 예술미의 극치를 구현해 인류의 자랑스런 문명이 되었다.

그의 원정은 인도가 통일제국을 형성하는 결정적인 계기가 되었다. 찬드라굽타(재위 BC 321~298)는 그가 북서 인도로 침입하자 막아냈다. 그의 원정군이 철수한 뒤 얼마 안 가 인더스강 상류 지역에서 군사를 일으켰다. 마가다 왕조를 무너뜨리고 여러 나라를 정복해 인도 전역을 거의 석권하면서 통일국가인 마우리아 제국(공작 왕조, BC 317~180)을 창건했다. 인더스·갠지즈 문명 이후 그 명맥만 이어지던 인도를 자극해 최초의 통일제국을 성립하도록 이끌어 향후 인도가 인류 문명사에 본격적으로 등장하는 전기를 마련한 것이다.

인도를 비롯한 일부에서는 그의 원정이 인도군에 의한 패전으로 회군한 것처럼 주장하지만 사실이 아니다. 몽골 제국이 유럽을 정벌하려다 대칸의 죽음이나 제국 내의 후계다툼으로 철수하여 유럽이 전화를 피한 것을 두고 마치 스스로 막아낸 것처럼 여기는 것과 비슷하다.

그는 역사상 가장 유명한 사람 중의 1명이다. 그다지 많지 않은 서양의 정복자 중에서는 단연 돋보인다. 지금도 그의 활약과 신화들이 끊임없이 회자되고 있으며, 사람들 이름으로도 즐겨 사용되고 있다.

〈박트리아와 간다라 미술〉

그리스-박트리아 왕국(BC 246~138)은 중국에서 대하(大夏)라고 불렀으며, 그리스인이 아프가니스탄을 비롯한 중앙아시아 일대를 기반으로 판도를 형성했다. 셀레우코스가 몰락하는 틈을 타서 독립해 박트라에 수도를 정하며 성립했다. 한때 힌두쿠시 산맥을 넘어 인도로 들어가 대제국으로 세력을 떨치기도 했다.

그러다가 내부 반란으로 약화되었고, 서쪽에서 일어선 파르티아 제국의 침입을 받아 쇠퇴했다. 나중에 대초원 북방민족의 한 갈래로 북쪽에서 밀려 내려온 월지(대월지·대월지국)에 정복되어 멸망했다.

그러다가 박트리아에 있던 월지족의 일부가 다시 남하하여 인도 북부를 정복하면서 쿠샨 왕조(105~250)를 성립했고, 그리스·불교 미술의 정수인 간다라 미술의 전성기를 구가했다.

박트리아는 서아시아의 동방에 위치한 그리스계의 왕국으로 존속하며 헬레니즘의 기수로서 역할했다. 그 과정에서 인도의 영향을 받아 불교가 전파되어 사찰과 불상·사리탑 등이 세워졌다. 특히 그리스의 영향을 반영한 간다라 미술을 꽃피워 사람의 모습을 한 불상, 그리스풍의 외모·동작·옷주름 등이 등장하는 가운데 신라까지 전해졌다.

〈석굴암에 담겨 있는 인류 문명의 전모〉

석굴암은 신라의 천년수도 경주에 있는 석굴 사찰이자 뛰어난 건축물이다. 751년에 착공한 이후 20여년에 걸쳐 완성한 세계에서 유일한 인조 석굴이다. 원래 인도와 중국에서 더운 기후 때문에 뜨거운 햇볕의 차단, 시원한 공기의 유통, 10℃ 정도의 온도와 쾌적한 습도의 일정한 유지 때문에 동굴을 파 만든 석굴에서 수행했다. 다만 한국은 지반이 아주 단단한 화강암으로 되어 있어 바위를 파내기 너무 어려워 돌을 둥근 지붕 형태로 쌓아올린 후에 흙으로 덮어 만든 것이다.

석굴암은 불교 차원만이 아니라 세계 최고 수준의 건축, 기하학, 수학, 과학, 예술을 총망라하여 건축미와 조형예술을 표현했다. 정교한 건축술에 힘입어 아치형 구조를 기본으로 삼고 있다. 중심에 있는 본존불은 326cm 높이에 앉은 자세에다 얼굴의 너비를 1로 치면 머리, 가슴, 어깨, 무릎의 가로 길이가 1:2:3:4 비율로 만들어졌다. 동지에 해가 떠오르는 방향과 1/1000 미만의 오차가 날 정도로 정확해 언제나 가장 많은 햇살을 받을 수 있게 했다. 불상 높이의 3배가 되는 거리에 서면 불상 머리가 뒤의 동그란 광배의 정중앙에 위치한 채 특유의 부드러운 미소를 머금은 가장 아름다운 모습을 드러낸다.

불상 바닥에 감로수라는 차가운 물이 흐르게 하여 내부 습기가 바닥으로 모인 후에 땅속으로 스며든다(여름에 냉방기를 켜면 차가운 냉매 쪽으로 습기가 모여 사라지는 원리와 같다). 돌 사이에 작은 틈이 있어 통풍이 잘되고 지붕 외벽을 둘러싼 자갈층도 습기를 흡수한다. 숯을 묻어 물기를 흡수해 습기가 없고 이끼와 곰팡이가 살지 못한다. 이러한 과학 덕분에 1264년이 지났지만 온전한 모습을 유지하고 있다(임정시대 때인 1913년에 일본이 외벽을 콘크리트로 둘러싸고 아래로 흐르던 지하수를 막은 이후 습기가 차고 이끼와 곰팡이가 생겼으며 벽면에 금이 가고 부서지기 시작했다. 1960년대에 복원 작업을 벌였다가 원래의 모습대로 재현하기에 어려움을 느껴 확실한 복원기술을 개발할 때까지 기계를 설치해 온도와 습도를 맞추고 굴 안 출입을 막은 채 유리벽 밖에서만 바라보도록 했다).

석굴암의 진정한 위대함은 불교의 정신세계와 1200여년에 걸쳐 진행된 문명의 이동과 특징적인 모습을 고스란히 담아낸 것에 있다. 그리스·로마의 원형, 간다라 미술을 꽃피운 중앙아시아, 불교를 창시한 인도, 동양적 불교로 재정립한 중국의 모습을 반영해 서양, 중양, 동양에 이르는 인류 문명의 전모를 표현하고 있어 가히 세계적이다.

불교는 BC 6세기경 인도 북부에서 창시되어 마우리아 제국에서 크게 융성하여 인도의 전통 종교인 브라만교를 압도하며 확산되었다. 알렉산드로스의 원정 이후, 박트리아 왕국을 성립하자 고향과는 머나먼 곳이지만 그리스 문화를 되살려놓은 상황에서 나중에 동쪽에 자리한 간다라 지방으로 불교가 전파되어 독특한 불교 미술을 꽃피웠다.

간다라 미술은 조각 위주의 불교 미술로 그리스의 영향을 강하게 받아 500년 만에 불상을 만들었다. 그리스 신의 대리석상을 본따 부처의 얼굴을 표현하고, 주름을 늘어뜨린 그리스식 옷에 따라 불상을 만들어 불교의 상징을 형상화해 세계로 전파되었다(당시 동전에는 한 면에 신이나 영웅의 얼굴이 새겨져 있는데, 그리스인을 쏙 빼닮았다).

이후 인도로 전파되면서 머리와 옷 모양을 비롯해 여러 면에서 인도적인 모습을 지닌 불상을 만들었다. 워낙 더운 지방이라 오른쪽 어깨를 드러내는 모습이 특징적이다. 특히 아잔타 석굴은 인도 서부 지역에 만들어진 불교 석굴 사원으로 초기의 수행만을 위한 석굴에서 벗어나 5세기가 되자 29개나 되는 석굴에 불상을 조각하거나 뛰어난 회화를 그려 불교 미술을 대표한다.

그러다가 실크로드(비단길)를 통해 중국 대륙으로 전파되었다. 5세기 말 대초원 북방 세력인 선비족이 중국의 화북(대륙 북부)을 지배하던 시절이라 불교에 관용적인 상황에서 아잔타 석굴을 본따 산서성 운강 석굴을 대대적으로 조영하여 42개의 석굴을 파고 불상을 만들었다. 다만 공자의 나라로서 유학을 중시하여 예를 따른 중국풍이 일정하게 작용하면서 맨살이었던 오른쪽 어깨까지 옷을 덮었다.

신라인은 장장 1200년에 걸친 불교와 인류 문명의 역사에 대한 충분한 연구와 검토를 한 후 그 모든 것을 담아낼 석굴암을 설계했다. 경주 동쪽 토함산에 석굴을 만들어 사찰을 축조했다. 그러고는 석굴암 속에 부처를 중심으로 모든 조각의 얼굴과 모습에서 그리스, 중앙아시아, 인도, 중국 등지의 특징을 모두 담은 세계를 구현했다.

부처 옆에서 호위하는 금강사자 석상에는 그리스의 최고 영웅 헤라클레스의 상징인 사자가죽을 새겼다. 로마 신전의 정수인 판테온을 그대로 옮겨놓은 듯이 한가운데를 하늘을 향해 높게 뚫어 둥근 돔을 만들고 대리석으로 축조하듯 모양새를 갖추었다. 불상의 머리 모습과 옷은 부처의 고향 양식에 따라 인도 불상의 특징을 살려 오른쪽 어깨가 훤히 드러난 모습으로 만들었다. 한국의 전형적인 모습은 가장 중심인 본존불에 충실히 구현했다. 이렇게 하여 복합적인 요소들을 균형 있게 소화하며 종합적인 인류적 예술품을 창조했다.

하지만 진정으로 위대한 것은 신라인의 정신세계와 예술성을 발휘해 아침에 해가 뜰 때의 태양, 동해바다-토함산-남산에 이르는 대자연, 햇살이 비추는 석굴암과 안에 있는 불상에 이르기까지 모두 하나의 작품이 되도록 만들어 지상 최고의 부처세계와 예술작품을 구현했기 때문이다. 그래서 진정한 석굴암은 석굴 안이 아니라 방대하게 펼쳐진 동해와 경주에 이르는 전역을 포괄하는 것이다.

여전히 잠자며 미개했던 유럽: 헬레니즘은 유럽 대륙과 상관없다

알렉산드로스의 원정과 헬레니즘을 놓고 크게 2가지의 유럽 중심주의적인 관점이 작용했다.

1째, 이 시대를 한 젊은 정복자의 짧은 원정사이자 그의 사후 시기를 그리스 문명의 쇠퇴기로 보다가, 위대한 문화의 정복사로 재해석하고 보편화했다. 독일의 역사가·정치가인 드로이젠(1808~84)이 〈알렉산드로스 대왕사〉란 책에서 '헬레니즘'이란 용어를 만들면서 본격화했다. 유럽 세력의 아시아에 대한 정복으로 해석하는 한편 서아시아에 그리스 문화를 전파하여 범세계적인 문화를 꽃피웠다고 재평가했다. 이후 이러한 입장이 보편화되어 BC 6~4세기에 번영한 그리스 문명이 다시 피어나 300년에 걸친 범세계적 팽창과 번영 시대로 각색되었다. 그러면서 로마로 자연스럽게 계승되는 역사를 만들었다.

2째, 서양 문명의 요람이라고 주장한 그리스 문명을 당시 최고의 문명 지역으로 역할해온 지중해-중동까지 압도하며 평정한 것으로 강조했다. 서유럽의 실상에 대해서는 아예 침묵하면서 자연스럽게 유럽의 우위로 대체시켰다.

그렇지만 그의 원정과 헬레니즘은 서유럽과 아무런 관련이 없다. 지중해 문명이기 때문이다. 지중해의 주도권을 놓고 치열한 투쟁을 벌이는 과정에서 신흥 세력인 마케도니아가 등장했고, 알렉산드로스는 일관되게 그리스를 가장 서쪽 끝으로 하여 지중해와 서아시아를 지향했다. 오히려 서아시아를 새로운 중심이자 근거지로 여겨 바빌론을 수도로 삼아 자신의 새로운 제국을 건설하려 했다. 그의 후계국들도 그리스에 바탕은 두되 그리스를 지향한 것이 아니었다. 그러다보니 그의 사후 그리스는 과거와 같이 두드러진 모습을 보이지 못했으며, 새로운 시대의 본산으로 역할한 바도 없다.

한편 서유럽은 아예 관심 지역조차 되지 못했다. 헬레니즘이 끝날 때까지도 여전히 깊은 잠에 빠진 채 문명지대가 아니었다. 지중해 서쪽의 이탈리아 반도마저 쳐다보지 않은 마당에 문명조차 부재한 유럽 대륙은 전혀 관심의 대상이 아니었다. 이런 까닭에 그가 그리스 서쪽 세계나 북방의 유럽을 상대로 힘들게 정복전을 펼칠 이유가 없었다.

사실 알렉산드로스의 동방 원정, 페르시아 제국의 정복, 오리엔트 문화와의 융합이라는 말은 모두 잘못 사용된 용어들이다. 그리스와 유럽을 기준으로 볼 때 서아시아 지역을 동쪽이라 말하지만 아시아의 기준이자 인류 보편적인 시각에서 보자면 서쪽 끝이다. 페르시아 제국도 그에 의해 멸망한 아케메네스 제국이라고 표기해야 맞다. 페르시아인이 세운 제국만 해도 아케메네스뿐만 아니라 파르티아와 사산 같은 숱한 나라들이 흥망성쇠를 거듭했다. 마치 페르시아 전체를 상대로 역사적인 승리를 거둔 것처럼 민족·지역 개념을 사용해서는 안되는 것이다. 오리엔트도 유럽의 세계관에 따른 지역 명칭인 만큼 그보다는 아시아의 서쪽에 위치한 지리적 사실에 맞게 서아시아라고 하거나, 서양과 동양의 중간 지대에 위치한 만큼 '중양'이라고 해야 할 것이다.

〈제국 중의 제국 페르시아 아케메네스 제국과의 악연〉

페르시아(파사, 지금의 이란)는 서양인들이 고대부터 이란 민족 또는 이란 민족에 의한 제국을 가리켰다. 그리스인이 이란 고원 일대에 사는 사람들을 '파르스(Fars)'로 부르던 것을 라틴어화하면서 페르시아(Persia)로 불렀다. 1935년 팔레비 왕조가 국호를 이란으로 바꿀 때까지 여러 왕조에 걸쳐 페르시아라는 국호가 사용되었다. 지중해-중동의 역사에서 대제국을 일으켜 지배적 위치를 구가한 적이 여러 차례 있었고, 반면에 다른 민족에 의해 지배를 받은 적도 많다.

아케메네스 제국은 아케메네스 왕조로도 불리는 페르시아의 첫 고대 제국으로 페르시아어로는 하캄마니쉬야라고 부른다. '이란인의 아버지'로 불리는 키루스 대왕(재위 BC 550~29)의 창건 이후 아르타크세르크세스 1세(재위 BC 465~24)까지 5대에 걸쳐 인류 역사상 빛나는 전성기를 구가했다. 방대한 서아시아를 최초로 하나의 국가 아래 통합해 인류 문명의 중심지로 정립하는 큰 역할을 했다. 하나로 통일된 세계를 통해 현재 이슬람권의 원형을 완성하기도 했다. 그래서 우리가 흔히 페르시아 제국이라고 말할 때는 아케메네스를 말한다.

아케메네스는 화려한 문명을 꽃피워 그리스, 로마, 당나라, 고구려, 몽골, 오스만, 르네상스, 무굴, 청나라, 대영제국의 전성기를 뛰어넘거나 적어도 버금가는 것이었다. 제국의 종교인 조로아스터교는 기독교의 토대가 되는 유대교를 성립하는 결정적인 계기를 제공했다. 창조신, 유일신, 절대신을 설정하게 도왔으며, '최후의 심판'을 통해 사람들의 선악을 심판한다는 교의와 윤리성을 확립하는 등 유대교의 근간과 대강을 형성한 것이다.

다리우스 대제(다리우스 1세. 재위 BC 521~486)는 제국의 전성기를 열며 활발한 정복사업을 펼쳤다. 동쪽으로 인도의 펀잡을 정벌하고, 서쪽으로 소아시아의 그리스 식민지를 평정하면서 2번에 걸친 그리스 본토 원정을 벌여 서아시아의 유럽 진출사를 시작했다.

크세르크세스 1세(재위 BC 486~65)는 최대의 판도를 형성했다. 서쪽으로 리비아까지, 남쪽으로 아라비아 반도까지, 북쪽으로 코카서스(카프카스·캅카스·코카시아) 산맥과 아랄해까지 영토를 확장했다. 흑해 연안의 대부분 지역을 장악하고 발칸 반도까지 손에 넣어 유럽에서 문명화된 지역 중에 그리스 본토와 에게해를 뺀 남유럽 전역을 지배했다.

선대의 유업인 그리스 정벌을 완수하기 위해 대군을 일으켰다. BC 480년 아테네를 함락해 아크로폴리스를 불태우며 성공 직전까지 이르렀으나 그리스군의 결사항전으로 살라미스 해전을 비롯한 잇따른 패배로 더 이상 진행하지 못했다(구약 성경에 등장하는 아하수에로(아하스에로스)와 동일 인물이다. 곳곳에 궁전을 비롯해 화려하고 웅장한 건축물들을 세웠으며, 상상을 초월하는 부와 보물창고를 갖고 호화로운 생활을 즐겼다. 가혹한 통치로 분열과 혼란을 자초했다. 영화 〈300〉의 배경이 된 테르모필레 전투 때 등장하는 페르시아 군주이기도 하다).

아르타크세르크세스 1세(BC 465~24)는 BC 448년 키프로스 앞바다에서 아테네 해군에 패하고 트라키아 등지를 잃었다. 내분과 반란에도 불구하고 그리스에 대한 미련으로 계속해 정복하려 했으나 실패했다. 그리스의 헤로도토스와 데모크리토스가 제국을 여행한 후 아시아의 지식을 그리스에 전파하고 그리스 미술 양식을 전하기도 해 동·서 문화교류가 활발했다.

다리우스 2세(BC 423~05)는 펠로폰네소스 전쟁에 개입해 처음에는 아테네와 협력했다가 BC 404년에 스파르타군을 지원해 최종적인 승리를 거두도록 만들었다. 아르타크세르크세스 2세(BC 404~359)는 스파르타와의 전쟁에서 승리해 에게해를 비롯한 지중해 해상권을 장악했으나 궁전 암투로 자신과 가족들까지 살해당했다.

아케메네스는 발칸 반도에 있던 그리스 본토 일부와 불가리아 일대의 트라키아 지역을 지배하면서 유럽에 처음으로 진출했다. 이후 정복 대상지 중에 서쪽 끝에 마지막 남은 그리스까지 손에 넣어 천하를 제패하려 했다. 아케메네스는 그리스 세계라고 해봐야 국토 전체가 자신의 제국에 비하면 비교조차 되지 않는 소규모에다 그나마도 수많은 도시국가들로 흩어져 있어 정말 하찮은 존재로 여겼다.

그리스에 수차례의 항복을 요구했지만 거부하자 전면적인 침공에 돌입했다. 이후 페르시아 전쟁이 오래 동안 집요하게 벌어졌다. 그러나 당초 예상과 달리 아테네를 중심으로 한 폴리스들이 자신들의 자유와 시민권을 지키기 위해 연합 대응해 결사항전을 벌여 수차례의 원정 전쟁은 번번이 좌절되었다. 한때 아테네를 점령하거나 그리스의 상당한 영토를 차지했지만 결정적인 승리를 거두지 못했다.

당시 그리스인들은 페르시아의 공격을 상상을 초월하는 두려움 속에 바라보았다. '역사의 아버지'로 불리는 그리스 역사가인 헤로도토스(BC 484?~425?)가 최초의 역사서인 〈역사〉를 저술하면서 부풀릴대로 부풀린 통계를 내세우며 공포심을 극명하게 드러냈다.

'크세르크세스 1세가 이 전쟁에 동원한 병력은 무려 500만명으로 추산된다. BC 480년 몸소 대군을 이끌고 그리스를 공격했을 때 170만 병력이었다.'

사마천이 BC 91년에 완성한 중국의 첫 정사 역사서인 〈사기〉를 쓸 때처럼 헤로도토스 역시 자기 나라를 역사의 중심에 두고 외적의 침입에 대해 이를 막아낸 관점과 내용에 초점을 맞춰 기록하고 있다. 상대의 위세와 전력을 과장한 뒤 그리스의 승리를 더욱 높게 평가하려는 의도를 어렵지 않게 짐작할 수 있다.

그렇지만 이 전쟁이 아케메네스에게 중요했지만 그리 대단한 전쟁은 아니었다. 이미 흑해, 유럽 남부 일대, 지중해의 리비아까지 석권한 뒤라 그리스마저 정복해 지중해 전역에 대한 병합을 완성하려는 정도의 의미였다. 그리고 이 전쟁으로 인해 아케메네스가 입은 타격은 거의 없었다. 문제는 제국의 권위, 아니 제왕의 자존심이었다.

어쨌든 아케메네스의 집요한 공격은 그리스인의 자각과 분발을 가져왔다. 하도 시달린 나머지 폴리스들의 통합과 알렉산드로스의 원정을 초래하여 그리스가 세계사의 주역이 되는 계기를 제공했다.

* 마케도니아 왕국은 현재 발칸 반도에 있는 마케도니아와 다르다. 그리스, 마케도니아, 불가리아, 코소보 등에 걸쳐 있었다. 원래 그리스에서는 북방의 이민족 취급을 하며 무시했으나, 점차 그리스 세계로 편입했고 나중에는 전역을 지배했다.

하지만 경제난에 빠져 있는 그리스와 유럽 최빈국인 마케도니아는 알렉산드로스의 문명적 상징성과 관광산업에서의 파급효과를 노려 쟁탈전이 치열하다. 1991년 유고슬라비아(남슬라브인의 나라)에서 분리·독립하면서 이 국명을 사용하자, 그리스는 그리스 북부 지역의 이름이며 현재의 마케도니아 국민은 그리스계가 아니라 6~7세기에 이주한 남슬라브인이라며 거세게 반대했다. 이에 국제사회의 중재 끝에 1993년 '마케도니아 옛 유고슬라비아 공화국'이란 임시 국명으로 유엔에 가입했고, 지금도 협상 중이다. 다만 마케도니아 정부는 수도 스코페에 그의 동상(높이 14.5m)을 중앙광장에 세운 후, 신전 형태의 고고학 박물관을 열면서 그와 부모의 대형 동상까지 건립하고 있다.

카이사르 시절의 로마 영토

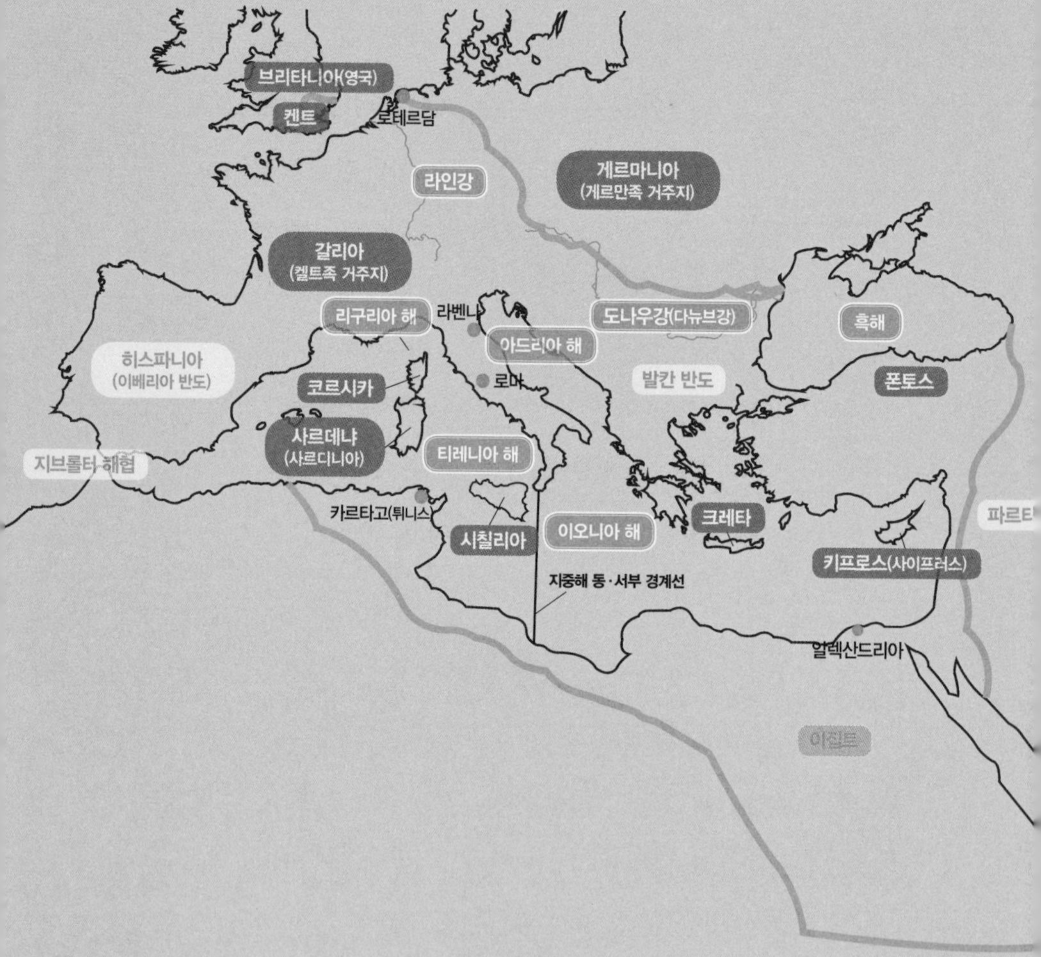

카이사르

유럽 대륙을 문명권에 편입하다

최고의 자리를 넘어 황제를 꿈꾸다

유럽 대륙을 문명권에 편입한 인물은?

'가이우스 율리우스 카이사르.'

어떤 계기로?

'갈리아(지금의 서유럽 일대) 정복이 결정적인 역할을 했다.'

그의 정복으로 일어난 변화라면?

'갈리아의 문명화가 진행되어 오늘날의 판도를 형성했다.'

카이사르의 정복 전까지 유럽의 원주민이자 대륙의 주인은?

'갈리아인 즉 켈트족이다. 카이사르의 정복 이후 수많은 부족을 잃고, 지금은 스코틀랜드, 웨일스, 아일랜드, 아이슬란드 등지에서 주도 민족으로 살고 있다. 프랑스를 비롯한 다른 지역에서도 일부가 흩어져 살고 있다. 영국에서도 원주민으로 정착했으나 라틴족인 로마인과 게르만족의 한 갈래인 앵글로색슨족의 잇따른 이주로 밀려났다.'

우리가 유럽인을 바라볼 때 흔히 이렇게 생각한다.

'백인이니까 모두 하나.'

하지만 이런 인식은 유럽인이 한국인과 일본인을 구분하지 못하면서, 알고 싶어 하지도 않은 채 같은 동양인으로 치부하는 것과 다를 바 없다. 적어도 유럽의 역사와 문화를 제대로 알고 이해하려면 라틴족, 게르만족, 슬라브족의 3대 민족에 대해서는 알아야 한다.

그리스인이 처음 문명을 일으킨 이후, 로마로 대표되며 지중해를 끼고 남유럽을 중심으로 유럽의 문명화를 촉발한 라틴족, 훈족의 유럽 진출 이후 민족대이동을 벌이며 서·북 유럽을 장악한 게르만족, 동유럽과 러시아를 중심으로 농경사회를 유지한 슬라브족이 주역이기 때문이다. 동양 3국으로 치면 한국의 한민족(한겨레·한배달), 중국의 한족, 일본의 일본족이 각각의 나라에서 압도적인 비중을 차지한 채 주도하고 있는 것과 비슷하다.

지중해의 패권은 BC 8세기 이후 페니키아, 그리스, 카르타고를 거쳐 로마로 이어졌다. 로마는 라틴족이 로마시를 근거지로 하여 성립한 후에 이탈리아 반도를 통합하고 지중해 동부를 장악했다. BC 146년에 포에니 전쟁에서 지중해의 강자였던 카르타고에 승리하고, 곧바로 그리스까지 합병하여 지중해의 패권자가 되었다. 그러면서 작은 도시국가에서 출발한 로마는 왕국과 공화국을 거쳐 제국으로 발전했다. 이후 로마의 권위와 영향력은 워낙 강력해 동로마 제국을 거쳐 신성로마 제국에 이르는 1806년까지 상징적인 존재로 역할했다.

그런데 문명 차원에서 볼 때 로마는 그리스 문명의 착실한 계승자였다. 그리스 신화를 그대로 받아들여 명칭만 라틴어로 바꿔 따라했고, 그리스의 철학과 학문을 답습하고는 벗어나지 못했다. 오죽하면 그리스와 비교하면서 혹독한 비판에 시달리기도 한다.

'영혼이 없는 문명.'

'하드웨어만 있고 소프트웨어와 컨텐츠가 결여된 제국.'

그러나 로마는 분명히 독창적인 문명 건설자였다. 그리스의 조각과 달리 건축에서 웅장하고 화려한 예술미를 발현했다. 그리스의 파괴자였지만 누구보다 적극적으로 수용하고 흡수하여 그리스를 뛰어넘는 복합적인 발전을 이룩했다. 성향에서도 섬세하고 부드러우며 장식적인 그리스식이 아니라, 거대하고 강하며 실질적인 접근에 충실했다.

그리스에서 관념적인 철학이 발달한 것과 달리 실용적인 법률이 발전했다. 그리스에서 자연의 법칙을 탐구하는 과학이 발전한 것과 달리 건축과 관개·수리 시설 같은 실생활에 필요한 기술이 발전했다. 번영의 열매로서 그리스에서는 문학·연극·올림픽을 즐겼지만, 로마에서는 검투사·전차경기·공중목욕·축제를 즐겼다.

특히 후대에서 3대 유산으로 손꼽는 법률, 건축, 도로를 비롯해 로마다운 유산들을 남겼으며, 위대한 영광은 태양처럼 늘 찬란하게 빛나고 있다. 이러한 토대를 다져놓은 인물이 바로 카이사르다.

가이우스 율리우스 카이사르(BC 100~44)는 독일어로 카이저, 러시아어로 차르(짜르), 영어로 시저, 이탈리아어로 체사레, 프랑스어로 세자르로 불린다. 귀족 출신으로 서열 2위직인 법무관과 아시아 속주 총독을 지낸 아버지와 1위직인 집정관을 여럿 배출한 힘 있는 집안 출신의 교양 있고 현명한 어머니 사이에서 외아들로 태어났다(로마에서는 정무관의 공직 서열에서 재무관, 조영관(안찰관), 법무관, 집정관(콘술, 2명)을 거쳐 올라갔다. 속주 총독은 법무관을 마쳐야 갈 수 있고 군단 지휘권도 가진다. 별도의 공직으로 평민이 맡는 호민관과 임시 최고위 관직인 독재관도 있다).

그는 어릴 때 가정 환경 덕분에 좋은 가정교사를 두고 연설과 대중을 다루는 방법 등을 배웠다. 당시 로마는 내분과 혼란을 거듭하고 있었다. 국외적으로는 BC 91~88년 시민권 문제를 두고 이탈리아 동맹국들과 전쟁을 벌였고 한때 로마의 동부 속주까지 위협받았다. 국내적으로는 원로원을 중심으로 정계를 주도하던 보수 귀족파(원로원파)와 시민의 지지를 기반으로 한 개혁 평민파(민중파)로 갈려 대립과 내전을 벌였다.

그의 고모부로 장군인 마리우스는 평민파의 영수로, 마리우스의 부하였던 술라는 귀족파의 영수로 대립했다(공교롭게 마리우스는 명문 귀족 출신인데 평민파에, 술라는 가난한 평민 출신인데 귀족파에 속해 수장을 하고 있었다).

집정관으로 선출된 마리우스는 로마군을 시민징병제에서 직업군인

제로 바꾸는 군정개혁을 단행했다. 시민에게 병역 의무로부터 벗어나게 했고, 실업자에게 군인 직업을 제공해 서민층의 지지를 얻었다.

그러다가 소아시아의 반란에 대한 원정 지휘권을 놓고 처음에는 술라가 지휘관이 되었다가, 호민관이 선거구 개혁과 함께 지휘권을 마리우스에게 넘기는 법안을 통과시켰다. 술라는 탈출한 뒤 군사를 모아 로마로 진군해 집정관이 되어 호민관을 처형하고 정권을 장악했다. 술라군은 비난에 나선 시민들을 학살하고 약탈과 방화를 자행하면서 겨우 몇 시간 만에 제압해 버렸다.

마리우스는 도망친 후 기회를 살폈다. 술라가 원정 지휘관이 되어 소아시아의 반란을 제압하고 그리스를 평정했다. 이때 평민파로 집정관인 킨나가 원로원의 다수파를 장악하고 마리우스를 불러들였다.

"마리우스님, 술라가 소아시아로 떠났습니다. 절호의 기회가 왔으니, 어서 로마로 달려와 접수하십시오."

아프리카에 있던 마리우스는 명했다.

"병사들이여, 우리는 로마로 진군한다. 혼란에 빠진 로마를 살려내자."

마리우스는 6000명의 병력을 이끌고 로마로 귀환해 군사정변을 일으켜 성공했다. 이후 잔혹한 보복에 나서 원로원 의원 50명, 장교를 중심으로 군인 1000명을 학살했다. 당시 13세의 어린 카이사르로서도 2명의 큰아버지가 죽어 유혈 복수전의 참극을 절감했다.

BC 86년 마리우스는 킨나와 함께 집정관이 되었지만 임기를 시작한 지 13일 만에 열병으로 죽었다. 킨나는 마리우스의 후계자로서 시민들의 호응 아래 정권을 유지했다. 2년 후 카이사르는 16세의 나이로 전임자가 죽어 귀족과 결혼해야 되는 유피테르(그리스어로 제우스, 영어로 주피터)의 사제로 지명되자, 평민 여성과 어릴 때 맺은 약혼을 깨고 평민파의 영수인 킨나의 딸과 결혼했다.

그러나 내전은 끝난 것이 아니었다. 킨나가 다가올 전쟁에 대비해 방위군을 정비하다가 군대 편성 과정에서 폭동이 일어나 목숨을 잃었다. 이때를 놓칠 술라가 아니었다. 7만5000명의 병력을 이끌고 돌아와 12만 병력의 평민파군과 전투를 벌여 집정관 2명에게 잇달아 이기고 포로로 잡았다. 킨나의 후임 임시 집정관과 마리우스의 맏아들이 함께 맞섰지만 또다시 물리치고 로마로 입성했다(마리우스의 맏아들은 전사했고, 임시 집정관은 자결했다).

BC 82년 술라는 로마를 장악했다. 보복에 나서 마리우스 상을 파괴하고 시신을 파내 부관참시해 테베레강에 던져버렸다. 마리우스파를 비롯한 정적들을 죽이거나 추방했다. 로마시는 입성한 술라군에 의해 피의 강이 흐를 정도였고, 술라조차 로마를 떠날 것을 고민할 지경이었다. 하지만 술라는 냉철하고 빠른 판단력을 가진 인물로 이내 질서를 되찾고 로마의 안정을 확립했다. 스스로 독재관이 되어 이전까지 6개월 동안 단 1번 재직하던 것과 달리 임기 제한이 없게 만들었다.

카이사르에게도 위기가 덮쳐왔다. 마리우스의 처조카이자 킨나의 사위였기 때문이다. 술라가 평민파로 간주해 공표한 수천명(더러는 수만명이라고도 함)의 명부에 포함되었다. 그는 자신의 유산과 사제직은 물론이고 아내의 지참금까지 바치며 겨우 처형을 막은 뒤에 이혼을 피하려 가까스로 도피했다. 이후 소아시아 총독의 군대에 은신한 후 때를 기다렀다. 그런 중에 어머니 집안의 술라파에 속한 인물과 베스타(그리스어로 헤스티아) 신전 여사제의 도움으로 술라를 설득해 사면받았다.

카이사르는 로마로 돌아오지 않고 입대해 마침내 군인이자 정치가의 길에 들어섰다(사제직에서 물러나 군대를 바라보는 것조차 금지되었던 처지에서 벗어난 것도 한몫했다). 소아시아 속주를 비롯해 여러 곳에서 복무하면서 전공을 세워 시민관을 수여받는가 하면 전략가이자 장수로서의 기량을 닦아나갔다.

시련과 도전은 오기 마련이다: 자신의 길을 무소의 뿔처럼 가다

술라가 독재관에서 2년 만에 사임하고 집정관을 하다가 정계를 떠나 은거하던 중에 죽자, BC 78년 22세의 카이사르는 4년 만에 서둘러 돌아왔다. 하지만 여전히 귀족파의 세상이었다. 그는 재산이 없어 빈털터리 신세로 로마시의 하층민 거주 지역에 집을 얻은 뒤, 변호사로 나섰다. 이후 귀족파와 싸웠지만 실패했고 고초도 이만저만이 아니었다.

그는 힘든 현실에 굴복하지 않았다. 인상적인 몸짓과 높은 목소리의 달변으로 부정부패를 저지른 총독들을 고발해 명성을 얻었다.

로마의 정치가·철학자·문인인 키케로(BC 106~43)도 칭찬했다.

"이제 로마에서 어떤 웅변가가 카이사르를 넘어서겠는가?"

그러나 카이사르의 역경은 끝난 것이 아니었다. 6살 위인 30세의 폼페이우스가 총사령관이 되어 4만 병력을 이끌고 명망을 높일 때 그는 살아남기 위해 발버둥을 쳐야 했다. 결국 귀족파의 미움을 사 다시 국외로 피신해야 했고, 로도스 섬으로 향했다.

그는 가는 도중에 해적들에게 붙잡혔다. 대담하게 자신의 몸값을 2.5배나 더 올려 제시하며 대우를 요구했고, 이에 응한 해적들과 어울렸다. 돈이 건네지고 풀려나자 곧바로 함선을 모아 해적의 은거지를 급습했고, 처분을 일임받아 모두 처형시켜 지금도 무용담으로 전해지고 있다. 이후 로도스 섬에 체류하며 키케로의 스승에게 수사학을 배우는 한편 독서와 사색 속에 평안한 시간을 보냈다.

BC 73년, 카이사르는 27세의 한창 나이에 로마군의 대대장에 입후보해 당선되어 지휘관 생활을 시작했다. 비록 6개 대대 600명을 통솔하는 정도였지만 발판은 마련한 셈이었다. 그 뒤로 여러 군 경력을 거친 후, 스파르타쿠스 전쟁(BC 73~71)이 일어나자 참전했다.

BC 69년은 그에게 참으로 다사다난한 해였다. 마리우스의 부인인 고모가 죽자 장례식에 참석해 연설하는가 하면 술라의 집권으로 폐기되었던 마리우스 상을 전시했다. 그의 아내가 병고 끝에 세상을 떠났다. 장례가 끝나자 히스파니아(스페인과 포르투갈이 있는 이베리아 반도)의 재무관으로 선출되어 착실한 출세가도를 달리기 시작했다(재무관은 속주 총독 밑의 재무와 공문서를 관리하는 원로원의 1번째 공직이다).

그때 카이사르는 헤라클레스 신전에 들렀다가 알렉산드로스 상을 보게 되었다.

'내 나이에 알렉산드로스는 세계를 제패했건만 나는 아직 아무것도 이루지 못했다.'

그는 자신의 처지를 한탄했지만, 여유로움 속에 재무관의 임기를 잘 마쳤다. BC 67년에 로마로 돌아오자 원로원으로 들어갔고, 조용히 시간을 보내며 자신을 충전했다. 또한 술라의 손녀와 결혼해 정치적 안전판을 다져놓았다.

BC 65년, 카이사르는 조영관으로 선출되었다. 로마시의 가로와 수도를 관리하고 공적인 행사를 관장하는 공직자로서 로마의 주요 간선인 아피아 가도를 복구하고 검투사 시합을 개최하는 등 활발히 활동했다. 이 사업들을 모두 자비, 그것도 엄청난 돈을 빌려 빚으로 완수했다. 그는 빚더미에 앉았지만, 대신에 시민들의 지지와 명성을 얻었다. 여기에 더해 마리우스의 승전 기념비를 복구했고, 정권을 잡은 채 재산 몰수로 막대한 이익을 챙긴 술라파들을 기소했다. 그러다가 다시 역공을 당해 2차례나 반란 모의에 연루된 혐의로 고생해야 했다.

BC 63년, 37세가 된 그는 귀족파 원로원 의원을 호민관 살해 혐의로 기소한 뒤 재판관이 되었다. 키케로가 변호를 맡았지만 대역죄로 유죄를 선고했다. 또한 원로원 주도세력들이 로마의 적을 처형할 때 행사해온 비상결의를 문제 삼아 평민파를 공격하지 못하게 만들었다.

한편 그는 술라파의 종교 수장인 대신관이 죽자 출마했다. 귀족파의 두 후보가 경쟁하다가 서로 뇌물죄로 고발하면서 표심을 잃는 바람에 쉽게 당선되었다. 그렇지만 집정관인 키케로가 반란 음모를 고발할 때 그도 연루되었다고 고발당하기도 했다.

이듬해에 카이사르는 법무관으로 선출되었다. 원로원 회의에서 반역 음모자들에 대해 정적인 카토가 사형을 주장한 것과 달리 종신형을 제안하며 대립했지만 관철시키지 못했다. 다음해에는 이 반란 음모 사건에 대한 조사위원회가 구성되면서 또다시 고발되었다.

"카이사르는 로마를 상대로 반역을 일으키려 참여한 공범자다."

다행히 키케로가 증언해주어 혐의가 풀렸다.

"카이사르는 이 음모에 대해 알고 있는 바를 보고해왔다."

이후 그가 쟁점 법안을 두고 호민관과 힘을 모아 관철시키려 하자, 원로원은 직무정지를 시켰다. 그러나 자신을 지지하는 시민들의 시위를 앞장서서 진정시키면서 원로원의 복직 조치를 받아냈다.

그해에 자신의 관저에 한 젊은 귀족이 아내를 유혹하기 위해 남성이 참석할 수 없는 신전 제사에 여성으로 변장해 몰래 들어오려다 붙잡혀 신성모독죄로 기소되었다. 그 귀족이 뇌물과 권세를 앞세워 석방되자 묵인했지만, 아내와는 이혼했다.

한편 그는 법무관 임기가 끝나지 않은 채 히스파니아 속주 총독으로 임명되었다. 이에 엄청난 빚을 해결하기 위해 로마 최고의 갑부로 폼페이우스와 적대하던 크라수스를 지지해주는 대신에 크라수스의 도움을 받아 빚 일부를 갚고 나머지 빚은 보증을 서게 하여 급한 불을 껐다. 그러고도 빚으로 인한 기소를 걱정해 법무관 임기가 끝나기도 전에 속주로 떠났다.

그는 히스파니아로 가서 뛰어난 역량을 발휘하고 공을 세워 로마인들의 신망을 높여갔다. 원주민 부족들을 정복해 자신의 군대로부터 '임페라토르(imperator, 최고 군사령관. 여기에서 황제(emperor)의 칭호 유래)'로 호칭되었다. 그러다가 최고위직인 집정관에 출마하기로 결심하고 로마로 돌아왔다. 그야말로 1년 만의 금의환향이었다.

필요하다면 적과도 손잡아야 한다: 첫 집정관 재직과 3두정치

BC 59년 카이사르는 41세의 나이로 집정관 선거에 출마했다. 관건은 지지표와 자금이었다.

"폼페이우스님, 이번 선거를 지지해주면 휘하 병사들에게 농지를 나눠주겠소."

병사들의 표가 많은 폼페이우스와 손잡은 뒤에 곧바로 다음 수순에 들어갔다.

"크라수스님, 자금이 필요합니다. 내가 당선되면 로마의 정치를 함께 이끌어가도록 만들어 드리겠소."

자신의 최대 채권자인 크리수스를 설득해 넉넉한 자금도 확보했다. 또한 키케로와 협력해 치열한 선거를 치른 끝에 카토를 비롯한 주도세력이 지지한 비불루스와 함께 당선되었다.

귀족파는 그가 집정관을 마치면 속주 총독이 아니라 이탈리아 반도의 목초지와 숲을 맡겨 발목을 잡으려 했다. 이에 카이사르는 보다 확고한 권력기반을 다져놓기 위해 당대의 실력자들로 서로 적대하던 폼페이우스와 크라수스에게 손을 내밀어 비공식적인 1차 3두정치를 확립했다. 여기에 폼페이우스를 자신의 딸과 결혼시켜 협력을 더욱 공고하게 다졌다. 그 자신도 후임 집정관의 딸과 3번째로 결혼했다.

그는 집정관으로서 본격적인 개혁에 들어갔다. 그라쿠스 형제가 시도했던 것처럼 가난한 시민들에게 공유지를 재분배하는 농지법을 제안했다. 의사 내용을 실은 대자보를 작성해 밀실에서 진행되던 원로원 회의를 공개했다. 비불루스를 비롯한 귀족파에서 강하게 반발하자, 열광적인 시민들의 지지를 등에 업고 3두정치의 힘을 이용했다. 폼페이우스가 군사들을 동원해 지지했고, 크라수스도 마찬가지로 지지해 3두정치는 더욱 확고해졌다. 그는 이러한 배경을 등에 업고 단독 집정관이나 다름없는 권세를 행사하며 내실있게 국정을 운영했다.

또한 폼페이우스의 도움을 받아 집정관 퇴임 후 자신에게 가해질 불리한 조치를 취소했다. 3두정치의 주도에 따라 갈리아 키살피나(알프스 이남으로 지금의 이탈리아 북부)와 일리리쿰(지금의 발칸 반도 북서부)의 총독으로 임명되었고, 나중에는 갈리아 트란살피나(알프스 이북으로 프로빈키아로도 불려 프로방스란 지명 유래) 속주도 맡아 4개 군단을 지휘하게 되었다. 또한 임기를 1년이 아닌 5년으로 정하고 법정 기소를 면제받는 특권까지 확보했다.

영웅군주가 되려면 정복자여야 한다: 갈리아 정복

카이사르는 집정관 임기가 끝나고 총독이 되자 급히 임지로 떠났다. 야심에 걸맞는 군사적 무력을 갖추는 한편 늘 발목을 잡아온 막대한 빚을 해결하기 위해 정벌을 벌여 전리품으로 갚으려 한 것이다.

당시 갈리아 남부는 로마의 속주로서 안정되어 있었지만, 중부와 북부는 게르만족의 침입과 약탈에 시달렸고, 갈리아의 원주민이었던 켈트족은 게르만족의 이간책에 따라 내분이 가라앉지 않고 있었다.

BC 58~51년간 그는 갈리아 정복에 나서 원주민이었던 켈트족을 상대로 오랜 전쟁 끝에 승리했다(갈리아는 '골'로도 불리는 라인강과 알프스-피레네 산맥에 둘러싸인 지역으로 라틴어로 '켈트족의 영토'를 뜻한다).

군단 전체를 동원해 싸웠고, 주로 빠른 이동에 의한 전격전을 펼쳤다. 항복할 경우에는 관용을 베풀었고, 저항하면 가차 없이 초토화했다. 또한 동맹을 맺은 이민족 군대를 활용해 배후를 치거나 후방을 교란하는 유격대로 활용했다.

플루타르코스(46?~120?)가 쓴 〈영웅전〉의 기록에 따르면, 300만명의 적과 전투를 했고, 그중 100만명을 죽이고 나머지는 노예로 삼았다. 300개 부족을 복속하고, 800개 도시를 파괴했다. 어떤 도시의 경우에는 전체 주민 4만명을 살육하기도 했다. 카이사르에 따르면 한 부족의 경우 36만8000명이 전투에 나서 11만명 만이 살아 돌아갔다(전체 주민이 10만명 이하였고 전투원은 1만6000명 정도였는데 과장했다고 보기도 한다).

물론 플루타르코스와 카이사르가 로마인이라 전공을 부각하기 위해 적군의 수를 엄청나게 부풀렸기 때문에 정확한 수치를 알기는 어렵다. 하지만 그야말로 힘든 원정이었으며, 수많은 목숨을 잃어야 했다는 것은 분명하다.

그는 갈리아 정복에서 자신을 따르던 4개 군단에 더해, 갈리아 접경 지역을 중심으로 2개 군단을 새로 편성했다. 원주민 부족들을 차례로 공략해 영토를 확장하면서 또다시 2개 군단을 늘려 2년 만에 2배의 군사력을 보유하게 되었다. 그는 군단의 편성에서 자신의 의지대로 밀어부쳤고, 필요하면 로마 시민이 아닌 켈트족들도 받아들였다.

그의 원정은 계속되었다. 북동부의 벨가이족(지금의 벨기에·네덜란드·프랑스의 일부로 여기에서 벨기에 국호가 유래)으로 구성된 군사들과 전투를 벌였다가 여의치 않자 각 부족들을 하나씩 공략하여 복속해갔다.

BC 56년, 3두정치를 펼치던 3인이 만났다. 로마가 혼란에 빠져 있고, 크라수스와 폼페이우스가 대립하자 회의를 연 것이다. 3두정치를 연장하면서 두 사람이 다시 집정관이 되는 한편 그의 집정관 임기를 5년 더 늘리며 3인 모두 장기 전임 집정관이 되기로 하고, 크라수스는 시리아를, 폼페이우스는 히스파니아를, 그는 갈리아를 맡기로 결정했다.

카이사르는 해전에서 승리해 아르모리카(지금의 프랑스 북서부 브르타뉴)를 정복하면서 원정을 계속했다. 이듬해에 갈리아를 침략한 게르만족을 공격해 추격 끝에 라인강에 다리를 건설했고, 게르마니아 영토에도 침입해 위협을 준 뒤 철수했다(게르마니아는 로마에 정복되지 않은 게르만족 거주지로 도나우강(영어로 다뉴브강)의 북쪽, 라인강의 동쪽, 비슬라강(비스와강·비스툴라강)의 남쪽 지역이다. 다만 그는 호수와 늪이 많은 삼림지대라 전혀 매력을 느끼지 못했다. 나중에 라인강을 따라 상게르마니아(수도 마인츠)와 하게르마니아(수도 쾰른)의 두 속주를 두면서 로마의 직접적인 영향을 받기 시작했다).

뒤이어 카이사르는 남은 갈리아 부족들을 잇따라 복속했고, 배후에서 갈리아를 도운 브리타니아(켈트족의 한 갈래인 브리튼족과 접촉하면서 유래하여 오늘날 브리튼으로 불리는 영국의 주된 섬)로 건너가 정복전을 지속했다. 당시 2차례의 원정이 진행되었다. 1차 때는 켄트에 상륙 거점을 확보했으나 더 나아갈 수 없자 겨울에 갈리아로 돌아왔다.

BC 54년, 2차 때에는 더 많은 군사들을 이끌고 브리타니아로 진공해 내륙 진출을 본격화했다. 브리튼족들이 온몸을 파랗게 칠하고 전차와 기병으로 공격했다가 여차하면 숲속으로 달아나면서 유격전을 펼쳐 고생했지만, 기어코 승리했고 적장의 항복까지 받아냈다. 그러나 갈리아에서 반란이 일어나고 농사에 실패하자 다시 되돌아가야 했다(로마는 지속적인 공략 속에 80년대에 스코틀랜드까지 점령해 브리타리아 전역을 4세기 동안 지배했고, 런던은 그 중심이었다).

다음해가 되자 그는 갈리아의 반란을 진압하고 게르마니아로 진격해 반란군의 후방마저 무너뜨렸다.

그즈음에 정세가 급변했다. 폼페이우스의 아내인 딸이 출산 중에 죽자, 조카의 딸을 이혼시킨 뒤에 재혼시키려 했으나 폼페이우스의 거절로 무산되었다. 이런 중에 크라수스가 로마의 숙적인 파르티아와의 전쟁에서 대패한 채 전사했다. 폼페이우스는 재빨리 1인 집정관이 되었고, 카이사르의 정적인 스키피오의 딸과 결혼하면서 장인이 된 스키피오를 동료 집정관으로 삼아 로마를 장악했다. 결국 3두정치는 자동적으로 해체되고 로마는 본격적인 권력투쟁 국면으로 치달았다.

BC 52년 베르킨게토릭스가 갈리아 부족들을 모두 결속해 로마군에 대한 총공세를 가해왔다. 그는 한때 전투에서 패했으나, 이후 잇따라 승리하여 갈리아군을 압박하며 알레시아를 포위했다. 그러자 포위당한 베르킨게토릭스가 갈리아 전역에 지원군을 요청했다.

"이번이 마지막 기회요. 양쪽에서 공격하면 얼마든지 이길 수 있소. 단 1명의 병사라도 더 보내주시오."

어느새 26만 대군이 집결해 카이사르군을 다시 에워쌌다. 갈리아군은 알레시아의 농성군 7만을 더해 33만명에 이르렀다.

카이사르는 고심 끝에 명했다.

"지금 성안의 반란군은 지원군이 몰려온 것을 모른다. 협공하면 큰 일이다. 먼저 성부터 함락하자. 총력을 기울여 공격하라."

5만 병력으로 열세였지만, 지원군이 도착한 줄 모른 채 농성하던 갈리아군을 상대로 전력을 다해 공격해 공성전에서 승리했다. 뒤이어 기병대를 앞세워 배후의 갈리아군도 공격해 물리쳤다. 베르킨게토릭스를 위시한 반란군은 항복했고, 다음해까지 작은 전투들이 이어졌지만 이미 대세를 잡은 채 갈리아 전역을 정복했다.

카이사르의 갈리아 정복은 로마의 위대한 승리이자 방대한 유럽 대륙의 영토를 손에 넣는 결정적인 계기가 되었다. 휘하에서 활약한 안토니우스와 브루투스를 비롯한 쟁쟁한 인물들이 로마의 정치를 이끌어가게 되었다. 그로서는 갈리아 정복사업을 완수하면서 로마에서 더욱 유명해졌고, 자연스럽게 잘 단련된 막강한 군대를 보유하게 되었다. 이렇게 되자 로마를 향한 그의 야심을 더욱 현실화할 수 있었다.

〈유럽의 원 주인 켈트족〉

유럽의 주된 민족이라면 라틴, 게르만, 슬라브의 3대 민족을 생각하지만, 사실 그 다음으로 많은 켈트(Celts)족도 상당히 중요한 위치에 있다. 서·중부 유럽 일대에서 등장한 뒤 BC 10~8세기경 이동하기 시작해 갈리아, 브리튼, 아일랜드(켈트어로 에이레) 등을 중심으로 정착했다. 일부는 유목·기마 민족인 스키타이의 정벌에 맞서면서 동쪽으로 이동했고, BC 390년에는 이탈리아 반도를 압박하며 로마까지 공격하는 한편 일부는 소아시아까지 세력을 미쳤다.

고대 유럽의 철기시대인 라텐 문화를 낳은 민족으로 한때 서유럽을 넓게 지배했으나, 로마의 영토 확장으로 위기에 빠졌다(1857년 스위스 라텐에서 발굴된 라텐 문화는 BC 450년부터 BC 1세기까지 동쪽으로 프랑스 동부, 스위스, 오스트리아, 독일 서남부, 체코, 슬로바키아, 헝가리 일대에서, 서쪽으로 아일랜드, 브리튼 일부, 스페인 북부, 부르고뉴 일대에서 발전했다). BC 1세기 중반 카이사르에게 정복당했고, 1세기경에는 브리타니아가 로마의 지배하에 들어가 문화적으로 동화되었다.

갈리아의 원주민은 스스로를 켈트족이라 했다. 갈리아라는 지명 자체가 '켈타이(Celtae)'를 라틴어로 바꿔 유래했다. 4~6세기에 걸쳐 게르만족의 민족대이동 속에 그 한 갈래인 프랑크족이 흥기하자, 프랑크 왕국 아래에서 통합·동화되었다. 다만 일부는 오랜 세월을 견디면서 스코틀랜드·웨일스를 비롯한 영국 일부, 아일랜드, 아이슬란드에 살고 있으며, 유럽 대륙에도 프랑스, 스페인, 포르투갈 등지에 살고 있다.

특히 프랑스에는 켈트족의 원래 명칭인 골족이 프랑스인의 상당수를 차지하고 있다. 로마와 프랑크에 흡수·동화되었다고 하지만, 현대 프랑스의 최고 지도자였던 샤를 드 골(1890~1970)의 이름에도 남아 있는 것처럼 여전히 정체성과 명맥을 유지하고 있다.

사실 켈트족이 알려진 것은 아일랜드 때문이다. 1846년 대흉작에 시달릴 때 지배자인 영국은 수탈만 일삼는 상태에서 전염병마저 돌아 100만명 이상이 굶어 죽고, 100만명 이상이 생존을 위해 미국으로 이민간 것이다. 광범위한 이민이 벌어져 현재 420만명이 살고 있는 아일랜드보다 훨씬 더 많아졌다. 오늘날 미국에는 '아이리시'라 하여 아일랜드계 이민자가 3300만명에 이르러 독일계(4600만명) 다음으로 많으며, 3위인 영국계(1700만명)보다 2배 가량 많다. 7대 앤드류 잭슨과 35대 존 F. 케네디 대통령을 배출했고, 40대 대통령 로널드 레이건처럼 조상의 일부가 아일랜드 혈통인 경우까지 합치면 훨씬 많아진다.

켈트족은 붉거나 금발의 땋은 머리로 특징되며, 날개 달린 투구를 쓰고 전투를 했다. 유럽에서 처음으로 바지를 입었고, 로마에서 포도주를 마실 때 벌써 맥주를 마셨다. 하지만 씨족공동체 마을이나 작은 도시로 머물러 국가로는 발전하지 못했다.

우리에게 잘 알려진 르네 고시니(1926~77)의 원작 만화와 영화 〈아스테릭스〉는 로마군에 맞서 싸운 켈트족의 무용담이다. 성직자인 드루이드는 키가 크고 긴 흰 수염에 황금빛 띠가 달린 옷을 입은 채 지팡이를 든 모습으로 서양 마법사의 원형이 되어 〈해리포터〉에서는 덤블도어 교장, 〈반지의 제왕〉에서는 간달프의 모습으로 등장했다.

켈트족의 문화로 가장 널리 알려진 것은 '할로윈 데이'다. 새해 첫날인 11월 1일을 앞둔 10월 31일 밤, 사람의 몸은 죽어도 영혼은 1년 동안 세상에 머물며 다른 사람 몸속에 있다가 다음 세상으로 간다고 여겨 영혼이 자기 몸에 못 들어오게 귀신 분장을 해서 막았던 풍습이다. 나중에 아일랜드인이 미국으로 대거 이민을 가면서 확산되어 지금은 미국은 물론이고 한국을 비롯한 전 세계로 퍼져 즐기는 날이 되었다.

〈지명으로 보는 켈트의 흔적〉

켈트족은 수렵·채집을 위주로 생활한 숲의 사람들로 로마도 유럽 대륙을 켈트족의 땅으로 간주하고 있었다. 그러다가 카이사르가 정복한 뒤 라틴어로 '갈리아(켈트족의 땅)'라는 명칭이 나왔다. 그가 영국을 정벌할 때 그곳에 살던 켈트족을 총칭해 브리타니라 부르면서 '브리타니아(켈트계 브리튼족의 땅)'란 명칭이 유래했다.

그러다보니 켈트족의 흔적은 유럽의 형성과 관련된 용어에 많이 남아 있다. 동서 1300km, 남북 200km, 평균고도 2500m인 '알프스 산맥(고지의 목장)', 이베리아 반도와 프랑스의 경계를 가르는 '피레네 산맥(험준한 산)', 이탈리아 반도의 척추인 '아펜니노 산맥(봉우리)' 같이 유럽의 근간을 이루는 경계의 명칭이 켈트어에서 유래했다.

서유럽의 주요 국가들을 가로지르는 중요한 강 이름도 켈트어에서 유래했다. 조수간만의 차가 커 상류까지 바닷물이 들어와 유래된 영국의 '템즈강(거무스름한 강)', 프랑스의 수도인 파리를 관통하는 '센강(천천히 흐르는 강)', 오스트리아·독일·프랑스·네덜란드를 거쳐 흐르는 유럽에서 가장 긴 '라인강(일반적인 강)', 독일에서 발원해 루마니아를 지나 흑해로 흘러드는 유럽에서 2번째로 긴 '도나우강(강·흐름)' 등등.

그리고 영국과 유럽 대륙 사이의 경계를 이루는 34km 폭의 '도버(흐름)' 해협, 1991년 개통된 50km에 이르는 유로터널의 동쪽 종착점인 '칼레(켈트계 칼레티인)', 서유럽의 중심지인 '파리(켈트계 파리시족의 땅)', 앵글로색슨족에게 쫓겨간 브리튼족이 정착한 '브르타뉴(작은 브리튼)'도 켈트어에서 유래했다.

로마인이 스코티라 부르다가 5~6세기경 브리튼 북부로 이동하자 '스코틀랜드(스코티의 땅)'라 불렸으며, 앵글로색슨족이 켈트족을 '웨일스(다른 지방 사람)'라 부르면서 유래되었다. 브리튼 서쪽에 있는 섬은 켈트족의 전설에 따라 '에이레(에류 여신의 땅)'라 불렸다.

권력을 잡으려면 치열한 권력투쟁에서 이겨야 한다

BC 50년, 50세가 된 카이사르에게는 내부 정적들과의 목숨을 건 혈전이 기다리고 있었다. 귀족파들은 크라수스의 사후, 원래 귀족파인 폼페이우스를 설득해 한편으로 끌어들여 3두정치를 무너뜨렸다. 그가 다시 집정관에 나서려는 의도를 간파한 후에는 군대 보유를 막기 위해 그의 총독 임기 연장 요청을 거부했다. 그의 임기가 끝난 것을 빌미로 갈리아 총독에서 해임하면서 명했다.

'군대를 해산하고 무장해제를 한 뒤 혼자 로마로 귀환하라.'

또한 그가 출마하려는 집정관 선거에서 부재중 입후보를 금지했고, 폼페이우스는 불복종과 대역죄 혐의로 그를 고발했다. 강경 귀족파의 일원인 집정관은 폼페이우스에게 전군의 편성권과 최고지휘권을 주며 카이사르를 국가의 적으로 간주해 진압할 것을 명했다.

다음해가 되어 그는 도망쳐온 안토니우스로부터 급박하게 돌아가는 로마의 상황을 전해 듣고 정면대결을 결심한 후 명했다.

"폼페이우스가 배신했다. 부패와 탐욕에 찬 귀족들이 나와 우리 모두를 죽이려 한다. 병사들이여, 적들로부터 로마를 구해야 한다."

곧바로 갈리아에 주둔 중인 자신의 군단을 불러모았고, 4500명의 정예 군사들을 이끌고 진격했다. 갈리아에서 로마로 넘어가는 북방 경계선인 루비콘 강을 건널 때 전투를 주저하던 병사들에게 아테네의 극작가 메난드로스(BC 342~292)의 작품에 나오는 구절을 인용해 외쳤다.

"신들과 적이 있는 곳으로 진격하라. 주사위는 던져졌다."

그는 이번에도 전격전을 감행했다. 속도전으로 주저 없이 로마로 돌진했다. 도시들을 차례로 공략하고 로마까지 3일 만에 육박했다. 폼페이우스와 2명의 집정관을 비롯한 원로원 귀족들은 그의 갑작스럽고 빠른 진격에 당황한 나머지 몇 배나 되는 병력을 보유하고서도 머뭇거리다가 때를 놓쳐 제대로 된 저항도 못하고 국외로 도피했다.

카이사르는 로마를 접수하고 유일한 권력자가 되었다. 마지막 남은 정적인 폼페이우스를 정리하기 위해 심복 안토니우스에게 로마를 맡긴 후 폼페이우스의 기반인 히스파니아를 반년 만에 모두 진압하고 돌아왔다. 뒤이어 집정관이 부재일 때 선출되는 1번째 독재관이 되어 2번째 집정관에 당선되었다(집정관이 된 후 11일 만에 독재관을 사임했다).

BC 48년 그는 직접 폼페이우스를 처리하기 위해 그리스로 출정했다. 치열한 공방전에서 패배하기도 했지만, 신속하게 반격에 나서 평원으로 유인했고, 교란전으로 주력 기병대를 물리치며 수적으로 앞선 폼페이우스군에 치명적인 타격을 입혔다.

폼페이우스가 이집트로 달아나자, 곧바로 집요한 추격을 펼쳐 이집트까지 쫓아갔다. 전황이 이렇게 돌아가자 전세가 기운 것을 느낀 이집트의 공동 통치자인 프톨레마이오스 13세와 클레오파트라 7세는 그의 편에 섰다. 그가 상륙하기도 전에 폼페이우스는 프톨레마이오스의 사주를 받은 전 로마군 장교에게 살해당했다.

카이사르는 이집트의 권력다툼에 개입했다. 연인이 된 클레오파트라를 지원해 그녀를 단독 여왕에 앉혔다. 그녀와의 밀애를 즐기며 아들까지 두었다(로마법에는 로마 시민끼리만 허용되어 결혼하지는 못했다).

그해 말에 그는 임기 1년의 2번째 독재관이 되었다. 소아시아 북동부의 폰토스 왕국이 대를 이어 반란을 일으키며 기세를 높이자, 이집트의 내란을 완전히 진압한 뒤에 알렉산드리아를 출발해 카파도키아로 진격해 간단히 물리치고 승리를 거두었다. 그는 로마에 짧고 압축적인 문장으로 승전보를 보내 지금도 널리 인용되고 있다.

"왔노라, 보았노라, 이겼노라(Veni,Vidi,Vici)."

BC 46년 그는 곳곳에서 벌어졌던 반란을 하나하나 수습하면서 로마로 개선해 10년 임기의 3번째 독재관에 올랐다. 또한 3번째 집정관도 겸했다. 다음해에는 아프리카와 히스파니아에서 승리하여 폼페이우스 잔당을 깔끔하게 척결해 모든 내전을 마무리하고 단독으로 4번째 집정관이 되어 로마의 실권을 장악했다.

그는 내란을 모두 수습한 뒤 로마로 돌아오면서 유언장을 작성했다.

'나의 조카손자인 옥타비아누스에게 나의 모든 것을 상속한다. 만일 내가 죽기 전에 옥타비아누스가 죽으면 브루투스가 다음 상속자다.'

이런 까닭에 나중에 그가 살해되었을 때 브루투스의 의분에 찬 살인행위가 정당성을 잃도록 만들었고, 옥타비아누스의 천하를 만드는 더할 나위 없는 명분이 되었다.

지나친 야심은 자신을 죽게 만든다: 황제를 꿈꾸다가 살해당하다

카이사르는 전권을 장악했다. 안토니우스를 집정관으로 삼아 밑에 두고 새로운 질서를 구상하고 실현했다. 2년에 걸쳐 로마 전역을 대상으로 대대적인 국정개혁을 추진했다.

로마 시내에 공공건물(바실리카)·공공광장(포룸)·도서관·극장 등의 방대한 수도 재개발, 제국 전역에 걸친 도로·수로·항만과 도시 건설, 계속적인 영토 확장과 식민 개척, 정복지 주민에 대한 로마 시민권 제공, 교육과 의료를 위해 교사와 의사에 대한 시민권 부여, 치안대 창설을 통한 사회질서 확립, 토지의 무상 분배, 곡물에 대한 일정량 의무 매입 법제화, 어려운 로마인에 대한 구제사업 전개, 금리를 연 12% 이하로 규정, 엉성한 로마력을 대체한 율리우스력의 제정 및 사용 등등.

그러나 문제는 그의 지나친 야심이었다. 로마 시민들은 왕정 타도 후에 세운 공화정을 자랑스러워했다. 대표자들로 구성한 원로원이 정무의 최고 명령권을 갖는 한편 선출직으로 최고 행정직인 2명의 집정관을 비롯한 정무관들이 임기에 따라 명시된 책무를 수행하는 공화정에 대해 확고한 자부심을 갖고 있었다.

이런 상황에서 BC 44년 카이사르는 55세의 나이로 4번째이자 종신 독재관이 되어 사실상의 황제와 다름없었다. 1인 독재에 만족하지 못해 황제에 오르려 한다는 소문과 우려가 횡행했다. 그가 제정을 원했는지 알 수 없지만 정적에게는 그가 그렇게 할 것처럼 보였다. 여기에다 원로원 정원을 900명으로 늘려 무력화했고, 최종권고의 폐지를 비롯해 귀족파에 대한 거센 공세로 더 이상 참기 힘든 반발을 초래했다(원로원 정원은 이미 300명에서 600명으로 늘어 있었다). 결국 귀족파들은 공화정을 지킨다는 명분 아래 그에 대한 제거 계획을 세웠고, 원로원 입구에서 칼로 찔러 살해했다. 그는 자신이 그토록 아끼고 믿던 브루투스가 적들과 함께 있는 것을 보고는 마지막 말을 남긴 것으로 유명하다.

"브루투스 너마저."

하지만 이 말은 역사적인 근거가 없으며, 셰익스피어의 희곡 〈줄리어스 시저〉에 나오는 대사가 널리 알려진 것이다.

한편 이집트가 로마의 통치를 받게 된 상태에서 클레오파트라 7세는 남동생인 프톨레마이오스 13세와 결혼해 공동통치를 하다가 그의 후원 아래 동생을 쫓아내고 유일한 여왕이 되었다. 카이사르는 2주 동안 그녀와 사랑을 나누며 지내다가 로마의 사정이 급박한 때라 귀환했다. 이후 그녀는 아들을 낳자 그의 아들이라며 후계자로 만들기 위해 노력했다. 하지만 그가 얼마 안 가 암살당하자, 이번에는 안토니우스와 사랑의 연대를 이루어내며 옥타비아누스에 대적했지만 악티움 해전에서 패배하면서 안토니우스와 함께 자결했다.

카이사르의 위대함은 로마와 함께 영원하다: 로마 제국의 개막

카이사르는 로마를 대표하는 영웅이다. 로마를 건국한 전설 속의 트로이 왕자 아이네이아스의 후손으로 자부했고, 알렉산드로스를 흠모하며 위대한 영웅이 되기를 꿈꾸었다. 명문가 출신이었지만 자력갱생의 의지와 실천, 넘치는 인간성, 다채로운 사람들과의 인연, 정적·이민족까지 포용하는 인재 중시, 남다른 안목과 지략, 뛰어난 달변, 파격적이고 거침없는 행보, 군중을 움직이는 정치력, 위기에 대한 반전적이며 전향적인 극복 같은 남다른 강점을 갖고 있었다. 자신에게 역경이 닥치면 지혜와 용기를 발휘해 돌파했다.

넉넉한 인간성에 매력적인 품성으로 측근과 부하들의 존경을 받았다. 여인들을 비롯해 로마인의 사랑을 듬뿍 받았다.

그러나 자제력은 부족했다. 방탕했고, 낭비벽으로 인한 엄청난 빚에 시달렸다. 그 빚의 규모가 10개 군단 이상의 병사들을 1년 동안 유지할 수 있는 거액이었다고 한다. 주로 정치자금이었지만 책값, 유흥비, 옷값 등에도 써버렸다. 숱한 여인들에게 값진 물건들을 선사했다. 패션에 각별한 신경을 기울여 공식석상에서 입는 로마풍의 긴옷(장의)을 좋아했고, 평상복인 짧은옷(단의)도 디자인을 살폈다. 원하는 자리에 앉기 위해 선거자금으로 빚을 끌어들여 마구 사용했고, 로마인의 신뢰를 얻기 위해 국책사업조차 자비로 감당했다.

특히 그는 대중적 인기에 취한 채 1인 독재를 밀어부쳐 공화정의 파괴자로 여겨졌다. 정적들과의 투쟁에서 잠깐 승리를 거두었으나, 서아시아 원정을 앞두고 원로원 회의를 소집했다가 끝내 목숨을 잃고 그의 위대한 여정은 허무하게 막을 내려야 했다.

그렇지만 그가 보여준 거침없는 삶과 위대한 공적은 로마의 영광을 대변하며 오늘날까지 빛나고 있다.

귀족들이 원로원을 독차지하고 힘을 이용해 막대한 부를 축적한 현실에 정면으로 대항했다. 소수의 부패한 귀족들이 지배하던 타락한 공화정을 경멸하며 '100년 내전'을 승리로 갈무리했다. 평민파의 우두머리가 되어 1차 3두정치 시대를 거쳐 치열한 권력투쟁 끝에 최후의 승리자가 되었다. 그 과정에서 잇딴 승전보를 날려 자신의 명망은 물론이고 로마 시민들의 자부심을 치솟게 만들었다. 국정개혁을 추진하고 공공사업을 일으켜 시민들의 삶의 질을 향상시켰다. 그가 죽자 귀족파들은 그를 열렬히 사랑한 시민들의 분노로 자살하거나 도망쳐야 했다.

이후 옥타비아누스, 안토니우스, 레피두스는 2차 3두정치를 확립해 귀족파들을 응징하면서 패권을 잡기 위한 내전에 돌입했다. 먼저 키케로·브루투스 등을 제거하고 둘의 연합으로 레피두스를 실각시킨 다음, 안토니우스마저 물리친 옥타비아누스가 승리했다. 드디어 로마는 공화국에서 제국(BC 27~AD 476/1453)으로 넘어가는 역사적인 전환을 하게 되었다.

카이사르는 뛰어난 통치력으로 로마를 강성하고 번영하는 대국으로 발전시켰다. 갈리아 정복을 비롯해 끊임없는 팽창정책을 추구해 방대한 영토를 넓혀갔다. 역사상 처음으로 유럽 대륙을 정복해 로마의 영토로 만들고 문명사회로 편입한 일은 그의 최대 치적으로 여겨진다.

이런 까닭에 그는 유럽사에서 남다른 의미를 지닌다. 갈리아로 불린 라인강 이남 거의 전역에 해당하는 서·중부 유럽은 물론이고 도버해협을 건너가 영국 일부까지 정복해 로마의 세계로 편입했다. 그 덕분에 프랑스, 독일, 네덜란드, 벨기에, 영국 등이 형성되는 판도를 다져 서유럽이 인류사에 등장하는 계기를 만들었다.

현재 유럽인들은 그리스를 유럽 문명의 요람으로 삼고, 로마를 서유럽의 진정한 출발로 여겨 상고사, 고대, 중세에 이르는 유럽사의 부재와 빈약함을 메꾸고 있다. 그러면서 로마의 영광을 부각하고 지중해-중동이나 동양의 문명을 최소한으로 약화시켜 일관된 유럽의 우월적 문명사를 내세우고 있다.

그는 위대한 갈리아 원정, 로마에서의 광폭 정치, 클레오파트라와의 사랑, 비극적인 최후 등으로 숱한 화제를 뿌렸다. 갈리아 정복과 통치에 관해 자신이 직접 쓴 8권의 〈갈리아 전기〉를 남겨 당시 유럽의 실상을 알려주기도 했다.

사실 정확하게 따지자면 그에 의해 공화정이 끝장나고 제정이 시작되었다고 보는 것이 맞다. 그러나 정작 본인은 독재관으로서 전조를 누리며 제국을 예비했지만 제정 이전에 죽어 로마 제국사에는 해당되지 않는다(공화정의 끝 시기를 두고 여러 주장이 있다. 카이사르가 독재관에 오른 BC 44년 또는 옥타비아누스가 악티움 해전에서 승리한 BC 31년으로 보기도 하지만, 일반적으로는 옥타비아누스가 정권을 잡고 원로원이 아우구스투스로 추존하면서 초대 황제가 된 BC 27년을 마지막으로 본다).

다만 황제가 되지는 못했지만, 진정한 황제라 하여 황제의 알파벳 명칭이 그의 이름에서 유래했다. 독일의 카이저와 러시아의 차르처럼 절대적인 힘과 권위를 가진 '황제'를 뜻하는 말을 만들어낸 장본인이다.

카이사르는 끊임없는 위기 속에 살아남았고 기어코 목표를 이루어냈다. 특히 빚에 쪼달리고 권력투쟁에서 밀릴 때면 과감하게 외부 세계로 달려가 인생 역전에 성공하곤 했다.

오늘을 사는 한국인이라면 '세방화'라는 21세기의 흐름에 적극 나설 필요가 있다. 국내적으로는 서울이 아닌 전국 곳곳을 거점으로 활용하는 일이다. 국외적으로는 어려움을 국내에서만 풀려고 하지 말고 해외로 눈을 돌려 활발한 진출에 나서는 국면이다. 이렇게 하면 국내적으로 활동할 수 있는 공간이 적어도 5~10배 넓어지고, 국외적으로는 낮게는 30배 이상, 높게는 140배 이상 확장할 수 있다.

사실 반경 1000km까지만 해도 100만명 이상 도시가 75개에 인구가 2억명을 훨씬 넘어 한국 시장의 4배 정도가 된다. 반경 2000km까지 확장하면 100만명 이상 도시가 147개에 인구가 5억명에 이르러 유럽에 맞먹는 시장을 활용하게 된다(반경 2000km면 유럽 대륙 내부의 원거리보다 더 짧다. 스페인 수도인 마드리드와 독일 수도인 베를린 사이만 해도 비행기로 3시간 30분이 걸려 대만, 몽골, 홍콩과 비교해도 별다른 차이가 나지 않는다. 참고로 미국은 동부와 서부의 거리가 대략 5000km에 달한다).

〈율리우스력: 유럽의 시간을 잡다〉

율리우스력은 율리우스 카이사르가 이집트로 원정을 갔다가 이집트 역법이 간단하고 4계절과 잘 맞음을 알고는 엉성하고 수준 낮던 로마력을 대폭 바꿔 최초의 현대식 태양력으로 만든 역법이다.

1년을 365일로 하고, 4년마다 하루의 윤날을 두어 BC 45년부터 사용했다. 그런데 1년 365일을 12달로 하면서 2월에서 1일을 빼 자신의 생일이 들어 있는 7월을 31일로 하면서 자기 이름을 따 '율리(July)'라 불렀다. 그의 뒤를 이은 첫 로마 황제인 아우구스투스도 2월에서 다시 1일을 빼 자신의 생일이 들어 있는 8월을 31일로 하면서 '아우구스트(August)'라 불러 2월은 28일이 된 채 오늘에 이르고 있다. 그리고 9월과 11월을 30일, 10월과 12월을 31일로 하는 한편 2월은 평년을 28일, 윤년을 29일로 만들면서 큰 변화 없이 사용되고 있다.

다만 1582년에 로마가톨릭이 부활절을 배치하는 과정에서 325년 로마 황제 콘스탄티누스 대제가 소집한 니케아 공의회에서 정한 날짜(춘분 이후 첫 보름 다음의 일요일)에서 세월이 흘러 1250년이 누적되면서 10일이 빨라져 달력이 계절에 어긋나는 큰 오차가 생기자 이를 바로잡기 위해 새로운 달력을 제정함으로써 오늘날 대부분의 나라가 쓰는 태양력인 그레고리력이 확립되었다.

〈옥타비아누스와 아우구스투스〉

카이사르가 죽은 뒤 유언장이 공개되었다. 후계자로 옥타비아누스를 지명한 사실이 알려지면서 평생 추종했던 안토니우스와 연인으로 그의 아들까지 낳은 클레오파트라는 서로가 후계자가 되리라고 확신하고 있다가 극도의 배신감을 느꼈다. 반면에 제3의 실력자로 떠올랐던 브루투스는 자신이 후계자 2순위로 적혀 있자 그의 살해에 참여한 탓에 너무나 당황했고, 자신의 입지와 명분을 잃게 되면서 시민에 의해 버림받은 채 자결했다.

옥타비아누스(아우구스투스. BC 63~AD 14, 재위 BC 27~AD 14)는 평민 출신의 병약한 젊은이였으나 외할머니의 남동생으로 자신의 큰외할아버지인 카이사르가 암살되자, 18세의 나이로 유언장에 따라 후계자 지명을 듣고 로마로 가 그의 양자가 되어 본격적인 정치를 하게 되었다. 바로 그때 살해에 앞장섰던 키케로가 안토니우스를 견제할 속셈으로 도와주어 안토니우스를 상대할 만한 시간과 역량을 갖추었다.

옥타비아누스는 치밀한 전략가였다. 정적인 안토니우스와 지역을 분담하면서 이집트와 동방을 맡은 안토니우스와 달리 로마와 서방을 맡아 로마 시민의 마음을 얻었다. 안토니우스가 클레오파트라에게 빠져 자신의 누나인 옥타비아와 자녀들마저 버린 사실을 알려 민심을 잃게 만들었다. 특히 안토니우스의 유언장을 공개해 자신의 아들들에게 왕국을 물려주는 한편 자신과 클레오파트라의 영묘를 알렉산드리아에 둘 것을 알려 결정타를 날렸다.

이러한 상황에서 원로원은 안토니우스의 집정관 자리를 비롯한 모든 직위를 박탈하고 이집트에 선전포고를 했다. 안토니우스는 평생 동안 전장터를 누빈 군인으로서 젊고 검증되지 않은 옥타비아누스를 경시했다. 그러나 옥타비아누스는 카이사르가 미리 붙여준 뛰어난 장수 아그리파의 도움으로 BC 31년 안토니우스와 클레오파트라의 연합군과 최후의 승부처였던 악티움 해전에서 대파했다(아그리파는 한국의 미대 입시에서 가장 기본 소묘(데생)로 사랑받아왔다). 더 이상 어찌할 길이 없어진 두 사람이 잇따라 자결하면서 로마의 전권을 장악했다.

BC 27년 옥타비아누스는 강력한 군대와 집정관직을 유지한 채, 카이사르의 전례를 감안해 처신했다. 전시에 누리던 권한을 일단 원로원에 반납하는 형식을 취했다가 그대로 되돌려 받고, '아우구스투스(존엄자)'라는 칭호까지 받았다. 그러고는 자신을 낮추면서 민심을 얻었다.

"나는 그저 로마의 제1시민에 지나지 않는다."

'제1인자, 원수'를 뜻하는 프린켑스로 자처하는 원수정 체제를 통해 형식상 원로원과 공존했지만, 실제로는 황제나 다름없는 실권을 행사하다가 후대에 가서 완전한 황제 체제를 확립했다. 또한 군 최고사령관이 전쟁에 이겨 군인들이 환호하며 부른, 군권을 가진 정무관의 호칭인 '임페라토르'를 개인 이름으로 영구적으로 사용해 황제의 호칭이 유래했다. 아울러 군 통수권과 입법권·거부권은 물론이고 평민 출신이 하던 호민관의 특권인 민회 소집권까지 확보했다.

다만 아우구스투스는 로마인이 오랜 공화정의 전통을 진정으로 사랑하고 있음을 간파하여 실질적인 제정을 하면서도 공화정의 힘으로 지위와 권력행사를 부여받은 것처럼 행동해 로마인이 전혀 불안을 느끼지 않도록 만들었다.

아우구스투스는 늘 카이사르의 후계자임을 자처했다. 그러면서 자신의 후계자를 직접 정하고 권력 세습을 제도화해 1인이 모든 권력을 잡는 황제 국가를 성립시켰다.

지중해 해양 문화의 확장

로마가 유럽과 인류 문명 차원에서 미친 영향은 아무리 강조하고 공치사를 해도 모자람이 없다. 카이사르가 강력한 통치체제를 확립한 후, 아우구스투스가 후계자로서 로마 제국을 성립하면서 무려 200여 년에 걸친 '팍스 로마나'로 불리는 황금기를 누렸다.

로마는 막강한 군사력을 바탕으로 해양 제국으로서 상업과 교역을 활발하게 벌여 번영을 누렸다. 지중해는 로마의 안마당이자 해상무대로서 육로로 가는 우여곡절 없이 바다를 통해 끝에서 끝을 오가며 빠르고 안전하게 대량으로 물자를 운송했다.

로마는 산업과 기술의 발전이 미비하자, 방대한 속주에서 걷어들인 엄청난 부를 활용해 선진문물을 자랑하던 중앙과 중국·한국을 비롯한 동양과의 교역을 통해 물자들을 사들였다. 그 과정에서 실크로드가 개척되었으며, 육로와 바다길이 늘어나면서 동양과 서양을 잇는 가장 중요한 이동로이자 교역로로 구축되었다.

실크로드는 단순히 사람과 물자만 오고간 것이 아니다. 유라시아와 실크로드 한복판을 장악하고 있던 대초원 세력들로 하여금 동양과 중앙은 물론이고 서양에 대한 많은 정보를 알게 되면서 활발한 진출을 자극했다. 특히 흉노의 한 갈래인 훈족은 이 길을 따라 유럽으로 진출했고, 4세기 이후에는 게르만족의 대이동을 불러와 단기적으로는 로마의 혼란과 서로마 제국의 멸망을 초래했다. 장기적으로는 라틴 문명에서 게르만 문명으로 유럽의 주도권이 넘어가면서 서유럽의 원형과 틀을 형성하는 계기를 만들었다.

끝으로 로마 역시 변함없이 지중해와 서아시아 지역을 중시했고, 교역도 실크로드를 통해 동양과 활발하게 진행했다. 물론 카이사르가 갈리아와 영국으로 진출하기는 했지만 국경의 안정을 위한 변경 개척을 중시했을 뿐이다. 문명이 형성되지 못한 지역이라 실리적인 이득이 거의 없었다. 395년 동·서 로마의 분할 당시에도 동로마를 대표 황제가 직할 통치하거나 후계자격인 맏아들에게 다스리도록 하여 로마의 중심이 어디인지를 확연히 알 수 있다. 이후 서로마는 얼마 못 가 멸망했고, 동로마가 로마의 계승자로서 15세기 중반까지 동지중해를 중심으로 전통을 이어갔다.

사실 한국도 활동공간의 확장이 절실하다. 육지로 한대륙(한반도에 대칭되는 한민족의 대륙 강역을 총칭함)을 비롯해 중국 대륙, 몽골, 러시아의 극동과 시베리아를 우리의 안마당으로 만들어가는 한편 해양으로는 태평양과 인도양 일부까지 관장하는 범위를 넓혀 나가야 한다.

여기에 더해 한·중·일 동양 3국과 몽골까지 끌어들여 동북아시아 문화권을 형성하고, 동남아시아와 연계해 동아시아 해양 문화권으로 포괄함에 있어 선도적인 역할을 수행함으로써 우리의 활동 기반을 확장해야 할 것이다.

로마에 대한 유럽화

근대 이후 서유럽은 그리스·로마를 유럽의 시원이자 바탕으로 삼아 탄탄하게 미화된 유럽사를 완성했다. 그러나 시간적, 공간적, 민족적, 종교적, 문화적으로 접근하면 그리스·로마와 서유럽은 도저히 동일시할 수 없음을 알 수 있다.

시간적 접근으로 보면 그리스는 지중해-중동 문명의 영향을 받아 형성·발전했고, 로마가 계승하여 번영을 누렸으나 서로마의 멸망과 프랑크 왕국 이후 폐허가 되어 땅속에 묻혀 버렸다. 이후 그리스는 물론이고 로마 역시 뒷전으로 밀려난 채, 서유럽에서는 향후 1000년 이상 쳐다보지도 생각하지도 않았다.

공간적으로 보면 남유럽과 서유럽이라는 뚜렷한 경계가 그어진다. 게다가 로마는 지중해를 끼고 아시아와 아프리카에도 영토가 걸쳐 있어 유럽만의 나라가 아니다. 반면에 서유럽은 여전히 미개 지역으로 방치되고 있었고, 나중에 본격적인 활동에 나섰을 때 중심 무대는 대서양이었다.

민족적으로 보면 그리스는 그리스인이, 로마는 라틴족이 성립하고 발전시켜 서유럽을 중심으로 하는 게르만족과 전혀 다르다. 더욱이 로마는 동·서로 분열한 후 서로마는 게르만족에 의해 멸망했고, 동로마는 유럽의 동부 지역을 중심으로 후대로 가면서 슬라브족의 땅으로 변해가 오늘에 이르고 있다.

종교적으로 보면 로마는 우리가 흔히 아는 그리스·로마 신화에 바탕한 다신교였다. 그러다가 4세기 때 기독교의 공인과 국교화로 서유럽에서는 로마가톨릭이 정착했다. 반면에 로마의 정통성을 계승한 동로마는 동방 정교회를 신봉해 서유럽과의 분열과 이질화를 거쳐 오늘에 이르고 있다.

문화적으로 보면 그리스·로마는 한결같이 북방의 유럽 대륙이 아니라 남방의 지중해와 서아시아를 지향했다. 다만 로마가 강력한 파르티아 때문에 진출로가 막히자 유럽을 정복해 역사상 최초로 문명권으로 편입한 것이다. 하지만 이때까지만 해도 게르만족은 여전히 서유럽으로 진출하지 못한 채 문명권 밖에 있었다. 반면에 동로마 지역은 로마의 문화를 고스란히 지켜가며 그리스화가 진행되었다.

그러나 유럽인의 로마 사랑은 각별하다. 그리스를 통해 유럽의 아름다운 문명성을 부각했듯이 로마를 통해 유럽의 강력한 힘과 존재감을 부각했기 때문이다. 또한 서유럽에서 근대 이후 그리스·로마 문명을 소중히 하고 즐겨 활용한 것은 사실이다. 그 덕분에 근대화에 성공하면서 인류 문명사에 빛나는 금자탑을 쌓은 것도 분명하다.

다만 로마를 멸망시키고 폐허화한 사실을 외면·부정해서는 안된다. 특히 근대 이후 그리스·로마를 재활용하면서 그토록 긴 기간 동안의 편차를 무시한 채 마치 하나의 몸체에서 어제와 오늘이 매끈하게 연결된 것처럼 접근하는 것은 잘못되었다. 이런 식이라면 중국이 접경하고 있다고 하여 우리가 중국을 한국사와 한국문화의 일부로 편입해 우리 기준과 입맛에 맞게 편성하고 치장하는 일과 다를 바 없다.

유럽의 인식과 해석은 기독교의 관점이 작용하면서 더욱 심한 편견이 적용되었다. 예수가 검은 눈에 흑발 고수머리의 서아시아 지역 유대인임에도 파란 눈의 늘어뜨린 금발로 바꿔 전형적인 백인상으로 대체시켰다. 로마의 현제 중에 기독교에 기여한 콘스탄티누스나 테오도시우스는 대제라고 하면서도, 디오클레티아누스는 기독교를 탄압했다는 이유로 대제라고 부르지 않는다. 동로마의 현제 중에 유스티니아누스는 대제라고 하면서도 더욱더 뛰어났던 바실리우스 2세는 동방 정교회에 독실하여 대제라고 부르지 않는다.

라틴 문명이 게르만 문명에 미친 영향

- ○ 카이사르의 갈리아 정복(BC 58~51) → 서유럽의 문명권 편입
- ○ 콘스탄티누스의 기독교 공인(313) → 유럽을 기독교의 땅으로 만듦
- ○ 르네상스(14~16세기) → 서유럽의 근대화 촉발

* 어쨌든 라틴 문명은 3번이나 서유럽의 발전에 선구자 역할을 했다.

1번째로 카이사르가 갈리아를 정복하고 영국을 원정하여 유럽 대륙이 문명권에 편입되도록 만들었다. 고대에서 중세로 가는 전환기를 마련하게 된 것이다.

2번째로 콘스탄티누스 대제가 서아시아의 변경 속국의 종교에 불과했던 기독교를 받아들여 공인한 후 유럽을 기독교의 땅으로 만들었다. 막강한 군대를 능가하는 수단이자 무기로 유럽을 통합한 것이다.

3번째로 르네상스와 대항해 시대를 촉발해 서유럽의 근대화에 박차를 가했다. 이후 유럽 문명의 주역은 게르만족과 서유럽이 되어 오늘에 이르고 있다.

콘스탄티누스 대제 시절의 로마 제국 영토

콘스탄티누스 대제
유럽을 기독교의 대륙으로 만들다

종교를 앞세워 절대권력을 확립하다

로마 제국의 명군으로 누구를 손에 꼽는가?

'아우구스투스, 5현제, 디오클레티아누스, 콘스탄티누스, 테오도시우스 등이 있다. 동로마까지 포함하면 유스티니아누스, 바실리우스 2세가 더해진다.'

콘스탄티누스를 부를 때 황제 중의 황제라 하여 대제로 부르는데 왜 그런가?

'로마 제국을 부흥해 전성기를 누렸고, 무엇보다 기독교를 공인해 유럽을 기독교의 땅으로 만들었기 때문이다.'

유럽사를 보면 기독교를 준거로 도덕과 선악은 물론이고 시대와 정세를 판단하고 있다. 디오클레티아누스는 명군이었지만 기독교를 박해하여 대제로 호칭하지 않으며, 콘스탄티누스는 일부의 실패에도 불구하고 기독교계의 후한 평가 아래 대제로 불리며 추앙받고 있다.

이런 점에서 한국 중심적 사고에 입각하여 고대 조선과 단군을 바라보아야 한다. 일부에서 단군상과 제사를 우상숭배로 배척하는 것은 종교적 교의를 떠나 우리 민족의 시조와 조상에 대한 방식의 차이를 이해하지 못한 지나친 해석이다. 개신교의 본산인 유럽은 물론이고 개신교의 나라인 미국에 가면, 어느 나라 어느 도시를 가든 우리가 잘 알지도 못하는 지역 인물들조차 영웅으로 기리며 인물상이나 동상을 세워 놓고 있다. 그나마 천주교(가톨릭·구교)에서 제사를 조상에 대한 예의로 간주해 허용한 것은 다행이다.

한국은 물론이고 중국의 서적이나 각종 유적지와 유물을 통해 고대 조선의 역사가 명백하게 실증되고 있음에도 신화처럼 여기기 일쑤다. 그러다보니 로마와 동시대의 우리 역사를 제대로 연구하고 인식하지 못하는 결과를 초래했다.

이제라도 조선은 물론이고 부여, 고구려, 옥저, 동예, 진, 3한(미한·진한·변한) 등에 대한 역사연구가 정부와 학계에서 광범위하게 진행되고, 관련 학자들도 즐비하게 나와야 한다. 그래야 우리 고대사를 제대로 밝혀내고 채워가는 가운데, 로마사와 비교할 수 있음은 물론이고 중국과 일본에 의해 철저하게 자기중심적인 역사를 구성하고 있는 세태에 대응할 수 있을 것이다. 아울러 인류 문명사 전반과 연계시키면서 한국에 의한 인류에의 기여와 영향까지 전 시대에 걸쳐 포괄적이고 체계적으로 정립할 수 있기도 하다(유럽이 공동의 역사를 구성하듯 아시아의 통합된 역사를 정립하는 일에도 관심을 기울여야 할 때다).

〈5현제: 로마 제국의 전성기〉

아우구스투스부터 5현제 시절까지를 '팍스 로마나'로 부른다. 200여년에 걸친 평화로운 황금기를 누리면서 문화가 융성했다. 이 시대만 해도 세습이 아니라, 가장 유능한 인물을 지명했기 때문에 훌륭한 황제가 이어졌다(민회는 제정 이후 실권을 잃고 티베리우스(재위 14~37) 때 폐지되었다. 원로원도 약화되면서 황제는 전권을 가진 절대권력자가 되었다. 황제의 힘은 근위대와 군단의 존재와 충성심에서 나왔다).

로마 제국의 전성기(96~180)는 5현제 즉 5명의 황제인 네르바, 트라야누스, 하드리아누스, 안토니누스 피우스, 마르쿠스 아우렐리우스 때 실현되었다(5현제 이전에 일정한 혼란이 벌어졌다. 특히 칼리굴라와 네로 황제는 폭군의 대명사로 잘 알려져 있다).

이전의 혼란을 수습하면서 정치가 안정되자 경제가 번영했다. 영토는 최대 판도에 이르러 제국의 전성기를 구가했다. 트라야누스는 활발한 정복사업을 벌여 로마 역사상 가장 넓은 제국의 판도를 형성했다. 동쪽으로 서아시아와 러시아 남부, 남쪽으로 북아프리카와 팔레스타인, 북쪽으로 갈리아와 영국, 서쪽으로 이베리아 반도까지 영토를 확장하면서 지중해를 중심으로 유럽, 아시아, 아프리카에 걸친 대제국을 건설하여 패권을 더욱 강화했다.

박해하면 명군이 되지 못한다: 제국의 부활과 분열의 씨앗

로마는 5현제 이후 극심한 혼란이 한동안 벌어졌다. 국내적으로는 약 50년 동안 무려 18명의 황제가 암살과 정변을 반복하며 바뀌었고,

각지의 장군들이 황제를 자처하며 군인황제 시대(235~84)로 불리는 혼란기를 겪었다. 국외적으로도 서쪽의 페르시아 사산 제국(226~651)과 북방 게르만족의 침입으로 변방이 흔들리고 많이 시달렸다. 그러다가 3세기 때 잠깐 아우렐리아누스(재위 270~75)의 치세로 분열된 제국이 통합되었고, 뒤이어 디오클레티아누스(재위 284~305)라는 뛰어난 황제가 등장해 혼란을 수습하면서 제국의 안정을 이룩했다.

디오클레티아누스는 하층민 병사 출신으로 황제의 경비대장을 하던 중에 황제에 올랐다. 전임 황제가 폭정을 일삼다가 소아시아에서 사산과 전투를 벌이다가 살해되자 군인들이 추대한 것이다. 그는 강력한 중앙집권체제를 구축하면서 혼란을 수습한 뒤 황제를 절대군주로 확립했다. 초대 황제 아우구스투스부터 형식상 '시민의 제1인자(프린켑스)'로서 통치하던 애매한 위상을 바꿔버렸다(그는 형식상 존속하던 원로원을 실권이 전혀 없는 명예직으로 격하시켜 무력화했다).

하지만 그는 황제 1인이 중앙에서 동시에 사산과 게르만족을 비롯한 변방에 대해 효율적인 대응이 어렵다고 판단해 참신하고 혁신적인 제도를 창안했다. 바로 4분치제(4두정치·4분할통치체제)였다.

'정말로 두려운 적들이다. 군대를 2배로 늘여 무력 기반을 다져야 한다. 무엇보다 방대한 제국을 동·서로 나누고, 다시 정제와 부제(부황제)를 두고 분할해 통치하면서 대응한다.'

이 방식에 따라 그는 동로마를 맡아 대표격인 황제로 역할하되, 자신과 동등한 권리를 가진 황제를 또 1명 임명하고 그 아래로 1명씩 부제를 임명했다. 또한 영역을 4분하여 4인이 각자 맡은 지역에서 통치와 방어에 나서 변방에서 압박해오던 외적들에 대응하도록 했다.

이 조치는 눈앞의 현실이 된 중앙의 약화와 변방의 분열이라는 시대적 상황을 타파하기 위한 고심에 찬 대안이었다. 5현제 시대까지 제국의 확장과 중앙집중화에 치중하던 상황과는 분명히 달라진 접근이다. 파견된 로마 군단조차 차츰 현지에서 뿌리를 내리고 토착화하면서 중앙과의 결속과 충성이 약화되어 수도인 로마시에서 제국 전반을 효과적으로 다스리지 못하는 현실을 고려한 방책이기도 했다.

동로마는 트라키아, 마케도니아, 불가리아, 헝가리, 루마니아, 흑해 일대, 서아시아, 이집트 등지를, 서로마는 이탈리아, 갈리아, 브리타니아, 히스파니아, 북아프리카 등지를 통치 지역으로 삼고, 각각 정제(아우구스투스)를 두어 다스리게 했다. 또한 동·서 로마를 다시 독립영역으로 나눠 각각 부제(카이사르)를 두고 다스리도록 편제하여 4인의 황제가 다스리는 4개의 제국으로 분립했다. 이후 일시적인 효과가 나타나 갈리아와 이집트의 반란을 평정하고, 사산 제국에 모처럼 승리하며 아르메니아를 되찾기도 했다.

또한 세제 개혁으로 국고 수입을 늘려 안정된 재정을 확충하고 중앙집권적인 관료제를 정비하여 제국을 재건했다. 황제의 권위를 더 높이기 위해 신성화·절대화를 추진해 로마의 여러 신들을 황제의 수호신으로 삼았다. 그러면서 역사상 가장 강도 높게 기독교를 박해했다. 303년 이후 교회와 성전 파괴, 기독교인의 모임 금지, 기독교인의 반란에 대한 단호한 진압 등을 벌였다.

그의 치적에서 최대 실책은 4분치제 통치방식의 제도화였다. 동·서

로마의 분할을 초래한 단초가 되었고, 외적을 막을 수 있을지는 몰라도 내란을 자초하여 제국의 분열을 필연적인 상황으로 만든 것이다.

그런데 역사적으로 보면 로마보다 영토가 넓었던 제국들이 적지 않다. 그렇지만 어느 제국이든지 방대한 영토를 지배할수록 강력한 지도력이 필요했다. 로마 역시 영토가 넓어지면서 효율적인 통치를 위해 황제가 다스리는 제국으로 전환한 바 있다. 이런 마당에 하나의 제국에 4명의 황제를 두다보니 권력투쟁이 벌어져 결국에는 동·서 로마가 분열되었다(정제와 부제의 격에 차이를 두고 정제 중에서도 제국 전체에 대한 대표 황제를 두었다지만, 대표 황제의 지도력이 발휘될 때 겨우 지탱할 수 있었으며 아닐 경우 곧바로 분열과 대립을 불러왔다).

타고났지만 역경을 이겨내고 지도자로 성장하다

콘스탄티누스 대제(콘스탄틴 1세. 272~337, 재위 306~37)는 장군인 콘스탄티우스와 미천한 선술집의 딸인 헬레나 사이에서 태어났다. 어릴 적부터 동로마의 정제이자 대표 황제인 디오클레티아누스의 볼모 생활을 하며 정치력을 쌓았다. 그는 명군인 디오클레티아누스의 모든 면을 뒤따르려 노력했다.

하지만 기독교 탄압만은 생각을 달리했다. 로마의 전통 다신교를 되살리고 기독교를 박해해 황제권을 확립하려 한 것에 동의하지 않았다. 이미 로마의 하층민은 물론이고 귀족, 군인, 지식인까지 기독교로 개종한 상황에서 과감하고 현명하게 활용해야 한다는 판단을 하고 있었다. 독실한 기독교인이었던 어머니에게서 받은 영향도 컸다(그녀는 예루살렘으로 순례 여행을 갔다가 예수가 못 박혔던 진짜 십자가를 발견했다. 십자가형을 금지하고 교수형으로 대체할 때도 영향을 미친 것으로 보인다).

그러던 중에 305년에 디오클레티아누스가 갑자기 물러났다. 서로마 정제인 막시미아누스도 어쩔 수 없이 물러났고, 두 부제인 갈레리우스와 콘스탄티우스가 정제가 되었다(콘스탄티우스는 그가 20세일 때 어머니를 버리고 막시미아누스의 딸과 결혼해 4두체제에서 서로마의 부제로 임명되었다. 그러다가 막시미아누스의 은퇴로 서로마 정제로 승격한 것이다).

두 정제는 각각 부제를 임명해 4분통치를 계속했다. 그런데 공교롭게도 부제로 콘스탄티우스의 아들인 콘스탄티누스와 막시미아누스의 아들인 막센티우스가 모두 밀려나고 다른 인물로 임명되었다.

상황이 이렇게 되자, 콘스탄티누스는 동로마 정제가 된 갈레리우스의 궁전에 머물다가는 목숨이 위태롭다고 여겨 밤에 피신하여 아버지에게 달려갔다. 다음해에는 브리타니아 원정을 따라갔다가 아버지가 병사하자 정세가 급박하게 돌아가기 시작했다.

콘스탄티누스는 발빠르게 아버지 휘하 군인들의 옹립을 받아 서로마 정제가 되었음을 선언했다. 당시 그의 정치적 감각과 처신은 거의 동물적일 정도로 예민하고 빨랐다. 그러면서 동로마 정제이자 대표 황제인 갈레리우스에게 요청했다.

'선대에 이어 계승을 하였으니 서로마의 정황제로 추인해주십시오.'

그러나 갈레리우스는 그를 견제해 반대했다.

'선대의 영토는 승계하도록 하시오. 그러나 서로마 정제로는 부제인 세베루스를 임명하겠소.'

그는 부제로만 인정받은 것을 못마땅하게 여겼지만 꾹 참고 반발하지 않았다. 아버지가 다스리던 갈리아와 브리타니아를 지키고 반란과 변방을 잘 막아내면서 명성을 높여갔다.

반면에 막센티우스는 이를 인정하지 않은 채 황제권을 주장하며 군사를 일으켰다. 퇴위했던 막시미아누스도 힘을 합쳐 아들을 도왔으며, 같은 입장인 콘스탄티누스는 막시미아누스의 딸과 결혼해 동맹이 되어 갈레리우스에 대항했다. 동맹군은 진압하기 위해 출정한 서로마 정제인 세베루스를 격퇴하고 자결하도록 했다. 이에 갈레리우스가 반격에 나섰다가 실패하면서 제국의 혼란은 극심해졌다.

308년, 퇴임했던 디오클레티아누스의 중재로 합의를 이루어냈다.

'갈레리우스와 막시미아누스는 동시에 물러난다. 대신에 세베루스의 후임 서로마 정제에는 (막시미아누스의 친구인) 리키니우스가 된다.'

이번에도 막센티우스는 거부하고, 황제로 자칭했다. 한편 막시미아누스가 아들과의 대립 끝에 콘스탄티누스에게 합류했고, 자리를 비운 그에게 기습 반란을 일으켰다가 그의 빠른 회군으로 공격받게 되자 전세가 기울면서 자결했다. 다음해에는 갈레리우스의 병사로 리키니우스가 동로마 정제가 되자, 죽은 갈레리우스의 조카로 후임자가 된 동로마 부제와 대결하면서 제국의 4분치제는 그야말로 갈가리 찢어졌다.

312년이 되자 그는 서로마 정제 자리를 차지하기 위해 승부수를 띄웠다. 리키니우스와 동맹을 맺고 서로마의 황제권을 고집한 막센티우스에 대한 공격에 나선 것이다. 알프스를 넘어 이탈리아로 남하한 뒤 로마시를 목표로 진공했다. 그는 점령한 도시에서 일체의 약탈을 금지해 현지 주민들의 열렬한 지지를 받으면서 폭넓게 민심을 얻어나갔다. 마침내 막센티우스와 한 다리 앞에서 벌인 최후의 전투(밀비우스다리 전투)에서 대승을 거두며 서로마 전체를 장악했다.

콘스탄티누스는 드디어 서로마의 정제가 되었다. 마지막 한 수를 남겨놓고 있음을 직감했고 조용히 때를 기다렸다.

'이젠 동로마를 도모할 차례다.'

313년 그는 동로마 정제 리키니우스와 자기 여동생을 결혼시켜 동맹을 재확인했다(이때 기독교를 공인하는 밀라노 칙령을 선포했다).

한편 리키니우스는 동로마 부제의 기습 공격을 막아내면서 동로마 전역을 장악했다. 얼마 안 가 리키니우스가 동맹이던 자신을 적대시하자, 그는 이를 빌미로 최후의 승부에 임했다. 314~17년에 걸쳐 잇따라 승리하며 트라키아를 뺀 동로마 전역을 차지했다. 324년에는 다시 전쟁을 일으켜 리키니우스군을 물리쳤고, 결국 리키니우스가 항복했으나 다음해에 반란죄로 처형했다. 그는 '최고의 아우구스투스'로 불리며 로마 전역을 지배하는 유일한 단독 황제가 되었다.

파격적인 조치로 치적을 만들다: 기독교의 공인

로마는 오래 동안 기독교를 탄압했다. 명군이라는 디오클레티아누스마저 대대적으로 박해하여 기독교인은 참혹한 운명을 겪어야 했다. 개종을 거부한 순교자들이 줄을 이었다. 성경이 불태워졌고, 성당은 폐쇄되었다. 그렇지만 기독교인들은 굴하지 않고 필사적으로 저항했다.

그러다가 콘스탄티누스가 전면에 부상하자 상황은 급변했다. 312

년에 막센티우스와의 결전에서 승리한 직후 기독교로 개종했다(기록에 따르면 그가 전투 전날 밤에 꿈을 꾸었는데, 십자가가 나타나 "이것으로 이겨라"는 하느님의 음성을 들었다고 한다. 물론 전혀 사실이 아니다).

313년, 41세가 된 콘스탄티누스는 어느 정도 권력기반을 확립하자 '밀라노 칙령'을 내려 기독교를 공인했다.

'이제 모든 로마인은 원하는 종교를 믿을 수 있다. 로마인이 믿는 종교는 무엇이든 존중받는다.'

형식상은 로마의 모든 종교를 허용한다는 것이었지만 누가 봐도 기독교를 위한 조치였다. 신앙의 자유를 인정하고 수백년 동안 이어졌던 박해를 중지했다. 그는 단숨에 로마의 민심까지 얻었다.

그는 기독교 성직자에게 세금을 부과하지 않는 법령을 발표하고, 사법권과 사유재산 소유를 인정했다. 신전의 재산을 몰수해 교회 건축을 위해 사용하도록 했다. 그동안 빼앗았던 교회 재산을 돌려주고, 사비를 털어 교회를 세웠다. 아울러 성직자들의 진언에 따라 319년에 기독교인이 많았던 노예의 사적 처벌 금지법을, 다음해에는 죄수 학대 금지법을 제정했다. 321년에는 기독교의 안식일에 근거하되 로마의 전통적인 태양신 숭배일을 감안해 일요일을 휴일로 정했다.

그는 로마시를 기독교의 중심 성지로 만들기 위해 3대 성전을 세웠다. 324년에 교황에게 자기 소유의 라테라노 궁전과 대성당을 개축·확장한 뒤에 기증해 향후 1000년 동안 교황의 거처이자 교황청의 기능을 하도록 조치했다. 같은 해에 사도 시대의 대표 인물로 신약 성경의 절반을 작성한 사도 바울이 순교해 묻힌 곳으로 전해지던 자리에 성 바울 대성당을 아름답게 건축해 신앙생활의 중심지를 마련했다. 326~33년에 걸쳐 예수의 수제자이자 초대 교황인 베드로가 묻힌 곳으로 추정되는 자리에 성 베드로 대성당을 건축해 기독교 세계의 최고 교회로 유지되게 만들었다(성 베드로 대성당(산 피에트로 대성당·바티칸 대성당)은 라테라노 대성당(산 조반니 인 라테라노 대성당), 성 바울 대성당(성 밖 성 바올로 대성당·산 파올로 푸오리 레무라 대성당), 성모 대성당(산타 마리아 마조레 대성당·리베리오 대성당)과 함께 로마시의 4대 성전 중 하나로 후대에 가서 재건축되었다).

그는 325년에 니케아(니카이아·니카에아, 지금의 터키 이즈니크) 공의회를 개최했다. 당시 기독교의 최대 쟁점은 '예수가 신인지 사람인지'에 대한 논쟁이었는데, 결국 신성을 인정하는 교파의 손을 들어주었다.

"주 예수 그리스도를 영원한 존재가 아닌 사람으로 간주해 하느님의 피조물로 종속되어 있다고 주장한 아리우스를 이단으로 파문한다. 예수는 하느님에게서 나신 하느님이다. 우리의 구원을 위해 내려오시어 사람이 되었으며, 고난을 받았으나 부활하시고, 산 이와 죽은 이를 심판하러 오실 것이다. 성부·성자·성령은 3위1체로서 하나임을 믿는다."

이 공의회는 기독교 최초의 공의회이자 아타나시우스가 주장한 신성론과 3위1체론(트리니티)을 정통으로 인정해 초기 기독교의 교리이자 오늘날까지 가장 핵심적인 교의를 확립하는 결정적인 계기가 되었다.

그러나 황제로서 지나치게 기독교 내부의 교리적 대립이나 분쟁에 자주 개입했다. 국론통합을 위한 것이라지만 정치적으로 악용한 선례로 지적받았다. 게다가 정작 교리 논쟁을 해결하지 못한 채 오랜 세월에 걸친 격렬한 대립은 여전했다고 비판받기도 했다.

사실 그가 기독교를 위한 정치와 종교 활동을 장려한 것은 정치적인 이유가 다분했다. 로마의 통합을 위해 영향력을 잃은 전통 다신교 종교보다 절대군주에 걸맞는 유일신 종교인 기독교가 더 적합하다고 간파한 것이다. 기독교가 로마 전역에 뿌리를 내리고 급속도로 확산된 현실도 감안했다. 일부에서는 그가 계속되는 행운을 누려 기독교 신의 가호를 어느 정도 진심으로 믿었던 탓도 있다고 주장한다(그렇지만 죽기 직전까지도 세례를 받지 않아 진정한 기독교인으로 볼 수는 없다).

무엇보다 그가 기독교를 활용한 것은 4두체제로 인해 훼손된 황제의 권위를 회복하기 위한 것이었다. 유일신처럼 황제도 유일한 1명이어야 한다는 논리의 일체성을 확립해 황제권을 확고하게 할 수 있었기 때문이다. 로마인을 모두 기독교인으로 만들어 신의 종교 대리인인 교황처럼, 자신을 속세 대리인으로 내세우고자 한 노림수도 있었다. 이렇게 하여 이전의 황제들이 여러 신의 보호를 받는 존재로 여겨진 것과 달리, 자신은 전지전능한 절대신의 수호자이자 대리인으로서 한층 권위와 통치력을 강화한 것이다.

실제로 교황을 비롯한 기독교인들은 그를 칭송했다.

"신이 보낸 사람."

그의 기독교 정책은 일정한 반발에 직면했다. 전통 종교의 뿌리가 깊은 로마시에서 심했다. 마침내 그는 로마의 서방이 쇠퇴하고 있는 반면에 동방이 풍요로운 현실을 감안해 국면전환을 시도했다. 324~30년에 걸쳐 새로운 수도 건설에 착수하여 비잔티움으로 수도를 옮긴 것이다.

이후 콘스탄티누스는 통치기반을 동방으로 옮겨 다스리면서 기독교를 계속해 앞세웠고, 말년에는 한 걸음 더 나아간 말로 자칭했다.

'신 그 자신.'

그는 생전은 물론이고 사후까지 기독교를 활용했다. 죽음을 앞두고 황제옷을 벗고 성직자의 흰옷을 입은 채 미루어 오던 세례를 받았다. 죽은 후에는 주검을 황금관에 넣어 콘스탄티노플의 '사도 성당'에 안치하도록 했다. 또한 그의 관 주위에 예수의 12제자의 관을 두어 '13번째 사도'임을 암시했다.

치적으로 영원히 역사에 남다: 공7과3이면 훌륭한 지도자

콘스탄티누스는 혼란을 수습하고 좋은 치세를 펼쳐 제국의 안정과 번영을 이루어냈다. 군사 및 행정개혁을 단행해 통치권을 확립하고 로마의 부흥을 이끌었다. 민정과 군사를 완전히 분리해 황제를 정점으로 한 관료제를 정비했다. 속주 총독이 지나치게 큰 권한을 가지는 것을 막았고, 그에 따라 반란이 발생할 가능성은 현저하게 줄었다. 변경에 주둔하는 군대를 유사시에 원정할 수 있는 전투 부대와 분리해 둔전제에 근거한 상비군으로 삼았다. 또한 도나우강 유역을 중시하여 '악마의 도랑'이라는 방어선을 구축해 외적에 대비했다.

아울러 재정을 충당하기 위해 금 납부 방식의 세금을 신설하고, 솔리두스 금화본위제를 시행했다. 도축업과 제빵업 종사자를 가업승계하도록 만들어 이후 유럽에서 직종을 대대로 이어가는 관습이 지금까지도 유지되고 있다. 검투사 시합을 금지하는 법령을 발표해 로마인의 향락과 교만한 사치를 막으려 했다(4세기 말에 가서야 완전히 사라졌다).

하지만 그의 실책도 여럿이다. 소작농을 농노로 바꾸는 법령을 제정해 시민사회의 안정된 물적 기반을 허물어 중세 봉건시대의 장원 경제가 자리잡는 단초를 제공했다. 기독교를 장려하는 과정에서 성직자와 교회에 지나친 특전을 주고 세금을 면제해 중세가 종교 지배 아래 놓이게 만들었다. 결국에는 제국도 만성적인 재정난에 시달리게 되었다.

콘스탄티노플로 천도한 후 로마시와 서방 영토를 소홀히 하면서 제국의 불균형이 심화되었다. 그러다보니 게르만족의 대이동이 벌어졌을 때 서로마의 멸망과 동로마의 고립을 가져왔다.

그가 종교와 정치라는 양대 지배구조를 근본적으로 혁신해 황제 1인이 보다 강력하게 통치하는 새로운 로마로 전환했다지만 여전히 내분의 불씨를 안고 있었다. 이전의 4분치제와 달리 정제 황제를 중심에 두고 그 아래로 부제들을 둔 것인데, 결국에는 앞서 설명한 대로 분열을 초래하기는 마찬가지였다.

제멋대로 살면 노후가 어렵다: 영웅군주를 망친 말년의 비운

콘스탄티누스는 영광스러운 삶을 살았지만, 말년에 갈수록 개인적으로 불행했다. 정략 결혼으로 인해 복잡한 가족관계를 만들었기 때문이다. 적과 나를 구분 지어 적에 대해서는 무자비한 대처에 나선 탓도 크다.

그는 갈리아에 대한 확고한 지배를 위해 강력한 무단통치를 앞세웠다. 현지 부족들이 반란을 일으키면 곧바로 무력 진압에 나섰다. 포로들을 원형경기장으로 끌어내 1명도 남김없이 잔인하게 죽였다. 내전 중에는 장인 막시미아누스, 처남 막센티우스, 매제 리키니우스를 차례로 죽이고 최후의 승리자가 되어 로마를 장악했다.

특히 그는 자신의 아내와 간통했다는 혐의로 다른 황비에서 난 맏아들을 모진 고문 끝에 처형했다. 얼마 뒤에는 아내마저 간통죄를 물어 죽였다. 그렇지만 역사가들은 두 사람 간의 간통이 없었다는 것이 일반적이라 그의 의심증과 잔인함을 엿볼 수 있다. 나중에 가서 죽기 직전에 기독교의 전례에 따라 세례를 받은 것도 자기 손으로 죽인 현세의 죄를 씻기 위해서였다.

드넓은 제국을 통치함에 있어 선대의 실패를 참작하여 세 아들과 두 조카에게 부제의 지위를 내려 통치를 분담했지만, 그가 죽자 또다시 피 튀기는 골육 간의 권력투쟁 속에 제국의 혼란과 분열이 이어졌다. 그 와중에 기독교 종파 간의 대립이 극심해졌고, 살아남은 율리아누스가 황제가 되자 기독교를 다시 박해하여 그의 치적을 물거품으로 만들기도 했다(다행히 율리아누스 이후는 확실한 기독교 국가로 전개되었다).

민심을 읽어 위대한 지도자의 전범이 되다: 결단의 지도자

콘스탄티누스 대제는 잘생긴 외모, 훤칠한 키, 강건한 체력에다 좋은 인품까지 갖추고 있었다. 그래서 그를 두고 늘 따라다니는 말이 있다.

'타고난 지도자.'

하지만 그냥 좋은 지도자가 되는 경우는 없다. 본인의 노력과 일생

동안의 실천이 더욱 중요한 법이다.

그는 어릴 적부터 볼모 생활을 하며 고생했다. 하지만 그 덕분에 명군의 바로 옆에서 많은 것을 지켜보며 배웠다. 뛰어난 지도자가 되는 사전학습을 한 셈으로 춘추전국시대의 분열을 통합한 진시황과 비슷하다.

좋은 본보기가 있으면 잘난 체하기보다 자신의 부족함을 메우는 준거로 삼아 실제로 활용하면 정말 유익하다. 이 점에서 그는 군사와 행정 개혁을 단행할 때를 비롯해 일생 동안 디오클레티아누스의 전례를 살피며 통치에 활용했다.

그는 성장하면서 자신의 역량을 적절하게 발휘하면서 명성을 높여갔다. 친근감을 앞세워 측근으로 만들고 주요 인물들을 늘려갔다.

그에게 다채로운 경험은 인생의 보약과도 같았다. 숱한 전투와 원정을 통해 군사 지도자로서의 역량을 체득했고, 어떠한 위험에서도 흔들리지 않는 내공을 쌓았다. 디오클레티아누스를 따라 알렉산드리아를 원정했고, 갈레리우스를 따라 사산과의 전쟁에 참전하였으며, 아버지 콘스탄티우스를 따라 브리타니아에 대한 공략과 경영에도 관여했다. 워낙 여러 지도자들의 통치를 직접 목격하고 체험한 것이다. 이런 실전경험들이 쌓이고 쌓여 내란과 전쟁을 능히 감당하게 만들었고, 정치 지도자로서 자신감이 넘치는 통치력을 발휘하게 도왔다.

무엇보다 그의 돋보이는 매력은 극적인 반전을 꾀한 결단력에 있다. 고비에 처할 때마다 결단을 통해 원하는 것을 성취했다. 원래 태양신을 숭배했던 그가 이전까지 박해받던 기독교를 제국의 종교로 만들어 일거에 정세를 뒤흔들며 민심을 얻었다. 서방이 여전히 낙후된 가운데 동방의 가치가 높아지자, 건국 이래 변함없이 굳건한 수도였고 국호와 호칭도 같아 영원한 수도일 것 같은 로마시에서 천도를 감행했다.

그 결과 디오클레티아누스의 방식을 따라해 독창적이지 못하다는 비판을 극복하고 그다운 평가를 영원히 누리게 되었다.

'결단의 지도자.'

물론 그의 말년은 분명 암울하고 비판받을 측면이 있다. 그렇다고 그의 위대함과 영광이 빛을 잃는 것은 아니다. 일생 동안 화려한 영광을 누리며 살았으며, 사후에도 그에 대한 뜨거운 사랑이 여전했다. 제국의 수도를 처음에는 '새 로마'로 부르다가 그가 죽자 곧바로 그의 이름을 본따 콘스탄티노폴리스(영어로 콘스탄티노플)로 바꿔 불렀다. 로마제국에서만 후대 황제 중에 무려 11명이 그의 이름을 빌어 권위를 얻으려 했고, 그리스·아르메니아 같은 나라들의 여러 군주들은 물론이고 로마가톨릭 교황까지 차용했다.

중세 유럽에서는 그의 권위가 정치와 종교를 아우르는 그야말로 최상의 그 자체였다. 프랑크 왕국을 창건한 클로비스 1세는 제2의 콘스탄티누스를 표방해 정통성을 강화하려 했을 정도였다. 나중에는 유럽의 기독교 군주들에 의해 절대왕권을 확립하고 통치력의 근거가 되는 '왕권신수설'의 원조로 활용되었다. 오죽하면 후대에 가서 '콘스탄티누스의 기증(증서·기증장·기진장)'이라는 문서가 나타나기도 했다.

'콘스탄티누스 황제가 서로마 전체를 교황에게 기증했다.'

그러다가 르네상스 시대인 1440년에 이탈리아의 인문주의자인 로렌초 발라(1407~57)가 교황의 권위가 흔들리던 8~9세기경 교황청이 조작한 칙령문서임을 밝혀냈다. 관련 문서의 연도가 불일치하고 표기된 라틴어가 4세기에 사용한 것이 아니라는 사실을 증명한 것이다. 교황청은 16세기 중반까지 이러한 사실을 부정한 채 그의 책마저 금서로 지정했지만 날이 갈수록 의심이 높아지자 결국 위조된 문서라는 사실을 인정했다. 어쨌든 기독교 차원에서도 그를 앞세워 활용할 정도로 입지가 대단했음을 알 수 있다.

사실 현대사회는 불안정성과 불예측성으로 가득찬 위험사회다. 하루도 빠짐없이 위기가 이어지고 있다고들 한다. 그렇다고 고대라 하여 다르지 않았다. 그의 진정한 위대함은 이러한 혼돈의 시대를 살면서 자신의 뜻을 펼쳐 당대는 물론이고 후대의 로마 사람들이 안정되고 예측가능한 삶을 살도록 만들었다는 사실이다.

위대한 2대 치적으로 유럽사에 빛나다: 기독교 공인과 천도

콘스탄티누스는 황제가 될 때까지 치열한 권력투쟁을 둘러싸고 온갖 시련과 우여곡절을 겪었다. 살아남기 위해 또는 뜻을 이루기 위해 담대한 계략에 교묘한 술수까지 활용하며 기필코 이겨냈다. 로마의 혼란과 분열에 대한 완전한 종지부를 찍고 방대한 제국을 다스리는 단독 황제가 되었고, 4분된 제국을 하나의 통치력 아래 둔 채 유일하며 강력한 절대 황제가 되었다.

그는 황제가 되자 자신의 의지로 기독교 공인과 천도를 단행하여 로마의 근본적인 변화를 가져왔다.

313년 우리에게 그리스·로마 신화로 잘 알려진 다신교를 버리고 그동안 탄압해오던 기독교를 공인해 로마 제국의 사실상의 국교로 정립했다. 신의 이름을 빌어서까지 제국의 정신통합을 이룩하며 황제권을 공고하게 다져놓았다. 민족을 초월한 보편적 종교를 통해 통치의 안정을 확립한 것은 물론이고 로마를 하나로 통합했다. 이후 기독교를 사방으로 전파하여 유럽을 기독교의 영역으로 만들어갔다. 나중에 서로마 지역을 차지한 게르만족까지 유일한 종교로 받아들임으로써 유럽 전체가 기독교 문명으로 뿌리박게 만들었다(392년 테오도시우스 대제 때 국교로 삼음으로써 유럽은 기독교적 기틀을 다시 한번 다졌다).

또한 대대적인 공사를 벌여 비잔티움으로 수도를 이전하면서 제국의 정치·경제적 중심도 이동했다. 왕정 이후로는 1083년 만에, 공화정 이후로는 839년 만에 수도를 옮겨 새로운 제국의 기운을 불어넣었다. 유럽의 주 무대를 과거의 로마보다 훨씬 동쪽으로 옮겨 로마의 영광을 지속하면서 1123년을 더 존속했다. 이렇게 되자 로마뿐만 아니라 유럽을 포함한 주변 지역에 엄청난 변화를 가져왔다. 아시아와 유럽을 연결하게 되어 활발한 교류와 무역이 성행해 유럽의 발전을 촉진했다. 수도로서만 해도 약 1700년에 이르는 역사를 지닌 채 지금은 터키의 수도로 역할하고 있다.

반면에 서방은 더욱 침체되어 갔다. 로마시를 비롯한 서방 속주들이 중심을 동방에 빼앗긴 채 지정학적인 중요성이 떨어졌다. 서로마로 분리한 후에는 급속하게 몰락의 길을 걸었고, 다시는 예전의 영화를 회복하지 못한 채 476년에 멸망했다. 대신에 서유럽은 외세에 의한 침탈과 중세 암흑기를 예비하게 되었고, 결국에는 게르만족의 영역이 되었다.

콘스탄티누스의 2대 업적
○ 기독교 공인(313): 로마 제국의 종교
○ 수도 이전(330): 로마 → 콘스탄티노플(이전에는 비잔티움, 이후에는 이스탄불)

〈콘스탄티노플을 새 수도로 삼아 지중해 – 중동의 심장으로 만들다〉

로마 제국은 유럽 대륙이 원시적인 단계에서 정체되어 있고 지중해 교역도 고만고만한 상황에서 동방의 중요성을 강화했다. 전체 조세 수입 중의 절반 이상이 들어왔고, 서아시아는 물론이고 실크로드를 통해 동양과 이어지는 교통과 교역의 요충지로서 경제·군사적인 비중이 압도적으로 높아졌다. 기독교 공인 이후 고대부터 이어진 다신교의 전통을 여전히 추종하는 로마인과 수많은 신전들을 비롯한 신의 상징과 흔적들은 기독교에 입각한 새로운 기운이 충만한 수도를 필요로 했다.

324년이 되자, 콘스탄티누스는 지중해와 흑해를 잇는 비잔티움을 수도로 삼기로 결정하고 로마시처럼 7개의 언덕 위에 재건하면서 성벽을 4배로 확장했다. 330년에는 천도와 함께 제2의 로마이자 새로운 수도로서 역할하게 되었다. 나중에 테오도시우스 대제가 철저한 도시 방어를 위해 시가지 주변에 철옹성 성벽을 쌓아 난공불락의 요새 도시로 구축하면서 도시의 틀을 완성했다.

콘스탄티노플은 유럽 쪽에서 톡 튀어나온 반도상의 도시로 아시아를 향한 교두보이자 흑해와 지중해를 잇는 전략 거점으로 역할했다. 또한 금각만을 낀 항구를 통해 곡물을 위주로 한 무역으로 번영했다.

기독교의 신성한 중심지로 만들기 위해 성 소피아 성당을 축조했다가 소실되자, 537년에 동로마의 유스티니아누스 대제가 다시 완성해 명실공히 정치·종교의 수도로 확립되었다(오스만이 동로마를 멸망시키고 수도로 삼은 후에 이슬람 사원인 모스크가 되었다가 지금은 '아야 소피아(하기아 소피아, 신성한 지혜)'로 불리며 박물관으로서 사랑받고 있다).

11세기에는 발칸 반도에서 슬라브족이 남하하면서 제국의 슬라브화가 진행되었고, 전체 인구가 100만명에 이르러 동로마의 심장부로서 번영을 이어갔다.

그러나 1054년 동방 정교회와 서방 로마가톨릭 교회가 분열한 후, 동로마 제국은 나날이 쇠락해갔다. 건축물을 너무 많이 짓고 정복전쟁을 자주 벌여 막대한 비용을 지출했다. 재정이 악화된 상태에서 서아시아의 패권을 잡은 셀주크 제국이 세력을 확장하면서 소아시아까지 침입해왔다. 동로마는 방어 전쟁을 벌였지만 대패했고, 계속되는 수세 속에 1095년에 위기에서 벗어나기 위해 교의상 대립했지만 같은 기독교의 일원인 로마가톨릭 교황에게 구원을 요청함으로써 인류 역사상 가장 길었던 십자군 전쟁(1096~1270)을 촉발했다.

그 와중에 베네치아 상인들이 동방무역의 독점을 노리고 베네치아에 집결한 4차 십자군을 설득해 이슬람에 대한 공격에서 방향을 선회하여 무기력과 혼란에 빠진 콘스탄티노플을 침공해 점령했다. 베네치아는 라틴 제국(1204~61)이라는 괴뢰정권을 수립해 제국의 실질적인 지배권을 장악했다(교황은 같은 기독교인을 공격한 십자군을 비난하며 파문했다가 현실을 인정하고 이슬람 원정을 요청하면서 승인했다). 뒤이어 소아시아의 니케아 망명정권을 도운 제노바 상인도 동지중해 시장에 뛰어들면서 동로마는 발칸 반도 일부만 지배하는 처지가 되었다.

14세기 말이 되자 콘스탄티노플은 더욱 쇠퇴하여 인구가 전성기보다 1/10로 줄어들어 10만명 정도밖에 되지 않았다. 1453년에 오스만 제국의 정복군주 메흐메트 2세의 대대적인 공세 앞에 50여일에 걸친 항전 끝에 함락되면서 멸망했다. 도시 이름도 이스탄불로 바뀌어 오스만의 수도가 되어 20세기 초까지 존속하다가 그 후신인 터키의 수도로서 오늘에 이르고 있다. 지난 2013년에는 경주문화엑스포가 열렸을 때 경주와 이스탄불을 실크로드의 기점이자 종점으로 전 세계에 천명함으로써 인류 전반에서 주목받는 계기가 되기도 했다.

〈서유럽이 기독교의 종교 지배 아래 놓이다〉

테오도시우스 대제(재위 379~95)는 그리스어에서 비롯한 이름으로 러시아어로 표도르, 영어로 시어도어, 웨일스어로 튜더, 이탈리아어로 테오도로, 프랑스어로 테오도르라고 불린다. 황제-교황주의에 입각해 기독교의 유일한 지배자로 자임하면서 기독교를 국교로 만들었다. 그러나 기독교를 너무 전폭적으로 받아들여 기나긴 중세 봉건사회의 교회 지배를 자초했다.

390년, 그리스의 테살로니키(테살로니카, 성경의 데살로니가)에서 로마군 수비대장이 주민들과 다툼 끝에 살해당하자, 격분한 테오도시우스는 철저한 보복을 명했다. 이에 밀라노의 주교로 가장 영향력이 강했던 성직자인 암브로시우스가 그 명에 반대하면서 선처를 호소했다. 그러나 테오도시우스는 보복을 강행하여 7000명의 주민들을 대량 학살했다. 암브로시우스는 성령이 충만한 주민들을 죽였다고 대놓고 비난하며 황제에 대한 집전을 거부했다.

테오도시우스는 잘못을 시인하고 맨머리에 베옷을 입고 밀라노 대성당으로 찾아가 용서를 구했다. 부활절에서 성탄절까지 성당 출입이 허가되지 않다가 성탄절이 되어서야 겨우 암브로시우스의 용서를 받고 미사에 참여했다.

이 일은 기독교권 내에서 교권과 속권이 첫 대립한 사건이었고, 황제가 교회 성직자에게 굴복한 최초의 선례였다. 이후 교황의 위세가 높아져 중세 유럽이 기독교의 종교 지배 아래 놓이는 시초가 되었다.

여전한 로마와 페르시아의 패권다툼

페르시아는 아케메네스 제국이 알렉산드로스의 원정으로 멸망했지만 명맥이 끊어진 것은 아니었다. 얼마 지나지 않아 파르티아와 사산 제국으로 이어지며 셀레우코스 및 로마·동로마를 상대하면서 지중해-중동에서 세력권을 확장해갔다.

이렇게 하여 아케메네스 이후 그 주도권이 마케도니아와 로마의 일방적인 패권이 아니라 약간의 동진이 이루어진 가운데, 페르시아 세력 역시 줄기찬 서진을 벌였다. 사산 때에는 동로마와의 공방 속에 공세적인 자세로 일관하면서 양대 구도가 유지되었다.

파르티아 제국(BC 248~AD 226)은 아케메네스와 사산의 징검다리 왕조격으로 파르티아 왕조, 파르티아 왕국, 아르사크 왕조, 안식국으로도 불린다. 이란 유목민의 한 갈래인 파르니족이 셀레우코스에서 일어난 전란을 틈타 독립국가를 세우면서 성립했다. 카스피해의 남동 지역을 근거지로 삼아 이란, 박트리아, 바빌로니아, 아르메니아, 인도 북부까지 영토를 확장하며 대제국의 판도를 형성했다.

서아시아로 진출한 뒤로는 로마와 패권경쟁을 벌였다. BC 92년 우호협정을 맺고 평온한 시기를 보낸 적도 있지만, 대체로 서진을 계속하면서 로마의 영토를 쟁취해가는 가운데 대립과 전쟁이 이어졌다. 상업과 교역을 활발하게 벌여 동양과 로마의 가운데 위치에 있는 지리적 이점을 이용해 유라시아를 관통하는 실크로드를 더욱 활성화했다.

사산 제국(226~651)은 파르티아를 멸망시키고 건국하여 드넓은 영토를 다스린 대제국이었다. 로마와 동로마 제국을 거치는 동안 강한 기세로 끊임없이 공략했다. 그래서인지 유럽에서는 사산을 구체제적인 왕조로 비하해 사산조 페르시아, 사산 왕조 페르시아, 사산조, 사산 왕조로 부르는 경우가 많다.

이 제국은 광범위한 정복사업을 펼쳐 파르티아보다 훨씬 광대한 대제국을 이룩했다. 이란을 중심으로 동로마를 지중해 해안 일부로 밀어내면서 서쪽으로 터키·팔레스타인과 이집트, 동쪽으로 인도 북부, 북쪽으로 코카서스, 남쪽으로 아라비아 반도에 이르렀다.

제국의 전역으로 왕족 중에 총독을 보내 중앙집권을 확고히 했고,

세계에서 가장 수준 높은 페르시아 문화를 꽃피웠다(오늘날 '스탄'이라는 명칭이 중앙아시아의 나라명을 비롯해 많이 쓰이게 된 것도 사산 때인 4세기경 '지방'으로 사용한 호칭에서 유래했다. 특이하게 조로아스터교를 국교로 한 신정국가로서의 모습을 보였다).

하지만 동로마와의 오랜 전쟁으로 국력이 많이 소모되어 쇠락해갔다. 그러다가 아라비아에서 일어난 아랍 이슬람 세력의 첫 제국인 정통 칼리프(칼리파) 시대 때 패배한 뒤 이란에서 최후의 반격을 벌였다가 참패하면서 정복당했다. 마지막 황제마저 살해당하면서 완전히 멸망하자, 그의 아들과 유민들은 당나라로 망명했다가 신라로 가 정착했다고도 한다(사산의 멸망으로 지중해-중동에서 페르시아인의 패권은 막을 내렸다. 이후 아랍인의 주도 아래 무함마드(영어로 모하메트), 정통 칼리프 시대, 우마이야(옴미아드) 제국, 아바스(압바스) 제국으로 이어졌다. 그 뒤로는 대초원 북방세력인 투르크와 몽골이 등장해 10~19세기까지 패권을 유지하며 동·남유럽과 러시아를 지배하거나 위협하면서 서유럽까지 압도했다).

〈쿠쉬나메, 신라 공주와 페르시아 왕자의 사랑이야기〉

〈쿠쉬나메〉는 페르시아의 문학작품으로 '쿠시나메, 쿠쉬 이야기'로도 불린다. '쿠쉬'는 주인공 이름이고, '나메'는 페르시아어로 '책'이라 '쿠쉬의 책'을 가리킨다. 오랜 세월 동안 구전되다가 11세기에 필사된 방대한 양의 고대 영웅 서사시다. 다만 주인공인 쿠쉬가 정의로운 영웅이 아니라 기괴한 모습을 한 악의 인물로서 거듭된 악행과 몰락을 다루고 있어 이채롭다(아마도 아랍인이 페르시아를 멸망시킨 역사적 사실을 토대로 페르시아인의 고난과 영웅적인 승리를 염원한 탓으로 보인다).

이 책은 이희수 한양대 문화인류학교수가 2010년에 발견해 국내에 소개되었는데, 파란만장한 전개에서 신라가 주요 무대이자 마지막 안식처로 등장한다.

멸망한 사산의 왕자로 지혜롭고 용감한 아브틴(아비틴)은 폭군 쿠쉬의 압제를 피해 망명을 떠나 당나라에 머물렀다(아브틴은 사산의 마지막 왕자인 피루스로 추정하기도 한다. 쿠쉬는 2편 중에 후편에서는 당나라 왕으로 등장한다). 하지만 목숨을 위협받자, 당을 떠나 페르시아인들이 이상향으로 여기던 신라로 망명했다(신라는 실크로드를 거치면 나오는 황금의 땅인 '바실라(Bashilla)'라 하여 아름답고 풍요로운 낙원으로 그려지고 있다).

정의롭고 현명한 신라 국왕 타이후르(태후르)의 따뜻한 환대 아래 서로 격구를 즐기면서 벼슬까지 했다. 당나라 왕 쿠쉬가 신라와 페르시아의 연대를 두려워해 전쟁을 일으키자 신라를 도와 승리하기도 했다. 그러다가 타이후르가 결혼을 권유했다.

"이제 아내를 맞이해야 하지 않겠소? 짐의 딸들 중에 마음에 드는 공주와 결혼하시오."

아브틴은 공주 30명 중에 가장 아름다운 공주인 파라랑(프라랑)에 대한 소문을 들었던 터라 친밀해진 한 신라인을 통해 공주의 특징에 대해 미리 알아두었고 그녀를 만났다.

'아, 따질 것도 없이 저 여인이 말로만 듣던 파라랑 공주님이군.'

아브틴은 파라랑이 가장 초라한 옷을 입고 있었지만 보자마자 첫눈에 반했다. 파라랑 역시 아름다운 유리병과 카펫을 만든 나라의 왕자인 아브틴에 남다른 관심을 보였던지라 곧바로 사랑에 빠져 결혼했다. 두 사람은 페레이둔(페리둔·파리둔·프레둔)을 낳았는데, 훗날 폭정을 일삼던 아랍의 왕을 물리치고 페르시아를 되찾는 영웅이 된다.

영국 대영박물관에 소장된 필사본 원본에는 1만129절의 엄청난 내용 중에 절반 가량이 신라에 관해 실려 있다. 궁전, 도시 전경, 주변 모습, 동식물과 물자 등에 걸쳐 신라에 대한 가장 방대한 자료를 담고 있는 해외 문학작품이자 사료로 평가되기도 한다.

한국에서는 무용서사극 '그 사람 쿠쉬'를 통해 세상과의 호흡에 나섰다. 처절한 전란의 시기에 아름다운 궁전을 배경으로 평화를 누린 신라에서 아브틴과 파라랑의 사랑이야기를 무대 위에 연출한 것이다. 앞으로 〈쿠쉬나메〉는 한국의 적극적인 관심과 연구를 통해 인류 문명의 귀중한 소재로 즐겨 활용되어야 할 것이다.

* 유라시아의 서쪽 끝에 있던 로마(BC 27~476/1453)가 천년왕국을 지속한 것처럼 동쪽 끝에 있던 신라(BC 57~AD 935)도 천년왕국을 지속했다(신라 역시 박혁거세 이전의 역사를 밝혀내거나 더 거슬러 올라가면 로마처럼 이전의 연원과 역사를 구성할 수 있을 것이다). 로마가 실크로드의 서방 종착지였듯이 신라의 수도인 경주도 동방 종착지로서 서로 간의 교류와 무역이 활발했다.

유리그릇(로만 글라스)을 비롯한 로마의 물자가 신라 고분에서 잇따라 발굴되었으며, 〈임금님 귀는 당나귀 귀(신라 경문왕 설화)〉, 〈콩쥐 팥쥐〉 같이 서로 비슷한 문학작품이나 이야기들도 적지 않다. 석굴암의 주실을 로마 양식처럼 둥근 돔을 만들고 대리석으로 축조하듯 건축하여 본존불이 자리잡도록 했다.

이런 까닭에 서로 간의 심도 깊은 연구가 이루어진다면 로마와 신라의 역사는 물론이고 인류 문명사적 관점에서 서로 영향을 주고받은 전반에 관한 더 많은 실체가 하나하나 모습을 드러낼 것이다.

아틸라 대왕 때 훈 제국의 최대 판도

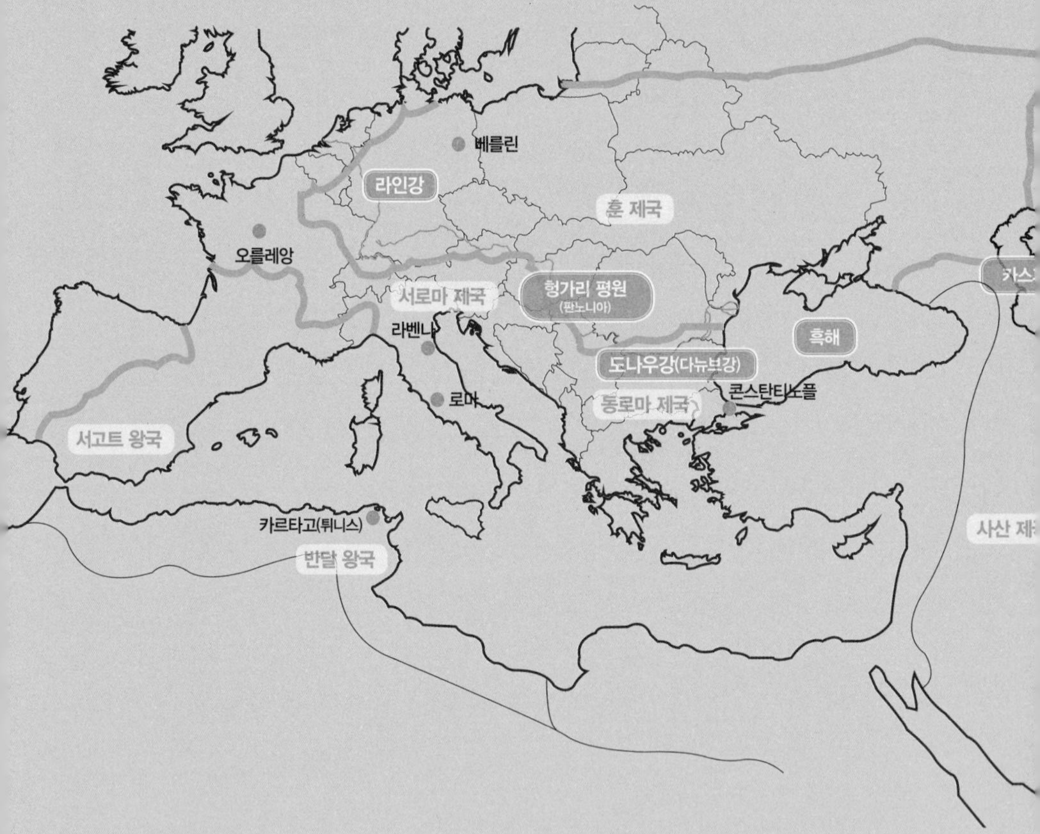

아틸라 대왕

유럽의 지리적 판도를 형성하다

막강한 군단으로 유럽을 거침없이 휩쓸다

서유럽의 형성에 가장 큰 영향을 미친 인물은?

'훈족의 아틸라다.'

그는 유럽인에게 잘 알려져 있지 않고, 고작해야 사나운 정복자로 인식되고 있을 뿐이지 않는가?

'유럽 출신이 아니기 때문이다. 사실 그는 유럽 대륙을 기반으로 한 최초의 제국을 건설했고, 현재 유럽 대륙의 판도를 형성했다.'

흉노는 고대 조선보다 훨씬 늦은 2500년 전 대초원에서 발원한 후, 강성한 세력으로 발전해 제국을 건설했다(대초원 북방민족은 자신을 '태양 또는 하늘(창공)의 아들 즉 천손족'으로 여겼다. 한국의 한임(환인)·한웅(환웅)과 단군왕검 및 해모수와 주몽(동명성왕) 신화에도 나타난다. 흉노 역시 그 뜻을 담아 '순누'라고 불렀으나, 중국이 하도 시달려 최대한의 나쁜 뜻을 가진 한자로 음차한 명칭으로 사용되고 있다. 여느 북방민족들처럼 여러 갈래로 분화하여 나라들을 세웠고 더러는 서로 간의 대립과 전쟁도 치열했다).

1000년 동안 중국 대륙과 중앙아시아에 걸쳐 방대한 세력을 형성하며 세계사의 주역으로 활약했다. 그중에서 일부 세력이 서진해 훈족이라 불리며 유럽에 등장해 게르만족의 민족대이동과 서유럽 및 중세 봉건사회의 형성을 촉발했다.

그동안 흉노는 자신들의 기록을 남기지 않은 탓에 중국과 유럽에 의해 야만적인 파괴자로 인식되어 왔다. 유목민족이라 하여 극히 원시적인 비문명인으로 매도되었다. 하지만 막강한 기마군단을 앞세워 농경민족들을 복속한 후 여러 대제국들을 형성했다. 상업과 교역을 활성화했고, 조세와 공납을 중시해 번영을 일구었으며, 선진적인 문화를 영위했다. 초원길 실크로드를 장악한 채 동·서양의 이동과 교류를 주도하며 다양한 문명의 융합과 발전에도 크게 이바지했다.

한민족은 흉노와 하나의 시원에서 갈라졌고 서로 간의 교류와 협력이 활발했다. BC 1세기경 바이칼호 동쪽에 있었던 흉노의 이볼가 유적을 통해 한민족이 발명한 온돌이 조선과 고구려에서 흉노로 전해졌음을 알 수 있다. 중국의 1번째 정사인 〈사기〉와 2번째 정사인 〈한서〉에 따르면 한나라(BC 202~AD 220, 전한 BC 202~AD 8, 후한 25~220)는 흉노가 '사방 수천리의 영토를 가졌다'는 조선과 연계하고 협력하는 것을 자주 언급하면서 걱정했다. 〈한서〉에는 한 무제가 위만조선을 공격한 이유로 서방 흉노의 동방 연맹국을 없애고자 한 것이라 밝히기도 했다(후대에 가서 서방에서 흉노의 뒤를 이은 돌궐이, 동방에서 조선의 뒤를 이은 고구려가 손잡고 수·당과 정립한 구도와 비슷하다). 전한을 멸망시키고 신나라(8~23)를 건국한 왕망이 고구려의 힘과 국제정세에 대한 인식이 결여된 채 고구려에 흉노를 없애라고 요구했다가 오히려 흉노와 연합해 역공을 펼쳐 멸망의 결정타가 되었다.

훈족의 유럽 진출이 한창일 때 한민족은 한대륙에서 부여·고구려가, 한반도에서 백제·신라·가야가 고대국가로 발전했다. 나중에는 서로 늘어난 영토로 인해 접경하게 되면서 대립과 전쟁이 격화되었다. 다만 학문과 문화예술의 교류는 활발했고, 교역도 유라시아뿐만 아니라 중국·일본과 동남아시아 일대까지 벌어졌다.

4~6세기에 걸쳐 대초원과 중국 대륙에서는 숱한 나라들이 흥망성쇠를 거듭하는 혼란의 시대였다. 그때 고구려는 서쪽으로 요서, 북쪽으로 대흥안령과 몽골, 동쪽으로 동해와 극동, 남쪽으로 한강까지 영토를 확장하며 대제국을 형성했다. 백제는 동쪽으로 일본에서 지배적 위치를 확립하는 한편 서쪽으로 중국의 산동반도 일대를 차지했다. 신라는 남쪽에 있던 가야를 병합하는 한편 서쪽과 북쪽으로 영토를 확장하면서 일본까지 영향력을 강화하기 위해 노력했다.

흉노와 한민족이 직접 연관된 부분도 있다. 신라의 금관, 금속공예품, 기마인물형 토기에 있는 청동솥(동복), 적석목곽분이라는 무덤 양식(돌무덤), 머리뼈를 눌러 뾰족하게 세우는 풍습(편두)같이 서로 비슷한 모습이 너무나도 많다. 최근에는 흉노와 신라의 유골에서 유전적 유사성이 밝혀지기도 했다(신라 김씨 왕족이 흉노 출신으로 한나라에서 활약한 김일제의 후손이라는 주장도 있다).

이런 까닭에 흉노와 훈족에 대해 중국이나 유럽이 만든 기존의 시각에서 벗어날 필요가 있다. 깊은 연고성과 애정에 바탕해 서로의 공통점을 찾아내면서 우리의 빈약한 상고사와 고대사를 메워나가야 한다. 더 나아가 한국의 원류이자 21세기에 나아가야 할 주 무대인 대초원과 유라시아를 우리의 역사와 활동범위에 포함해 접근해야 할 것이다.

큰 변화는 외부로부터 온다: 훈족이 유럽의 지형을 형성하다

우리가 아는 유럽국들의 지형을 형성하는 과정에서 흉노가 결정적인 역할을 했다. 원래 흉노는 대초원을 근거지로 세력을 형성한 후 크게 2갈래로 나눠 일부는 중국 대륙과 한대륙 서부지역(요동·만주·동북 3성) 일대를, 다른 일부는 중앙아시아와 서아시아를 무대로 활약했다.

그런 중에 중앙아시아에 웅거하던 흉노의 일부가 밀려나 서쪽으로 옮겨갔고, 서진을 거듭해 유럽으로 진출했다. 이들이 바로 훈족이며, 4세기 이후 유럽사의 전면에 등장하여 맹활약했다(아직도 흉노와 훈족을 동일하게 보지 않는 의견이 일부 있다).

훈족은 유럽 공략에 앞서 방대한 초원을 차지했다. 판노니아로 불리는 헝가리 평원과 트란실바니아로 불리는 루마니아 중·서부 평원을 본거지로 삼아 본격적인 진출에 나섰다. 기마부대를 앞세운 빠른 기동성과 다루기 편한 활인 단궁을 무기로 삼아 유럽을 정복해갔다.

훈족의 침공과 지배가 강화되자, 원주민들은 엄청난 압박을 받았다. 대부분의 슬라브족은 도저히 저항할 수 없다고 보고 항복하거나 자발적으로 복속되어 정착한 곳에서 그대로 살았다. 일부는 맞서다가 패배한 뒤 흡수되었다. 반면에 게르만족은 일부의 정착을 빼고 대체로 저항하다가 어쩔 수 없이 대거 이동하기 시작했다.

게르만족의 민족대이동은 375년 서고트족의 이동을 시초로 하여 4~6세기에 걸쳐 진행되면서 유럽과 북아프리카 일대까지 확산되었다. 도나우강(영어로 다뉴브강) 하류의 서고트족이 가장 먼저 흑해 북변의 동고트족이 정복당하는 것을 보고는 깜짝 놀라 이동을 시작한 후, 주변 부족들에게 연쇄적인 반응을 일으키면서 200년 동안에 걸쳐 광범위하게 진행된 것이다. 5세기 중반 훈족이 아틸라의 지도 아래 서쪽은 라인강에서 동쪽은 카스피해에 이르는 대제국을 형성하자, 그 아래의 서유럽을 중심으로 한 유럽 대륙 전반으로 확산되었다. 상황이 이렇게 되자 쫓겨난 게르만족들은 동로마와 서로마 제국으로 거세게 밀고 들어갔다. 서로마에서는 제국의 멸망과 더불어 많은 게르만 부족들이 왕국들을 성립하며 현재 서유럽의 원형을 형성했다. 프랑크, 앵글로색슨, 부르군트, 반달, 롬바르드, 고트 등이 진출해 자리를 잡고 정착한 것이다. 그 과정에서 서유럽을 비롯한 현재 유럽의 판도가 생겨나는 결과를 가져왔다. 동로마 역시 침입과 약탈로 엄청나게 시달렸고, 많은 영토를 잃어야 했다. 이러한 변화를 통해 유럽은 자연스럽게 고대에서 중세로 넘어갔다.

강력한 지도자라야 제국을 건설한다

아틸라 대왕(406~53, 재위 434~53)은 아틸라 왕, 아틸라 황제로도 불린다. 출생과 어린 시절을 비롯해 개인적인 기록이 별로 남아 있지 않다(출생연도조차 이견이 있다). 그나마 전하는 것은 훈족의 군주가 된 이후의 활약상에 관한 정도다.

4세기 말 루아 왕 때 훈족은 헝가리 평원까지 차지했고, 5세기가 되어 활발한 팽창을 거듭하면서 주변 부족들을 하나둘 복속해 세력을 확장했다(이후 헝가리 평원은 대초원 세력들이 유럽으로 진출할 때마다 말을 살찌우고 사냥과 전투훈련을 겸해 쉴 수 있는 곳이라 근거지로 삼았다).

아틸라는 훈족의 지배자이자 삼촌인 루아를 통해 군사와 정치에 대한 이해와 실력을 쌓아갔다. 루아가 죽자, 그는 형인 블레다와 함께 공동으로 왕위에 올랐다. 443년 권력다툼을 벌이던 중에 블레다가 의문의 죽음을 당한 이후 37세의 나이로 유일한 국왕이 되었다(공동 통치를 할 때 블레다가 실질적인 군주였고 그는 2인자였다는 주장도 있다).

그는 내정의 혼란을 수습한 뒤 훈족을 결집해 막강한 전투군단으로 편성해 본격적인 정복사업에 나섰다. 맹렬한 기세로 유럽 내부를 공략하면서 게르만족을 비롯한 유럽 민족들을 정벌했다. 이내 동로마와 서로마의 턱밑까지 위협했다. 워낙 강력한 기세여서 동로마와 서로마는 매년 막대한 조공을 바치면서 눈치를 봤다.

그는 뛰어난 지도자이자 전략가로서 종횡무진으로 활약했다. 중앙아시아 지역에서는 카스피해와 흑해 일대를 손에 넣었다. 유럽에서는 동으로 도나우강에서 서로 라인강과 발트해까지 진출하면서 러시아, 북유럽, 서유럽까지 판도를 형성해 유럽 최대의 대제국을 지배했다. 지금까지도 유럽에서 이만한 영토를 지배한 경우는 나폴레옹 정도다.

451년, 아틸라는 서로마 황제의 누이가 결혼을 제안해오자, 제국의 절반을 지참금으로 요구했다. 그는 황제의 거절을 구실로 삼아 다시 원정에 나섰다. 직접 대군을 이끌고 유럽 중부와 북부는 물론이고 독일까지 휩쓸었다. 다시 남하하여 프랑스를 관통해 파리 남서쪽의 오를레앙까지 진격했다.

"이제 이곳만 정복하면 사실상 유럽 대륙을 모두 차지하는 것이나 다름없다. 모두 공격에 나서 승리를 거두자."

아틸라는 마지막 전략거점으로 남은 오를레앙을 공략했다. 이에 서로마는 곳곳에 사절을 보냈다.

"아틸라군이 이곳마저 점령하면 우리 모두 더 이상 물러설 곳도 없소이다. 힘을 합쳐 막아내야 하오."

서로마군은 샬롱(카탈라우눔) 전투를 최후의 결전으로 여겨 서고트·프랑크 연합군과 함께 총력전을 펼쳐 강력하게 저항했다. 그는 공방전을 벌였지만 결정적인 승기를 잡지 못하자 하는 수 없이 일단 물러났다(서로마군의 지휘관인 아이티우스는 훈족이 서로마 지배층의 아들들을 볼모로 잡아둘 때 훈에서 지내면서 훈족의 내부 사정과 군사에 관해 체득한 바를 잘 활용해 승리했다. 아틸라와도 친했다고 하며, 이 공로로 마지막 로마인으로 칭송받는다).

이듬해에 그는 10만 병력을 이끌고 다시 공격에 나섰다. 이탈리아 북부로 침입하여 남하한 뒤 서로마 황제를 수도인 라벤나에서 쫓아냈다. 그러면서 로마시까지 이내 함락할 기세로 위협했다(동·서 로마의 분열 이후 훈족과 게르만족의 침입과 압박이 심해지자 서로마의 첫 황제 호노리우스(재위 395~423)는 로마를 버리고 라벤나로 천도하여 멸망할 때까지

404~76년간 수도로 유지되었다. 그러다가 서로마가 멸망하자 오도아케르(재위 476~93)와 동고트 왕국을 거쳐 동로마로 넘어갔다).

다급해진 서로마는 교황 레오 1세를 단장으로 하는 3인의 협상단을 보냈다. 아틸라는 교황이 항복이나 다름없는 사절로 온 것에 의미를 부여하고, 동·서 로마 모두 정치와 종교 차원에서 자신의 통치 아래 들어왔다고 받아들이며 철군했다(물론 막대한 조공과 배상금이 아틸라를 만족시켰을 수 있다. 다만 유럽에서는 중세 이후 레오의 담판과 설득 때문에 퇴각했다고 해석하는 편이다).

아틸라는 본국에 돌아온 후, 사산 제국에 대한 공략을 준비하던 중에 성대한 결혼식을 올린 그날 밤 47세의 나이로 갑자기 죽음을 맞이했다(그의 사망 원인을 놓고 죽기 직전에 맞은 후비에 의한 암살, 질식사, 복상사 등등 온갖 주장이 나오고 있지만 불명확하다. 또한 칭기즈칸처럼 그의 무덤 조영에 관여한 사람들을 모두 죽여 정확한 위치를 알지 못한다).

〈훈(Hun)과 헝가리(Hungary)〉

헝가리는 훈족이 정착해 세운 나라라서 국호에서부터 훈족의 후신 국가라는 느낌이 물씬 배어난다. 실제로 헝가리인은 훈족을 자신들의 조상이라고 주장하며 소중히 여긴다. 역사학계에서도 일반적으로 헝가리인을 훈족의 후손으로 여기며, 헝가리(Hungary)라는 국호도 '훈족(Hun)의 나라'라는 뜻에서 정했다고 본다.

원래 헝가리 지역은 로마가 도나우강 서쪽 강변 일대를 정복한 뒤 4세기 말까지 '판노니아'라 부르며 속주로 유지했다. 그러다가 4세기 후반 훈족이 다스렸다.

아르파드 대제(재위 895~907)는 러시아 남부에 살던 마자르족을 이끌고 진출한 뒤 동프랑크 왕국과 손잡고 정착민인 슬라브족을 정복하면서 헝가리 평원을 근거지로 삼아 최초의 왕조인 아르파드 왕조(895~1301)를 열었다. 스스로 아틸라의 혈통임을 자처하는 한편 헝가리가 훈족과 마자르족의 공통 왕국임을 강조했다. 이후 이탈리아와 독일의 바이에른·작센까지 정복해 헝가리의 국민영웅으로 추앙받고 있다.

헝가리인의 민족 신화인 '수사슴의 전설'에 따르면 훈족(후노르)과 마자르족(마고르)은 쌍둥이 형제로서 처음부터 피를 나눈 사이이며, 둘 다 흰 수사슴에 이끌려 먼 곳으로 가 신부를 데려와 두 민족이지만 같은 경험을 가진 혈연관계로 여긴다. 이들 두 민족은 헝가리 일대의 주류 민족이 되었고, 지금도 헝가리 인구의 85% 정도를 차지하며 마자르라고 부르고 있다. 이렇게 보면 헝가리라는 하나의 그릇 속에 훈족과 마자르족이 어우러져 융합된 것을 알 수 있다.

유럽사와 인류 문명사 차원에서 헝가리가 지닌 중요한 이유가 있다. 4세기 때 훈족, 6세기 때 아바르족, 7세기 때 불가르족, 9세기 때 마자르족, 13세기 때 몽골, 16세기 때 오스만 투르크 같이 대초원 세력들이 유럽을 침공할 때마다 반드시 헝가리를 차지해 서방 진출의 본거지, 전략요충지, 전진기지로 삼은 뒤에 본격적인 유럽 공격을 감행했다는 사실이다. 드넓은 초원을 가진 헝가리 평원은 트란실바니아와 더불어 유럽에서 딱 2곳뿐인 평원이었기 때문이다. 특히 서·중부 유럽으로 들어가는 최전선 접경이라 더할 나위 없이 중요했다.

그런데 터키에서는 흉노와 훈족을 돌궐 이전의 조상으로 동일시하고 있다. 그러나 일반적으로는 대초원 세력을 크게 황인계와 백인계로 구분하되, 흉노와 훈은 황인의 몽골계로 여기고 있다(백인계의 돌궐(투르크)은 아시아·유럽에 걸쳐 100여개의 크고 작은 나라를 세웠다. 1923년에 수립된 터키는 그중에서 '16인의 전사 또는 16개의 별'이라 하여 16개 제국을 손꼽는데, 훈 제국을 사료에 기록된 첫 국가로 여긴다. 참고로 지금의 터키 땅에 정착한 것은 11세기 전후로 추정한다).

〈우리와 닮은 헝가리〉

헝가리는 9세기경 마자르족의 진출 이후 유럽사에 등장하면서 훈족의 재림으로 여겨졌다(훈족의 후신이지만 유럽인의 공포와 반감을 감안해 마자르족으로 명칭을 바꾼 것으로 보인다). 1000년에 아르파드의 후손인 이슈트반 1세(재위 마자르 공 997~1000, 헝가리 왕 1000~38)가 교황 및 동로마와 서로마의 공인 아래 기독교(사도) 왕관을 받으면서 유럽의 기독교 사회로 합류했다. 그러나 19세기 초 오스트리아의 주도로 열린 빈 회의에서 서유럽 열강들은 선언했다.

"빈의 동쪽은 아시아다."

오스트리아는 수도이자 유럽의 중심지였던 빈(영어로 비엔나)이 헝가리 평원의 서쪽 끝에 접경하고 있어 대초원 세력들이 유럽으로 진출할 때마다 한결같이 기반으로 삼았던 지역이라 외부세력의 진출을 극도로 경계하여 꼬리 자르기 식으로 헝가리를 내친 것이다(실제로 오스트아에서 합스부르크 왕가 이전까지 통치하던 바벤베르크 왕가가 몽골에 몰살당했고, 유럽 최고의 지배자였던 합스부르크조차 오스만의 공격과 위협에 시달렸다).

사실 헝가리는 아시아적인 성격이 강하다. 헝가리인들 스스로 말하기도 한다.

"우리의 영혼과 감성은 (유럽보다) 아시아에 더 가깝다."

우리와 비슷한 점도 많다. 대초원 계통이라 같은 시원을 가지고 있기 때문이다. 혈통은 물론이고 언어, 문화 등에서 동질성이 많다. 가장 공통적인 특징인 초원반점(몽골반점)이 헝가리인 상당수에서 나타난다. 우랄-알타이어 계통의 언어를 쓰고 있어 서양과 달리 한국어와 어순이 같다. 이름을 성-이름 순으로, 날짜를 연-월-일 순으로 쓴다. 헝가리에서 가장 먼저 배우는 말이 '빨리빨리'다. 고추와 마늘을 많이 먹고, 매운 음식의 인기가 높다. 구야시(굴라쉬)는 소고기를 넣은 매운 수프로 장조림과 육개장의 중간 형태와 비슷하고, 잉어 매운탕인 할라즐래는 너무 매워 우리도 먹기 힘들 정도다. 우유를 분해하는 효소가 거의 없는 신체 특징도 비슷하다. 손재주가 발달해 발명의 나라다. 머리도 좋아 노벨상 수상자를 15명이나 배출했다(그동안 노벨상 수상이 유럽과 미국을 비롯한 백인에게 집중되어 왔다. 다만 최근 들어 일본에 이어 한국과 중국의 부상으로 변화가 예상된다).

궁상각치우(동양 음악에서의 5음)를 사용하며, 애국가를 작곡한 안익태는 헝가리가 20세기 최고 음악가로 자랑하는 코다이의 1번째 제자다. 1956년 소련에 항거할 때 5000여명의 죽음을 목격하면서 유엔에 영문 편지를 보내 항의한 초등학생이 반기문 유엔 사무총장이다(헝가리 봉기 50주년 때 외국인에게 주는 최고 훈장인 '자유의 메달'을 받았다).

동유럽 국가들 중에 여행과 관광을 갈 만한 최고의 나라다. 건국 1000년을 기념해 건설한 유럽 대륙 최초의 지하철이 있다. 부다와 페스트 지역을 연결하는 세체니 다리가 유명하며, 다양한 건축물이 도나우강과 어울려 유럽에서 가장 아름다운 야경을 자랑한다(국토면적이 9.3만km^2 정도라서 남한보다 약간 작다).

무엇보다 한류의 바람이 유럽에서 가장 뜨겁다. 젊은 세대의 K팝 사랑은 더욱 강하다. 한국 드라마(한드)와 영화도 강세다. 〈대장금〉을 2008년 유럽에서 처음 방영했고, 시청률을 51%까지 기록한 후 〈선덕여왕〉, 〈동이〉, 〈파스타〉 등을 방송해 높은 인기를 끌었다. 이젠 한국어, 한국사, 한식, 한복, 국악과 한국춤(고전무용), 서예까지 관심 대상이 되고 있어 본국의 지원과 육성이 절실하다(이전까지는 아시아 국가 중에 일본 문화를 선호했다가 한국으로 넘어오면서 문화 열풍이 불고 있는 것이다).

카리스마가 지나치면 공포스러운 존재로 남는다: 공포의 아틸라

아틸라는 거침없는 군사행동으로 유럽 전역을 휩쓸었다. 그러다보니 유럽인들이 하도 그를 두려워하여 그의 이름만 들어도 자다가 벌떡 일어났다고 할 정도로 잔혹한 정복자로 각인되어 있다.

'공포의 아틸라.'

그는 유럽인에게 무섭고 나쁘게만 인식되어 정의로운 영웅과는 한참 거리가 멀다. 이름부터 '끔찍한 자'를 뜻하는 게르만어에서 유래되어 잔인한 야만인의 군주로 여겨지고 있다. 그러나 그 역시 알렉산드로스나 나폴레옹처럼 정복사업을 펼쳐 방대한 제국을 건설했을 뿐이다. 다만 피해자였던 유럽 입장에서 극히 부정적으로 그려낸 것이다.

사실 아틸라는 서유럽의 거의 전역을 차지하고 동로마와 서로마 모두에 대해 전면적인 위협을 가하며 각각 멸망 직전까지 몰고 갔다. 동로마에 대해서는 발칸 반도를 2차례 침공했고 2번째는 수도인 콘스탄티노플을 포위하기도 했다. 그뒤 여의치 않자 철수한 후에는 서로마를 집중 공략하면서 게르만족의 대이동을 더욱 격렬하게 만들었다.

〈4차례에 걸친 로마의 약탈〉

로마시는 오랜 역사 동안 제국의 수도로 번영을 누렸다. 건축과 문화예술이 발달해 도시 전역이 거대하고 아름다운 건축물과 장식들로 채워졌다. 건물 내부에는 풍부한 물자들과 뛰어난 문화예술 작품들로 가득 차 있었다. 그러나 이민족에 의한 4차례의 침입에 시달리며 파괴와 방화 및 대대적인 약탈이 벌어졌다.

그런데 그동안 행위의 주역을 이민족인 양 간주해왔다. 물론 모든 학살과 문화적인 파괴·약탈을 벌인 것은 이민족이 아니었다. 켈트족을 빼고 나면 게르만족인 서고트족, 반달족, 독일군(일부는 스페인군)이 라틴 문화의 심장부를 공격해 야만적·비문명적 행위를 자행한 것이다. 이후 근·현대사를 거치면서 서유럽인들이 다시 그리스와 더불어 이탈리아에 대해 침입과 약탈을 일삼았다. 그 증거는 대영 박물관과 루브르 박물관 등지에 가보면 쉽게 확인할 수 있다.

> **로마의 약탈(4차)**
>
> ○ 1차(BC 390): 켈트족이 최초로 점령과 약탈을 벌임
> ○ 2차(410): 서고트족이 같은 기독교 종파를 보호하면서 3일 만에 철수
> ○ 3차(455): 반달족이 최소한의 약탈 후에 북아프리카로 이동
> ○ 4차(1527): 독일·스페인군이 침입해 무자비한 파괴와 약탈 자행
> * 3차 때의 파괴·약탈 행위에서 '반달리즘'이란 용어가 유래했고, 4차로 인해 르네상스의 종말이 초래되었다.

1차 로마의 약탈은 BC 390년 켈트족이 공화정 시절에 침입해 로마시를 점령하고 약탈하면서 벌어졌다. 하지만 당시에는 로마가 제국의 면모는 고사하고 도시의 형태를 겨우 갖추고 있을 때였다. 막강한 로마군단의 위용도 갖추기 전이었다.

다만 어느 나라든지 수도가 함락되는 경우는 극히 예외적이고 대체로 그 나라의 멸망으로 간주될 정도인 상황에서 로마를 침입·약탈한 선례라서 거론했을 뿐이다.

2차 로마의 약탈은 410년 훈족의 유럽 공략으로 이동한 서고트족이 용병의 대가가 턱없이 모자란다고 생각하고는 로마시를 약탈한 것이다. 당시 철옹성인 아우렐리아누스 성벽이 있었지만 밤에 안에서 열린 성문을 통해 밀고 들어가 점령했다.

하지만 알려진 것과 달리 서고트족은 아리우스파 기독교로 개종해 교회와 그 안으로 피신한 시민들의 목숨을 존중하면서 이교도의 장소에서 약탈과 파괴를 벌였다. 식량이 바닥을 드러내자 불과 3일 만에 철수해 남쪽으로 떠났다. 나중에 이베리아 반도로 이동해 서고트 왕국을

세웠다. 건축의 한 장르가 된 고딕(Gothic)이란 말이 '고트족의, 고트풍의'라는 뜻에서 유래했다. '야만스럽고 촌스러우며 교양이 없다'는 말로 사용해 고트족에 대한 경멸을 나타냈지만, 정작 고트족은 로마의 문화가 우수함을 인정했고 최소한의 약탈을 벌였을 뿐이다.

3차 로마의 약탈은 455년 서로마가 수도를 라벤나로 옮긴 상황에서 테베레강을 거슬러 올라온 반달족에 의해 이루어졌다. 이 침공이 워낙 큰 충격을 주면서 무자비한 '파괴·약탈·훼손 행위'를 뜻하는 '반달리즘(vandalism)'이라는 말까지 생겨났다.

비록 반달족이 학살과 파괴를 벌였지만 로마 문화의 우수함을 인정해 최소한으로 진행한 뒤에, 재물들을 체계적으로 배에 실어 북아프리카로 옮겨갔다. 교황 레오 1세가 반달족의 왕을 만나 약탈을 최소화했다고도 한다. 오히려 실제로 약탈을 벌인 사람들은 주로 로마시의 노예와 빈민층이었으며, 후대로 가면서 문화예술가와 시민들까지 지속적으로 더 많이 파괴했다. 특히 르네상스 때 옛 건축물에서 값진 것들을 떼어내거나 옮겨가는 일이 집중적으로 벌어져 오늘날 우리가 보는 지상의 건축물 중에 진정한 로마 시대의 것으로 온전한 것은 판테온을 비롯해 극히 일부만이 전하고 있을 정도다.

4차 로마의 약탈은 1527년 카를 5세(재위 스페인 왕 카를로스 1세 1516~56, 독일 왕·신성로마 황제 카를 5세 1519~56)가 자행했다. 이탈리아에 대한 지배권을 둘러싸고 프랑스 왕 프랑수아 1세(재위 1515~47)와 벌인 전쟁에서 대승하며 포로로 붙잡았다가 조약을 맺고 풀어주었다.

그러나 프랑수아 1세는 강요에 의한 것이라서 무효라며 약속을 지키지 않았다. 더욱이 카를 5세의 팽창과 남하를 염려한 교황이 이듬해에 프랑스와 동맹을 맺고 적대했다.

카를 5세는 부르봉 공을 보내 독일군과 스페인군을 이끌고 로마시를 급습했다. 다음 날 부르봉 공이 전사하자, 복수심에 불탄 군인들이 루터교 용병들을 중심으로 시내로 난입해 악명 높은 약탈과 파괴를 일삼았다. 르네상스 미술의 걸작품들을 마구 불태워 역사상 대표적인 반문화 행위를 저질렀다. 이탈리아 반도는 남의 나라 전쟁터가 되면서 처참하게 유린되었고, 르네상스의 파국까지 불러왔으며, 반종교개혁이 일어나는 계기가 되었다.

* 1797년 프랑스에 의한 점령과 약탈까지 포함하면 5차례가 된다. 나폴레옹(재위 1804~15)이 이탈리아 원정군 사령관이 되자 알프스산을 수개월에 걸쳐 돌아서 넘은 후에 이탈리아에 주둔해 있던 오스트리아군을 물리쳤다. 뒤이어 수도인 빈까지 육박해 오스트리아의 항복을 받으면서 엄청난 배상금과 전리품을 챙기고 이탈리아 북부를 넘겨 받았다. 그 과정에서 나폴레옹은 로마를 점령한 뒤 이전과는 비교가 되지 않게 치밀한 정성을 들여 온갖 귀중한 예술품들을 약탈했다. 이후 프랑스는 값진 물자와 문화재·미술품을 대거 보유하게 되었고, 이탈리아는 극도의 반감을 품은 채 지금까지도 반환을 요구하고 있다.

영웅의 흔적은 강하게 남는다: 아틸라를 둘러싼 숱한 신화들

아틸라 대왕은 인물과 행적에 대해 정확하게 알려진 바가 없다. 믿을 만한 역사 기록이 거의 없는 상태여서 더하다. 그나마 일부 사료에서 단편적인 기록과 추상적·감정적인 평판이 나온다. 물론 유럽 학자들의 편향적인 기록에 따라 부정적인 모습만이 확대재생산되어 왔다.

다만 로마사에 '작은 키, 넓은 어깨, 큰 머리, 작은 눈, 편평한 코, 가늘고 희끗한 수염, 까무잡한 피부를 가지고 있었다'고 기록되어 전형적인 고대 동양인의 모습으로 보인다. 다른 기록들을 종합해 보면 '찢어진 눈을 가진 얼굴에 꼿꼿한 자세를 유지했다. 화를 잘내며 날카롭고 높은 말투로 상대를 조롱했다. 전투에서 표정의 변화가 없었으며 절망적인 상황에서도 웃었다'고 한다.

그렇지만 그는 영웅적인 정복군주였다. 냉철한 내면과 당당한 외모를 유지한 채 신념과 자신감이 넘쳤다. 검소하고 자제력이 강했으며 지적이었다. 매력적인 인물이라 참모와 병사들이 충심으로 따랐다고 한다. 전투에 임해서는 지략을 발휘했고, 유럽의 야만인들에 대해 심리전 차원에서 무지와 미신을 최대한 활용했다.

군인으로서 항상 선두에 서서 말을 타고 달렸다. 신기술과 신무기 개발을 통해 강군으로 만들었다. 훈족 군대와 유럽 군대의 장단점을 정확하게 간파한 후 능수능란한 군사작전으로 승리를 거두었다. 정치가로서 치열한 권력투쟁을 이겨내고 정권을 장악해 강력한 리더십으로 다스렸다. 기마군단을 앞세워 활발한 정복사업을 펼치면서 뛰어난 국제 감각을 활용해 유럽의 여러 부족과 민족들의 약점을 파고들어 차례대로 복속하면서 방대한 제국을 이루어냈다.

아틸라는 훈족의 전성기를 연 인물로 평가받는다. 훈 제국은 유라시아 초원 일대는 물론이고 유럽 대륙의 대부분 지역을 정복해 100년간 지배했다. 서로마는 그의 공세 이후 겨우 20년 만에 그의 영향을 받은 게르만족에 의해 멸망했다. 따지고 보면 그의 손에 의해 유럽의 역사가 시작되었다.

'유럽의 정복자 아틸라.'

아틸라에 의한 서로마의 멸망 및 중세 유럽의 혼란을 '암흑기'로 말하지만 사실은 암흑시대가 그를 불렀고, 그에 의해 서유럽의 변화가 시작되었다. 당대에서는 그의 침략으로 인해 공포에 떨어야 했지만 게르만족이 중세 시대를 열며 서유럽의 주역으로 자리매김할 수 있었다.

그의 죽음으로 훈 제국은 내분 속에 전염병이 창궐하는 가운데 급속도로 약화되었다. 그의 3아들 중에 3째아들로 국왕이 된 이르네크의 지도 아래 도나우강 하류의 흑해 서안으로 옮겨갔다. 나중에 마자르족 및 불가르족과 혼혈을 이뤄 각각 헝가리와 불가리아 제국을 형성했고, 나머지는 러시아, 우크라이나, 동유럽 등지에서 다른 민족과 혼혈·동화되었다. 그래서인지 그의 후대에 대한 내용이 거의 사라진 채 훈족의 마지막 군주로까지 여겨지고 있어 정확한 실상에 대한 아쉬움이 크다.

다만 헝가리에서는 그를 자신들의 조상이자 민족적·국민적 영웅으로 칭송하고 있으며, 전국 곳곳에 동상이 세워져 있다.

그는 세계 제국을 꿈꾼 영웅으로서 숱한 신화와 전설, 소설과 연극, 회화와 조각, 오페라, 영화와 드라마의 소재가 되었다. 〈니벨룽의 노래〉에 훈족의 왕 에첼로, 북유럽의 대표적인 산문 문학인 사가 및 베르디가 1846년에 발표한 오페라 〈아틸라〉에 장본인 또는 주인공으로 등장해 유명하다.

니벨룽의 노래, 니벨룽의 반지, 반지의 제왕

아틸라는 유럽을 멸망 직전의 낭떠러지까지 몰고간 아시아의 군주로서 유럽인에게 강한 인상을 남겨 놓았다. 그의 별명처럼 잔혹하고 무자비한 야만인 군주이자 유럽을 공포에 떨게 한 두려운 존재로 날조되고 각인되어 있다. 심지어 역사적 근거의 부족함을 들어 전설적인 인물로 주장하기도 했다.

유럽인이 치욕적이고 크나큰 피해를 준 비유럽인에 대해 비하하고 부정적으로 바라보는 것은 어찌 보면 당연하다. 그러나 일반적인 역사가들은 그를 위대하고 강인한 정복군주로 인식했고, 몽골 제국의 칭기즈칸에 비견하기도 한다.

아틸라의 위대한 족적은 지금도 메아리를 울리고 있다. 중세 유럽 문학을 대표하는 〈니벨룽의 노래〉와 바그너가 작곡한 〈니벨룽의 반지〉가 그의 일대기에서 비롯되었다. 또한 〈반지의 제왕〉으로 이어지며 소설과 영화로 세계인의 변함없는 사랑을 받고 있다(작품마다 워낙 세월차가 크고 작가의 창작성이 반영되기 때문에 명칭과 줄거리가 달라졌다).

〈니벨룽의 노래〉

영국에서 〈아더왕〉 이야기가 일부 역사에 바탕한 신화적인 영웅 이야기로 대표적이라면, 유럽 대륙에서는 〈니벨룽의 노래〉가 그에 버금간다. 〈니벨룽겐의 노래〉라고도 하는 독일 고전문학의 최고 명작이다.

437년 아틸라가 독일 중부 라인 지역에 있던 부르군트(나중의 부르고뉴) 왕국을 멸망시킨 일과, 453년 게르만계 왕비와 결혼날 밤에 갑자기 죽은 일을 소재로 태어난 작품이다. 지금도 기사문학의 최고 걸작으로 손꼽히며, 근대 유럽소설의 효시가 된 세르반테스(1547~1616)의 〈돈 키호테〉와 함께 유럽 문학의 금자탑으로 여겨진다.

〈니벨룽의 노래〉는 아더왕 이야기처럼 정확한 작가와 성립 연대를 알 수 없다. 12세기 후반 기사나 음유시인이 쓴 대서사시로 보인다. 다만 훈족의 유럽 공략과 게르만 민족대이동을 배경으로 형성된 영웅설화가 전승되면서 하나의 대작으로 갈무리된 것은 틀림없다.

4행 운문으로 쓰였으며, 구성과 줄거리는 크게 2부로 나뉜다. 전반부는 북유럽의 전설적 영웅인 지크프리트의 죽음에 관한 내용으로 지크프리트와 크림힐트의 사랑과 결혼, 그들과 연관되는 군터와 브룬힐트의 결혼, 하겐의 음모에 의한 지크프리트의 암살이 주를 이룬다. 후반부는 크림힐트의 복수에 관한 내용으로 남편의 복수를 위해 훈족의 왕인 에첼과 결혼한 뒤 초청에 응한 군터와 하겐을 비롯한 부르군트족을 몰살하지만, 그녀 역시 죽음을 맞이한다는 줄거리다.

부르군트족의 왕이자 보름스성의 성주인 군터의 누이동생 크림힐트가 당대의 미인으로 소문이 나자, 이를 들은 지크프리트 왕자가 찾아가 1년 정도 머물며 사랑을 나누었다. 때마침 그녀의 오빠인 군터는 이젠란트(아이슬란드)의 여왕인 브룬힐트와 결혼을 원했지만, 그녀가 이미 결혼조건을 밝혀둔 바가 있어 어쩌질 못하고 있었다.

'무예로 겨뤄 나를 이기는 남자라야 결혼하겠어요.'

군터는 그녀를 제압할 자신이 없던 차에 지크프리트에게 제안했다.

"크림힐트와 결혼하도록 허락할테니 나를 도와주시오."

지크프리트도 좋은 기회라 여겨 답했다.

"크림힐트와의 결혼을 허락해주신다니 기꺼이 전하를 돕겠습니다."

두 사람이 합의한 후, 지크프리트는 니벨룽의 보물을 이용해 몸을 감춘 뒤 군터를 몰래 도와 브룬힐트를 이기게 함으로써 그녀와의 결혼이 성사되었고, 지크프리트와 크림힐트도 결혼에 성공했다.

세월이 흘러 10년 만에 지크프리트 부부가 보름성을 방문했다. 크림힐트와 브룬힐트는 서로 자기 남편을 자랑하다가 말다툼을 하게 되면서 결혼 직전의 비밀이 드러났다. 이에 브룬힐트는 지크프리트에게 원한을 품게 되었고, 복수를 위해 남편의 부하인 하겐을 끌어들였다. 하겐 역시 지크프리트의 무용을 질시하던 차에 자신의 주인에 대한 책무라는 핑계로 그녀의 복수에 참여했다.

문제는 지크프리트가 불사의 몸을 갖고 있다는 사실이었다. 오래전에 니벨룽이란 소인족을 정복할 때 보물의 존재를 알고 찾아가 지키고 있던 용을 무찌르면서 용의 피를 뒤집어쓴 뒤 불사신이 된 것이다. 그러나 그리스 신화의 아킬레우스가 발목에 약점이 있었던 것처럼 딱 1곳, 용의 피를 뒤집어쓸 때 등에 보리수 나무잎이 붙어 피가 묻지 않은 부위가 유일한 약점이었다. 차근차근 준비하던 하겐은 지크프리트의 치명적인 약점을 알아낸 뒤에 칼을 찔러 죽였다.

이후 크림힐트는 복수의 화신이 되었다. 먼저 막강한 훈족 왕인 에첼과 재혼한 후, 남편을 살해한 자들을 죽일 기회를 엿보고 있었다. 13년이 지나 마침내 복수할 기회가 오자 결행에 나섰다. 에첼에게 부탁해 군터와 하겐을 비롯한 부르군트족들을 초청한 뒤 모두 죽여 복수했다. 하지만 그녀 역시 훈에 와있던 부르군트의 나이든 영웅 힐데브란트의 칼에 죽음을 맞이하며 비극으로 끝이 났다.

〈니벨룽의 반지〉

독일의 음악가인 바그너는 1848~74년간 26년에 걸쳐 〈니벨룽의 노래〉를 원작으로 삼되 크게 손질하여 대본을 쓴 뒤 '라인의 황금, 발퀴레, 지크프리트, 신들의 황혼' 등 4부로 구성된 〈니벨룽의 반지〉를 서사 악극으로 작곡했다(정작 바그너는 '라인의 황금'을 서곡이라 하여 3부작으로 간주했다). 1876년에 초연한 이후 여전히 사랑을 받고 있다. 음악을 종합예술 차원에서 본 바그너의 역량이 총결집된 대표작인지라 관현악 편성만 해도 100명이 넘는 대규모에 전곡을 연주하려면 하루 최소 14시간씩 총 4일이 걸리는 방대한 작품이다.

바그너는 이 작품에서 니벨룽의 소재에다 북유럽의 신화 즉 고대 노르웨이와 아이슬란드의 전설적인 산문 문학인 사가를 더해 새로운 모습으로 재탄생시켰다.

간단한 줄거리를 살펴보면 라인강 밑바닥에 있던 황금을 둘러싸고 하늘 위의 신, 땅 위의 거인, 지하의 니벨룽 소인들이 싸웠고, 결국 소인들이 차지해 반지를 만들었다. 신은 영웅을 만들어 반지를 되찾으려는 계획을 세웠고, 영웅 지크프리트가 태어났다. 신의 피를 받은 지크프리트는 칼로 큰 뱀을 죽여 반지를 되찾았다.

그러나 반지가 주는 절대의 힘이자 저주가 문제였다.

'반지를 차지하면 세계를 지배한다.'

이러한 사실 때문에 반지를 둘러싸고 온갖 음모와 싸움이 벌어지고, 비극이 이어졌다. 결국에는 신도, 거인도, 소인도, 영웅도 모두 죽고 구세계는 몰락했다. 다만 마지막에 사랑에 찬 사람에 의해 새로운 세계가 생겨나는 이상을 그려놓았다.

〈반지의 제왕〉

니벨룽의 전설은 남아공에서 태어난 영국작가 톨킨이 3부작 판타지 소설인 〈반지의 제왕〉을 집필하면서 20세기에 다시 살아났다. 〈니벨룽의 노래〉와 〈니벨룽의 반지〉를 핵심 내용으로 하되, 가톨릭, 산업화, 1·2차 세계대전의 경험 등을 배경과 소재로 더해 1937~49년간 글로 쓴 뒤 1954년 1·2부, 1955년 3부가 출판되었다.

이 책은 판타지 소설이라는 새로운 장르를 발전시켜 루이스의 〈나니아 연대기〉, 권의 〈어스시 시리즈〉와 함께 세계 3대 판타지 소설로 손꼽힌다. 수많은 언어로 번역되어 20세기 문학 중에 가장 널리 알려졌다. 2001~03년에 영화로 제작되어 〈해리 포터〉와 함께 전 세계를 휩쓸면서 기세를 올렸다. 지금도 음악, 공연, 미술, 문학, 게임 등에서 즐겨 활용되고 있다.

〈반지의 제왕〉은 톨킨의 이전 작품인 〈호빗〉의 속편으로 그 뒤에 벌어지는 이야기를 장편소설로 구성했다. '반지원정대, 2개의 탑, 왕의 귀환' 등 총 3부작 6권으로 되어 있다. 중간계(가운데 땅)의 제3시대 말 사람, 마법사 간달프와 적이 된 사루만, 악의 군주 사우론과 그의 군대,

다른 종족들인 호빗, 독자적인 세계를 유지하는 요정·난쟁이, 사악한 괴물 종족인 오크 등이 등장해 박진감 넘치는 모험을 펼친다. 특히 프로도가 간달프의 도움과 연합군의 힘으로 절대 반지를 파괴하는 과정과 그 후의 제4시대를 담고 있다.

대강의 줄거리를 살펴보면 다음과 같다. 악의 군주 사우론이 세상을 지배하기 위해 절대 반지(One Ring)를 만들었다가 요정·사람 등의 공격으로 암흑세계로 사라진 뒤, 숱한 우여곡절 끝에 호빗족의 빌보 배긴스가 이 반지를 갖게 되었다.

사우론이 이 사실을 알고 호빗의 고향인 샤이어를 공격하자, '절대 반지가 사우론의 손에 들어가면 세상은 멸망한다'는 결론에 따라 반지를 파괴하기 위해 〈호빗〉의 주인공이었던 빌보의 조카이자, 이 소설의 주인공인 프로도를 중심으로 반지 원정대를 구성해 반지가 처음 만들어진 '운명의 산'을 찾아가 불구덩이에 던져 넣기 위해 원정을 떠났다.

프로도를 중심으로 한 선의 진영과 사우론을 중심으로 한 악의 진영이 치열한 계략과 전쟁을 벌이는 가운데, 현자들의 지도자였다가 반지를 탐한 사루만과도 상대하면서 전진을 계속했다. 마지막에는 프로도와 골룸의 싸움 끝에 골룸이 반지를 얻지만 발을 헛디뎌 운명의 구멍 속으로 떨어지고 반지가 파괴되었다. 사우론의 군대는 힘을 잃고, 아라고른이 승리한 뒤 왕이 되어 아르웬과 결혼한다. 사루만은 도망친 후 샤이어를 엉망으로 만들었고, 호빗들이 다시 복구했다. 하지만 이전의 샤이어는 아니었으며, 마지막에 프로도와 빌보가 서쪽 바다를 건너 불사의 땅으로 가는 것으로 끝이 난다.

* 〈호빗〉은 나중에 쓰인 〈반지의 제왕〉의 전편이라 호빗족인 빌보가 절대반지를 가지게 되는 모험이 주된 내용이다. 어느날 빌보의 집에 간달프가 찾아오고, 그를 따라 난쟁이들과 모험에 나섰다. 용인 스마우그가 빼앗아간 보물을 되찾으러 가는 여정에서 빌보는 위기 때마다 지혜와 용기를 발휘해 나아갔다. 드디어 용이 보물과 함께 머물던 성으로 들어가 골룸이 가지고 있던 반지를 얻었고, 화가 나 성 밖으로 나온 용은 사람의 지도자에게 죽는다.

게르만족의 민족대이동이 서유럽을 형성하다

문명이 어느 날 갑자기 만들어지는 법은 없다. 오히려 온갖 상황이 벌어지는 가운데 역경과 위기를 거쳐 문명과 국가발전이 이루어지고 역사적 성취가 이룩되는 것이다. 그 과정에서 내분과 전란이 숱하게 일어나 변화를 촉발하거나 가속화하기도 한다. 잘못되면 몰락하거나 역사의 무대에서 사라지기도 한다.

게르만족은 무려 200년에 걸쳐 이동과 정착을 거듭하면서 여러 부족별로 힘겨운 여정을 거쳐야 했다. 정치와 종교를 둘러싸고 충돌과 대립을 거쳐 안정을 찾아갔고, 왕국들이 성립하면서 기독교의 땅으로 변해갔다. 과거의 야만성과 무지에서 벗어나 지배층부터 문자와 지식을 쌓는 가운데 도시와 문명을 발전시키면서 국가로서의 면모를 갖추어갔다. 전쟁을 거치면서 군사력을 길러 서유럽의 주인이 되었다.

사실 게르만족의 대이동은 훈족의 강력한 정복에 밀려나면서 도나우강을 건너 로마에 침입한 뒤 본격화했다. 당시 앞뒤 가릴 형편이 아닌 처지에서 로마로 밀려 들어갔다. 전체 인구로 보면 로마 주민의 3% 정도에 불과해 대부분의 민족 이동은 평화적으로 진행되었다. 다만 동·서로마가 막거나 척박한 땅을 주면서 탄압하면 전쟁을 불사했고 로마나 콘스탄티노플까지 침입했다. 서로마가 게르만족에 의해 실권마저 잃고 몰락한 후, 각지에서 나름대로 왕국을 성립했다. 그러나 이 경우에도 동로마에 복종하며 평화로운 정립을 지향했다.

우리가 주목해야 할 것은 훈족에 의해 게르만 민족대이동이 촉발되어 오늘날 유럽국들의 원형과 판도를 형성하는 결정적인 계기가 되었다는 사실이다. 게르만족이 문명인이 되고, 정착한 서유럽 지역이 문명권으로 변화하면서 유럽을 구성하는 3대 문명권 중에 라틴 문명에 이어 게르만 문명이 자리잡은 것이다. 반면에 슬라브 문명은 동유럽과 러시아를 중심으로 이동을 하지 않은 채 정착해 변화와 발전이 상대적으로 뒤처져 3대 문명권 중에 가장 늦게 서서히 형성되면서 유럽 전역에 걸친 민족과 국가 구성의 대강이 이루어졌다.

그 과정에서 유럽의 주 무대가 지중해를 중심으로 한 남유럽에서 대서양을 중심으로 한 서유럽으로 전환되었고, 근대 이후에는 유럽에서 가장 선진화된 지역으로서 오늘날까지 유럽을 주도하고 있다.

〈게르만족의 형성과 등장〉

게르만 민족은 게르만족, 게르만인, 게르만계 등으로 불린다. 게르만어를 사용하며, 인류학상 북방 인종에 속해 키가 크고 금발에 흰 얼굴이 특징이다. 일반적인 네덜란드인·노르웨이인·덴마크인·독일인·스웨덴인·스위스인·아이슬란드인·영국인 등이 속한다. BC 1000년경 스칸디나비아반도 남부, 독일 북부, 발트해 연안에 살다가 오랜 기간에 걸쳐 이동과 정착을 반복했다. 남쪽으로 내려가며 퍼져 게르마니아는 물론이고 흑해 북쪽의 해안까지 진출했다.

BC 2세기 말부터 갈리아와 이탈리아 북부까지 침입해 로마와 마주했으나, 남하에 실패했다. 이후로도 로마에 대한 변경 침입을 자주 시도해 로마군과 이따금 충돌하면서 큰 변화 없는 상태를 유지했다.

당시 로마인은 북방의 게르만족이 문자도 없이 문명과 국가 형성을 이루지 못한 상황에서 천막 생활에 지저분한 차림새를 한 채 원시 상태로 살고 있어 야만족을 뜻하는 '바바리언'이라 불렀다.

그렇지만 게르만족은 게르마니아를 기반으로 민족형성의 근간을 형성해갔다. 주로 켈트족과 경쟁하다가 로마의 영향을 받기 시작했다.

BC 58~51년간 카이사르가 갈리아 정복으로 켈트족을 복속한 후 게르마니아 일대까지 넘나들며 게르만족을 위협했다. 하지만 켈트족이 로마에 정복당해 동화된 것과 달리, 게르만족은 로마의 공세를 막아내며 나름대로의 독자성을 유지했다.

서기 9년 초대 황제 아우구스투스가 단호하게 명을 내렸다.

"야만족을 정복하라. 우리 로마의 속주로 만들라."

3개 군단이 기세 좋게 게르마니아로 출정했다. 그러나 아르미니우스(독일어로 헤르만)가 게르만 부족들을 결집한 후 반격에 나섰다.

"절대로 로마에 굴복할 수 없다. 우리의 땅과 자유를 우리 손으로 지킵시다."

게르만 연합군은 숲에 매복하고 있다가 지나가는 로마군을 일제히 공격해 3일 만에 전멸시켰다. 이 전투(토이토부르크 숲 전투)로 로마의 확장은 결정적으로 저지되었다. 후임 황제도 정벌군을 계속 보내 속주화를 시도했으나 번번이 실패했다. 결국 로마는 게르만족에 대한 정복을 포기했고, 게르마니아는 게르만족의 영역으로 온전하게 유지되었다(타키투스가 쓴 〈게르마니아〉에는 100년경 게르만족이 라인강에서 도나우강에 이르는 경계선을 따라 살고 있었다고 적고 있다). 다만 게르만의 영토 중에 독일 서부 라인란트, 바이에른 남부, 오스트리아의 일부가 로마의 속주가 되기도 했다.

이후에는 상황이 바뀌어 게르만족의 남하가 벌어져 로마의 변경을 끊임없이 괴롭혔다. 마르쿠스 아우렐리우스 황제(재위 161~80)는 '남방 라틴족의 검정머리와 북방 게르만족의 노랑머리' 사이의 평화스러운 공존을 강조하면서 주로 이들과 전선에서 대치하면서 보내야 했다.

3세기가 되자 게르만족은 프랑크족, 작센족, 알라마니족 같은 대규모의 부족들이 서서히 일정한 세력을 형성했고, 3세기 중반 이후에는 국경을 넘어 로마 영토를 침입하거나 약탈했다. 특히 훈족의 강타로 크게 동게르만(동고트족·서고트족·반달족·부르군트족 등), 서게르만(앵글족·색슨족·프랑크족·알라마니족 등), 북게르만(덴마크족·노르만족 등)의 3 집단으로 갈라져 대이동을 감행하면서 정착했다.

게르만족은 문명발전에서 늦기는 했지만 막상 대이동이 전개될 때 향락과 퇴폐에 젖어 자신의 생명과 재산마저 용병에게 맡긴 로마인과 달리 강건한 육체, 투철한 충성심, 용맹한 전투력, 엄정한 도의심, 소박하지만 열정에 넘치는 개성, 서로 간의 굳은 공동체의식 등으로 일거에 유럽의 주역으로 등장했다.

또한 독특한 종사제도가 있어 지위가 높은 사람에게 생계를 의지하는 대신에 충성을 전제로 추종하고 전쟁 때에는 주인을 위해 전투에 나서, 일부에서는 이 제도를 중세 봉건제도의 기원으로 보기도 한다.

게르만족의 민족대이동(4~6세기)

○ **프랑크족**: 프랑크 왕국(481~843) ➔ 동프랑크/독일(843~지금)

서프랑크/프랑스(843~지금)

- 나중에 네덜란드(1581~지금), 벨기에(1830~지금), 룩셈부르크(1867~지금) 등이 분화

○ **서고트족**: 서고트 왕국(415~711) ➔ 우마이야(661~750)/ 후우마이야(756~1031)/ 이슬람 왕국들(~1492) ➔ 스페인(1492~지금)

- 포르투갈 역시 이슬람 세력과 오랜 전쟁을 치른 후 독립(1139~지금)

○ **동고트족**: 동고트 왕국(493~552) ➔ 동로마 제국(395~1453)

- 도시국가들의 정립과 외침을 거쳐 이탈리아 통일국가 형성(1870~지금)

○ **반달족**: 반달 왕국(439~534) ➔ 동로마 ➔ 우마이야 ➔ 아바스(750~1258)

○ **롬바르드족**: 롬바르드 왕국(568~774) ➔ 프랑크 ➔ 신성로마 제국(962~1806)

- 지금의 이탈리아 북부 형성

○ **부르군트족**: 부르군트 왕국(413~36/443~534) ➔ 프랑크 왕국

- 전 왕국 때 보름스를 수도로 프랑스 부르고뉴가 유래되었고, 후 왕국 때 제네바를 수도로 스위스 서부 형성(1291~지금)

○ **앵글로색슨족**: 7왕국(5~11세기) ➔ 노르만 왕조(1066~1154)

- 이후 여러 왕조를 거쳐 오늘의 영국을 이룸(1066~지금)

* 2차 게르만족의 민족대이동으로도 불리는 노르만족의 이동은 한참 후인 8~11세기에 진행되었다. 그 내용은 '윌리엄 1세' 편에 나온다.

제2편

중세 유럽

레오 1세 때 유럽의 판도

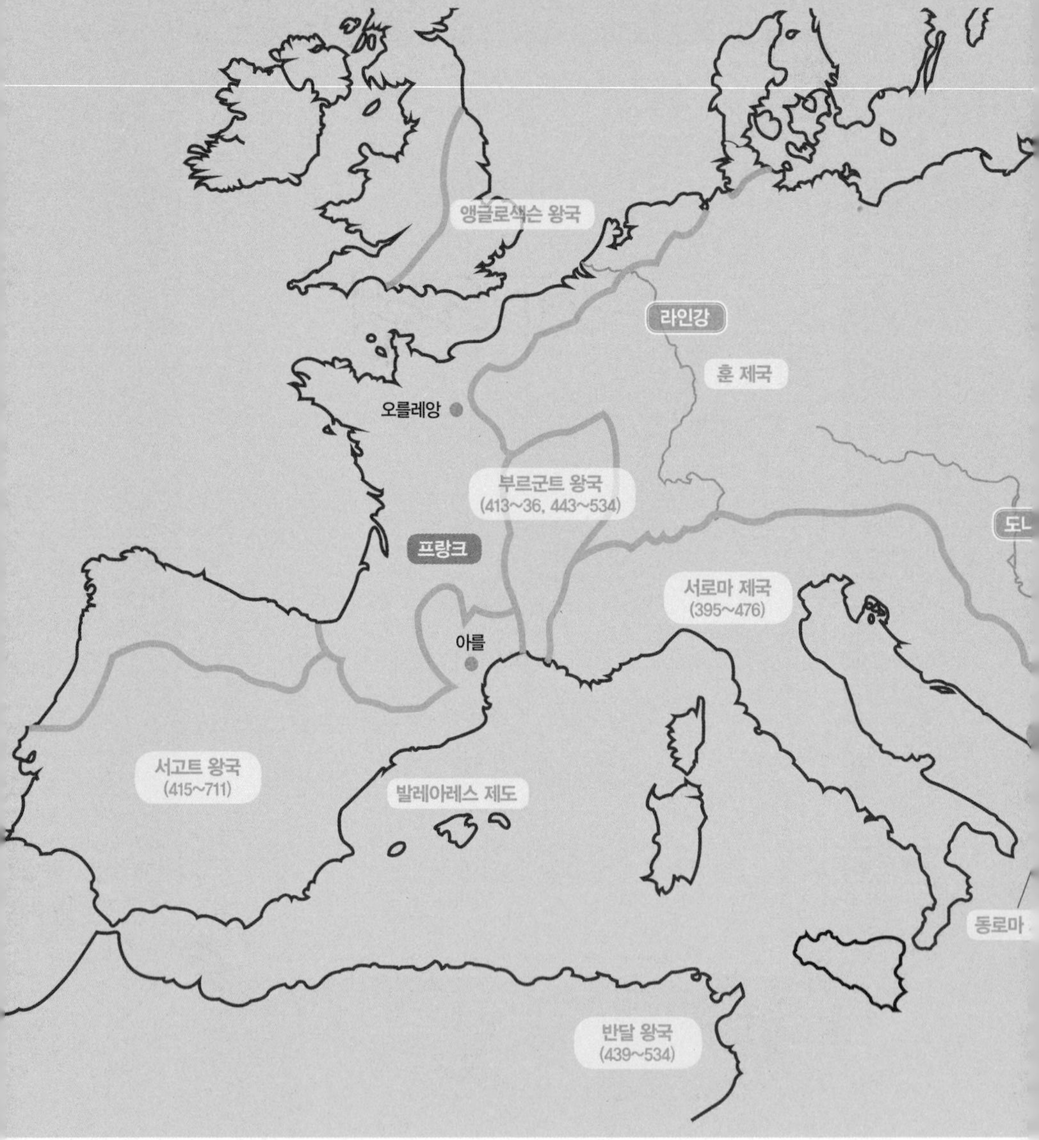

* 프랑크 왕국(481~843), 동고트 왕국(493~552), 롬바르드 왕국(568~774)은 레오 1세 시절보다 한참 후에 성립했

레오 1세

로마가톨릭이 서유럽을 지배하게 만들다

강철 같은 신념과 논리로 사상 위에 서다

가톨릭에서 교황 중의 교황으로 손꼽을 만한 인물은?

'2명의 대교황인 레오 1세와 그레고리우스 1세가 대표적이다(두 사람의 표기와 발음에서 레오 1세는 라틴어로 레오, 이탈리아어로 레온이며, 그레고리우스 1세는 라틴어로 그레고리우스, 이탈리아어로 그레고리오이다. 이 책에서는 라틴어 표기를 원칙으로 하되, 베네딕토처럼 이탈리아어를 사용하거나 요한처럼 성경의 관행에 따른 명칭을 일부 혼용했다).'

두 교황 중에 굳이 1명을 꼽으라면?

'단연 레오 1세다.'

그 이유는 무엇인가?

'레오 1세는 가르침과 글을 통해 기독교의 교리를 확립했다. 훈족과 반달족의 침입에서 로마시를 보호했다. 교황의 권위를 세워 서유럽에서 로마가톨릭의 종교 지배를 확고히 했다. 그래서 위대한 교황 중의 교황이라 하여 '대교황'이라 부른다. 후대 교황들이 그의 이름을 따서 13세에 이르렀고, 동로마 황제들도 6세에 이르며, 나폴레옹, 라이언, 레오나르도, 레오폴트 같은 이름들이 애용되고 있다(23대까지 이어진 요한은 예수의 제자로서 워낙 중요한 인물이라 즐겨 붙였다. 그레고리우스와 베네딕토가 16세, 클레멘스가 14세, 인노켄티우스가 13세까지 이어졌다. 반면에 베드로는 첫 교황으로서 신성함의 상징으로 여겨 누구도 붙이지 않는다).'

여기에서 우리는 종교조차 지도자는 뛰어난 치적을 놓고 평가하고 있음을 알 수 있다. 한 나라의 지도자나 기업의 최고경영자(CEO)에 대한 경우는 두말할 필요조차 없다. 누구라도 역사에 남는 정치 지도자가 되거나 성공한 기업인이 되려면 실적을 올리는데 노력해야 한다. 여기에 더해 고뇌에 찬 희생을 감수하거나 국민 또는 구성원의 사랑을 받으면 시대를 뛰어넘는 명성을 얻을 수 있다.

세력이 지나치게 커지면 분열한다: 로마가톨릭의 분리 독자화

로마는 그리스 신화에 나오는 주신 제우스를 비롯한 올림푸스의 12신을 중심으로 하는 다신교를 계승했다. 그저 제우스를 라틴어인 유피테르로 바꿔 활용하는 정도였다.

또한 페르시아에서 생겨난 미트라교(광명의 신 미트라를 믿는 밀의 종교)가 그리스를 거쳐 로마로 전승되어 1~4세기에 걸쳐 군인과 상인들을 중심으로 성행했다. 한때 제국의 수호신으로 여겨질 정도였으나, 기독교의 유입으로 경쟁하다가 점차 사라졌다.

기독교는 313년에 콘스탄티누스 대제의 공인 이후 그동안의 박해에 종지부를 찍으면서 대표 종교가 되었다. 392년에는 테오도시우스 대제가 국교로 삼아 로마의 단일 종교로서 독보적인 위상을 확립했다.

한동안 로마, 안티오키아, 알렉산드리아, 예루살렘, 콘스탄티노플의 5주교좌를 중심으로 기독교 세계를 운영했다. 기본적으로 서로 동등한 위치였으나, 초기에 잠깐 동안 로마가 주도적인 역할을 하다가 천도와 함께 콘스탄티노플 대주교가 중요한 의사결정을 내리며 포괄적인 주도권을 행사했다(5주교좌의 수장은 총대주교라 부르기도 하지만 이 책에서는 대주교로 호칭했다). 그러다가 395년 동·서 로마의 분열 후에 동유럽에서 동방 정교회의 주도 아래 그동안의 전통을 유지한 것과 달리 서유럽에서는 로마가톨릭 교회의 독자화가 진행되었다.

로마는 제국의 중심지라는 정치적 상징성과 함께, 예수의 수제자이자 사도의 좌장으로 교황의 기원이 된 베드로와, 신약성경의 가장 많은 부분을 기록하며 기독교 신학을 정립한 바울이 순교해 유해가 안장된 종교적 상징성이 있어 독자화가 가능했다(그의 이름은 유대교에서 사울, 로마가톨릭에서 바오로, 개신교에서 바울, 정교회와 성공회에서 바울로라 부른다. 예수의 12제자 중에 가장 대표적인 인물이 베드로라면, 12제자가 아닌 사도로서 가장 대표적인 인물이다. 유대인 출신으로 스스로 '비유대인을 위한 사도'라며 유대인을 넘어선 활동을 벌였다. 신약 27권 중에 절반에 가까운 13권의 집필, 엄청난 거리를 오간 부지런한 선교, 직접 일하며 신도에게 의존하지 않고 살아간 사도라는 점에서 위대하고 독보적인 위상을 갖고 있다).

서로마를 기반으로 한 로마 교구는 동로마를 기반으로 한 4대 교구와 대립했다. 476년에 서로마가 멸망하자, 로마 대주교는 스스로를 로마와 서유럽의 영적 중심인 교황이라 자처하며 분리를 가속화했다.

로마 교회는 로마가톨릭의 본산이고, 교황은 서유럽 전체 교회를 총괄하는 수장이다. 또한 하느님의 성전인 교회를 신앙의 중심으로 삼아 '로마가톨릭 교회'로 불리고 있다. 진정한 교황 제도는 레오 1세가 칼케돈 공의회에서 사회를 맡아 주관하면서 교회의 최고 수장이라는 권위를 인정받아 본격적으로 확립되었다.

논리가 있어야 한다: 교회와 교황의 권위를 세우다

레오 1세(400~61, 재위 440~61)는 이탈리아의 토스카나 주에서 서로마의 귀족 집안에서 태어나 로마로 옮겨갔다. 431년 교황이 부제로 삼자 주로 가난한 사람들을 돌봤다. 그런 한편으로 교황청은 물론이고 교회 전반에서 역량을 펼치기 시작했다.

팔레스타인 교회의 치리권(관할권)을 놓고 예루살렘의 대주교가 문제를 일으키자, 알렉산드리아 대주교가 그를 통해 교황에게 처벌해줄 것을 요청할 정도였다. 대외활동도 왕성하게 벌여 교황의 사절로서 아프리카에 가 임무를 수행하기도 했다(사절의 수행원이었다고도 한다).

로마가톨릭에서 수도생활을 활발하게 만든 장본인인 요한 카시아노로 하여금 사람인 예수를 낳은 마리아를 '성모(테오토코스) 즉 하느님의 어머니'일 수 없다고 주장한 콘스탄티노플 대주교 네스토리우스의 오류를 비판하는 글을 제출케 하여 에페소(에페소스·에베스) 공의회에서 이단으로 파문해 교의 정립에 중요한 역할을 했다. 또한 서로마 황제가 갈리아에서 일어난 분쟁을 놓고 그에게 해결을 전담하는 중책을 맡겨 그의 비중을 짐작하게 한다.

440년 레오 1세는 40세의 나이로 교황에 선출되었다. 그는 황제에 의존하지 않고 성경적·신학적 교황권에 근거해 결정했다. 저술을 통해 허술하거나 빈약한 교의를 채워갔다. 강론과 서간을 정리하여 구원론 즉 하느님의 중개자이자 구세주로서의 역할을 내세우며 신인양성론(신인설)을 강조했다.

"예수 그리스도는 신성과 인성을 한 몸 안에 함께 지닌 참 하느님인 동시에 참 사람이다."

여기에 더해 그는 신약성경과 로마에 있는 베드로의 무덤을 근거로 교황의 지도권을 내세웠다. 로마법까지 인용해 베드로와의 독보적인 관계를 최초로 주장했다.

'베드로의 사도적 권위를 승계한 (보잘 것 없는) 후계자.'

예수가 지상에서의 대리권을 베드로에게 주어 전체 교회의 최고 사목자로 삼은 만큼 베드로의 계승자이자 최고 선임자로서 사도적 일치를 지향하면서 교황은 모든 맡겨진 바에 전념해야 한다고 강조했다. 또한 교황은 주교이자 사람으로서의 약점이 있어 다른 주교들과 같지만, 모든 주교들을 지도하는 교회의 수장이라고 주장했다(그는 죽어서도 교황으로는 처음으로 성 베드로 대성당 지하 묘지에 묻혔다).

레오 1세는 이러한 기조 위에서 교황의 직무를 충실하게 수행했고, 로마를 비롯한 모든 지역에서 교황권을 확립해갔다. 그러다보니 일부에서는 그를 두고 극도의 찬사를 바쳤다.

'교회 안에 현존하는 그리스도.'

〈교황이라는 존재〉

교황(Pope)은 로마법왕이라 부르기도 하며, 가톨릭의 최고 지도자로서 교황청 연감에 따르면 9개의 명칭을 갖고 있다.

'로마의 주교, 예수 그리스도의 대리자, 사도의 우두머리인 베드로의 후계자, 전 세계 가톨릭 교회의 대사제, 서유럽의 총대주교, 이탈리아 수석주교, 로마관구 수석대주교, 바티칸시 주권자(국가원수), 하느님의 종 중의 종.'

원래 기독교를 대표하는 5곳 중의 1곳인 로마 대주교였다가 동·서로마의 분단과 교회의 분열 속에 4곳을 포함하는 동방 정교회(동방교회)의 대주교에 대비하여 독자적인 로마가톨릭 교회(서방교회)의 최고 사제로 자리매김했다.

'포우프(Pope)'라는 호칭은 그리스어의 '파파스(papas, 아버지)'에서 유래하여 라틴어로 '파파(Papa)'라고도 불렀다. 4세기 때 존칭으로 이따금 쓰이다가 레오 1세의 노력으로 서로마 전체 교회를 대표하는 로마 대주교만이 파파, 즉 신앙상의 아버지로서 교황으로 불리다가 그레고리우스 7세(재위 1073~85)에 의해 보편화되었다.

초대 교황은 베드로가 부여되었다. 교황은 초대교회, 즉 예수 직후 형성된 교회에서는 개념조차 없었다. 그저 각지 교회의 주교 중에서 특별한 지위를 가진 '로마의 주교'로 여기는 정도였다. 그러다가 교황의 칭호와 권위가 실린 특별한 지위는 마태복음에 나오듯이 '사도 베드로를 통해 교회가 창립되었다'는 사실에서 비롯했다.

예수가 제자들에게 물었다.

"너희는 나를 누구라고 하느냐?"

베드로가 대답했다.

"살아 계신 하느님의 아들 그리스도이십니다."

예수는 그의 믿음을 칭찬하면서 새로운 이름을 정해주며 자신을 따르던 12제자(사도) 중에서 특별한 수위적 권한을 부여했다.

"너는 베드로(반석)이다. 나는 이 반석 위에 내 교회를 세우겠다."

예수가 부활 승천한 뒤 사도들은 각지로 흩어져 예수의 메시아임과 가르침을 포교했고, 가장 앞선 사도격인 베드로는 로마시로 갔다. '모든 길은 로마로 통한다'는 말처럼 제국의 수도이자 세계의 중심지인 로마에서 포교하면 복음이 전 세계로 확산될 것이라 여기고 활발한 활동을 펼치면서 교회를 설립했다.

이후 로마에서 순교했고, 그의 무덤 위에 웅장한 교회 건물이 세워지면서 성 베드로 대성당이 되었다(전승에 따르면 칼리굴라 경기장에서 순교한 뒤 바티칸 언덕에 묻혔다. 수 세기 후에 콘스탄티누스 대제의 명에 따라 이 성당이 건축되어 바티칸이 로마가톨릭의 본산이 되었다. 이탈리아어로 산 피에트로 대성당이라고도 하며, 브라만테, 라파엘로, 미켈란젤로를 거쳐 완성되었고, 그 상징성으로 인해 지금도 더 높은 건물을 짓지 않고 있다).

사실 초대 교회 때는 '사도 시대'로서 일정한 장소에 머물지 않았던 시절이라 고정된 건물이 없었다. 그러다가 성직자를 주교 또는 감독이라 부르며, 교회를 중심으로 일정 지역에 거주하고 관할하게 되면서 지역별 성전이 구축되어 갔다.

교황은 초기 300년 동안 순교와 수난을 견뎌내며 힘겹게 명맥을 유지했다. 실베스테르 1세(재위 314~35) 때 처음으로 인정받았고, 레오 1세와 그레고리우스 1세(재위 590~604)에 의해 위상을 확립했다(초기 교황들의 차수는 계통을 세우기 위해 짜맞춘 것이다). 이후 종교적 중심이 되어 게르만족을 교황의 영적 권능 아래로 결집하면서 영국과 아일랜드까지 기독교화를 전개해 서유럽을 기반으로 삼게 되었다.

교황은 서로마의 영역을 대부분 지배하게 된 프랑크 왕국과의 협력을 본격화했다. 프랑크의 궁재(궁전 최고직 대신) 피핀이 교황에게 교황령을 기부하고, 그의 아들인 카를 대제가 800년에 교황으로부터 서로마 황제 대관식을 받음으로써 결정적인 위상을 확립했다.

1054년에 로마가톨릭은 정교회의 교리와 교회 주도권에 대해 반발하면서 독립했다. 서방과 동방, 라틴어와 그리스어, 서로마와 동로마, 로마와 콘스탄티노플이라는 대립각도 뚜렷해졌다. 동로마를 기반으로 기독교의 정통으로 자부해온 정교회에 대해 전례와 일반 관습에 이르기까지 이질화하며 떨어져나간 것이다(동방 정교회는 콘스탄티노플 대주교가 그리스 정교회 수장 겸 전체의 정신적 수장이고, 알렉산드리아 겸 아프리카 대주교는 알렉산드리아 정교회 수장 겸 이집트와 아프리카를 관장한다. 안디오키아 겸 중근동 대주교는 안디오키아 정교회 수장 겸 시리아·레바논 및 서아시아를, 예루살렘 겸 팔레스티나 대주교는 예루살렘 정교회 수장 겸 팔레스타인과 시나이를 관장한다. 그 밖의 지역은 모스크바 겸 러시아 대주교가 러시아 정교회의 수장이듯이 루마니아, 불가리아, 세르비아, 조지아 등지에서 같이 적용되고 있다).

13세기 이후에는 교황을 신의 경지로까지 치켜세우며 중앙집권체제를 확립했고, 교회가 관장하는 전역에 걸쳐 위계 구조를 구축했다. 심지어 3위1체론를 유지하다가 교황을 포함해 '4위1체, 즉 성부(하느님)=교황=성자(예수)=성령'으로 주장하기에 이르렀다. 영국의 역사학자 액턴(1834~1902)이 '권력은 부패한다. 절대 권력은 절대 부패한다'라고 한 말도 이러한 교황의 무오류적 절대 권력을 빗대어 나온 말이다.

권력투쟁에서 이겨야 내부를 이끌 수 있다: 교권의 완벽한 승리자

레오 1세는 권한의 일정한 부분을 지역 주교들에게 위임했지만, 중앙집권화에 따른 교황의 상위적·절대적 권위를 성공적으로 확립했다.

445년 그의 나이 45세 때 프랑스 남부 아를의 힐라리오 주교가 사목권을 놓고 피소되자 교황의 재판권을 인정하지 않으려 했다. 레오는 먼저 세속 권력자인 서로마 황제를 설득해 칙령을 받아냈다.

'교황은 베드로의 후계자이자 로마 대주교로서 수위권을 가진다. 1차 니케아 공의회에서 제정된 법령과 로마 출두 명령에 거부하면 강제 송환한다.'

결국 힐라리오는 굴복했다. 그는 후임 주교가 임명되자 아를 교구에서 빈 교구를 분할해 힘을 빼버렸다.

그는 이탈리아(로마 교황청이 위치하여 직할적인 성격이 강함), 알렉산드리아(초대 대주교가 베드로의 제자이자 워낙 번성하여 기독교 세계에서 로마 다음의 위치에 있었음), 아프리카(이집트와 대칭되는 지역으로 기독교 신앙의 거점이자 로마를 직접 겨냥할 수 있어 군사적 중요성이 높았음), 그리스

(콘스탄티노플 대주교의 영향력이 강해 각별한 대응을 필요로 했음) 등지에 걸쳐 교황을 그저 그런 대주교 중의 하나로 여기거나, 별도의 세력으로 독자화하려는 움직임에 강력한 제동을 걸고 적절한 원칙과 지침을 내리면서 교황의 존엄과 힘을 강조했다.

"보편적인 교회의 통치는 베드로와 그 계승자인 교황 아래 통합되어야 한다. 어느 누구라도 이 최고 권위에서 벗어나서는 안된다."

내부의 도전을 피하지 말아야 한다: 이단과의 결전

서로마는 사방에서 밀려오는 훈족과 게르만족의 침공에 시달리는 가운데 날이 갈수록 무기력하고 나약해져갔다. 이에 레오 1세는 결의에 찬 원칙과 단호한 대처로 기독교 교의를 확립하고 로마가톨릭의 위상을 다져놓았다.

무엇보다 이단 사상을 정면으로 논박하며 교리적 통합을 추진했다. 이단 세력인 펠라기우스주의자(한 교구에서 소속 단체로 받아들이자 신학적 오류를 지적하며 그만두게 함), 마니교도(다시 교세를 넓혀가자 논쟁을 벌여 배척하고 서적을 압수 및 소각함), 프리스킬리안주의자(히스파니아에서 빠르게 늘어나자 신학적 오류를 비판하고 주교들 중에 추종자를 찾으려 했음) 등에 대해 거침없는 논쟁을 벌이면서 제압해갔다.

4세기 이후 기독교의 가장 중요한 논쟁은 예수 그리스도론이었다. 예수가 누구인지, 하느님의 창조물인지, 하느님의 나타남에 지나지 않은지, 과연 사람들을 구원한 것인지 등도 쟁점이었지만, 신성과 인성을 놓고 단성, 양성, 이성인지에 대한 격론이 가장 치열하게 벌어졌다. 종교적 특성상 이러한 논쟁은 교파에게 있어 생존의 문제였기 때문에 물러설 수 없는 사안이었다.

그는 이 논쟁을 둘러싸고 서방과 동방이 대립하는 가운데 동방 교회에도 교황권을 행사했다. 동로마의 수도원장 에우티케스가 단성론을 주도하며 논란이 치열해져 중재를 요청해오자, 단호하게 반대하며 교황의 권위를 동방으로 확장했다.

그러다가 황제에게 공의회의 개최를 강력하게 요청했다. 451년에 열린 칼케돈 공의회에서 자신의 신학론이 담긴 교의서한을 보내 단성설을 단죄하고, 예수는 신성과 인성이 조화를 이룬다는 양성설을 정통 교리로 선포했다(449년 '강도 공의회'로 불리는 에페소 공의회에서 알렉산드리아 대주교를 비롯한 단성론자들은 그의 서한을 읽지도 않고, 반대자들에게 어떠한 경고나 제제를 하지 않다가, 오히려 로마에 항소했던 대주교를 해임했다. 다음해에 새 황제가 즉위하자 치밀한 준비 끝에 열린 칼케돈 공의회에서 공식 부정하며 뒤집은 것이다).

그의 교의서한이 공의회에서 낭독되었다.

"예수 그리스도는 참 하느님이요, 참 사람이다. 신성으로 인성으로 모두 완전하다. 이 신성과 인성은 예수 그리스도 안에서 혼돈 없이 변화 없이 구분 없이 분리 없이 계신다."

낭독이 끝나자 참석자들은 한 목소리로 힘을 모아 외쳤다.

"이는 우리 모두가 믿는 것이다. 이를 믿지 않는 사람은 이단으로 배척당할 것이다. 이는 베드로가 레오를 통해 우리에게 말씀한 것이다. 따라서 이는 곧 신앙이자 가르침이다."

28개 조항으로 된 규정을 마련하여 예수의 신성과 인성을 모두 인정하는 신인양성론을 확정했다. 이후로도 일정한 논쟁을 거치지만, 이 기본 교의는 변함없이 유지되며 오늘에 이르고 있다.

레오 1세의 교황권에 대한 의지는 확고부동함 그 자체였다. 마지막 28조에 콘스탄티노플이 '새로운 로마'이므로 콘스탄티노플 대주교를 로마 다음의 서열 2위로 격상하자 교황에 버금가는 권위를 부여한다면서 그마저도 거부했다(당시 공의회에서 그의 특사들은 이 규정의 통과 때 없었던 탓에 나중에야 이 사실을 알고 교황의 수위권에 대한 침해라며 항의했으나, 받아들이지 않은 채 폐회했다).

이렇게 하여 그는 동로마를 등에 업은 콘스탄티노플의 수장적 도전을 극복하며 로마 교황을 기독교 세계의 중심으로 만들어갔다.

〈기독교의 5차에 걸친 분열〉

기독교는 예수로부터 유대인만의 민족종교인 유대교에서 벗어나 만민 평등에 입각한 인류 보편의 종교로서 확립되었다. 이후 첫걸음은 미약했지만 절실하고 희생적이었던 사도와 초대교회를 거쳐 로마, 알렉산드리아, 안티오키아, 콘스탄티노플, 예루살렘의 5곳을 중심으로 교회 지도부를 형성하며 광범위한 기독교 세계를 구축했다.

초기에는 교리를 비롯해 신앙과 교회 전반에서 결정해야 할 사안이 많았다. 따라서 모든 주교들이 모여 공의회를 열었는데, 7차에 걸친 공의회가 중요한 영향을 미쳤다.

7차의 공의회로는 325년 1차 니케아 공의회(하느님=예수 즉 예수의 신성과 3위1체론을 강조한 아타나시우스파의 주장을 정통 교리화하면서 인성만을 강조한 아리우스파 이단화), 381년 2차 콘스탄티노플 공의회(기독교 세계의 중심이 로마에서 새로운 수도가 된 콘스탄티노플로 이동), 431년 3차 에페소 공의회(니케아 신조를 재확인하고 예수의 인성을 강조하며 그 어머니인 마리아에 대해 하느님의 어머니화에 반대한 네스토리우스파 이단화), 451년 4차 칼케돈 공의회(예수의 신성만을 강조한 단성론파와 인성만을 강조한 네스토리우스파 모두 이단화), 553년 5차 콘스탄티노플 공의회, 680년 6차 콘스탄티노플 공의회, 787년 7차 니케아 공의회 등이 있었다.

그중에서도 4차까지가 중요하다. 하지만 그 과정에서 기독교는 점차 분열의 역사를 걷게 되었으며, 이후로도 크게 보면 5차에 걸친 대분열이 진행되어 오늘에 이르고 있다.

기독교의 분열(5차)

○ 1차(325년): 니케아 공의회에서 예수의 신성을 부정한 아리우스 이단화

* 이후 아리우스파가 유럽 대륙으로 옮겨가 거의 모든 게르만족이 신봉

○ 2차(431년): 에페소 공의회에서 예수의 인성을 강조한 네스토리우스 이단화

* 이후 네스토리우스파가 동진을 거듭해 중국(경교), 한국까지 전파

○ 3차(451년): 칼케돈 공의회에서 예수의 인성을 부정한 에우티케스 이단화

* 이후 이집트 등지의 콥트교 형성

○ 4차(1054년): 서방 로마가톨릭 교회와 동방 정교회의 동·서 분리

* 동·서 유럽의 종교에 따른 분화·정착

○ 5차(1517년): 마틴 루터의 종교개혁으로 로마가톨릭이 신·구교로 분열

* 구교(가톨릭·천주교)와 신교(프로테스탄트·개신교)로 분리

1차 대분열은 325년 1차 니케아 공의회에서 비롯했다. 콘스탄티누스 대제는 교회 내부의 교리적 대립을 통합하기 위해 대표자를 소집했다. 아버지인 하느님과 아들인 예수의 관계를 놓고 아타나시우스파와 아리우스파가 논쟁을 벌였다. 결국 신성을 강조한 니케아 신조를 채택해 정통 교리화했다. 반면에 예수의 신성을 부정하고 창조된 피조물로서 하느님과 가장 가까운 사람이라고 주장한 아리우스파를 이단화했다(정작 교회 밖에서는 아리우스파가 우세했다. 알렉산드리아 대주교 아타나시우스는 콘스탄티누스 대제와 후임 황제들에 의해 박해당해 무려 5번이나 주교직을 박탈당하고 추방생활을 해야 했다. 그나마 말년에 평화롭게 재임하면서 복음서와 편지가 성경 역할을 하던 상황에서 신약성경 27권의 체제와 목록을 확립해 오늘에 이르고 있다). 이에 아리우스파는 북방으로 선교와 세력을 전개하여 게르만족 사이에 넓게 확산되어 자리잡았다. 그러나 나중에 서유럽에서 가장 확고한 세력이 된 프랑크 왕국이 로마가톨릭을 신앙으로 삼으면서 배척당했다.

당시만 해도 교황이 가장 중요한 역할을 했다. 주요 사안의 결정을 주도했고, 세계 공의회 소집권을 갖고 있었다. 그러다가 수도를 콘스탄티노플로 옮기자, 4세기 중반 이후 로마는 상징적 중심지로 전락했고, 콘스탄티노플 대주교가 중요한 결정을 내리며 기독교를 주도했다. 더러는 로마에 대한 권한까지 행사하기도 했다.

2차 대분열은 431년 3차 에페소 공의회에서 비롯했다. 네스토리우스파는 사람인 예수에게 하느님이 임해 아들이 되었다며 예수의 신성과 인성을 구분하는 이성설에 바탕해, 동정녀 마리아는 사람인 예수의 어머니일 뿐 하느님을 낳았다고 볼 수 없다는 주장을 했다. 이에 교황을 비롯한 주도 세력은 예수 안에서 신성과 인성이 분리될 수 없고 그를 낳은 어머니인 마리아는 하느님을 낳은 '하느님의 어머니'라는 것을 확인하면서 네스토리우스파를 이단화했다.

네스토리우스는 동쪽으로 선교와 세력을 이동하면서 이란으로 가 정착했다. 사산 제국에서 국교인 조로아스터교의 핍박을 받기도 했으나, 황제의 보호를 받으며 교회를 세우고 세력을 넓혀 나가 이집트, 시리아, 팔레스타인, 인도 등지로 전파되었다. 7세기경 이슬람교가 창시되어 세력을 확장해 사산까지 병합하자, 이를 피해 아라비아 북부·인도·몽골·중국·한국 등지로 옮겼지만 사라져갔다(선비족의 나라인 당나라는 유학에 얽매이지 않은 탓에 경교라는 이름으로 200년간 명맥을 유지하다가 탄압받으며 사라졌다. 다만 몽골 제국 때 관용정책에 따라 잠깐 회복세를 보였다. 한국에서는 나진남북국 시대인 8세기 전후에 돌십자가와 십자무늬 등이 전하고 있어 신라에서 믿었다고 여겨진다).

3차 대분열은 451년 칼케돈 공의회에서 비롯했다. 신성과 인성은 분리되지 않는다는 칼케돈 신조에 따라 인성을 강조했던 네스토리우스파를 거듭 이단으로 단죄했다. 여기에 더해 앞서와는 정반대로 예수의 신성만을 강조하고 인성은 부정하는 단성설을 주장한 콘스탄티노플의 에우티케스와 배후의 알렉산드리아 대주교 디오스코로스도 이단화했다. 예수는 신성과 인성이 온전히 존재함을 다시 확인하면서 요지부동의 교리로 확립했다.

알렉산드리아 교회 중 일부는 이 결정을 거부하고 갈라져 나가 이집트를 중심으로 콥트 교회로 확립되어 오늘에 이르고 있다(서아시아와 북아프리카가 이슬람 세계로 정립된 상황에서 이집트에는 지금도 10%의 인구가 콥트교 신자다).

4차 대분열은 1054년 로마가톨릭 교회와 정교회가 분리되면서 동·서 교회의 분열이 이루어졌다. 로마가톨릭은 서유럽에서 세력을 강화하면서 차츰 동로마 및 정교회에 정면 대응하기 시작했고, 지리·종교·정치·언어의 차이에 따른 분리 속에 독자화했다. 영국, 스페인, 포르투갈, 프랑스, 독일, 폴란드, 체코, 슬로바키아, 스칸디나비아 반도, 발트 3국 등지의 게르만 문명권을 주로 관장했다(정교회는 그리스, 불가리아, 루마니아, 러시아, 우크라이나 등을 중심으로 한 슬라브 문명권을 주로 관장했다).

근대화 이후 서유럽이 유럽을 주도하면서 로마가톨릭은 지금도 세계적으로 가장 광범위하게 믿는 기독교 종파다(정교회는 지금도 교황의 권위를 인정하지 않고 5대 주교좌의 하나로 간주한다. 동·서 교회의 통합 시도가 1274년과 1439년에 있었으나 실패했고, 주로 대립했다. 다만 1965년 서로 간의 파문을 철회하면서 의견 불일치를 조율하기 시작했고, 2001년 요한 바오로 2세가 아테네를 방문해 1300년 만에 교황의 그리스 방문이라는 역사적인 변화를 이루어냈다. 2006년에는 그리스 정교회의 수장인 크리스토둘로스 대주교가 역사상 최초로 바티칸을 방문해 베네딕토 16세와 만나 종교 간의 대화를 발전시켰다).

5차 대분열은 1517년 마틴 루터의 종교개혁으로 촉발되어 로마가톨릭이 신·구교로 분리되었다. 로마가톨릭의 세속화와 부패, 교황 중심의 절대 무오류성, 성경을 통한 하느님과의 직접적인 신앙 등을 놓고 전통을 옹호한 구교(가톨릭·천주교)와 이에 반대한 신흥 세력인 신교(프로테스탄트·개신교)가 정면 대립했다.

16세기 중반 이후 신·구교의 대립은 의견충돌이나 대립을 넘어서서 17세기까지 치열한 종교전쟁이 벌어졌다. 유럽 전역에서 광범위하게 전개되었는데, 프랑스의 위그노 전쟁(1562~98), 네덜란드의 독립 전쟁(1568~1648), 독일의 30년 전쟁(1618~48), 영국의 청교도 혁명(1640~60) 같은 4대 종교전쟁은 대표적인 경우에 해당한다(신교를 프랑스에서는 위그노, 영국은 청교도(퓨리턴), 스코틀랜드는 장로교, 네덜란드는 고이젠(고이센)이라 불렀다). 이후 신교는 독일, 네덜란드, 스위스, 스웨덴, 핀란드, 노르웨이 등지에서 입지를 확립했다. 나중에는 미국, 한국 등지로도 퍼져 가톨릭 다음 가는 기독교의 교세를 유지하고 있다.

* 영국 성공회(국교회)의 분리 독자화까지 포함하면 6차 대분열에 해당한다. 로마가톨릭에 속해 있다가 성공회로 독립해 신교적 문화도 수용하면서 존속하고 있어 현재 기독교 세계는 동방 정교회, 서방 로마가톨릭 교회, 신교, 영국 성공회로 크게 4분되었다(1534년 헨리 8세가 왕위지상령을 선포해 로마가톨릭에 대한 독립을 선언한 후 한때 복귀하기도 했지만 엘리자베스 1세에 의해 본격적으로 별도화했다).

담대하면 말 한 마디로 뜻을 이룰 수 있다: 아틸라와의 담판

아틸라 대왕은 샬롱 전투에서 승리를 거두지 못한 채 물러났다(훈군사 10만을 주력으로 한 20만 병력과 서로마 연합군 20만 병력이 전투를 벌여 16만명 이상이 전사했으나 승패 없이 끝났다. 극히 과장된 숫자지만 피해는 서로마 연합군이 더 컸다).

다음해인 452년에 다시 군사를 일으켜 이탈리아를 침공하여 도시들을 약탈하면서 남하해 로마로 진격했다(당시 남하 과정에서 벌어진 초토화와 약탈을 피해 도망친 주민들에 의해 베네치아가 건설되었다).

아틸라군의 기세에 로마로 도망쳐온 황제와 시민들은 공포에 떨었다.

아틸라는 서로마 황제에게 사자를 보냈다.

"로마까지 곧바로 공격할 수 있다. 그 전에 항복하라."

다급해진 서로마 황제는 강화를 서둘렀다.

"협상을 원하오. 사절을 보내겠으니 원만한 합의를 바라겠소."

레오 1세를 비롯한 3명의 사절이 아틸라를 만나 협상을 벌였다. 이후 무슨 이유에선지 아틸라는 군대를 이끌고 철수했다.

역사적으로 유명한 협상이지만 정작 그 내용에 대해서는 정확하게 알려진 바가 없다. 다만 후대로 갈수록 학자들의 추정이 더해지면서 기세등등하던 아틸라가 조용히 물러난 이유를 놓고 많은 주장들이 나왔다. 다급한 내부 문제로 귀환했다거나, 막대한 배상금을 바치기로 약속해 퇴각했다거나, 이탈리아 북부에서 전염병이 돌아 물러났다거나, 동로마군이 도나우강으로 진격해 철수했다고도 한다.

어쨌든 그는 52세의 나이에 노련하게 아틸라의 철수를 이끌어내 로마를 멸망 직전에서 구해냈다. 아틸라와의 담판에 대한 소문이 퍼져나가면서 그는 로마를 구출한 영웅적인 교황이 되었다(이후 믿을 수 없는 온갖 전승이 뒤따랐다. 그의 담판에 대한 미담이 주를 이루었다. 중세 유럽에서는 전승이 판을 쳤다. 로마가톨릭에서 12제자와 사도들 및 교황이나 성인을 중심으로 신성화·영웅화를 위해 거의 대부분 근거도 없이 만들어진 내용이다. 기독교 전승의 극치인 〈황금전설〉에서는 아틸라가 레오 1세의 양쪽에서 베드로와 바울이 칼을 들고 함께 오는 것을 보고는 놀라 철수했다고 창작했다. 그 밖에도 아틸라가 그에게 진심으로 감명받아 아무런 조건 없이 포기했다거나, 로마를 약탈한 서고트 왕이 급사한 사실을 두려워했다고도 한다. 심지어 레오와 협상하던 중에 칼을 든 사제가 나타나자 오직 아틸라에게만 보였고 칼을 내밀며 위협하자 겁에 질려 물러섰다고도 한다).

455년에는 반달족이 내분에 빠진 틈을 타 로마시로 진격했다. 전임 황제를 살해하고 즉위한 새 황제는 이 소식을 듣고 도망치다가 시민들에게 잡혀 죽어 로마시는 극도의 혼란에 휩싸였다.

이번에도 그가 용감하게 나서 반달 왕 가이세리쿠스와 만나 담판을 벌였다. 비록 로마를 약탈에서 완전히 구해내지는 못했지만, 최소한으로 자제할 것을 당부함으로써 반달족의 약탈이 약화되었다. 교회는 파괴하지 않기로 합의했고, 살인과 방화 행위에 대해서는 제재까지 할 수 있었다.

레오 1세는 다시 이교도로부터 로마를 구해냈다. 도망치거나 곳곳에 숨어 공포에 떨던 시민들은 생명의 은인에게 열광했다. 그는 로마인들에게 절대적인 믿음을 받는 구원자가 되었다. 특히 교황은 로마의 수호자를 넘어서서 황제에 대한 우위권까지 확립했다.

레오 1세로 인해 로마가톨릭 교회가 서유럽을 지배하다

레오 1세는 일부 관용을 보였지만 따뜻하고 유연한 리더십은 아니었고, 융통성과 통합성도 그다지 엿보이지 않는다. 상대와의 공존은 염두에 두지 않았으며 일방적인 종교적·정치적 승리를 추구해 관철했다. 교황의 권위를 절대화하여 무오류의 존재로 확립하고, 교황권의 강화에 지나치게 치중한 것도 잘못이다. 교회를 경직된 계급주의로 고착시켰고 세속적으로 정치화했다. 서유럽이 중세 봉건사회로 확립되자, 교황과 교회의 지배를 받도록 만들었다. 세속에 대한 종교의 관여가 1000년 이상, 실제로 더 길게 잡으면 1400년 이상을 유지하며 유럽인을 종교에 순종하게 만들었다. 결국 활력과 다양성이 설 자리를 잃은 가운데 유럽인의 일상생활과 문화 전반까지 통제해 유럽 전역을 암흑시대 속에서 잠자게 만들었다.

그렇지만 그의 치적은 위대했다. 격동의 시절에 철옹성 같은 신앙적 신념의 소유자로서 일관된 삶을 살았다. 차분하여 서두르는 법이 없었다. 모든 역량을 하느님을 위해 사용했다. 목숨을 건 결연한 의지로 신성한 종교적 책무는 물론이고 목자로서 양을 돌보듯이 로마 백성들을 지켜냈다. 하느님과 성경적 명에 따라 영권이 속권보다 우월하다는 신념을 관철했다. 아프리카까지 선교사를 파견해 교권을 확장했다.

그는 뛰어난 종교 정치가, 수완 좋은 행정가, 설교에 충실했던 사제, 교의에 정통한 교회학자, 로마의 보호자가 된 교회의 지도자였다.

'마태복음에 나와 있듯이 예수는 베드로 위에 교회를 세웠다. 따라서 베드로는 현실 세계에서 교회에 대한 전권을 위임받아 대신하는 존재다. 베드로에게 맡겨진 모든 것은 그를 이은 사람에게 그대로 계승된다. 교황은 사도적 일체화에 근거해 주교들의 으뜸으로서 전체 교회의 모든 기독교인을 돌봐야 한다. 다른 주교들은 교황의 이러한 사목을 도우면서 목자로서 자신에게 맡겨진 신자들을 돌본다.'

이러한 요지는 오늘날까지도 가톨릭 질서를 지탱하는 근간이 되어 그대로 유지되고 있다.

그는 173편의 서간과 96편의 강론집을 남겼다. 그의 저술은 신학은 물론이고 문학사와 유럽사에서도 중요하다. 그처럼 방대하게 전하면서 예술적인 저술을 남긴 교황은 그레고리우스 1세가 나타나기 전까지 없었다. '레오 문체'라 하여 라틴어의 고전으로 여겨지면서 오래 동안 교회 문학에 영향을 미쳤다.

무엇보다 그는 훈족과 반달족의 침략 때 용감하게 나서 로마를 구해 교황의 존엄과 권위를 확립했다. 그 결과로 서로마가 몰락할 때 교회의 힘으로 대체시켰다. 고대에서 중세로 넘어갈 때 기독교에 의한 질서를 세워 대내적으로 교회의 수장으로서 대외적으로 서유럽의 지도자로서 역할했다. 서로마의 멸망 후에는 교황이 황제를 대신해 로마와 서유럽 일대를 통치하기도 했다.

〈중세의 하루: 교회는 교묘하게 유럽인을 지배했다〉

사람은 공간과 시간의 존재다. 공간 속에 자리 잡고 시간 속에 살아야 한다. 그런데 중세 서유럽에서는 로마가톨릭 교회가 유럽인의 공간과 시간을 꽉 부여잡고 지배했다.

공간은 사람이 살아가는 장소이자 위치인데 대다수 중세 유럽인의 활동공간이자 행동반경이래야 자신을 둘러싼 마을이었다. 도시라고 해야 지금의 읍·면 정도에 지나지 않았다. 그런 마을과 도시의 한복판에는 어김없이 교회가 자리잡고 있었다. 교회를 중심으로 관공서, 시장, 광장이 배치되고 길과 도로(가로)가 이어지며 주택과 상가도 형성되었다. 더욱이 최고의 중심 공간인 궁전 옆이나 근처에 그에 버금가거나 더 큰 교회를 세워 세상을 세속 정치와 함께 기독교에서 지배하고 있음을 대변했다. 그러다보니 교회는 자연스럽게 중세인의 공간적 중심으로 역할했다.

시간은 사람이 살아 움직이는 때를 기간에 따라 설정하여 먹고 자고 공부하고 일하는 순서와 정도를 결정하게 된다. 그런데 중세 기독교에서는 1년 365일을 놓고 부활절·성탄절 같은 각종 기념일과 성인들의 축일로 꽉 채워 신앙적 생활에서 벗어날 수 없었다. 하루하루를 놓고서도 시간을 알 수 있는 유일한 방법이 교회의 종소리였다. 조용한 중세 마을에서 울려 퍼졌던 교회의 종소리는 시간을 알려 주는 정도가 아니라 중세인의 영혼을 울리며 영적 지배를 했을 것이다. 그러다가 14세기가 되면서 도시에서는 시청사나 광장에 시계가 설치되기 시작했고, 근대에 접어들면서 시골에도 시계가 보급되기 시작했다.

중세 교회에서는 성직자의 책무에 맞춰 대체로 한밤중의 첫 종을 비롯해 오전 3시, 6시, 9시, 정오, 오후 3시, 6시, 9시 등 8번에 걸쳐 3시간 간격으로 종을 울렸다. 큰 교회에는 종지기를 따로 둘 정도였으니 교회 종을 쳐 시간을 알리는 일이 얼마나 중요했는지 쉽게 짐작이 간다. 어쩌다 종소리가 울리지 않거나 틀리게 되면 성직자는 물론이고 마을 주민이나 도시민들도 생활이 엉망이 되어버렸을 것이다. 오후 3시에 종이 울리는 때를 '노나'라고 하는데, 여기에서 영어 정오를 뜻하는 눈(noon)과 오후를 뜻하는 애프터눈(afternoon)이 유래되기도 했다.

빅토르 위고(1802~85)의 걸작 〈파리의 노르트담(노트르담의 꼽추)〉에 나오는 주인공인 꼽추 콰지모도는 겉모습은 추하지만 아름다운 여인 에스메랄다에게 지순한 사랑을 바치는 속마음을 담아 종을 치며 사람들의 심금을 울렸다. 하지만 따지고 보면 성당의 종지기로서 매일 정기적으로 중세 유럽인들의 귀와 머리를 울리는 일을 한 셈이다.

사실주의 화가로 '바르비종의 7별' 중 한 사람인 밀레(1814~75)의 대표작인 '만종(3종기도)'을 살펴보면 멀리 교회가 보이고 종탑에서 울려퍼지는 종소리를 들으며 기도를 드리는 경건한 장면이 인상적이다. 원래는 그림 왼쪽의 농부 옆 바구니에 가난 때문에 굶어 죽은 자기 아이의 주검을 그렸다가, 이를 본 친구가 걱정하며 조언하자 파장을 우려해 감자로 고쳐 그려넣었다. 중세를 지나고도 여전히 팍팍하고 살기 힘든 유럽인들의 삶을 대변한 그림이었다. 그래서 이 그림을 그린 밀레는 프랑스 최초의 민중예술가로 평가받기도 한다.

〈교황과 바티칸〉

교황은 중세 유럽에서 종교적 절대권위와 함께 교회정치를 펼친 막강한 권력자였다. 그러나 근대 이후 점차 약화되어 지금은 거의 실권이 없다. 다만 가톨릭의 수장으로서 13억 신도들의 정신적 지도자이자 종교적·윤리적·사회적 영향력을 나름대로 행사하고 있다.

266대 교황 프란치스코(재위 2013~지금)가 아르헨티나 출신으로 선출되었다. 최초의 남미 및 예수회 출신으로 소탈·검소·솔선수범을 선보이며 사랑과 존경을 받고 있다. 자신의 호칭을 교황 선출 때 브라질 추기경이 안고 입맞춤하면서 "가난한 사람을 잊지 말라"고 말하는 순간 '아시시의 성 프란치스코'가 떠올라 정했다고 한다. 이탈리아의 수호성인인 프란치스코를 빌어 바티칸이 있는 이탈리아인들의 호감을, 아시시는 교황 요한 바오로 2세가 1986년 첫 대규모 종교간 대화를 열었던 곳이라 이슬람 등 다른 종교계에서 긍정적인 반응을 얻어냈다.

교황의 이름은 초대부터 약 1000년간 거의 자신의 세례명을 그대로 사용했다가, 클레멘스 2세(재위 1046~47) 때 콘클라베에서 선출된 직후 교황 이름을 직접 정하는 전통이 자리잡았다. 대체로 성인이나 전임 교황 중에 선택하며, 가문의 성을 라틴어로 바꾸거나 선출된 축일의 성인 이름을 따서 짓기도 한다. 프란치스코처럼 처음 사용하면 번호 표시를 쓰지 않고 후대에 가서 프란치스코를 다시 선택하는 교황이 나오면 프란치스코 2세로 불리게 되며, 지금의 교황은 그때 가서 1세로 칭해지게 된다.

역대 교황은 266명이다. 이탈리아인이 210명(로마 출신 77명)으로 압도적이고, 프랑스(14명), 그리스(11명), 독일(7명), 시리아(6명) 등에서 배출했다. 이채롭지만 수사 출신이 22명, 탁발 수도사 출신이 16명, 평신도가 2명, 은둔자가 1명이었다.

주로 세상을 떠나면 자연스럽게 교황이 바뀌었지만 그렇지 않은 경우도 있었다. 4명의 교황이 사퇴했고, 5명이 투옥되었으며, 4명이 살해되었다. 면직되거나, 대중에게 몰매를 맞거나, 전쟁터에서 입은 부상으로, 무너진 지붕에 깔려 죽은 경우도 1명씩 있었다.

교황의 불안정한 위상과 도피는 군대가 없기 때문이다. 아무리 국왕이나 제후들을 상대로 군주직에 대한 대관과 승인 또는 파문과 종교재판을 앞세운 채 신권과 교황권으로 권위나 영향력을 내세우며 큰소리를 쳐도 막상 군대를 끌고 오면 살기 위해 도망치는 경우가 적지 않았다. 1077년 그레고리우스 7세가 '카놋사의 굴욕'에서 교황의 힘을 과시했지만, 결국에는 하인리히 4세의 군대에 쫓겨 교황 자리마저 빼앗긴 채 멀리 도망쳐야 했고 죽을 때까지 돌아오지 못했다. 1309~77년간 진행된 '아비뇽 유수' 때에는 교황이 아예 자기 집에서도 살지 못한 채 프랑스 왕의 꼭두각시가 되어 눈치를 보며 살아야 했다.

산탄젤로 성(천사의 성)은 교황의 상습 도피처로 유명하다. 원래 로마 황제 하드리아누스의 영묘였으나, 5세기에 요새로 바뀐 후 중세 내내 혼란기 때마다 교황의 도피처로 활용되었다. 라테라노 궁전에서 급히 도망가야 할 때 미리 뚫어놓은 안전통로를 통해 이곳으로 피난했다.

그래서 교황은 적대하던 군주를 상대하기 위해 주변국 군주들의 도움을 받거나 동맹을 추진했고, 더러는 별의별 방법으로 친선과 우의를 쌓아 필요할 때 구원병을 요청해 위기에서 벗어나려 했다. 비록 얼마 되지 않는 병력이지만 자신의 신변 안전을 도모하기 위해 친위대를 두었다. 이채롭게도 단 1명도 빠짐없이 모두 스위스인 용병으로 구성되어 있다. 이는 네팔의 용병처럼 가난했던 스위스인들이 가족을 먹여

살리고자 목숨을 담보로 일했는데, 용맹성과 충성심이 높아 이러한 전통이 확립된 것이다.

〈바티칸 궁전과 시국〉

교황이 콘스탄티누스 대제의 공인 이후 라테라노 궁전(지금은 박물관, 바로 옆에 라테라노 대성당이 있음)을 제공받아 살기 시작한 이래 1305년 프랑스의 아비뇽으로 옮겨갈 때까지 약 1000년간 역대 교황의 궁전이었다. 그러다가 교황이 로마를 비우면서 궁전은 쇠락했고, 2차례의 대화재로 소실·파괴되었다. 1377년 교황이 로마로 돌아온 이후에는 임시 거처를 거쳐 바티칸 궁전으로 옮겨 오늘에 이르고 있다.

바티칸 궁전(교황궁·사도 궁전)은 성 베드로 대성당의 오른쪽에 있다. 교황이 몸소 미사를 보는 시스타나 성당, 크고 작은 1400개의 방, 20개의 안뜰을 가진 웅장한 건축물들이 수 세기에 걸쳐 증·개축되었다. 르네상스와 바로크 시대를 거치면서 브라만테, 미켈란젤로, 라파엘로, 보티첼리, 베르니니 같은 건축·조각·회화의 대가들이 참여해 지상에서 가장 훌륭하고 아름다운 궁전으로 만들었다. 지금은 교황이 거처하며 집무를 보거나 외국에서 온 사절을 맞이하기도 하지만, 박물관, 미술관, 전시실, 도서관으로도 이용되고 있다(바티칸 박물관은 대영 박물관, 루브르 박물관과 함께 유럽 3대 박물관의 하나다).

사실 교황청을 바티칸으로 삼은 이유는 여러 가지다. 순교지에 교회를 세우는 전통에 따라 성 베드로 대성당이 자리하고 있었고, 다른 궁전이나 기관들이 들어설 건축물 부지도 충분했다. 요새화가 가능한 언덕이 있어 방어상 이점이 크고, 테베레강과 가까워 시내가 바로 내려다보인다. 잦은 전란과 외침 속에 위기 때마다 피신하던 산탄젤로 성이 가까이 있기 때문이기도 하다.

바티칸 시국(바티칸 시티)은 1870년 교황령이 이탈리아 영토로 강제 편입되었다가 1929년 무솔리니의 파시스트 정권에 의해 주권을 인정받은 후 성립했다. 면적 0.44km²에, 인구 1000명도 되지 않는 세계에서 가장 작은 독립국이다(로마 안에 있는 나라다. 경복궁보다 30% 정도 더 넓다. 참고로 여의도 면적이 윤중로 안쪽 2.9km², 전체로는 8.4km²다).

그렇지만 기독교의 중심지로서 상징성은 크다. 라테라노 궁전과 바티칸 궁전을 비롯해 교황청(로마교황청·성청), 성 베드로 대성당, 성 베드로 광장 등이 자리잡고 있다. 그 속에는 헤아릴 수 없을 정도의 예술품들이 내부를 장식하고 있다. 특히 시스타나 성당에 있는 미켈란젤로의 '천지창조'와 '최후의 심판'은 유명하다.

1056년부터 경비를 맡고 있는 스위스 근위대도 구경거리다. 물론 교황을 직접 볼 수 있는 특별한 날이나 행사 때에는 전 세계에서 신도들은 물론이고 관광객들이 성 베드로 광장으로 모여든다(이 광장은 건축가 베르니니가 예수로부터 받았다는 베드로의 '천국의 열쇠'를 형상화했다. 30만명 이상 수용 가능한 넓은 공간을 조성해 많은 군중들이 모일 수 있게 만들었다).

클로비스 1세 시절의 프랑크 왕국 영토

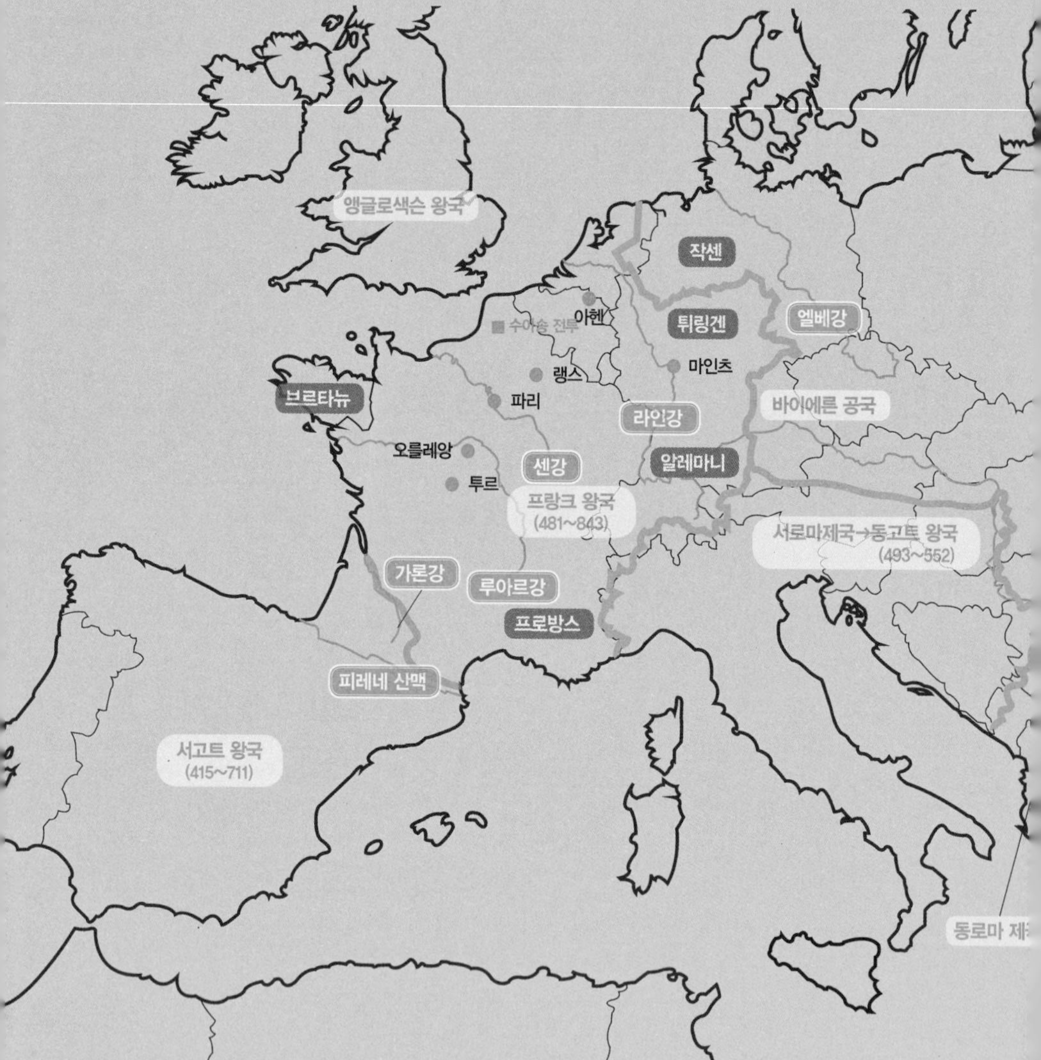

클로비스 1세

서유럽을 게르만족의 세계로 정립하다

전략과 술책으로 서유럽을 제패하다

오늘날 유럽의 주도국은 어느 나라인가?

'44개국 중에 국력 기준으로 보면 유럽 1위이자 미국·중국·일본에 이어 세계 4위인 독일, 유럽 2위이자 세계 5위인 프랑스, 유럽 3위이자 세계 6위인 영국, 유럽 4위이자 브라질에 이어 세계 8위인 이탈리아, 유럽 5위이자 러시아·인도·캐나다·호주·한국에 이어 세계 14위인 스페인, 유럽 6위이자 멕시코에 이어 세계 16위인 네덜란드가 실질적인 유럽의 주도국들이다.'

프랑크 왕국 (481~843) → 동프랑크(독일) / 서프랑크(프랑스)

* 중프랑크 왕국은 이탈리아 북부로 편입

독일과 프랑스는 프랑크 왕국의 분열로 동프랑크가 독일로, 서프랑크가 프랑스로 독자 국가화하며 생겨났다. 영국은 노르만족의 정복 이후 윌리엄 왕조가 성립하면서 본격화했다. 스페인(에스파냐)은 카스티야 왕국과 아라곤 왕국이 연합해 왕국을 성립했다. 네덜란드는 프랑크, 부르고뉴, 스페인의 지배를 거쳐 네덜란드 독립전쟁(80년전쟁, 1568~1648) 때 북부 7개 주가 독립국가를 선언하며 비롯했다(벨기에는 구교를 믿는 남부 10개주가 신교의 북부 네덜란드와 분열해 생겨났다). 이탈리아는 비토리오 에마누엘레 2세를 중심으로 3대 독립영웅인 마치니, 카보우르, 가리발디의 노력 끝에 통일 왕국을 성립했다.

유럽 주요 국가들의 기원(시대순)

독일(843년)	동프랑크 왕국의 성립 이후
	– 신성로마 제국(962~1806)을 거쳐 1871년 독일 제국 때 통일국가 형성
프랑스(843년)	서프랑크 왕국의 성립 이후
	– 스스로는 481년부터로 설정함
영국(1066년)	윌리엄 1세의 노르만 왕조가 성립한 이후
	– 9세기 웨섹스 왕국 때로 올려 잡기도 함
스페인(1469년)	카스티야와 아라곤 왕국이 결혼으로 통합한 이후
	– 진정한 성립은 카를로스 1세(카를 5세)가 즉위한 1516년으로 여김
네덜란드(1581년)	북부 7개주가 독립한 후 성립
	– 스페인과의 독립전쟁 끝에 쟁취(1648년 스위스와 국제 공인)

벨기에(1648년)	구교를 믿는 남부 10개주가 분리 후 성립
	– 1830년 벨기에 왕국으로 진정한 독립
이탈리아(1870년)	사르데냐 왕국 주도로 통일국가 형성
	– 1861년 왕국 성립, 1870년 완전 통일, 1871년 로마로 수도 이전
포르투갈(1139년)	이슬람 세력과의 레콩키스타를 거쳐 성립
	– 유럽에서 가장 오래된 민족국가
스위스(1291년)	합스부르크 왕가 아래에서 자치연방으로 성립
	– 1648년 국제 공인, 1815년 영세중립국, 1848년 연방 정부 수립
오스트리아(1273년)	합스부르크 왕가의 통치 아래 본격 형성
	– 800년에 프랑크 왕국의 행정관구로 시작되어 1156년 공국으로 성립

독일은 독립국가나 다름없는 제후국들이 난립하다가 비스마르크의 집념 덕분에 프로이센을 중심으로 진정한 통일국가인 독일 제국을 성립했다(1871~1918년 독일 제국, 1918~33년 바이마르 체제, 1933~45년 히틀러의 나치 독일을 거쳐 1차·2차 세계대전을 일으켰다가 패전했다).

프랑스는 절대왕정 아래 유지되다가 1789년 프랑스혁명으로 구체제가 무너지고 오랜 우여곡절 끝에 공화정으로 변모했다(1792~1804년 제1공화정, 1804~15년 나폴레옹의 제1제정, 1815~48년 왕정복고와 7월·2월 혁명, 1848~52년 제2공화정, 1852~70년 나폴레옹 3세의 제2제정, 1870~1940년 파리 코뮌과 제3공화정, 1940~44년 히틀러 하의 비시 괴뢰정권으로 이어져 유례를 찾기 힘든 복잡다단한 격동의 세월을 거쳤다).

영국은 선주민, 켈트족, 로마, 앵글로색슨족, 노르만족으로 이어지면서 잉글랜드 왕국을 중심으로 세력을 확장했다. 엘리자베스 1세의 통치 때부터 유럽의 강국으로 부상했고, 17세기 동안 의회정치와 내각책임제를 확립해 근대 민주주의를 선도했다. 18~19세기에 걸쳐 중상주의와 산업혁명·자본주의를 주도하며 대영제국의 영광을 실현했으나 1·2차대전으로 유럽의 여러 강국들의 하나로 국한되었다.

스페인은 이베리아 반도에서 로마와 서고트의 지배를 거쳐 이슬람 세력이 711~1492년간 지배하던 것을 레콩키스타(재정복·국토회복전쟁)를 거치면서 여러 왕국들이 통합되어 성립했다. 포르투갈과 함께 대항해 시대를 주도하면서 일약 16세기 유럽의 강대국으로 올라섰다. 유럽에서 가장 독실한 가톨릭 국가이며 17세기 이후에는 점차 쇠락했다(유럽에서 가장 오래된 민족국가는 포르투갈이다. 레콩키스타를 거쳐 왕국을 성립한 후 15세기 말 대항해 시대를 개막하면서 근대 유럽의 첫 해양 강국으로 등장했다. 그러나 얼마 못 가 스페인에게 밀려났고, 스페인과는 두고두고 경쟁과 협력을 거듭하면서 오늘에 이르고 있다).

네덜란드는 스페인과의 전쟁에서 승리하면서 해양대국이 되어 17세기를 이끌었다(사실은 오스트리아와 스페인을 통치한 합스부르크 왕가의 지배를 받은 것이다). 그러나 영국의 집중 견제에 밀려 후퇴했다(벨기에는 스페인, 오스트리아, 프랑스를 거쳐 네덜란드의 간섭과 지배를 겪다가 신·구교의 대립 끝에 구교 국가인 벨기에 왕국을 세우며 완전히 독립했다).

이탈리아는 로마에 의해 이탈리아 전역을 처음으로 통합했다가 동·서 로마의 분열과 서로마의 멸망 후 오랜 외침과 내분 속에 도시국가들이 정립했다. 그러다가 사르데냐의 주도로 통일국가를 성립한 뒤 수도를 로마로 옮겨 오늘에 이르고 있다(오도아케르, 동고트, 동로마, 롬바르드, 프랑크, 독일(신성로마 제국), 시칠리아·나폴리 왕국, 스페인, 프랑스, 오스트리아로 이어지는 간섭과 지배를 겪었다. 프랑크의 3분할로 세워진 중프랑크가 해체되면서 도시국가들의 정립기가 열렸다).

라틴족 국가인 이탈리아와 스페인, 슬라브족 국가인 폴란드를 빼고 나면 유럽의 3대 강국인 독일, 프랑스, 영국을 비롯해 네덜란드, 스위스, 스웨덴, 벨기에, 노르웨이, 오스트리아, 덴마크에 이르기까지 서·북유럽의 게르만족 국가들이 순서대로 유럽의 상위 국력을 점하고 있다(한·중·일 동양 3국 같은 압도적인 주류 민족이 있는 경우와 달리 상당한 민족들의 혼재와 혼혈이 진행되어 엄밀한 민족국가로의 구분은 어렵다. 프랑스만 해도 게르만족 외에 켈트족의 한 갈래인 골족과 로마 이후의 라틴족을 비롯해 여러 민족들이 혼재하는 가운데, 프랑스어를 통해 하나의 프랑스인이라는 동일화를 진행한 것과 비슷한 경우가 많다).

더 주목할 사실은 독일과 프랑스는 물론이고 이탈리아 북부, 스위스. 오스트리아 등이 프랑크 왕국에서 생겨났다는 것이다(스위스는 유럽 7위이자 인도네시아·터키·사우디에 이은 세계 20위의 선진국이다. 켈트족, 로마를 거쳐 서부에서 부르군트족이 정착했다가 라틴화했고, 동부에서 게르만의 알라마니족이 정착했다. 프랑크와 신성로마 제국으로 이어지던 간섭에서 벗어나 독립했고 전쟁 끝에 완전한 독립을 쟁취했다. 1815년 빈 회의 이후 영세중립국이 되었다. 가난했으나 시계 등의 공업과 관광으로 부국이 되었다.

오스트리아는 스위스보다 훨씬 더 게르만 성향이 강하다. 역시 켈트족, 로마를 거쳐 프랑크 왕국 때 기원했다. 유럽 최대의 가문인 합스부르크 왕가의 본거지가 되어 유럽 대륙의 최강자였다가 프로이센이 강국화해 독일로 발전하면서 주역의 위상을 빼앗겼다. 2차대전 후 독일의 지배에서 벗어나 1955년부터 영세중립국이다. 세계 28위의 국력 수준이지만, 과학과 음악에서 발군의 기량을 보이는 아름다운 도시와 자연을 가진 나라다).

프랑크족은 서로마 제국의 멸망으로 혼란스러운 상황을 수습하며 갈리아로 불리던 서유럽을 차지했다. 중세를 거쳐 근대화의 성공으로 유럽을 이끌고 있다. 오늘날 우리가 유럽(구라파·구주)이라고 통칭할 때 서유럽을 가리키는 경우가 많고, 서구, 서방 등의 용어도 마찬가지다. 다만 오랜 세월이 흐르면서 분화되어 게르만족이라는 동질성과 정체성은 없어졌고, 완전히 이질화되어 독자적이다.

그렇다면 이러한 서유럽의 판도를 형성한 장본인은 누구일까?

바로 클로비스 1세다. 그는 강력한 리더십으로 프랑크 왕국(481~843)을 성립하며 기틀을 다져놓았다. 영토를 확장하는 과정에서 군사력을 앞세웠지만, 게르만적 요소를 기반으로 로마가톨릭을 수용해 기독교적 요소를 특질로 하는 중세 서유럽 문명을 형성했다.

사실 나라를 세우는 것은 물론이고 정부를 처음 출범하거나 기업을 창업할 때에는 강력한 리더십을 필요로 하는 경우가 적지 않다. 소속 구성원인 공무원이나 임직원을 이끌면서 무에서 유를 만드는 것과 다름없이 목표를 달성해야 하기 때문이다.

다양하고 이질성이 강한 유럽에서는 대부분의 뛰어난 지도자들이 강인한 지도력을 발휘한 인물들이다. 다만 나폴레옹, 히틀러 같이 힘으로만 밀어붙이면 실패한다. 폭군이나 독재자로 비난받기 십상이다. 아무리 강력한 지도자라 하더라도 클로비스 1세처럼 명분을 등에 업고 통합을 이루어내기 위해 노력해야 한다. 그가 종교를 받아들여 최대한 활용하고 학문과 문화예술을 장려한 면모에도 주목해야 한다.

기반부터 다져야 한다: 프랑크 왕국을 굳건하게 세우다

클로비스 1세(446~511, 살리 프랑크 481~86, 프랑크 486~511)는 살리(잘리어) 프랑크족의 부족장이자 서로마의 용병대장이었던 아버지와 전투에서 적국의 공주를 사로잡아 아내로 삼은 어머니 사이에서 외아들로 태어났다. 일찍부터 전장에 나서 전투경험과 지도력을 배워갔고, 아버지가 죽자 35세의 나이로 부족장에 올랐다.

그는 즉위 후 활발한 정복활동을 펼쳤다. 먼저 남진을 통해 갈리아 북부를 정복했다. 486년에는 수아송 전투에서 갈리아 북부를 다스리다가 독립왕국을 세운 로마의 마지막 총독을 물리치고 솜강에서 루아르강에 이르는 지역을 차지해 프랑크 왕국을 세웠다.

뒤이어 튀링겐족, 서고트족에 잇따라 승리하면서 영토를 확장했다. 책략·외교·전쟁 등을 적절히 구사하면서 대부분의 프랑크족들을 차례로 병합했다. 나중에는 로마령인 골, 라인, 튀링겐 지방까지 차지하면서 프랑크족의 통일을 대체로 완성했다.

492년 그는 부르군트 왕국의 클로틸드 공주에게 청혼했다. 그녀가 자신의 부모를 비참하게 죽인 삼촌인 국왕으로부터 피신하는 난관 끝에 결혼했다.

496년에는 알라마니족(알라만·알레마니·알레만·알레만니아)을 격파해 북부 지역을 차지했고, 스위스와 프랑스 남부 프로방스를 기반으로 재기한 부르군트 왕국을 공략하여 복속했다. 그 과정에서 그는 로마가톨릭의 신자가 되어 프랑크 왕국이 가톨릭 국가가 되는 역사적인 전기를 만들었다.

이후로도 클로비스의 정복사업은 계속되었다. 507년 서고트를 공격해 영토를 늘렸고, 이듬해에는 62세의 나이로 먼 친척인 왕을 죽이고 콜로네 프랑크족까지 병합해 전 프랑크족을 통합하면서 갈리아 전역을 차지해 완전한 프랑크 왕국을 이룩했다.

다만 형식적으로는 동로마 제국에 복종해 황제로부터 명예 집정관의 직위를 받았다. 그는 자신의 치세 도중에 도읍을 파리로 옮겨 지금의 프랑스를 예비했고, 라인강 양쪽 게르만족에게 기독교를 전파했다.

〈바바리언(야만인)〉

인류 문명사를 보면 동서고금을 통틀어 자신이 속한 부족, 민족, 인종, 국가가 아닌 외부의 이질적인 존재에 대해 따뜻하게 바라보지 않았다. 오히려 경멸하며 야만인으로 치부한 경우가 일반적이다. 과거로 올라갈수록 이러한 경향은 더욱 극심했다. 특히 문명이 낙후되어 있는 상대에게는 원시적·야생적·미개적이라고 비하하기 예사였다.

하지만 이러한 자세는 바람직하지 못하며, 수많은 편견과 비인간적인 결과를 초래했다. 프랑스의 철학자·문학자·수필가로 중세와 근대의 분기점을 이룬 몽테뉴(1533~92)는 〈수상록〉에서 비판했다.

'사람들은 자신이 이해하지 못하는 것을 접할 때 그것을 야만이라는 이름으로 치부한다.'

바바리언(Barbarian)은 '알 수 없는 말을 하는 사람'이란 뜻의 그리스어인 '바르바로스(복수로 바르바로이)'에서 유래했다. 처음에는 그리스인과 비그리스인을 구분하는 용어로 쓰이다가 헤로도토스가 〈역사〉에서 그리스인이 아닌 모든 이국인을 낮춰 지칭하는 개념으로 사용한 후 일반화되었다. 원래 비그리스인 또는 이민족·이방인을 가리키다가 야만족·오랑캐를 뜻하는 말이 된 것이다.

그리스인은 로마가 강성해지기 전까지 로마인을 바바리언이라 불렀다. 로마 시대에는 유럽 대륙의 원주민인 켈트족과 게르만족을 그리 불렀다. 다만 지금은 정반대의 입장이 되어 게르만 국가인 독일·네덜란드 등지에서 라틴 국가인 이탈리아·스페인 등지를 아래로 깔보는 경우가 많다. 세월의 무상함과 함께 문명화를 향한 분발을 멈추지 말아야 후대에 가서 형편없는 취급을 받지 않을 수 있음을 느끼게 한다.

중국에서는 한족이 사는 중화의 땅 즉 중국 대륙을 세상의 중심에 두고, 그 밖에서 사는 사람들을 주변 민족이라 보았다. 남만, 동이, 북적, 서융이라 하여 악의적으로 규정하거나, 북방의 흉노, 동북의 한민족·동호 등을 형편없는 존재로 치부했다.

한국에서는 중국인을 '되놈(떼놈), 짱께'라 하여 비하했지만 대체적으로 같은 문화 민족으로 본 반면에, 거란, 민주족(여진) 등을 '야만족·오랑캐'로 불렀으며, 일본인을 '왜, 쪽발이'로 불렀다. 일본에서는 유럽인을 '남만인 또는 만인'으로 불렀다. 몽골은 남송의 한족을 '만자(蠻子)'라 하여 좁은 밭에서 농사를 지으며 평생을 보내는 야만인으로 보고 모든 제국의 국민들 중에 가장 천시하며 박해했다.

사실 이민족을 야만인으로 몰아 가혹한 정복이나 지배는 물론이고 학살이나 착취조차 정당화한 경우가 많다. 15세기 말 대항해 시대가 열릴 때 아메리카 대륙을 발견하면서 원주민을 뻔히 보고서도 신대륙, 신세계를 발견했다고 강조하면서 사람으로조차 여기지 않았다.

앞으로는 자신의 모자람이나 야만성을 돌아보지 않은 채 상대방을 인정하지 않거나 비인간적인 행위를 저지르는 일은 비인류적·반문명적인 처사로서 반성하고 이런 일이 없도록 해야 한다. 그나마 다행이라면 문명적 이해가 많아지면서 상대에 대한 어떠한 야만적 언행도 용납되지 않는 세상이 되었다. 동식물에 대해서도 생명을 가진 모든 존재에 대한 기본권과 생존을 부여해 공존·공영하려는 자세가 늘고 있다. 지구, 물과 공기, 자연 같은 무생명체조차 생명적·유기체적 접근과 인식이 높아지고 있다. 아직은 지구라는 공간에 국한되어 살지만 문명의 발전으로 외계로 진출하거나 외계인 및 외계 생명체를 접할 때 역시 상호주의적인 원칙은 따르되 똑같은 접근을 해야 할 것이다.

게르만족의 기독교 문명권을 확립하다

클로비스 1세는 원래 로마가톨릭을 싫어했다. 그러다가 알라마니족과의 전쟁에서 잇따라 패배하면서 한때 전멸당할 위기에 내몰리며 죽을 뻔한 고비에서 기적적으로 승리한 일이 있었다. 그때 독실한 로마가톨릭 신자였던 사랑하는 클로틸드 왕비가 말했다.

"모두 다 하느님 덕분입니다. 신의 가호로 승리하고 당신의 목숨도 지켰어요."

그는 클로틸드의 말을 듣고 고개를 끄덕였다.

"하긴, 그렇소. 내가 어떻게 살아남고 이겼는지 참으로 신기하오."

그는 이 전쟁 후에 부하들 3000명과 함께 랭스 대성당에서 주교에게 세례를 받고 로마가톨릭으로 개종했다. 물론 정치력이 뛰어났던 그인지라 다분히 정치적인 이유가 있었다. 왕국의 새 영토인 갈리아에서 로마가톨릭을 따르던 정복민들을 확실하게 다스리기 위한 불가피한 조치였다. 이후 벌어진 정복전쟁에서도 신앙을 적극 활용했다.

"이단자의 압제에서 로마가톨릭 교도들을 해방시키기 위한 성스러운 전쟁이다."

로마화한 정복지 원주민들은 그를 해방자로 환영했다(당시까지만 해도 게르만 부족들이 끽해야 수천명 규모로 몰려다녀 정착민의 수에 비하면 아주 작았다).

프랑크 왕국의 성립과 클로비스의 개종은 서유럽의 정체성을 확정하는 결정적인 계기로 작용했다. 당시 동고트·서고트·부르군트 같은 다른 모든 게르만족들이 아리우스파 신앙을 믿고 있었던 것과 달리, 그가 로마가톨릭으로 개종해 교황과의 우호관계는 물론이고 왕국의 통치기반으로 삼았기 때문이다(정확한 근거가 없고 사실일 리 없지만, 그의 고조할머니가 예수와 막달라 마리아의 후손이라는 확인되지 않은 전설을 내세우면서 자신은 물론이고 메로빙거 왕조의 후손들도 스스로를 예수의 혈통으로 자부했다).

한편 동로마는 서로마의 멸망 후 야만적이라며 경멸하던 다른 게르만족들과 달리, 그에 대해서는 기독교의 보호자로 받아들이고 로마 특권 시민계급의 지위와 명예 집정관의 칭호를 주었다. 이로써 프랑크는 확실히 차별화되면서 서유럽에서 강력한 구심점 역할을 정립했다.

그는 영토를 동, 서, 북쪽으로 나눈 뒤에 두루 살피고 관장하기 좋은 파리를 수도로 삼았다(오늘날의 파리가 형성되고 발전된 것은 아니다. 별다른 유적이나 건축물조차 전하지 않는다. 파리시를 관통하는 센강에 있는 시테섬이 파리의 발상지로 여겨진다. 위그 카페(재위 987~96)가 카롤링거 왕조를 대신해 카페 왕조를 열며 파리를 수도로 삼은 후 중요한 도시가 되어 지금의 파리로 이어졌고, 서프랑크 왕국이 아닌 진정한 프랑스로 출발했다).

아울러 파리에 성 쥬느비에브 교회를 건축하여 신앙의 구심점으로 세웠다(쥬느비에브는 아틸라의 대군이 남하해 파리로 육박하자 공포에 휩싸인 시민들을 설득해 모두 모여 기도를 드렸는데, 갑자기 아틸라군이 방향을 바꿔 오를레앙으로 진격해 평화를 되찾았다. 이후 파리의 수호성인이다).

오를레앙에서 종교회의를 소집해 기독교를 장려하는 대신에 주교들로부터 충성서약을 받아내고 아우구스투스라는 칭호를 받았다(교황에게 직접 이 호칭을 받은 첫 프랑크인으로 그의 아들이라 보기도 한다). 32명의 주교를 소집한 이 회의에서는 추수감사절, 일요일(안식일)의 노동 금지 같은 교회법을 정해 게르만족뿐만 아니라 피정복민까지 아우르는 중세 교회의 원칙 전반을 규정해 여전히 큰 영향을 미치고 있다.

〈클로비스의 꽃병〉

클로비스 1세가 갈리아의 로마인 왕국을 정벌할 때의 일이다. 휘하의 한 장군이 수아송의 교회에서 화려한 꽃병 하나를 강탈했다. 이에 주교가 그에게 편지를 보내 간절히 요청했다.

'왕이시여, 그 꽃병을 우리 교회로 되돌려주십시오.'

그는 흔쾌히 약속했다.

"내 그렇게 하겠소이다."

그는 전쟁에서 승리한 뒤 전리품을 나눌 때 그 꽃병을 가진 장군에게 말했다.

"이보시오, 장군. 그 꽃병을 나에게 주게. 주교의 요청이니 돌려주어야겠소."

그러자 장군은 부하의 전리품에 함부로 손댈 수 없다는 프랑크족의 관습에 어긋난다고 반발하며 도끼로 꽃병을 깨뜨렸다.

그는 어쩔 수 없이 깨진 꽃병을 주교에게 돌려주었다. 그러고나서 1년 뒤에 그는 군사회의를 열고 갑자기 장비를 검열했다. 이전에 항명했던 장군에게 무기 손질이 되어 있지 않음을 문책하고는 그 도끼를 땅에 던진 다음 장군이 도끼를 집으려 하자 크게 외쳤다.

"수아송에서 꽃병을 다룬 대로 처결하겠다."

그는 곧바로 자신의 도끼로 장군의 머리를 내리쳐 죽였다. 그 뒤로 휘하 장수를 비롯해 누구라도 그의 명이라면 절대 복종했다고 한다.

정치를 잘 펼쳤으나 후계방식의 후진성으로 분열하다

클로비스는 전사였을 뿐만 아니라 뛰어난 정치력으로 내정을 잘 펼쳤다. 프랑크족의 전통 관습과 민·형사에 관한 〈살리카 법전〉을 편찬했다. 후계방식까지 규정해 근대까지도 유럽의 왕위계승을 비롯한 여러 문제해결에서 자주 인용되었다. 로마의 귀족이나 성직자를 기용하고 행정조직까지 적극 도입하여 국정의 안정과 왕국의 발전을 이룩했다.

그는 65세의 나이로 죽으면서 관습에 따라 〈살리카 법전〉에서 확립된 원칙에 근거해 영토를 4명의 아들에게 분할 상속했다. 그러나 이 후진적인 계승 방식이 가진 결함으로 인해 두고두고 왕국을 분열시켰다. 그가 창건한 메로빙거 왕조는 왕국을 개인의 재산이나 사유물로 여겨 왕이 아들들에게 똑같이 나눠주고, 다시 왕이 된 아들들의 자식들로 이어지면서 계속 분할되어 국세의 약화를 초래했다.

여기에다 왕실의 골육상쟁과 한결같이 무능했던 아들들로 인해 국왕의 힘과 권위가 약화되었다. 그런 가운데 강력한 왕권을 구축하지 못해 제후국들이 분립하는 봉건 영주사회로 유지되었다. 나중에는 궁전마저 모든 실권을 궁재가 차지하게 되었고, 결국에는 카롤링거 왕조를 세운 피핀 3세에 의해 몰락했다.

한국을 비롯한 대다수 국가들에서는 군주가 한 아들(더러는 딸)을 후계자로 삼아 절대 군주권을 물려주지 아들들 또는 자신의 형제들에게 비슷하게 나눠주지 않는다. 그렇게 되면 후계다툼을 자초하고 힘이 분산되어 외부의 적이 강하면 나라마저 망하기 때문이다. 현대사회에서 기업이라고 해서 다르지 않다. 그래서 이병철 삼성 창업주가 여러 아들 중에서 3째아들인 이건희에게 주력기업을 비롯한 대부분의 기업들을 승계하고, 나머지 형제자매들에게는 적당한 기업과 재산을 물려주는 정도로 하여 후계를 마무리했다.

반면에 정주영 현대 창업주는 5째아들인 정몽헌에게 주력기업을 물려주면서, 다른 형제들에게도 비슷한 규모의 기업 분할을 했다가 형제의 난이 일어나 맏이의 요절로 맏이격인 2째아들 정몽구가 현대자동차 그룹을 통해 경영권을 이은 형세로 정리되었다. 아마도 클로비스와 정주영처럼 복잡하게 후계를 갈무리하면 기업마저 약화되어 몰락하거나 경쟁 끝에 하나의 기업에 힘이 몰리면서 정리될 것이다.

프랑크 왕국이 진정한 서유럽의 뿌리가 되다

유럽 대륙은 다른 지역에서 문명과 국가발전을 이룩하는 동안에도 원시 상태의 비문명 지역으로 머물다가 로마의 정복과 통치 아래에서 문명의 비를 맞게 되었다. 그렇지만 여전히 수렵과 목축을 주로 하는 가운데 농업 생활을 이어가며 원시 공동체 사회의 형태를 유지하다가 4세기경 대초원의 훈족이 유럽을 강타하자 비로소 잠에서 깨어났다.

게르만족은 서유럽 일대로 물밀듯이 밀려들어갔고, 유럽에서는 지중해를 낀 남유럽에 더해 대륙을 근간으로 하는 서유럽이 추가되어 유럽사의 주인공으로 등장했다.

특히 프랑크족은 클로비스 1세의 지도 아래 다른 게르만 부족들까지 정복·통합하면서 피레네산맥에서 엘베강에 이르는 서유럽 대부분을 포괄하는 대국이 되었다. 이 점에서 이동을 거듭하며 유럽 곳곳으로 흩어져 할거하면서 여러 왕조와 나라들을 세워 짧은 기간에 걸쳐 흥망성쇠를 거듭한 다른 게르만 부족들과는 확연히 달랐다.

그는 서유럽 전역을 기독교적 게르만 통일국가로 확립하면서 중세 사회의 기초를 닦았다. 로마가톨릭의 수호자로서 서쪽으로는 다른 모든 게르만족이 믿어 민족적 종교로 여겨지던 아리우스파 기독교의 발호를 막고, 동쪽으로는 동로마에 의해 압박받던 로마가톨릭을 확실하게 보호했다. 더 넓게 보면 쇠락한 동로마를 대신해 동방에서 미쳐오는 세력 확장까지 막아냈다.

로마가톨릭 입장에서 볼 때 자신의 정치·군사적 기반이 되는 프랑크의 출현과 세력 확장은 신의 은총이나 다름없었다. 여기에 힘입어 서유럽에 대한 종교 지배력을 나날이 강화해갔다.

이렇게 하여 클로비스 1세가 서유럽의 민족·정치·문화·종교 차원의 통일을 실현함으로써 당시에는 유럽이 '프랑크 왕국의 공동체'를 뜻하며 사용되었다. 무엇보다 현대 유럽의 주축이자 유럽연합(EU)의 지도국인 서유럽 국가들이 형성되는 모체국으로 역할했다.

〈게르마니아〉

로마의 진출 이전까지 갈리아가 켈트족이 사는 땅이었다면, 게르마니아는 게르만족이 살던 땅이었다. 게르마니아는 말 그대로 '게르만족의 땅'이란 뜻으로 카이사르가 라인강 동쪽을 가리킨 라틴어 지명이다. 게르만족이 민족과 국가를 형성하지 못한 채 흩어져 살고 있던 지역으로 켈트족의 갈리아, 발트족의 북유럽, 슬라브족의 동유럽과 경계를 이루었다.

4~6세기에 걸쳐 훈족의 서진으로 정착지에서 살기 어렵게 되자, 대이동이 벌어졌다. 많은 게르만 부족들이 라인강과 도나우강을 건너 광범위하게 진출했고, 서로마를 멸망시키고 갈리아의 새로운 주인이 되었을 뿐만 아니라 동로마는 물론이고 이베리아와 북아프리카 일대까지 진출했다. 특히 클로비스가 프랑크 왕국을 성립함으로써 갈리아, 즉 서유럽 일대가 게르만족의 영역으로 변모했다.

그리스·로마 문명의 후계자로 내세우는 것은 정말 아니다

클로비스 1세의 활약으로 서유럽은 고대에서 중세로 넘어가는 역사적인 전환이 이루어졌다. 자연스럽게 중세 유럽의 2대 특징인 봉건사회와 로마가톨릭 교회의 종교 지배가 확립되었다.

하지만 서유럽에서 온갖 논리와 근거를 갖다 붙여도 '게르만 문화, 기독교, 그리스·로마 문명'이라는 3대 요소의 유럽 문화를 형성했다는 찬사는 명백하게 잘못되었다. 지나친 자기 중심의 편의적 해석이자 전형적인 유럽의 확장적 미화에 지나지 않는다.

서유럽에서 자신들의 직접적인 조상이 중세 이후에 가서야 등장하는 탓에 부재하거나 빈약한 고대를 채우려 지리적 연고성을 바탕으로 그리스·로마 문명을 유럽의 일부로 여기면서 게르만 문화 및 기독교와 더불어 3대 특질로 규정하여 하나의 세계관과 체제로 확립한 것이다.

그렇지만 어디에서도 그리스·로마 문명의 계승이나 연계성을 찾을 수 없고 그로 인한 부흥적인 면모도 엿보기 어렵다. 오히려 안타깝게도 게르만족의 이동이 격렬하고 빠를수록 더 많이 파괴되고 과거로 묻혀갔다. 기껏해야 로마 영토의 일부를 점령한 채 기존의 익숙한 로마 문화를 받아들여 피정복민의 문명적 대혼란을 수습한 정도였다. 이런 상황에서 이미 몰락한 그리스는 두말할 필요조차 없이 무시당했다.

한편 로마의 왕실과 귀족들은 내면적으로 여전히 고대의 가치와 고전적 교양을 버리지 않았다. 게르만족의 침입으로 몰락하는 로마를 지켜보면서 세속에 대한 불안으로 수도원이 성행하기도 했다.

프랑크족이 갈리아를 장악하고, 롬바르드족이 침공해 이탈리아 북부를 지배하게 되자, 이 지역에 광대한 장원을 가진 로마 귀족들은 경제기반과 더불어 사교직과 수도원을 차지한 채로 군사력을 가진 게르만족의 왕 및 귀족들과 함께 지배층과 귀족집단을 형성해 중세 봉건제도를 성립해갔다. 일부의 라틴화가 진행된 것이다.

프랑크 왕국으로 인해 이탈리아가 성립되었다고 주장하지만 북부 일부에서나 해당되며, 그마저도 세월이 흐르면서 라틴화했다. 이탈리아 반도는 로마 문명의 본거지였지만 게르만족의 침입으로 파괴되고 땅에 파묻힌 채 까마득하게 잊혀져갔다. 로마시조차 기독교의 총본산인 교황청이 확립되면서 다신교를 믿고 자유로운 철학과 학문을 중시한 로마 문명은 같은 하늘 아래 함께 숨 쉴 수 없는 존재로 여겨져 배척당했다(지금도 이탈리아에서는 로마의 계승국임을 강조하지 게르만족 문명권이라거나 프랑크 왕국의 후신임은 단호히 부정한다).

반면에 슬라브족은 훈족의 공격과 지배로 격렬한 변화가 진행되는 동안에도 이동하지 않고 그대로 머물렀다. 활발한 이동을 감행한 게르만족과는 완전히 이질화되었고, 이후로도 한동안 별다른 변화 없이 머물러 세계사의 무대에서 거의 주목받지 못했다.

우리는 동로마 제국이 진정한 로마의 계승자였음을 잊어서는 안된다. 11세기가 될 때까지도 유럽의 정치·경제·문화의 중심지로서 그 위세가 여전했다. 콘스탄티노플은 프랑크 왕국의 수도인 아헨과는 비교조차 되지 않을 정도로 크고 번창한 대도시였다. 이런 까닭에 로마의 후신이자 유럽사의 주역이었던 동로마를 이국적·외세적인 느낌을 풍기도록 강조하는 한편 정교회를 믿는 슬라브족 중심의 동유럽적 시각에 국한한 것은 다분히 서유럽식 인식일 뿐이다.

게르만족은 서유럽에서 집요하게 기독교에 근거한 변화를 추진했다. 그러면서 그리스·로마와 양립하거나 기독교 안에서 융합한 것이 아니라 철저히 부정하며 종교 시대를 열었다. 결국 1000년 후에야 로마의 후예인 라틴족에 의해 르네상스가 일어나 로마 문명이 다시 부흥되었다. 이탈리아를 중심으로 남유럽에서 전개되어 게르만족의 중세 봉건사회를 극복하고 근대화를 촉발했다. 그러나 이번에도 서유럽은 이탈리아를 침입하여 극심한 전란과 파괴를 일삼아 도시국가들이 몰락했고 르네상스도 끝장났다. 다만 이번에도 역시 르네상스의 북상으로 서유럽의 자각과 근대화를 가져왔다(대항해 시대를 개막해 대서양 시대를 연 것도 남유럽이었다. 그러다가 포르투갈과 스페인의 퇴조 속에 네덜란드, 영국, 프랑스, 독일 등을 중심으로 한 서유럽이 확고한 주역으로 자리잡았다).

부족국가적·분권적 프랑크 왕국에 대한 확대 포장

프랑크 왕국을 앞세워 게르만적 요소를 보편화하는 주장도 과대포장된 측면이 있다. 비록 클로비스 1세를 필두로 제국에 버금가는 나라로 발돋움해 서로마의 위상을 일정 부분 회복했다고 하지만, 과거 서로마의 영토와 위상에는 도저히 미치지 못했다.

사실 프랑크는 여전히 부족국가적 형태와 틀에서 벗어나지 못했다. 왕국으로서 발전을 누렸다지만, 후대의 카를 대제 때 수도로 삼은 아헨조차 소도시에도 못미치는 조그만 마을 정도였다. 그런 아헨에 저택 수준의 작은 궁전을 가진 별것 아닌 나라였다. 게다가 국력과 문화 수준은 매우 낮았으며, 더러는 형편없었다. 각 지역별로 부족들이 거의 독립국가와 다름없는 독자성을 누렸으며, 이러한 전통이 그대로 영주들을 중심으로 한 중세 봉건사회로 이어졌다.

당시 서아시아는 여전히 세계사의 중심 무대였다. 7세기 초부터 아랍인을 중심으로 한 이슬람 세력이 방대한 제국을 형성했다. 그즈음 이슬람 문명이 이룩한 선진문명과 비교하면 프랑크 왕국의 수준은 초라한 수준에 지나지 않았다. 오죽하면 이집트의 파피루스를 수입하기 어려워지자, 값비싼 양피지(양가죽 글판)를 아껴쓰기 위해 큰 로마 문자가 아닌 작은 글자를 사용하기 위해 만들어진 것이 카롤링거 소문자다.

1가지 이채로운 사실은 동양이나 중앙에서는 하나의 왕조가 성립하면 국가와 동일시되었다. 그만큼 통합 왕조의 모습으로 오래 존속하는 경향이 강했다. 그래서 서유럽 같은 중세 봉건사회가 형성조차 되지 않았다(이 책에서는 중앙이라는 용어를 자주 사용한다. 동쪽의 동양과 서쪽의 서양 사이에 있는 지중해-중동을 가리킨다).

반면에 서유럽에서는 프랑크가 전형적인 신흥 민족이자 국가라서 단단하고 광역적인 장악력과 통합성을 가질 수 없는 처지였다. 그러다 보니 여러 부족 또는 민족이 숱한 제후국으로 갈라져 난립하는 형세였다. 이후로도 많은 왕조들이 흥망성쇠를 거듭하면서 수시로 교체되는 경우가 일상적이었다.

기독교의 전통도 과장되었다

로마: 기독교(그리스도교) ─┬ 서로마 → 프랑크 왕국 : 서방 로마가톨릭 교회
　　　　　　　　　　　　　└ 동로마 : 동방 정교회

서유럽을 기독교 전통의 적통이자 보편적 위치로 보는 것은 잘못되었다. 기독교는 초기 교회 시대를 거쳐 5대 교구를 중심으로 확립되었다. 그러던 중에 로마가톨릭이 5대 교구 중의 하나로 있다가 동·서 로마의 분열과 함께 동로마에 속해 있던 정교회의 나머지 4대 교구와 분리되면서 독자화했다. 이런 상황에서 로마 교구의 기반인 서로마가 멸망하자, 존립마저 불안해진 처지에서 자신의 입지를 강화하기 위해 로마 대주교가 아닌 교황으로 자처했다.

로마가톨릭은 로마의 적통인 동로마를 등에 업은 정교회에 대항하기 위해 프랑크를 절실히 필요로 했다. 그래서 프랑크왕과 영권과 속

권을 공유함으로써 게르만 사회에 대한 종교 지배자로서의 권위와 영향력을 확립하려 했다.

로마가톨릭이 확고한 독자성을 확립한 것은 800년 때였다. 카를 대제가 12월 25일 로마의 성 베드로 대성당으로 가서 크리스마스 미사에 참석하자, 교황이 아무런 협의나 사전통보 없이 일방적으로 황금관을 씌워주며 대관식을 주관해 서유럽을 보다 확고한 종교적 기반으로 역사화했다. 당시 카를은 명목적인 서로마 황제까지 겸하게 되었다지만, 이름뿐인 종교적 지도자 또는 로마가톨릭의 배경을 그다지 원하지 않아 별로 내켜 하지도 않았다(카를은 갑작스런 대관식에 대놓고 드러내지는 않았지만 강한 불만을 털어놓았다고 한다).

10세기 이후 로마가톨릭은 종교 지배를 강화하며 서유럽 전역을 관장하려 했다. 그러다보니 전제왕권을 추구하는 군주와 종교정치를 앞세운 교황과의 대립과 충돌이 수시로 일어났다. 군주들은 교황의 주도나 간섭을 마뜩치 않게 여기다가 나중에는 서로 간의 정면 충돌로 카놋사의 굴욕과 복수전(1077~85), 십자군 전쟁(1096~1270), 아비뇽 유수(1309~77), 종교개혁(1517) 등을 거치면서 절대왕정이 확립되는 가운데 가톨릭의 지배도 끝이 나고 중세에서 근대로 전환했던 것이다.

〈중세 봉건 시대와 로마가톨릭 교회의 종교 지배〉

중세(476~1453)는 서로마가 멸망한 뒤부터 동로마가 멸망할 때까지의 시기를 말한다. 주로 초기는 476~1000년간 약 500년, 중기는 1000~1300년간 약 300년, 후기는 1300~1453년간 약 150년을 가리킨다. 라틴어권 학자들은 중세를 전·후기의 2시대로, 독일어권과 영어권 학자들은 초기·중기·후기의 3시대로 나누는 경우가 일반적이었는데, 20세기 초부터 후자의 방식이 일반화되었다.

중세라는 말은 지극히 유럽적인 역사관이다. 특히 서유럽은 중세를 고대와 근대를 이어주는 시대적 전환기로 여겼다. 공산주의를 창시한 마르크스(1818~83)는 '역사발전 5단계론'을 주창하며 인류를 둘러싼 역사가 '원시 공동체-고대 노예제-중세 봉건사회-근대 자본주의-미래 공산주의'로 5단계에 걸쳐 차례대로 전개된다고 주장했다. 그러면서 유럽은 이 단계들을 하나하나 거친 반면에 비유럽 지역에는 중세가 없었기 때문에 아직도 고대 노예제 상태에서 정체해 있다는 이론을 내놓기까지 했다.

심지어 유럽인 절대다수가 가장 살기 힘들었던 중세의 암흑시대를 두고 필연적인 단계이자 발전을 위한 과정으로 미화하기도 한다. 여기에 더해 독일의 사회학자인 막스 베버(1864~1920)가 유럽 우위의 절대론에 입각한 채 기독교 덕분에 도덕적 윤리, 직업관, 근대국가의 형성 같은 토대가 확충되었다고 주장했다. 이후 유럽 사회에서는 이를 이론적 근거로 삼고 무비판적으로 뒤따르며 유럽 중심주의적인 견해로 일관하면서 일반적인 유럽인의 인식으로 자리잡았다.

사실 동양이나 중앙에서는 중세 시대가 따로 없었다. 일찍부터 문명과 국가 건설이 이루어지면서 '왕조' 국가별로 정치, 종교, 경제, 문화 등 전반에 걸친 시대적 특징을 드러내며 역사를 전개했다.

그러나 정작 유럽에는 고대가 없었다. 그나마 게르만족의 등장으로 중세 시대를 열며 서유럽의 국가와 역사가 형성되기 시작했다. 켈트족을 비롯한 원주민과 정복자였던 로마인을 쫓아내고 정착하면서 문명사를 출발한 것이다. 중세 역시 봉건 시대로서 르네상스(14~16세기)나 근대(16~19세기)의 전개에서 그 전조로서 은근슬쩍 묻어가지만, 실제로는 1000년 이상 지속된 암흑기였을 뿐이다.

근대의 문을 연 르네상스도 중앙과 동양의 선진 문물, 수준 높은 학문과 과학, 뛰어난 문화예술을 받아들여 길고 긴 세월 동안 잠자던 유럽이 깨어나기 시작한 것이다. 그나마도 남유럽에서 진행되었을 뿐이다.

또한 남·동부 유럽과 러시아 등지에서는 1453년까지 동로마 제국이 존속하거나 10~18세기에 걸쳐 몽골과 투르크의 주도 아래 지배받았기 때문에 유럽에서조차 중세의 일방적인 보편화가 적용되지 않는다. 이는 서유럽을 유럽의 전부인 양 여기는 접근법에 지나지 않는 자세에서 나온 오류일 뿐이다.

이런 까닭에 이제라도 동양 문명은 물론이고 아시아 공통의 역사에 대한 보편적인 이론적 기반을 정립해 유럽이 자신만을 정당화하는 횡포와 편향을 극복해야 한다.

서유럽의 아버지로 빛나다: 프랑크가 서유럽의 모태가 되다

클로비스는 어려서부터 아버지를 따라다니며 당시의 정세를 누구보다 잘 파악했고, 전장을 누비면서 군사지도자로서의 역량을 길렀다. 치열한 경쟁 속에서 숱한 정적들을 물리쳤다. 호전적이면서도 냉철했다. 전쟁과 정복전을 수시로 벌였고, 외교와 전략은 물론이고 권모술수와 암살 등의 수단과 방법을 가리지 않고 승리를 쟁취했다. 때에 따라서는 정략결혼과 종교까지 통치에 활용했다.

하지만 지혜롭고 선량했던 아내 클로틸드를 사랑했고 원만한 가정을 유지했다. 살아 생전에 사치와 향락을 일삼지 않았다. 건전한 신앙생활도 게을리하지 않았다. 무엇보다 민심을 얻기 위해 각별한 노력을 기울였다. 부지런히 정치를 펼쳐 혼란과 전쟁에 시달리던 백성들에게 안정과 평화를 선물했다.

그는 작은 영지를 가진 이방인의 족장에서 출발해 서유럽을 평정함으로써 영웅적인 정복군주가 되었다. 그의 참모습을 알 수 있는 기록과 자료들이 거의 전하지 않는 상태에서, 후대의 미화와 과장 속에 신화와 전설까지 더해지면서 신성한 존재로까지 여겨지기도 했다.

그는 부르군트, 반달, 고트 같은 여러 게르만족들이 유럽으로 퍼져나가면서 훈족의 압박에 대한 대응적인 차원에 지나지 않았던 국면을 뛰어넘었다. 프랑크족을 중심으로 게르만족을 통합하면서 서유럽의 방대한 영토를 기반으로 제국을 건설함으로써 새로운 변화의 기틀을 확립한 것이다.

라틴 문명적 접근에서 벗어나 게르만 문명으로 새로운 출발을 하게 만들었다. 나중에 그의 왕국이 여러 나라들로 나눠지면서 독일, 프랑스, 이탈리아(북부), 네덜란드, 벨기에, 룩셈부르크, 오스트리아, 스위스 같은 서유럽 대부분의 나라들이 시작하는 모태가 되었다.

특히 그는 프랑스와 독일의 공동 조상으로 여겨지기도 한다. 심지어 프랑스는 국호부터가 프랑크의 계승자임을 표방한 명칭이다. 그래서 그를 민족적·국가적 정체성의 시조로 활용해 프랑스를 건국한 최초의 국왕으로 여긴다. 일부에서는 독일계 이방인으로 여긴 후대의 카를 대제 즉 샤를마뉴보다 훨씬 더 모범적인 프랑스 왕으로 떠받들기도 했다.

그는 왕국을 세운 뒤 초대 국왕으로서 할아버지의 이름을 따 메로빙거 왕조를 창시했다. 아우구스투스라는 칭호를 받아 사실상의 황제로 자처했고, 서유럽에서는 로마의 콘스탄티누스 대제 이후 가장 뛰어난 군주로 군림했다. 그의 맹활약과 위명으로 인해 후대의 유럽 왕조들에서 군주와 왕실의 근간을 이루기도 했다(특히 프랑스는 그의 이름에서 유래한 루이를 국왕의 칭호로 가장 즐겨 썼다. 그의 주권과 경건의 상징인 백합을 왕실 문장으로 삼았고, 신이 그에게 내려주었다는 붉은 국왕기를 사용했다. 그가 개종한 랭스 대성당(파리의 것과 다른 노트르담 대성당)에서 국왕의 대관식과 종교행사를 거의 치렀다).

클로비스 1세의 위대함은 강력한 힘을 기반으로 했을 뿐만 아니라 재빠르게 개종하여 로마 귀족과 로마가톨릭의 지원을 얻어 안정된 통치기반을 구축함으로써 게르만족에 의한 기독교 문명권을 확립했다는 사실에서 나온다.

여기에 더해 진정한 그의 위대함은 지리적 조건에 얽매이거나 끌려다닌 것이 아니라 활발한 활동을 펼쳐 서유럽을 유럽의 중심 무대로 만들었다는 사실에서 더욱 빛난다. 엘리자베스 1세가 약소국 영국을 강국으로 만들고 해양권을 장악해 대서양 시대를 본격화한 것과 다를 바 없다. 고대 그리스와 로마가 지중해를 세상의 중심으로 만들거나,

한·중·일 3국이 동북아시아를 21세기의 중심무대로 만든 것에 버금가는 업적이다.

유스티니아누스 대제 시절의 동로마 제국 영토

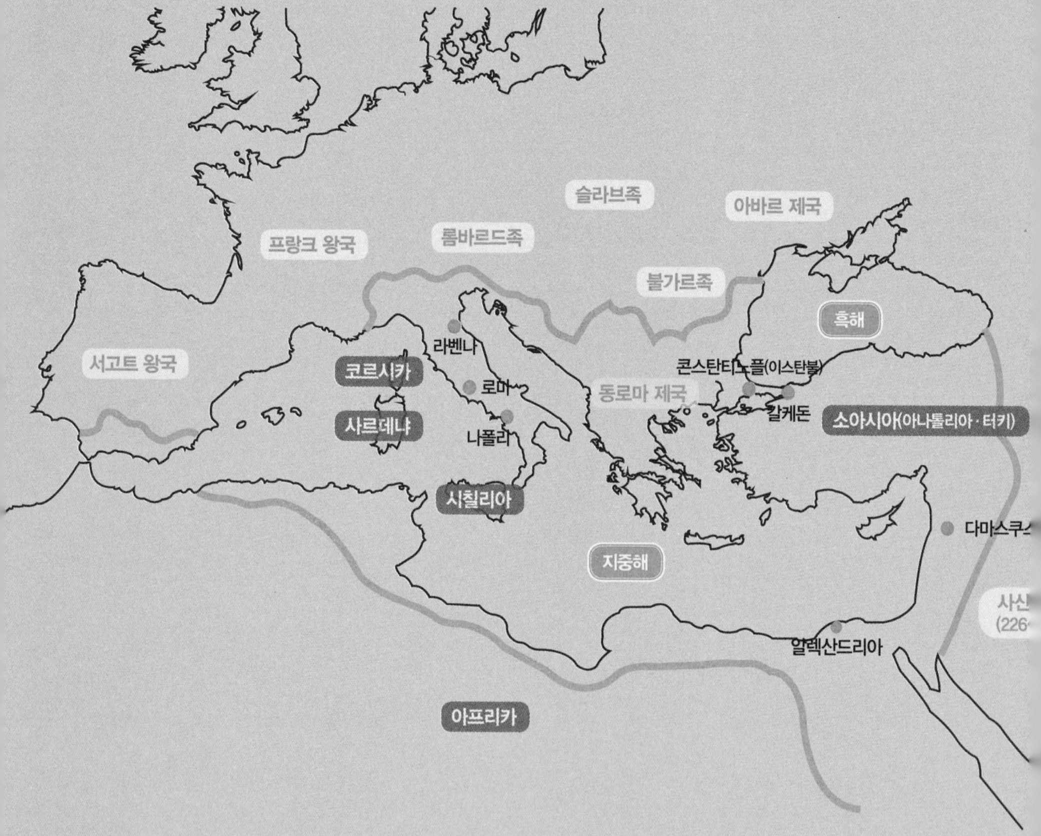

유스티니아누스 대제

동로마 제국의 번영을 이끌다

열심히 일해 제국의 영광을 되살리다

로마 제국의 계승국은 어느 나라인가?

'동로마 제국이다. 적자로서의 정통성, 역사와 문화의 전승 등을 따져 보더라도 당연하다. 그렇지만 유럽인들은 동로마를 '비잔티움 제국'이라 하여 마치 다른 나라처럼 여겨 로마의 계승자로 보지 않는다. 대신에 서로마에 이어 일어난 프랑크 왕국과 신성로마 제국을 내세운다.'

어째서 그런 상황이 생겨났는가?

'이유는 간단하다. 동로마는 서유럽과 관련이 없기 때문이다. 그래서 변방의 역사처럼 만들어 외면하는 것이다.'

그러나 동로마 사람들은 스스로를 로마인으로 여겼고 남다른 자부심이 있었다. 프랑크 왕국도 동로마를 상국으로 모셨듯이 근·현대사를 거치기 전까지 로마의 후신이자 정통으로 여겨졌다.

다만 동유럽 국가들이 대체로 소국이거나 유럽에서의 비중이 낮아 서

유럽의 시각에 영향을 미치지 못했다. 게다가 라틴족의 역사였던 동로마가 슬라브 지역화를 거치면서 그들로서도 소중한 존재가 아니다. 그럼에도 불구하고 세계인의 입장에서는 중세 유럽의 실상을 정확하게 알기 위해 사실 그대로의 동로마 제국사를 알 필요가 있다.

동로마 제국(395~1453)은 테오도시우스 대제의 맏아들인 아르카디우스가 다스린 이후 로마 때의 수도인 콘스탄티노플을 중심으로 나름대로 정치 안정을 확립하고 경제·문화적인 활력을 유지해 서로마의 멸망과 상관없이 로마의 정통으로서 1000년이 넘는 세월을 존속했다.

북방에서 게르만족의, 동방에서 대초원과 서아시아 세력의 침공을 막아내면서 유럽의 보호자로 충실히 역할했다. 나중에 동로마라는 보호벽이 약화되자, 몽골, 오스만, 티무르 제국 등이 유럽과 러시아 영토를 지배하면서 유럽의 심장부를 공격하거나 압박한 것에서 충분히 알 수 있다. 사실 동로마 덕분에 서유럽이 비유럽인에 의한 정복을 피해 온전할 수 있었고, 근대의 발전을 이룩할 수 있었다.

동로마는 유스티니아누스 대제의 치세를 통해 제국의 위용을 되찾아 최대의 판도를 형성했다. 분열되어 있던 동·서 교회를 통합해 기독교에 큰 공헌을 했다. 옛 로마 제국의 영광을 되찾으려 쉴 새 없이 노력하여 이탈리아 반도의 회복과 지중해 세계의 통일로 대제국을 실현하면서 대제의 반열에 올랐다.

새삼 태평성대나 호시절에 위대한 지도자나 영웅이 나는 것은 아니라는 생각이 든다. 오히려 이런 시기에 나태와 교만으로 인해 몰락의 길을 가기 쉽다. 지도층은 물론이고 국민이나 조직 구성원까지 방심한 채 즐기기만 하다가는 얼마 안 가 어려워지거나 위기에 빠져들기 마련이다. 인류 역사상 가장 오랜 로마만 보더라도 뛰어난 지도자들은 카이사르에서 유스티니아누스에 이르기까지 혼란과 내분으로 어지럽던 시절에 등장해 역경과 위기를 극복하면서 번영을 이끌었다.

분할정치는 결국 분열을 가져온다: 동·서 로마의 분열

363~64년 황제가 사산 제국을 상대하다가 잇따라 전사하거나 회군하던 중에 죽는 상황에서, 라인강과 도나우강 쪽에서는 게르만족의 침입이 되풀이되었다. 이에 2명의 형제 황제가 동·서로 나눠 공동 통치를 하며 게르만족의 진출을 저지했다. 그러나 알라마니족과 고트족을 비롯한 게르만족의 공세가 이어지며 전란이 격화되었다. 영국과 북아프리카 등지도 일대 혼란에 빠져 들었다. 376년에는 훈족에게 쫓긴 서고트족이 남하해 트라키아를 짓밟고 로마군을 대파하면서 밀려들어왔다.

테오도시우스 대제(테오도시우스 1세. 재위 379~95)는 이러한 시기에 황제가 되어 내부에서 일어난 후계다툼을 진압했고, 훈족과 게르만족의 침략을 막아내며 로마를 성공적으로 회복했다.

수도인 콘스탄티노플에 3중 성벽을 쌓아 철옹성을 구축해 로마의 심장부를 안전하게 만들었다. 치세도 잘해 제국의 근간이 되는 로마법을 집대성했고, 도로와 세제를 정비하는 등 뛰어난 치적을 많이 남겼다.

380년에는 자신이 직접 세례를 받고 니케아 신경을 신봉하도록 칙령을 발표했다. 성부·성자·성령의 3위1체설을 믿는 사람들만 보편적 기독교인 즉 가톨릭으로 인정해 이때 '가톨릭'이라는 말이 처음 사용되면서 오늘에 이르고 있다.

그는 392년에 기독교를 국교로 삼아 로마를 명실공히 기독교 국가로 만들었다. 중세를 주도한 기독교계는 그를 높게 평가하여 대제의 칭호를 주었지만, 로마가톨릭의 종교 지배를 자초한 측면도 있다. 4개로 나눠진 제국을 하나로 통합했다가, 395년에는 방대한 제국을 혼자 통치하는 것에 한계를 절감하고 동·서 로마로 분할했다.

로마의 분열과 서로마의 멸망

로마는 혼란과 내분을 거듭하던 중에 테오도시우스 대제 때 잠깐 수습되면서 안정을 누렸으나, 그가 죽기 직전에 제국을 2분해 동·서 로마로 나눠 통치하도록 결정함으로써 제국은 분리되었다.

로마 왕국 (BC 753~509) → 로마 공화국 (BC 509~27) → 로마 제국 (BC 27~AD 395)

→ 동로마 제국(395~1453) → 오스만 제국에 멸망함
→ 서로마 제국(395~476) → 오도아케르에 멸망함

동로마는 그의 맏아들인 아르카디우스 황제가, 서로마는 2째아들인 호노리우스 황제가 다스리게 되면서 날이 갈수록 종교, 정치, 민족, 언어, 문화 등의 전반에서 이질화되어 갔다.

특히 서로마는 황제가 무력화된 상황에서 군 지휘관들이 실권을 가진 채 급속도로 약화되는 가운데, 게르만의 대공세에 시달리며 무너

져갔다. 위기에 처한 서로마는 완전하게 군사국가로 변모하며 대응했지만, 이미 군대가 게르만족으로 구성되고 경제침체가 극심한 가운데 404년에는 북이탈리아에 침입한 서고트족을 겨우 막아내면서 수도를 아드리아 해변의 라벤나로 도망치듯 옮겼다. 또한 정권을 게르만계 무장이 장악한 후에는 곳곳에서 황제 아닌 황제들이 난립해 어지러운 형세가 이어졌다.

훈족의 압박과 게르만족의 이동도 계속되고 있었다. 410년에 서고트족이 로마시로 난입해 약탈을 감행했고, 다시 방향을 돌려 이베리아로 이동해 서고트 왕국을 세웠다(아우렐리아누스 성벽을 불침무적의 자랑으로 여기며 안심하다가 800년 만에 '2차 로마의 약탈'을 겪었다).

429년에는 반달족이 서고트족에 쫓겨 이베리아를 떠나 북아프리카로 진출해 왕국을 세웠다. 또한 부르군트족과 프랑크족도 갈리아에 침입했고, 앵글족과 색슨족은 바다를 건너 브리튼 섬으로 건너가 세력을 넓혀갔다.

이런 중에 서로마는 훈족의 아틸라가 대공세를 펼쳐 밀고 내려오자, 필사의 항전과 레오의 담판 끝에 겨우 위기를 넘겼다. 하지만 로마시가 반달족에게 점령되어 약탈당하면서 제국은 거의 몰락했다('3차 로마의 약탈'에 해당한다).

서로마의 실권은 게르만족이 장악했다. 마지막 황제인 로물루스 아우구스툴루스(재위 475~76)는 15세의 어린 나이에 제위에 오른 데다 이미 허수아비였다. 게르만족 용병이 정규군이 되어 실권을 잡은 채 훈족의 피가 섞인 게르만족 출신의 용병대장 오도아케르가 황제를 폐하면서 제국은 멸망했다(마지막 황제의 이름이 이채롭다. 로마의 창건자인 로물루스에 제국의 첫 황제인 아우구스투스를 모두 담은 이름이지만 정작 멸망 군주가 되었다. 10개월간 재위하다가 강제 퇴위했다. 일부에서는 전임자이자 동로마 황제에 의해 임명된 율리우스 네포스를 마지막 황제로 보기도 한다).

오도아케르는 잠깐 황제가 되었다가, 곧 동로마 황제 제논(재위 474~75, 476~91)에게 서로마 황제를 반납하고 대리자로서 이탈리아를 통치하는 형식을 갖추었다. 이로써 제논은 전 로마의 유일한 황제가 되었고, 동로마는 명목상의 통일 로마 제국이 되었다(동로마는 536년에 유스티니아누스 대제에 의해 이탈리아에 대한 지배권을 다시 얻기도 했다).

* 로마 제국은 단일 왕조로는 세계에서 가장 오랜 왕국이다. 신화상의 건국연도인 BC 753년과 동로마의 멸망연도인 1453년을 기준으로 삼으면 2206년, 신화상의 연도가 아닌 실제상의 건국연도인 BC 600년경을 기준으로 하면 2053년간 존속한 셈이다. 동·서 로마를 따로 보면 서로마는 동·서 로마의 분리 이후 81년밖에 이어지지 못했지만, 동로마는 1058년에 걸친 천년왕국을 유지했다.

열심히 사노라면 운이 따른다: 기적 같은 황제직 계승

유스티누스는 마케도니아의 작은 시골마을에서 농부의 아들로 태어났다. 돼지를 키우다가 외세의 침입으로 피신하여 콘스탄티노플로 상경해 일개 병사로 군대에 들어갔다. 그는 군인이 된 후 전쟁에서 두각을 드러내 명성을 얻었고, 궁전 경비대장까지 올랐다(로마 황제의 힘은 군대에서 나왔다. 특히 근위대가 궁전 암투와 내전이 잦은 콘스탄티노플의 유일한 군대로서 가장 중요했고, 그 지휘자가 경비대장이다).

이전 황제는 후사가 없는 상황에서 죽기 전에 후계자를 놓고 3명의 조카 중에 제위를 물려주기 위해 초대를 했다.

"들어와서 짐과 저녁 식사를 함께하자."

사실 황제는 식사하는 자리에 방석을 놓고 그 밑에 '황제'라고 쓴 글을 둔 채 그 자리에 앉는 조카에게 제위를 물려주기 위해 궁전으로 불렀으나 누구도 앉지 않았다. 이에 황제는 이색적인 유언을 남겼다.

"신의 뜻이다. 내일 아침 나의 침실에 가장 먼저 들어오는 사람에게 제위를 물려주라."

다음 날 아침이 되어 경비대장인 유스티누스가 황제의 잠을 깨우기 위해 침실에 들렀다가 황제로 지명되었다. 이후 군대와 귀족 세력의 지지까지 얻어냈다. 그 과정에서 여동생의 아들로 외조카인 유스티니아누스를 콘스탄티노플로 불러 양자로 삼아 자신을 돕게 했고, 그의 치밀한 전략에 따라 후계다툼에 이겨 황제가 될 수 있었다.

유스티누스 1세(재위 518~27)는 벼락 출세하듯이 황제가 되었다. 야망이 대단했고 유능한 장군이었지만 이미 70세를 바라보는 나이에 문맹에다 통치자로서의 역량이 떨어졌다. 결국 경비장교였던 유스티니아누스가 중책을 맡아 국정을 이끌다시피했고, 후계자로서의 위상을 확립한 후 527년에는 공동 황제가 되었다. 그리고 같은 해에 유스티누스가 죽자 황제가 되었다.

지도자 하기에 따라 흥망성쇠가 좌우된다: 동로마 다시 일어서다

유스티니아누스 대제(유스티니아누스 1세. 483~565, 재위 527~65)는 44세의 나이로 황제가 되자 뛰어난 역량에 더해 거의 잠을 자지 않으면서 열심히 일했다. 신분보다 능력을 기준으로 인재를 등용했고, 황실과 귀족의 부정부패를 척결했다. 귀족들을 제압하며 황제권을 공고하게 만들었다.

특히 그는 3가지의 위대한 유산, 즉 '법률, 건축, 비단'을 남겨 오랜 번영의 기틀을 다져놓았다.

먼저 통치의 원칙이자 근간으로서 오래 전부터 희망하던 로마법의 집대성에 나섰다. 438년에 법령을 정비했지만 황제의 칙령을 모으는 데 그쳤던 것에 부족함을 느끼고, 학자들을 불러 로마의 옛 법률을 정리하면서 새로운 법전 편찬에 들어가 14달 만인 529년에 〈칙법휘찬〉을 완성해 제국의 모든 법령으로 활용했다. 이듬해에 법률 서적들을 집대성하고 기존 학설들을 체계적으로 종합 정리한 〈학설휘찬〉을 펴냈고, 533년에는 법학 교재인 〈법학제요〉를 편찬했다. 이렇게 하여 '유스티니아누스 법전 또는 시민법대전'이라 불린 최고 권위의 〈로마법대전〉을 통해 제국을 법치로 다스리며 통치 체계를 확립했다. 이 대전은 지금도 유럽의 법률에서 기초가 되고 있다.

그는 도시와 제국 전역에 걸쳐 대대적인 건축사업을 벌여 동로마다운 모습을 갖추었다. 수도인 콘스탄티노플을 정비했고, 청동의 둥근 기와로 된 거대한 소피아 성당(지금의 아야 소피아 박물관)을 재건하는 등 많은 뛰어난 건축물들을 세워 아름답고 내실 있게 만들었다. 수로와 교량, 수도원·고아원을 비롯해 국민생활에 필요한 시설물, 변경의 요새와 방어기지에 대한 토목사업들을 광범위하게 진행했다.

유스티니아누스는 로마인들이 값비싼 대가를 치르고도 열광적으로 좋아한 비단을 직접 생산하기 위해 수도사에게 명해 중국으로 건너가 누에 알을 가져오게 했다. 얼마 안 가 콘스탄티노플에서도 양잠을 하고 견직물이 유통되었다. 지금은 산업이 다양화·고도화해서 별것 아닌 시각으로 볼지 몰라도 백년전쟁과 영국-네덜란드 전쟁이 모직물 때문에 벌어졌고, 산업혁명과 남북전쟁이 면직물 때문에 일어났음을 생각하면 얼마나 중요한 시도였는지 짐작할 수 있다. 동·서양의 중요한 교역상품이 비단이라 하여 실크로드(비단길)로 불렸고, 로마조차 비단 때문에 재정이 거덜나고 경제가 파탄났다고 한탄할 지경이었으니, 자체적으로 생산하려는 그의 노력은 높이 평가받을 만하다.

그는 상공업을 장려하면서 로마인들의 민생도 알뜰하게 챙겼다. 시민들에게 필요한 제반 제도를 개혁하면서 정비했고, 경제 정책에도 전력을 기울여 로마의 재정이 넉넉해지고 백성들의 생활이 풍족해졌다. 아울러 안정된 내정과 넉넉한 경제력을 바탕으로 문화예술을 적극적으로 장려하여 '유스티니아누스 르네상스'라 불리는 시절을 구가했다.

내부를 다지고 나면 외치에 나서야 한다: 옛 로마의 판도 회복

유스티니아누스는 제국의 영광을 되찾기 위해 군사력 강화에 역점을 두고 활발한 대외활동을 전개했다. 벨리사리우스와 나르세스 같은 걸출한 장군들을 중용해 앞장세웠다.

533~34년에 벨리사리우스 장군이 군사들을 이끌고 북아프리카의 반달 왕국을 정복했다. 535~36년에는 이탈리아를 다스리던 동고트 왕국의 내분을 틈타 다시 벨리사리우스를 보내 나폴리와 로마를 점령했다. 540년에는 동고트의 수도인 라벤나를 함락해 기세를 올렸다.

그러나 그는 명장 벨리사리우스의 활약을 못마땅하게 여겼다. 541~43년에 사산 제국과의 전쟁에서 벨리사리우스가 맹활약을 펼쳤지만 의심과 시기에 사로잡혀 소환했다. 그 바람에 승리를 눈앞에 두고도 상호불가침 조약을 맺고 마무리해야 했다. 물론 제국이 동방의 안정을 얻어 서방에 치중할 수 있는 발판이 되었음은 분명하다.

544년 동고트가 다시 새로운 왕을 세우고 군사를 일으켜 반격해오자 벨리사리우스를 보내 방어하도록 했다. 그렇지만 이번에도 그의 의심으로 인해 군사와 재정에서 제대로 된 지원을 받지 못해 효과적인 전투를 하지 못했다. 벨리사리우스는 편지를 보내 간곡히 요청했다.

"적을 무찔러 이기려면 군사들이 필요합니다. 먼저 저의 경호병들이라도 보내주십시오. 훈족을 비롯한 야만족 부대도 좋으니 많이 보내주십시오. 병사들에게 줄 경비도 필요하니 보내주십시오."

그러나 유스티니아누스는 엉뚱한 생각을 품고 있었다.

'이 전쟁에서 또 이기면 벨리사리우스의 인기는 더욱 치솟을 것이다. 그렇게 되면 로마인들이 황제인 나보다 더 따르게 될 것이다.'

그는 벨리사리우스의 요청을 거절하면서 한술 더 뜬 명을 내렸다.

"벨리사리우스는 로마로 귀환하라. 대신 나르세스를 후임 사령관으로 임명하니 그에게 인수인계하라."

그는 벨리사리우스를 소환하는 대신에 그 못지않게 유능한 나르세스를 임명했다. 나르세스 장군은 오랜 전투 끝에 552년에 라벤나를 다시 점령해 동고트 왕국을 멸망시켰다. 그해에 서고트족이 지배하던 이베리아 남부를 공략해 여러 도시들을 잇따라 함락하기도 했다.

이렇게 하여 유스티니아누스는 동로마의 영토에 더해 이탈리아 반도를 비롯해 북아프리카, 이베리아 반도, 시칠리아, 사르데냐, 코르시카 같은 지중해의 중요한 지역들을 두루 차지하면서 옛 로마의 전성기 때 영토를 거의 회복하며 극성기를 누렸다.

사실 그는 자신의 의심증이 아니었다면 훨씬 더 큰 치적을 남겼을 것이다. 벨리사리우스가 더 멀리 정복사업을 펼치도록 독려했더라면 동로마는 물론이고 자신의 영광도 한결 높아졌을 것이다. 동서고금을 살펴보면 위대한 지도자나 기업가들은 자신보다 나은 인물들을 찾으려 노력했고, 과감하게 중책에 기용해 국가나 기업 발전을 이룩했다. 후대에서도 이러한 자세를 더욱 높게 호평하기 마련이다.

이런 점에서 한국의 재벌들이 아들딸과 사위는 물론이고 형제자매에 손자들까지 경영에 참여시키거나 계열사를 갖고 분가하거나, 그마저도 어려우면 관련 기업을 세워 주변을 맴도는 행태를 멈춰야 한다. 결국에는 그 재벌도 망조가 들기 마련이고, 국민경제와 기업가정신마저 죽이는 치명적인 결과를 초래할 것이다. 이런 까닭에 뛰어난 인재를 찾거나 길러 기업을 이끌어도록 하는 자세가 반드시 필요하다.

굳이 후계자로 기업을 이끌게 할 때는 대표성을 지닌 인물로 1명을 경영진 또는 이사회에 참여시키도록 해야 한다. 물론 경영능력이 감당

되는 경우에 한정되어야 할 것이다.

〈동로마 제국: 로마의 정통이자 유럽의 수호자〉

동로마 제국은 그리스적 국호인 비잔티움 제국 또는 비잔틴 제국이라 부르기도 한다. 이 경우에도 '비잔틴'이 '비잔티움'의 형용사형이라 '비잔티움 제국'이라 해야 맞다(비잔티움은 BC 7세기 중반에 그리스의 메가라에서 이주해온 전설적인 인물 비자스가 식민도시를 세우면서 유래했다).

언어 측면에서 라틴어를 사용한 로마 제국과 달리, 그리스 문화가 뿌리 깊은 지역으로 옮겨오면서 그리스어를 주로 사용했다. 급기야 610년에는 황제의 명으로 제국의 공용어를 그리스어로 변경했고, 이후에는 비잔티움 제국이란 말이 많이 사용되었다.

이런 상황에서 서유럽은 자신들과 직접적인 관련도 없이 입지를 좁히는 존재인 동로마를 두고 그리스적이고 그리스화한 비잔틴 제국이라 하여 로마의 비정통으로 부정·폄하했다.

여기에다 민족적으로 라틴족에 더해 그리스인과 슬라브족의 세계로 변했고, 문화적으로 이질화했다고 강조했다. 무엇보다 동로마가 이슬람 세력인 오스만 제국에게 멸망하고 근대까지 지배를 받게 되자 더욱 무시했다. 그러면서 자신들이 로마의 계승자인 양 대체시켰다.

하지만 동로마가 로마의 정통 계승자임은 틀림없다. 디오클레티아누스가 4분치제를 시행할 때 대표 황제로서 동로마 정제가 되어 직접 관장한 시초, 콘스탄티누스 대제가 동방을 중시해 수도마저 동로마 지역으로 옮긴 상징성, 테오도시우스 대제가 동로마를 맡아 유지한 로마의 대표성, 동·서 로마의 분리 때 1째아들에게 동로마를 물려준 정통성, 일관되게 지중해 서쪽이나 서유럽보다 지중해 동쪽과 서아시아를 더 중시한 로마의 전통, 서로마와 함께 존속하는 동안에도 언제나 우위를 차지하며 실질적인 로마의 계승적·대표적 권위와 역할을 유지했던 사실, 프랑크 왕국을 비롯해 게르만족들이 세운 왕국들이 자청해 동로마의 신하국이 되는 것을 당연하게 여긴 서유럽의 인식과 행태, 서로마 말기에 동로마 황제가 서로마 황제를 임명해 파견한 사례, 서로마의 멸망 이후 프랑크 왕국이나 신성로마 제국의 빈약한 로마적 전통 계승, 변함없이 로마에 뿌리를 두고 계승해간 동로마의 역사 등에 비추어 볼 때 로마의 후신이라면 동로마가 맞는 것이다.

무엇보다 동로마 사람들은 스스로의 나라를 '로마 제국'으로 자칭했고, 지중해-중동에서 동양에 이르기까지 모두 이 나라를 로마 제국으로 인정하면서 그렇게 불렀다. 또한 유럽 동쪽을 기반으로 근대 직전까지 존속하며 라틴 문명을 이어간 것도 분명한 사실이다.

보통 로마의 멸망을 두고 크게 3가지 관점에서 접근한다. 395년 동·서 로마로 분할된 해로 보거나, 476년 서로마가 멸망한 해로 보거나, 1453년 동로마가 멸망한 해로 보는 견해인데, 대체로 3번째 견해에 따른다. 이런 차원에서 보더라도 동로마의 역사성과 법통·정통성은 의심의 여지가 없는 것이다.

사실 서유럽은 동로마에 대해 무한한 감사를 해야 한다. 분할 이후 18세기까지 대초원 북방 민족과 이슬람 세력이 유럽 남·동부 및 러시아를 차지한 채 서유럽까지 압박할 때마다 바람막이 역할을 착실히 수행함으로써 근대화를 이룰 때까지 외부의 거센 서진을 막아주었다.

7세기까지 지속된 페르시아 세력의 침공, 이후 아랍에 의해 전개된 이슬람 세력의 진출, 11세기 이후 셀주크 투르크 제국에 의해 더욱 가속화된 유럽 공략, 13~17세기 동안 그야말로 막강했던 몽골 제국과 오스만 투르크 제국의 원정을 막아 주었다.

그러다가 동로마가 멸망하자, 오랜 세월에 걸쳐 심장부인 빈(영어로 비엔나)까지 오스만의 맹렬한 공격에 시달렸음에 비추어 보면 동로마가 유럽 수호자로서의 역할에서 얼마나 중요했는지를 쉽게 알 수 있다. 또한 서로마의 멸망 이후 서유럽이 중세 암흑기를 지속하는 동안 동로마는 고대의 원류이자 고전으로 신주 받들 듯하는 그리스·로마 문명을 고스란히 지켜냈다. 나중에 르네상스를 풍성하게 만든 것도 동로마 사람들이 방대한 서적과 문물들을 가지고 대대적으로 건너왔기 때문에 가능했다.

뛰어난 지도자는 통합한다: 기독교와 교회를 다시 통합하다

유스티니아누스는 제국의 질서를 확립하고 백성들의 정신세계를 통합하기 위해 분열되어 있던 기독교와 교회의 통합에 나섰다.

"신이 하나이듯, 제국도 교회도 하나라야 한다."

그는 남다른 공을 들여 동방과 서방 교회의 분열을 해소하면서 교회의 재통일에 나섰다. 그의 주된 관심사는 예수의 본성에 대한 교리 논쟁과 그로 인한 제국의 분열을 막는 것이었다.

그는 민감한 정치 현안이기도 했던 교리와 교회에 대한 규정을 주도

했다. 과거 칼케돈 공의회에서 이단화된 단성론을 소아시아, 시리아, 이집트 등지에서 옹호하며 고집하자 제국의 분열을 걱정하여 수용하는 자세를 보였다. 대신에 3명의 주교가 쓴 글(3장서)을 놓고 단성론자와 정통론자가 모두 적대하던 네스토리우스파와 연결되었다고 하여 이단으로 단죄하는 칙령을 발표해 양쪽을 안으려 했다.

하지만 신성과 인성을 모두 인정하는 정통론자는 예수의 신성만을 강조하는 단성론을 묵인했다고 비판했고, 교황은 칙령에 대한 승인마저 거부했다. 단성론자들도 이전과 달라진 것이 없다면서 그의 조치에 반발했다. 소아시아와 시리아 일대에 퍼져있던 네스토리우스파만 더 자극한 결과를 가져왔다.

결국 그는 교황을 소환하여 8년이나 억류하며 압박했고, 553년에 5차 콘스탄티노플 공의회까지 열어 교황의 동의를 받아내면서 '3장서 논쟁'을 종식시켜 자신의 입장을 관철했다.

어쨌든 복잡한 사정과 내부의 갈등은 잠복한 채 여전했지만, 표면적·전체적으로 보면 그의 일관된 노력 덕분에 자신의 장악 아래 있던 동방 정교회에 더해 서방 로마가톨릭까지 참여시켜 기독교 세계를 다시 통합했다. 또한 일부 의견 차에도 불구하고 기독교의 교리와 교회의 이론을 정리해 종교를 통한 정치적 통합까지 일정하게 완수했다.

부지런한 지도자는 성공한다: 지칠 줄 모르는 유스티니아누스

유스티니아누스 대제는 뛰어난 지력의 소유자였고, 미남에다 호방한 인물이었다. 공연을 비롯한 문화생활을 즐겼으며, 화려한 성향도 드러냈다. 그러면서도 로마의 영광을 재현하기 위해 고지식할 정도로 밤낮 없이 열심히 일에 매달렸다. 오죽하면 동로마 사람들은 지칠 줄 모르고 일하는 그를 바라보며 별명을 지어 불렀다.

'잠이 없는 사람(아코이메토스).'

그는 황제의 역할을 명확하게 잘 이해하고 실천했다. 강력하고 뛰어난 통솔력으로 인재들을 측근으로 만들었다. 사람들의 속내를 잘 간파했고 참신한 인재를 발굴하여 적재적소에 기용해 역량을 발휘하게 했다. 측신과 장군들의 헌신적인 도움으로 국내외적으로 산적한 현안들을 풀어가 제국의 황금기를 이룩했다. 로마의 단순한 계승을 넘어 통합적이면서도 독창적인 면모를 만들어내며 전성기를 재현했다.

그의 일대기에서 인생 전반을 함께 한 테오도라(?~548)를 빼놓을 수 없다. 황제가 되기 전에 공연을 보러 갔다가 경기장에서 일하던 천민의 딸로 무희이자 여배우로서 인기를 누리던 그녀를 만나 사랑했다(그녀는 작은 몸집이었지만 매력적이었고 눈빛 연기가 훌륭했다고 한다. 직업상 매춘 또는 꼬여드는 남성들과의 염문이 적지 않았다). 빼어난 미모에 끌렸지만 놀라운 총명함은 그를 사로잡았다. 그녀가 미천한 신분이라 결혼을 하지 못하게 되자, 황제를 움직여 법까지 고쳤다.

523년 40세의 유스티니아누스는 그녀와 결혼했다. 테오도라는 결혼 후 정숙한 아내로 처신하며 그의 통치에 결정적인 조력자가 되었다(그녀는 매춘부의 갱생을 위해 수도원을 세웠고, 자비로 매춘부의 빚을 갚아주었다). 그가 황제가 될 때에는 그녀와 대관을 같이 하여 여제로까지 올랐다. 그는 치세 내내 그녀를 곁에 두고 사랑하는 가운데 현명한 내조자로부터 탁월한 도움을 받아 성공적인 정치를 펼칠 수 있었다.

532년에 콘스탄티노플에서 니카의 반란이 일어났다. 대전차 경기장에서 시민들이 전차 경주를 보며 열광적으로 응원하다가 승패를 놓고 폭동이 일어나 반란으로 발전해 궁전으로 몰려왔다(로마는 경기의 승패로 인해 폭동이나 내란으로 발전한 경우가 적지 않았다. 시민의 주권의식과 자기주장이 워낙 강했기 때문이다. 황제들조차 녹록지 않은 시민들의 비위를 맞추기 위해 더욱더 경기와 공연에 매달리도록 애를 썼다).

"유스티니아누스를 쫓아내고 새 황제를 세우자."

그는 집권 초에 갑자기 절체절명의 위기에 내몰리자 목숨을 구하기 위해 도망치려 했다. 그때 테오도라는 침착하고 단호하게 진언했다.

"황제는 살아있어도 권위를 잃으면 죽은 거나 다름없어요. 한번 태어난 사람이 죽는 것은 당연한 일입니다. 황제라면 죽더라도 황제답게 죽어야 합니다. 당당하게 맞서 해결해야 합니다."

그는 그녀의 말을 전적으로 받아들였다.

"좋소, 궁전에 머물겠소. 벨리사리우스 장군을 불러 즉시 폭동을 막도록 합시다."

그는 굳게 마음을 다잡고, 벨리사리우스를 위시한 장군들에게 명을 내려 반란을 진압하고 안정을 되찾았다. 만일 그녀가 암에 걸려 일찍 죽지 않았다면 그가 훨씬 현명하고 위대할 수 있었을지도 모른다. 적어도 그의 과오만큼은 그녀의 부재로 인해 초래되었다고 볼 수 있다.

누구나 그러하듯 그에게도 결함이 있었고, 정치에서 실책이 적지 않았다. 신상과 주변 문제를 놓고서는 지나치게 소심하고 시기에 찬 모습을 드러냈다. 그의 성품에서 편협함은 치명적인 결점이었다. 자신에게 위협적인 사람에 대해 편집증적인 의심을 이겨내지 못했다.

당대의 명장 벨리사리우스(505~65)에 대한 의심은 대표적인 사례라 하겠다. 벨리사리우스는 그를 경호하다가 장군이 되어 사산과의 전쟁에서 큰 공을 세웠다. 북아프리카의 반달 왕국을 정복하고 이탈리아 남부와 시칠리아를 공략했다. 537년에는 대대적인 영토확장에 성공한 후 개선하여 위명이 쟁쟁했다. 자기관리에 철저한 데다 정보전과 전략을 중시했고 군기와 경계에 철통 같았으며 점령지에서의 어떠한 약탈도 못하게 해 명성이 높았다.

그러나 유스티니아누스는 툭하면 벨리사리우스를 의심해 전쟁에서 승리하거나 한창 전쟁 중일 때조차 소환했다. 그때마다 벨리사리우스는 엄청난 전리품을 바치면서 충성을 맹세해야 했다. 다행히 벨리사리우스는 막강한 군단을 거느리고도 그에게 변함없는 충성으로 일관했다. 그럼에도 말년에 갈수록 의심이 더욱 심해져 벨리사리우스의 재산을 여러 번 압수했고 자택에 연금하기까지 했다. 결국 벨리사리우스는 화병으로 죽었다(그 역시 1년이 채 안 지나 병에 걸려 뒤따라 죽었다).

76세에 접어든 559년, 슬라브족이 콘스탄티노플까지 침공하자, 벨리사리우스를 보내 힘겹게 막아냈다. 561년에는 몽골 계통으로 유연의 한 갈래인 아바르족이 서진을 거듭해 발칸 반도를 거쳐 침공해오자, 보상금(조공)을 지불하고 겨우 물러나게 만들었다. 끊임없이 공격해오던 사산에게는 매년 막대한 조공을 바치기로 하면서 돈으로 평화를 샀다(그는 즉위 후 최강의 숙적인 사산과 벌인 첫 전투에서 이겼으나, 531

년에 패배해 막대한 배상금을 치렀던 전력이 있었다).

이런 중에 계속된 전쟁에다 대규모 토목공사들로 인해 말년으로 갈수록 재정이 어려워졌고, 무거운 세금에 시달려 민심도 많이 잃었다. 심지어 이탈리아에서는 지나친 약탈과 착취로 인해 동로마의 지배를 못마땅하게 여겼을 정도였다. 그의 노력과는 반대로 기독교 세력의 분열은 더욱 깊어갔다. 게다가 후사가 없어 후대에 대한 불안도 컸다.

그러다보니 그가 82세의 나이로 죽자 애써 이룩한 대제국은 쉽게 흔들리며 약화되었다. 여동생의 아들을 황제로 세웠지만, 너무 유약해 동쪽의 아바르족과 서쪽의 프랑크족을 비롯한 사나운 이민족들에 대한 두려움에 떨며 쇠락해갔다. 심지어 동로마의 영광스러운 상징과도 같았던 이탈리아는 그가 죽은 지 겨우 3년 만에 롬바르드(랑고바르드·롱고바르트, 지금의 롬바르디아 유래)에게 넘어갔다.

그렇지만 유스티니아누스의 위대함은 여전하다. 게르만족의 공세를 제압하면서 북아프리카의 반달족, 이탈리아의 동고트족, 이베리아의 서고트족을 정복하는 한편 서아시아를 장악한 사산의 서진을 막아내면서 지중해의 패권을 다시 확립했다.

다만 주된 관심사는 동방을 향해 있었다. 로마의 본거지인 이탈리아 반도를 비롯한 일부 남유럽을 빼고 나면 별다른 매력을 느끼지 못했다. 동방으로 진출해 흑해와 서아시아 경영에 치중하며 부유한 속령을 보유해 번영을 누렸다(사실 서아시아 세력의 호전적인 영토확장 정책 때문에라도 전력을 집중하지 않을 수 없었다).

그는 로마의 계승자로서 동로마의 번영을 이룩했다. 옛 로마의 영토 회복에 전력을 기울여 거의 비슷하게 확장했을 뿐만 아니라 경제와 문화 등의 전반에서 로마의 부흥을 이끌어 제국의 영광을 재현했다. 그의 치세 이후 동로마는 900년을 더 존속하며 유럽의 문명사를 대신하기도 했다.

반면에 서유럽은 로마의 권위와 영향력에 매달렸지만 로마를 활용한 문명화를 거의 이룩하지 못했다. 당시까지도 서유럽에 정착한 게르만 부족들이 서로 분열된 채 정체된 모습에서 벗어나지 못했다. 오히려 서유럽은 동로마가 충실한 전통의 수호자로 역할해준 덕분에 안전할 수 있었고, 늦었지만 근대에 가서는 성공을 맛볼 수 있었다.

〈바실리우스 2세, 동로마의 제2 전성기를 열다〉

바실리우스 2세(958~1025, 재위 976~1025)는 동생과 함께 황제가 되었다. 치세 초 9년 동안 실권을 가진 시종장의 전횡 아래 조용히 참아내며 정치와 군사를 배웠다. 2차례의 반란을 거치면서 군대를 키웠고, 985년 27세의 왕성한 나이에 마침내 시종장을 쫓아내고 본격적인 치세를 열었다.

바실리우스는 반란과 내분도 잘 수습했다. 989년에 반란이 일어나자, 키예프 공국의 블라디미르 1세(재위 978~1015)의 도움을 받아 진압했다. 블라디미르가 그 대가로 자신의 누이와의 결혼을 요구하자 키예프가 정교회 신앙을 받아들이는 조건으로 결혼을 허락해 러시아가 정교회 국가가 되는 계기를 만들기도 했다.

그는 내정을 수습하자 제국의 영토 회복에 나섰다. 989년 원정에 나서 당시 막강한 세력을 떨치던 불가르족을 무찌르고 영토를 넓혔다(불가르족은 대초원 세력인 돌궐의 한 갈래로 5세기부터 불가리아 일대를 장악했다. 한때 흑해에서 아드리아해까지 발칸 반도 거의 전역을 차지했다. 1237년에 몽골의 유럽원정 때 정복되었고, 나중에는 오스만의 지배 아래 들어갔다. 그 뒤로 슬라브족과의 혼혈이 진행되면서 지금의 불가리아를 형성했다. 다만 대초원 민족의 특징인 초원반점(몽골반점)은 그대로 드러나고 있다).

995년에는 이집트를 기반으로 하는 파티마 제국(909~1171)이 침입하자, 불가리아에서 돌아와 보병을 기병으로 재편하여 남쪽으로 빠른 속도로 진격해 함락 위기에 처한 안티오키아(안티오크·안티오케이아, 성경의 안디옥, 지금의 안타키아)를 구원했다. 이후 계속 남하하여 시리아와 레바논까지 휩쓸면서 파티마의 위협을 근원적으로 해결했다.

그의 치세에서 불가르족과의 혈투는 유명하다. 즉위 초 후계다툼에다 반란 진압에도 힘들었던 시기에 불가르족이 침입해 쓰라린 패배를 당했다. 그는 치욕을 되갚기 위해 오랜 준비 끝에 원정에 나서 잇따른 전투에서 승리했다. 베네치아 공화국과 협력해 불가르의 영토를 차지했고, 1000~03년 동안 테살로니키에서 도나우강에 이르는 발칸 반도 동부 지역을 되찾았다. 1014년에 다시 불가르와 벌인 전투에서 결정적인 대승을 거두었고, 1018년에는 결사항전하던 불가르족과의 전쟁에서 최종 승리하면서 불가리아를 해체하고 통합했다.

그는 오랜 전쟁을 치르면서 별명을 얻기도 했다.

'불가르족의 학살자(불가록토누스).'

그는 1014년 전투에서 승리한 뒤에 포로 1만5000여명에게 100명당 1명만 한쪽 눈을 멀게 하고 나머지는 두 눈을 다 멀게 만들어 데리고 돌아가게 했고, 이 모습을 본 불가르의 군주가 충격으로 죽었다고도 한다(당시 형벌로서 일반적으로 행해지고 있어 허구일 뿐이다).

그는 동쪽으로 계속 나아가 흑해 북쪽의 크림반도를 손에 넣고 조지아(러시아어로 그루지야)와 아르메니아에 대해서도 영향력을 확장했다. 그리고 이탈리아 남부에 대한 지배권을 강화했고, 1019년에 롬바르드족과 노르만족 연합군에 승리해 이슬람 세력의 손에서 갓 벗어난 시칠리아를 차지했다. 1022년에는 신성로마 황제로 실지 회복에 나선 하인리히 2세의 침입도 막아냈다. 이후에도 이탈리아 남부를 평정하고 시칠리아 원정을 준비하다가 67세의 나이로 죽었다.

그는 탁월한 군사전략가로서 기병 중심의 기동전과 전격전을 벌였다. 대외 활동의 치적과 함께 내정도 그에 못지않았다. 뛰어난 개혁 군주로서 발호하던 귀족들을 제압하며 정치와 경제를 안정시켰다. 농민에게 빼앗긴 토지를 돌려주고 자기 땅에서 농사를 짓도록 하여 민심을 얻었다. 황제에게 직접 군역과 세금을 바치게 해 수많은 전쟁을 치르면서도 국가재정을 넉넉하게 유지했다.

특히 그의 정복사업에 힘입어 서쪽으로 아드리아해에서 남쪽으로 에게해를 끼고 동쪽으로 흑해까지 방대한 영토를 개척했다. 유스티니아누스 대제 이후 가장 넓은 영토를 차지하며 제국의 번영을 이룩했다. 그 스스로도 자신의 일생을 신이 부여한 신성한 책무로 여기면서 위대한 성취에 만족함을 드러냈다.

"신께서 황제로 삼으신 후, 나는 하루도 쉴 날이 없었다. 평생을 잠깐도 쉬지 못한 채 동방과 서방을 가리지 않고 원정했다. 그래서 제2의 로마를 온전하게 지켜냈다."

〈잊혀진 제국: 유럽의 동로마에 대한 외면과 신성로마 제국의 정통화〉

서유럽에서는 로마라는 이름만으로도 권위가 선다. 그래서 로마의 정통성을 활용해 서유럽을 전통의 계승자로 정당화했다. 800년 프랑크 왕국을 제국으로 발전시킨 카를 대제의 대관으로 서로마의 부활을 강조했다. 962년 독일 왕 오토 대제가 신성로마 제국이라 칭하고 황제로 즉위해 로마의 권위를 내세웠다. 1806년 유럽을 장악한 나폴레옹이 해체할 때까지 로마라는 명분만은 손에서 놓치 않았다.

	동로마	서유럽
민족	라틴족	게르만족
국가	동로마 제국	서로마 제국 ➔ 프랑크 왕국 ➔ 신성로마 제국
종교	정교회	로마가톨릭 교회
언어	라틴어 ➔ 그리스어	라틴어 ➔ 게르만어 ➔ 독일어 / 프랑스어
지역	동유럽	서유럽

이렇게 서유럽은 자신들의 뿌리와 계보를 로마 제국, 서로마 제국, 프랑크 왕국, 신성로마 제국으로 간주했고, 실제 로마의 적통이자 훨씬

더 오래 로마를 계승한 동로마를 외면했다.

그러나 실제로는 서로마보다 동로마가 형의 존재이자 상전으로 역할했다. 프랑크가 강성할 때조차 동로마에 복속한 채 머리를 조아렸다. 신성로마 제국을 세웠을 때에도 동로마의 우위를 인정했다.

사실 동로마가 역사적 위상과 중요성을 상실한 것은 에드워드 기번이 〈로마 제국 쇠망사〉를 쓰면서부터다. 유스티니아누스 법전, 모자이크 예술 등의 극히 일부만을 단편적으로 거론하면서 세계사는 물론이고 로마사의 흐름에서조차 배제한 것이다. 그리스·로마 문명의 바탕 위에 전통과 가치의 계승자이자 보호자로 역할한 사실을 무시한 것이다. 서유럽이 학계의 주류를 차지하는 현실에다 기번 자신이 동로마와 전혀 상관없는 영국인인 탓도 컸다.

더욱이 정작 동유럽에서조차 슬라브족이 주역이 된 후 동로마에 대해 별다른 애정을 갖고 있지 않다. 최소한의 역사적인 객관성을 갖고 접근할 국가나 지성 세력도 빈약하다. 은폐적·몰가치적 접근이 팽배한 채 제대로 된 평가가 거의 없거나 모자라는 상황에서 제3자의 입장에서 로마사의 전문가로 자처하는 시오노 나나미조차 〈로마인 이야기〉에서 기존 유럽의 입장에서 벗어나지 못했다.

이러한 상황은 한민족이 주역으로 활동하거나 다스렸던 요하 문명, 고대 조선, 부여, 고구려, 발해 등에 대해 과거 중국에서 한족의 것이 아니라 하여 외면했던 것과 다를 바 없다. 다만 현대 중국은 서유럽보다 오히려 한술 더 뜨는 행태를 보이고 있어 문제다. 현대 이전에는 단 한번도 중국의 역사로 보지 않다가, 지금은 갑자기 '중국 영토에 있는 모든 것은 중국의 것'이라는 원칙을 정한 후 자신의 역사라 주장하고 있기 때문이다. 심지어 자의적이고 반역사적인 주장까지 내세우면서 한국의 학술 연구를 위한 현지조사조차 금지하거나 방해하고 있다. 하루빨리 서로의 역사를 사실 그대로 인정하고, 이러한 토대 위에서 공통적인 역사와 문화에 대한 접근을 이루어가야 할 것이다.

카를 대제 시절의 프랑크 왕국 영토

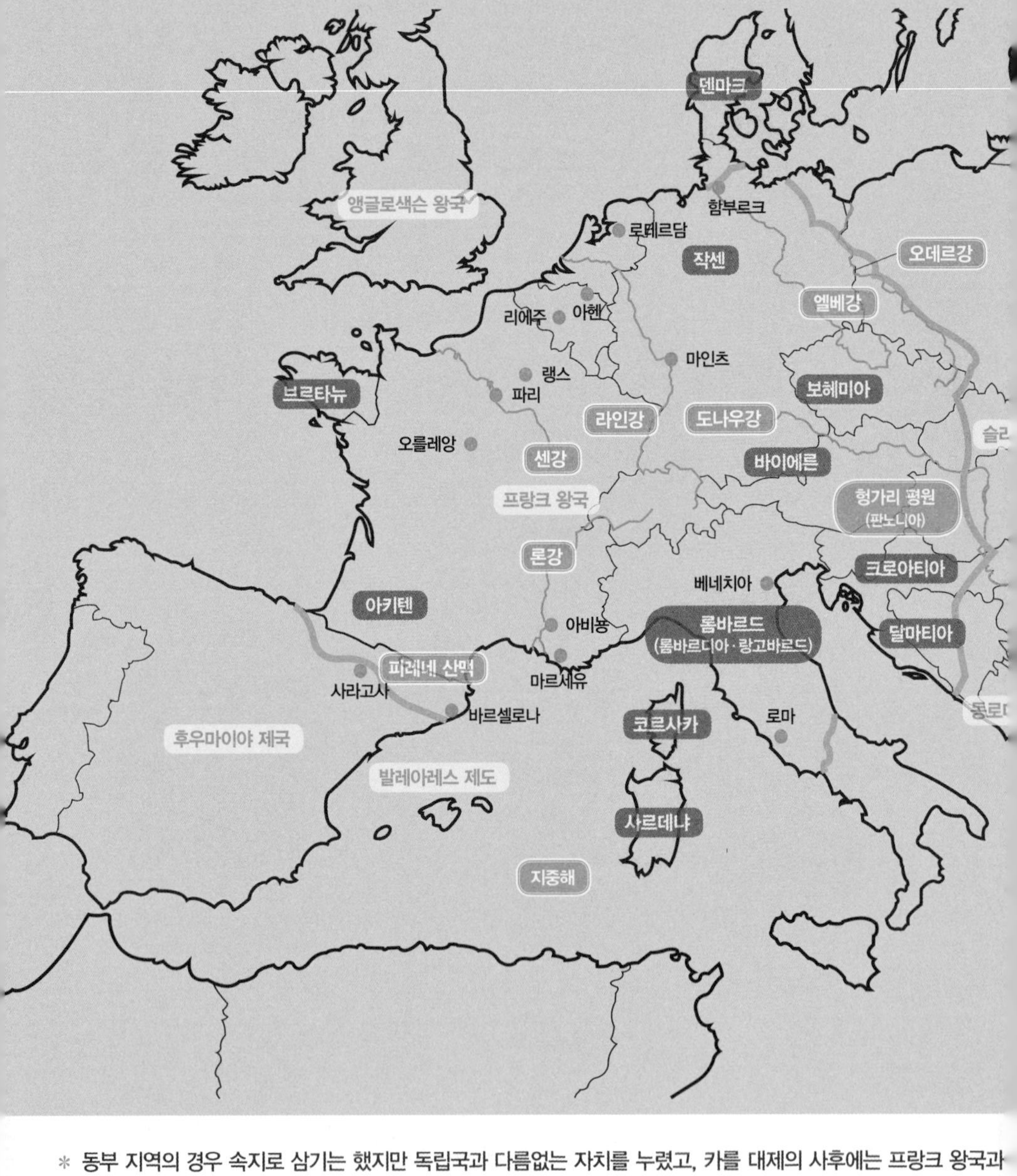

* 동부 지역의 경우 속지로 삼기는 했지만 독립국과 다름없는 자치를 누렸고, 카를 대제의 사후에는 프랑크 왕국과
개가 되었다.

카를 대제

프랑스와 독일 건국의 시초를 이루다

대외 활동을 통해 대내 치세를 이끌다

유럽 중세사에서 획을 그은 인물이라면?

'단연 2사람이다. 클로비스 1세와 카를 대제.'

어떤 점에서 그토록 두드러지는가?

'클로비스 1세는 프랑크 왕국을 성립하여 서유럽의 영토 기반을 다져 놓았고, 카를 대제는 전성기를 구가하며 프랑스와 독일이 독립 국가를 성립하는 시초를 열었다. 클로비스가 기독교의 한 종파인 로마가톨릭을 게르만족의 종교로 받아들이게 만들었다면, 카를은 서유럽을 로마가톨릭에 의한 중세 시대로 뿌리내리게 만들었다.'

카를은 서·중부 유럽 대부분을 차지하며 프랑크 왕국(481~843)을 제국으로 확장하고 서유럽 세계의 영역을 크게 넓혔다. 메로빙거 왕조에 이어 카롤링거 왕조의 실질적인 개조로서 왕국을 안정시켰다(카롤링 왕가로도 불리며 프랑크의 후반을 다스렸다. 이전까지 메로빙거 왕조에 종사하던 궁재 가문이었으나, 점차 실권을 잡아 2번째 왕조를 연 것이다. 프랑크족에게는 성씨가 없어 카롤링은 성씨가 아니라 '카를의'라는 뜻이다).

크게 되려면 굳센 의지가 필요하다: 카를의 강한 권력의지

카를 대제(카를 1세. 742~814, 재위 왕 768~814, 황제 800~14)는 할아버지의 이름을 따서 지었는데, 프랑스어로 샤를마뉴로 불렀고, 라틴어로 카롤루스 대제, 스페인어로 카를로스 대제, 영어로 찰스 대제·샬리메인이라고도 한다(이 책에서는 독일과의 연고를 우선하여 카를로 표기했다. 그의 출생연도를 두고 다른 주장이 있기도 하다).

카를은 벨기에 왈롱 지역 리에주와 가까운 별장에서 피핀 3세(재위 751~68)와 3번째 부인 사이에서 맏아들로 태어났다(프랑스어를 쓰는 남부 왈롱은 네덜란드어를 쓰는 북부 플랑드르 및 독일어를 쓰는 독일 접경 지역과 함께 벨기에를 구성하며, 메로빙거 및 카롤링거 왕조가 생겨난 곳이다).

할아버지 카를 마르텔은 서자였으나, 적모와 배다른 조카들을 제압하고 궁전의 재상인 궁재로서 프랑크의 실권을 잡았다. 이베리아 반도를 석권한 뒤 유럽 대륙을 노리고 피레네 산맥을 넘어온 이슬람 세력의 침입을 막아내면서 왕국을 구원해 백성들의 민심을 얻었다.

아버지 피핀 3세는 카를 마르텔의 아들로 정변을 일으켜 형제를 죽이면서 권력과 군대를 장악했다. 751년에 교황의 승인을 받아 메로빙거 왕조의 마지막 군주를 폐위하고 카롤링거 왕조를 열면서 1대 국왕이 되어 카를의 기반을 예비했다. 754년에는 교황의 구원 요청에 응해 롬바르드족을 쫓아내고 교황에게 영토를 기증해 로마가톨릭과의 유대는 더욱 깊어졌다(롬바르드 왕국이 공격했을 때 교황이 동로마에 도움을 요청했지만 우의를 다짐하는 서신 1장만이 달랑 날아왔다. 마지막으로 프랑크 왕국을 찾아가자 피핀이 환대했고 군대를 보내 막아준 것이다).

카를은 할아버지와 아버지처럼 권력의지가 남달랐다. 어려서부터 아버지가 치열한 권력투쟁을 벌이며 정치를 주도하고 군주권을 확립해가는 모습을 지켜보면서 리더십을 키워나갔다. 또한 외부의 적에 대해서는 호전적으로 전쟁을 벌여 영토를 확장하기 위해 노력했다.

교황이 도움을 요청하기 위해 왕국을 방문했을 때 피핀 3세의 맏아들로서 함께 왕호를 수여받은 후 로마가톨릭에 대해 우호적인 자세를 취했다.

760년 18세가 된 카를은 피핀 3세가 프랑스 남부 아키텐으로 출정해 피레네 산맥까지 원정을 가서 영토를 확장할 때 참전했다. 그즈음 귀족 여성과 결혼했다가 꼽추(곱사등이) 피핀을 낳자 멀리 했다.

롬바르드 왕 데시데리우스의 2째딸과 재혼했다가 후계다툼을 벌일 때 데시데리우스가 같은 사위이자 자신의 동생인 카를로만을 지지하자 폐하고 수녀원으로 보냈으며, 히스파니아 백작의 딸과 3번째로 결혼했다. 783년 41세의 나이에 3번째 부인이 죽자 4번째 결혼을 했다가 794년에 그녀마저 죽은 이후에는 더는 재혼하지 않았다. 다만 그는 여러 후궁들을 두었다.

중세 서유럽의 왕국 I : 프랑크 왕국의 왕조

○ 메로빙거 왕조(481~751): 클로비스 1세~힐데리히 3세

○ 카롤링거 왕조(751~987): 피핀 3세~ 루이 5세

* 프랑크 왕국은 3개의 왕국으로 분열함

지도자는 외부에서 많은 것을 얻어 와야 한다: 지칠 줄 모르는 정복

768년 아버지 피핀 3세가 죽자, 카를은 26세의 나이로 국왕에 올랐다. 오랜 관습에 따라 동생 카를로만 2세와 왕국을 분할해 통치하며 치열한 권력투쟁을 벌이다가 771년에 동생이 갑자기 죽자 단일 통치자가 되었다(일부에서는 카를이 암살한 것으로 본다).

카를 대제는 국왕이 되었지만, 즉위 초에는 새로운 군주에 대한 내부와 외부의 도전으로 힘겹게 보내야 했다. 즉위 초 아버지의 죽음을 틈타 아키텐에서 분리독립을 위한 반란이 일어났다.

"감히 나에게 반기를 들면 그 누구도 용서하지 않겠다. 한 놈도 남김없이 척결하라."

그는 발빠르게 군사를 보내 무자비하게 진압하여 항복을 받아냈다. 그해에 갈리아와 히스파니아에서 일어난 게르만족의 반란도 가차 없이 진압했다. 뒤이어 바스크족을 국경 밖으로 쫓아냈고, 스페인에 변경령을 설치하고 변경백을 보내 지키게 했다(중세 유럽에서는 변경백, 왕령백, 궁중백, 부족공, 선거후 같은 작위 명칭이 자주 사용되었다. 변경백은 변경령을 다스리는 제후, 왕령백은 군주의 영지인 궁중령을 관리하는 제후, 궁중백(팔츠·팔츠그라프)은 귀족·학자·법률가 중에 왕궁을 관리하는 제후, 부족공은

피지배 부족을 복속하기 위해 부족장으로 앉힌 제후, 선거후는 선제후·선정후로도 불리며 독일 왕을 선출하는 자격을 가진 제후를 말한다. 독립국의 군주나 다름없는 위상을 누렸으며, 영주로도 불린다).

카를의 정복사업에서 독일 북부의 작센(삭소니아, 영어로 색슨)은 중요한 지역이었다.

"작센은 결코 놓칠 수 없는 전략요충지다. 어떠한 공을 들이든 얼마나 시일이 걸리든 반드시 손에 넣어야 한다."

772~804년에 걸쳐 무려 18번이나 집요하게 작센족을 정벌해 분리·독립하려는 반란을 진압하고 기독교로 개종시켜 완전히 복속했다. 774년에는 이탈리아 북부의 롬바르드 왕국과 전쟁을 벌여 수도인 파비아를 포위 공격하여 동생을 편들었던 데시데리우스 왕을 붙잡아 멸망시키고 합병했다(게르만계 민족들은 이동과 정착을 진행하면서 분열 속에 혼미를 거듭하다가 8세기경 북쪽의 프랑크 왕국이 프랑스와 독일을, 남쪽의 롬바르드 왕국(568~774)이 이탈리아를 차지하며 통합되어 갔다. 특히 롬바르드가 2차례에 걸쳐 로마를 공격했을 때 1차는 아버지 피핀이, 2차는 카를이 막아냈고 결국은 멸망시켰다. 점령한 후에 아버지와 자신이 약속한 대로 일부 영토를 교황령으로 기증했지만 대부분의 영토를 차지했다).

뜻을 이루지 못한 경우도 있었다. 777~78년에 이슬람 세력이 다스리던 이베리아 반도로 원정을 갔다가 퇴각하는 길에 맨뒤에 따라오던 후군이 론세스바예스 전투에서 참패했다(절치부심한 끝에 801년 최종적인 승리를 거두면서 바르셀로나를 차지했다).

781년 39세가 된 카를은 다시 로마를 방문해 자신의 두 아들이 교황의 축복(축성)을 받게 한 후 2째아들인 피피노 카를로만에게 롬바르드 왕이, 6째아들인 루트비히에게 아키텐 왕이 되도록 했다. 아울러 동로마 황제의 어머니로 섭정을 하던 이레네로부터 이탈리아 지배를 승인받기도 했다. 그러나 787년에 동로마가 다스리던 이탈리아 남부를 공격해 서로 간의 우호 관계가 무너지기도 했다.

788~89년에는 독일 남동부의 튀링겐과 바이에른(바바리아)을 정벌한 후 먼 친척인 바이에른 공작이 정통성이 없음을 들어 폐위시켜 강제로 수도원으로 보낸 뒤에 직할령으로 삼았고, 라인강 동부의 남은 영토를 획득하면서 관리와 변경백을 보내 직접 통치했다.

788~90년에 걸쳐 대초원 세력인 아바르족이 서진하여 침입한 후 헝가리, 오스트리아 북부, 이탈리아의 프리울리, 독일의 바이에른 등지를 유린하자, 8년 동안 계속된 전쟁 끝에 도나우강변에서 대승해 국경 밖으로 쫓아내면서 여러 공국들을 합병했다. 자연스럽게 헝가리 일대를 포함해 바깥에 있었던 게르만족까지 포괄하게 되었고, 어느 전쟁에서도 얻을 수 없었던 막대한 부를 획득했다.

특히 오스트리아를 점령한 뒤에 '오스트마르크(동쪽의 변경구)'라 칭한 후에 통치했다(오스트리아는 독일과 같이 프랑크 왕국에 뿌리를 두고 있다. 800년 카를이 서로마 황제의 대관을 받았을 때 설치된 행정관구인 오스트마르크가 기원이다. 976년 신성로마 제국의 오토 대제가 바벤베르크 가에 분봉한 후 빈을 중심도시로 삼아 발전했다. 1237년 몽골에 의해 멸문되자 한동안의 혼란을 거쳐 계승권이 합스부르크 왕가로 넘어간 후 루돌프 1세(재위 1273~91)로부터 오스트리아왕은 물론이고 독일 왕과 신성로마 황제까지 겸했다. 이후 합스부르크는 오스트리아를 본령으로 삼아 유럽 대륙을 대표하는 강국화를 이룩했고, 부지런한 확장 및 결혼 정책에 힘입어 18세기 중반까지 거의 전 유럽을 지배했다).

또한 도나우강 유역의 서슬라브계 부족들로 하여금 종주권을 인정하게 만들어 간접 통치를 받게 했다.

789년 3째아들인 카를에게 프랑스 북부를 기반으로 한 네우스트리아 왕으로 봉했다(아버지와 이름이 같아 유럽의 관행에 따라 프랑스의 카를 또는 동프랑크의 카를 2세, 작은 또는 소 카를, 청년 또는 청년왕 카를 등으로 부른다. 무공을 펼치며 활약해 그가 대관할 때 후계자로서 프랑크 공동 국왕이 되었으나, 811년에 뇌졸중으로 갑자기 죽어 루트비히가 대를 이었다. 루트비히 1세는 중세 이후 별칭을 붙이는 유럽의 관행에 따라 경건왕·자비왕으로 불렸고, 프랑스에서 루이 1세라 한 이후 즐겨 사용하는 이름이 되었다).

그해에 오스트리아 국경 너머의 슬라브족이 작센으로 침입해오자, 곧바로 군사를 이끌고 출병해 부족장을 붙잡아 항복을 받아냈다(이들을 기독교로 개종시키고 선교사를 파견했다).

792년에 작센족이 혼란을 틈타 반란을 일으키자 이내 진압하고, 뒤이어 독일 북서부의 베스트팔렌(지금의 노르트라인-베스트팔렌주·니더작센주·헤센주)을 점령했다. 또한 그가 바이에른과 독일 동북부를 정벌하러 나가자, 그 틈을 노려 맏아들인 꼽추 피핀이 귀족들과 손잡고 반란을 일으켰으나 진압하고는 수도원에 처넣었다.

794년에는 바이에른을 다스리던 귀족 가문의 권한을 박탈한 뒤 분할해 행정관들을 파견했다. 이듬해에는 작센족이 다시 반란을 일으키자 충성을 맹세했다가 분리·독립을 외친 것을 정치적 배신이자 종교적 분열로 규정하고 무자비하게 진압했다.

796년이 되자 작센족이 또다시 독립을 시도했지만 손쉽게 진압했고, 군사를 보내 왕국의 남동부에 있던 헝가리의 판노니아 평원에 이어 달마티아를 비롯한 크로아티아 전역을 정벌했다. 하지만 크로아티아를 다스리던 부족공이 반란을 일으켰을 때 이를 진압하다가 프랑크군이 큰 타격을 입기도 했다.

한편 서아시아를 통합한 이슬람 세력인 아바스 제국(750~1258)의 침입이 본격화되면서 왕국의 동쪽 지역에서 치열한 전쟁을 벌여야 했다. 먼저 롬바르드를 공격했고, 798~99년 코르시카와 사르데냐를 침략하였으며, 수시로 발레아레스 제도로도 쳐들어왔다. 여기에 더해 이탈리아 북부의 제노바와 토스카나 귀족들까지 반발했다. 결국 천하의 카를도 아바스가 워낙 강력한 상대임을 깨닫고는 전쟁이 아닌 외교 전략을 펼쳐 수도인 바그다드로 사자를 보내 강화 조약을 맺었다.

사실 그로서는 기세 높은 아바스군과 전쟁을 벌여 힘을 뺄 필요가 없었다. 동로마와 아바스 사이에서 중개무역을 통한 이익을 얻기 위한 노림수도 있었다. 아바스의 5대 칼리프인 하룬 알-라시드(재위 786~809) 역시 우호적으로 대응해 친선 사절과 예물을 교환했다(하룬 알-라시드는 아바스의 황금기를 연 인물인데 〈천일야화(아라비안 나이트)〉로 유명하다. 동로마에 신하국으로 복속하고 조공을 바칠 것을 요구했다가 거부하자, 797년과 806년 2차례에 걸쳐 직접 원정에 나서 승리한 후 막대한 배상금과 조공을 받았다).

이런 중에 아바스를 피해 이베리아를 차지하고 후우마이야 왕조(756~1031)를 세운 이슬람 세력이 루트비히가 방어하던 국경을 넘나들며 약탈을 일삼았다. 797~801년에 걸쳐 치열한 전투를 벌이며 일진일퇴를 거듭하다가 루트비히가 군사를 이끌고 쳐들어가 기어코 바르셀로나를 함락하며 차지했다.

803년에는 판노니아 밖에 있던 비체슬라프를 비롯한 크로아티아의 부족장들이 자발적으로 귀순해왔다. 그는 비체슬라프를 크로아티아 부족공으로 임명해 사실상의 자치권을 인정해주었다.

덴마크 해적들이 왕국의 영토인 프리슬란트(네덜란드와 독일 북부 연안)와 플랑드르(프랑스 북부와 네덜란드·벨기에 일대)를 습격해 약탈하자, 덴마크 왕이 카를의 공격을 걱정해 협상차 방문했다가 아헨에서 살해당했다. 이에 카를은 원정을 취소했고, 811년 전왕의 조카로 후계자인 덴마크 왕이 왕국을 방문해 강화를 맺으면서 북방을 갈무리했다.

카를은 활발한 정복사업을 통해 서유럽의 대통합을 이루어냈다. 왕국을 다스리기 위해 병합한 부족들의 법전을 문서로 성문화해 부족의 자치권을 인정하되, 부족장 또는 부족공 형식이 아니라 관리를 파견해 중앙집권적 통치체제를 확립했다. 병합한 부족들은 기독교로 개종시켜 정신적인 통합을 추진했다. 하지만 여전히 봉건사회의 기반은 그대로 유지되어 제후국들이 독자성을 유지하고 있었다.

〈외면당한 진실: 아바르족의 유럽 강타〉

아바르족은 대초원 북방민족으로 흉노의 후신인 훈족의 한 갈래다. 6~9세기에 걸쳐 중앙아시아에서 서진하여 러시아 남부와 동유럽을 물론이고 중부유럽까지 포괄하는 제국을 건설했다(터키를 비롯한 일부에서는 흉노를 돌궐의 전신으로 보지만, 일반적으로 몽골의 전신으로 본다).

당시 중앙아시아에서 동아시아에 이르는 방대한 제국을 건설한 서돌궐이 동로마를 공격하자, 적대하던 아바르족은 서진하던 중에 동로마 황제 유스티니아누스 대제와 손잡고 코카서스 일대를 공략했다. 동유럽의 슬라브족을 복속하면서 서쪽으로 영토를 넓혀 가 코카서스에서 프랑크의 국경에 이르는 방대한 영토를 차지했다.

원래 흉노의 후신인 유연은 선비족이 남하해 5호16국 시대와 수·당을 세워 중국 대륙에 치중하면서 자리를 비운 사이에 대초원의 패권을 잡으면서 기세를 올렸다. 그러나 552년에 돌궐이 강성해져 공격하자 다급해진 유연이 선비족에 구원을 요청했으나 외면당한 채 멸망했다. 그때 살아남은 유연의 한 갈래인 아바르족이 세력을 유지하며 서진을 거듭하면서 중앙아시아 일대에 나타난 것이다.

567년 돌궐은 배후의 사산과 동맹을 맺고, 동유럽에서 밀려 내려온 훈족과 코카서스 일대에서 세력을 키운 에프탈(아프탈)을 공격해 멸망시켰다. 이에 아바르족은 서진을 가속화했고, 나날이 세력을 확장했다. 서쪽으로 국경을 마주한 프랑크와 대치하면서 불가르족과 슬라브족은 물론이고 훈족과 게르만족들도 지배 아래 두었다.

바얀 1세 때에는 동로마와 프랑크를 상대로 승리해 전성기를 누리면서 도나우강 중·하류 일대의 판노니아 평원을 중심으로 서쪽으로 엘베강, 북쪽으로 발트해, 동쪽으로 흑해에 이르는 방대한 대제국을 건설했다.

이후 아바르족은 동로마와의 우호관계를 걷어차고 침략 전쟁을 벌이기 시작했다. 582년부터 동로마를 본격적으로 공략하자, 사산과의 전쟁에 시달리던 동로마로서는 막아내기가 여간 힘들지 않았다. 하지만 동로마는 없던 힘까지 짜내며 584년 터키의 아드리아노폴리스에서, 601년 동유럽의 티서(티사)강에서 승리하며 겨우 저지했다.

하지만 얼마 안 가 사산이 동로마와 벌인 전쟁에서 결정적인 승기를 잡자, 아바르족은 사산과 손잡고 다시 공세에 나섰다. 한때 동로마군은 수도인 콘스탄티노플까지 후퇴했다. 626년에는 양국의 연합군이 콘스탄티노플을 함락하기 위해 집중적인 합동 공격을 감행했다. 그러나 동로마군이 강력하게 저항해 함대로 해상을 봉쇄하자 사산군은 보스포루스 해협을 건너지 못해 콘스탄티노플을 공격하지 못했고, 아바르족도 2차례의 줄기찬 공세에도 성을 함락하지 못했다.

결국 아바르와 사산 연합군은 역공에 나선 동로마군에 대패하면서 상황은 반전되었다. 사산은 무서운 기세로 성장한 아랍의 정통 칼리프가 주도한 이슬람 세력에게 공격받아 멸망했다. 아바르 역시 배후의 프랑크에 의해 협공을 받았고, 내부 반란까지 겹쳐 국력이 약화되면서 주변국들의 공격에 맞서지 못했다. 특히 서쪽에서 프랑크족 출신의 사모가 슬라브족을 끌어모아 왕국을 세워 독립했고, 동쪽에서 불가르족이 저항하면서 독립했다. 이후 아바르족은 150년 정도 명맥을 유지했지만, 예전의 위력을 잃은 채 나날이 쇠퇴해갔다.

아바르족은 788~90년 프랑크에 대한 공격에 나섰으나, 카를의 강력한 군대를 맞아 대패하면서 결정타를 맞았다. 다음해부터 프랑크군의 공격을 받기 시작했고, 796년에는 대공세에 시달리다가 근거지인 판노니아마저 빼앗기면서 카를에게 항복했고, 반란을 일으켰다가 진압되면서 멸망했다.

아바르족은 9세기 초 불가르족에 의해 공격받은 뒤 더 이상 재기할 기운조차 잃고 흩어지거나 동화되면서 역사 속으로 사라졌다. 다만 현재까지 극소수만이 남아 고유어인 아바르어를 사용하며, 러시아 남부의 국경 일대에 흩어져 명맥을 유지하고 있다.

한때의 패배는 낭만을 낳기도 한다: 이슬람에 대한 원정과 패배

카를의 파란만장한 인생에서 이베리아 원정 이야기가 유명하다.

활발한 정복사업을 벌이던 8세기 초 탈릭 장군이 이슬람군을 이끌고 지브롤터(아랍어 '탈리크의 언덕'에서 유래) 해협을 건너 이베리아 반도로 침공해 7년도 채 되지 않은 711년에 서고트족을 멸망시키고 전역을 장악했다(유럽에서는 멀쩡한 국호를 사용하지 않고 이슬람 세력이라 말하거나 사라센, 무어인으로 통칭한다).

이슬람군은 유럽 대륙에 대한 공세를 이어가 피레네 산맥을 넘어 프랑크로 침입했다. 바로 그때 궁재 카를 마르텔은 전국 토지 중에 1/3을 몰수해 기사들에게 나눠주면서 강력한 직속군을 조직했다. 732년에 벌어진 투르-푸아티에 전투에서 승리해 기독교 세계를 수호하면서 왕국의 실권까지 장악했다.

그러다가 지중해-중동에서 격변이 일어나 그동안 패권을 누렸던 우마이야 제국이 새로 일어선 아바스에게 멸망당한 뒤 일부가 이베리아로 건너가 코르도바를 건설하고 도읍해 후우마이야 왕조를 세웠다. 이후 이베리아 전역을 차지했고, 프랑크 왕국까지 위협했다.

777년 사라고사를 다스리던 이슬람 총독이 반란을 일으켰다가 프랑크에서 열린 회의에 참석한 뒤 은밀하게 한 가지 제안을 했다.

"저희 나라에서는 전란이 한창입니다. 조금만 힘을 보태주시면 저의 승리가 눈앞에 와 있습니다. 병력을 보내 도와주면 그 대가로 사라고사를 넘기겠습니다."

카를은 입맛 당기는 제안이라 선뜻 받아들였다.

"좋소, 군사를 내주겠소. 약속은 꼭 지키시오."

카를은 곧바로 출정하여 사라고사까지 진격해 포위했지만, 후우마이야 왕조를 연 아브드 알-라흐만 1세(재위 756~88)에게 막혀 뜻을 이루지 못한 채 물러나야 했다.

다음해에 그는 다시 원정에 나서 사라고사를 포위했으나 총독의 거짓 책략에 속아 피레네를 넘어 철군하게 되었다. 그때 후군이 퇴각하던 중에 바스크족의 공격을 받고 참패했는데, 브르타뉴 변경백인 롤랑이 죽어 〈롤랑의 노래〉라는 문학작품이 지금도 전하고 있다.

이 전투의 참패로 큰 피해를 입은 카를은 함구령을 내린 채 분을 삭이며 때만 노리다가 804년에 재공격에 나서 승리했다. 그때가 그의 나이 62세 때였다(이베리아의 이슬람 세력은 11세기 이후 여러 소국들로 분열되었다가 스페인의 기독교 세력과 오랜 공방을 거쳐 1492년에 이슬람 최후의 그라나다 왕국이 멸망하면서 완전히 퇴출되었다).

〈롤랑의 노래〉

카를 대제(프랑스 문학이므로 여기서는 프랑스어 호칭인 '샤를마뉴'로 함)에 의해 프랑크 왕국은 서유럽을 지배하는 제국으로 발돋움했다. 그 과정에서 그는 기독교 성전을 외치며 이베리아를 지배하던 이슬람 세력(여기서는 프랑스식으로 사라센이라 함)에 대한 정벌에 나서 중세 프랑스의 국민 서사시이자 무훈시의 최고 걸작일 뿐만 아니라 중세 유럽 최고의 기사문학인 〈롤랑의 노래〉를 남겼다.

이 작품은 잘 짜여진 구성과 힘차고 품격 있는 문체로 쓰여진 10음절 시구로 총 4002행으로 되어 있으며, 작가는 미상이다(중세 유럽문학에서는 영웅군주인 카를과 숙적인 사라센에 대한 승리를 소재의 양대축으로 사용했다. 특히 명예와 충성을 최고의 가치로 삼아 기사들의 활약을 그렸다). 이슬람 원정에서 뜻을 이루지 못한 채 돌아오다가 피레네 산속에서 습격받아 후위대가 전멸당한 이야기를 배경으로 했다. 한참이 지난 12세기 초의 작품이다보니 프랑스와 기독교의 신을 위해 전쟁과 순교를 마다하지 않는 중세 무사도를 기리는 내용으로 각색되었다.

당시 유럽은 인쇄술이 없어 책이 거의 보급되지 못해 책 1권을 두고 온 마을 사람들이 모여 누가 소리 높여 읽으면 나머지는 경청했는데, 그 독송이 전 유럽에 퍼졌을 정도로 인기를 누렸다. 파리에서 남서쪽으로 85km 거리에 있는 샤르트르 대성당에는 이 작품의 내용이 스테

인드글라스로 표현되어 있으며, 지금도 미술, 음악, 문학, 공연, 영화 등의 소재로 사랑받고 있다.

주된 줄거리는 샤를과 함께 활약했던 12명의 성기사(팔라딘)로 주인공이자 대장인 롤랑의 용맹과 간신인 가느롱의 모략을 대치시키는 구도 아래 적군인 사라센에 대한 기사들의 애국심과 신앙에 대한 열정을 영웅적으로 강조했다. 최후에는 이슬람에 대한 프랑스군과 기독교 신앙의 위대한 승리를 노래했다.

사실 피레네 산맥을 사이에 두고 숱한 공방이 있었지만, 오히려 이슬람 세력이 서유럽 내부로 진출하려는 의지와 공격이 훨씬 더 강했다. 물론 기독교 세력의 반격도 일부 있었는데, 여기서는 기독교 전사들의 최종적인 승리로 각색한 것이다.

8세기 말 샤를마뉴는 스페인을 지배하던 사라센과 7년째 전쟁을 벌이고 있었다(같은 기독교도인 바스크족의 습격을 받았으나 사라센으로 바꿔 놓았다). 마침내 프랑스군의 공격에 사라센왕인 마르실이 항복하자, 샤를의 조카이자 용사인 롤랑은 이를 거부하고 정복해야 한다고 주장했다. 하지만 간신인 가느롱이 평화안을 수용하자고 제안했고, 샤를은 받아들였다. 이에 롤랑이 평화안을 전하고 조약을 맺을 사자로 가느롱을 지목하자, 목숨을 건 위험한 임무를 맡게 된 가느롱은 롤랑에 대한 원한을 품고 떠났다.

그 뒤 가느롱은 사자로서의 역할을 다한 다음에 마르실과 짜고, 귀국하는 프랑스군을 습격하기로 음모를 꾸몄다. 한편 아무것도 모르던 프랑스군은 롤랑에게 1만명의 군사로 후위를 지키게 한 뒤 귀국길에 올랐다. 론세스바예스 고개를 넘어 피레네 산속의 깊은 골짜기가 있던 롱스보에 이르렀을 때 사라센군이 기습했다. 롤랑의 친구이자 참모인 올리비에가 3번이나 샤를에게 알리자고 했지만, 롤랑은 자신의 힘으로 적과 맞서 싸울 것을 결심하고는 거부했다.

전투가 시작되자, 숱한 프랑스 병사들이 전사해 나중에는 겨우 60명 만이 남았다. 롤랑은 하는 수 없이 뿔피리(나팔)를 불어 샤를에게 원군을 요청했다. 그러나 거의 퇴각한 카를의 원군이 오기에는 때가 너무 늦었고, 남은 병사들도 하나둘 신에게 기도하면서 죽어갔다. 사라센군이 물자를 실은 마차를 약탈한 뒤 도망치는 가운데, 마지막까지 홀로 남은 롤랑은 마침내 숨을 거두었다.

샤를이 뒤늦게 뿔피리 소리를 듣고 롱스보에 왔을 때는 이미 롤랑을 비롯해 전군이 죽은 뒤라 사랑하는 부하들의 죽음을 슬퍼한 후, 사라센군을 추격해 죽였고, 사라고사까지 쳐들어가 초토화하고 돌아왔다. 이후 롱스보에서 전사들을 정중하게 묻고 장사를 지낸 다음에 반역자인 가느롱을 처형했다.

형식과 내용이 일치할수록 좋다: 서로마 황제가 되다

로마가톨릭 교황은 카를에게 달려와 피신하면서 도움을 요청했다.

"롬바르드족이 침략했소이다. 교회 내의 반대 세력들까지 기습해 목숨을 잃을 뻔했습니다. 신의 뜻대로 군대를 보내주시오."

그는 기꺼이 약속했다.

"잘 알겠소이다. 당장 도울 테니 염려마십시오."

그는 교황에게 호위부대를 딸려 이탈리아로 돌려보냈다. 당시 교황이 동로마 황제의 간섭에서 벗어나려 한 상황을 이용해 서로마 멸망 후의 계승자로 인정받으려 한 것이다.

800년, 카를은 58세의 나이로 위기에 처한 교황을 돕는다는 명목으로 원정에 나서 롬바르드족을 진압하고 이탈리아 중부까지 정복했다. 뒤이어 로마로 가서 반대 세력을 제거했다(동로마는 성상이 없는 이슬람에서 우상숭배를 비난하는 것에 대응하는 한편 황제 숭배를 강화하고 거부하면 토지를 몰수하기 위해 예수·마리아·성인 등에 대한 성상 파괴를 명했다. 교황에게도 따를 것을 명했으나 듣지 않자, 사주 받은 롬바르드가 공격한 것이다).

교황은 황제의 예우로 영접했다. 특히 크리스마스 때 성 베드로 대성당에서 열린 성탄절 미사에서 그를 예찬하면서 전격적으로 대관식을 열어 왕관을 씌워 주고는 멋진 호칭을 부여하고 서로마의 황제로 임명했다.

'카롤루스 아우구스투스.'

그는 놀란 듯하다가 왕관을 수여받음으로써 서로마의 계승자로서 옛 로마 제국의 서쪽 지역에 대한 종주권을 확립했다(더러는 신성로마 황제의 시초로 여기지만, 당시만 해도 그 개념조차 없었다).

이렇게 하여 이탈리아 중부까지 정복하면서 동로마 황제와 비견되는 위상을 확보했다. 자연스럽게 프랑크 왕국이 서유럽의 로마가톨릭 세계를 보호하는 서로마의 계승자로 인정받은 것이다.

그즈음 동로마의 여황제 이레네(재위 797~802)가 아들을 폐위해 죽인 후에 제위에 올라 실정을 거듭하며 민심을 잃었다. 이를 빌미로 교황은 아들을 잔혹하게 죽인 사실을 내세워 황제로 인정하지 않은 채 '콘스탄티누스의 기증'을 근거로 새 황제를 세운 것이다(이 문서는 나중에 교황청에 의해 위조된 것으로 밝혀졌다). 결국 정치적·군사적 실체를 갈망하던 중에 정교회의 후견인 역할을 하는 동로마처럼 로마가톨릭을 보호해줄 확실한 보호자를 확보한 셈이다.

카를은 다시 움직였다. 비록 형식적이었지만 동로마의 종주권을 인정하고 조공을 바치던 처지에서 벗어날 기회를 잡으려 한 것이다. 서유럽의 지배자로서 동로마 황제 유스티니아누스 대제 이후 자신이 적법한 로마 황제라고 선포했다. 나중에는 서로마에 이어 동로마 황제까지 되기 위해 이레네에게 청혼했다. 이레네가 자신의 권력을 지키기 위해 받아들이려 했으나 동로마 시민들의 거센 반발에 직면했다.

"프랑크는 로마의 전통과 전혀 상관없는 야만족이다. 감히 서로마 황제로 칭한 것만 해도 용서할 수 없다. 그런데 황제라는 여자가 글자도 모르는 야만인과 결혼하겠다니 있을 수 없는 모욕이다."

동로마에서 그녀에 대한 반감이 높아져 얼마 안 가 궁전 내부의 반란으로 폐위되어 무산되었다.

당시 동로마는 프랑크가 로마의 계승자이자 서로마의 후신으로 처신하는 바람에 '로마의 유일한 계승자'이자 '제1의 기독교 제국'이라는 권위에 상처를 입었다고 여겨 적대감이 대단했다. 그렇지만 극심한 내분에다 카를의 기세를 두려워해 마지못해 그를 황제로 승인했다.

'로마 황제는 아니다. 프랑크 왕국의 황제로 인정할 뿐이다.'

그때가 812년으로 카를의 나이는 70세였다. 그는 별다른 반응을 보이지 않았다. 동로마와 정면 충돌하지 않은 채 겸손과 외교를 통해 자신의 입지를 확보한 것에 만족했다. 이후 프랑크는 게르만족이 다스리는 로마 제국으로 간주되었고, 세속 군주권과 성직 교황권이 병존하는 중세 유럽이 더욱 본격화했다. 대내외적으로 동로마 황제와 비견되는 통치권을 확립하면서 현재까지 이어지는 서유럽의 판도를 현실화했다. 또한 자연스럽게 유럽이 동·서로 이질화되어 분리되었다.

지도자는 문화예술을 꽃피워야 높이 평가받고 오래 남는다

카를은 중앙집권적 통치체제의 정립에 매진했다. 지방에 국왕의 대리인을 파견해 직할통치하고, 지방관이 없는 지역에는 귀족이나 주교들에게 맡겨 대리하도록 했다. 그의 명에 따라 관리와 고위 성직자 2~3명으로 구성된 사절단이 각지를 순회하면서 관리했다. 법치주의의 초기 형태로 부족들의 전통과 문화를 존중하되, 문서화를 통해 법령집에 담아 왕국의 전반에 적용해 성문법에 의한 통치를 실현했다.

그는 진정으로 위대한 군주만이 할 수 있는 명예로운 명을 내렸다.

"옛 로마 제국의 영광을 회복하도록 하라. 그러자면 학문과 문화예술을 일으키도록 하라."

794년 아헨에 궁전과 왕실 교회를 세운 뒤에 수도로 삼았다(독일 서쪽 끝에 있으며, 네덜란드·벨기에와 국경을 접하는 관광도시이자 아헨 공과대학이 유명하다).

많은 교회와 수도원은 물론이고 학교와 도서관을 세우는가 하면 학자, 문인, 예술가들을 데려와 활발한 활동을 장려했다. 카롤링거 왕조를 대표하는 역사가·건축가로서 중세 최초의 전기인 〈카를 대제전〉을 써 '독일 문화의 아버지'로 불리는 아인하르트를 비롯해 아헨 궁전학교를 이끌어가며 학예를 활성화한 앨퀸(라틴어로 알퀴누스)을 영국에서, 신학자·역사학자로서 수도원을 세우고 기독교의 정착을 도운 마우루스를 이탈리아에서 초빙해와 아헨에는 기라성 같은 당대의 석학과 예술인들이 활약했다.

신부들의 신학, 철학, 역사, 문학 등에 관한 저술과 편찬을 후원했고, 각지의 자료들을 수집했다. 학자들로 하여금 자신이 각별히 좋아한 서사시를 수집하도록 했다. 그러면서 직접 올바른 기독교적 신앙과 생활상의 도덕을 강조하면서 수도원과 학교를 계속 건설했고, 자신의 스승으로 치켜세운 앨퀸의 주도 아래 라틴어와 라틴문학을 가르쳤다(앨퀸은 '자유7과'라 하여 신학의 예비학과로서 문법, 수사학, 변증법, 기하, 산술, 천문학, 음악을 편성해 중세 대학의 교양학부 체계를 확립했다).

카를은 글을 쓰진 못했지만 프랑크어를 비롯해 그리스어, 라틴어, 독일어도 구사한 교양인이다. 당시 유럽의 언어가 다양한 서체의 난립으로 읽기와 쓰기가 어려워 소통에 어려움이 있다고 판단하고는 앨퀸과 수도사들로 하여금 새로운 글쓰는 방법을 만들게 하여 알파벳 소문자의 기원이 되는 '카롤링거 소문자'가 창안되었다. 문장의 구별과 전개의 구분이 이루어졌고, 띄워쓰기와 구두점까지 활용함으로써 혁명적으로 쉽게 읽고 간단하게 쓰게 되어 문학과 교육을 비롯한 서유럽의 문명화를 촉진했다.

또한 기독교에 기반한 문화예술을 발전시키면서도 그리스·로마의 서적들을 베껴 쓰는 작업까지 벌여 '카롤링거 르네상스'로 불리는 찬란한 문화를 꽃피워 그의 치열한 정복사업과 더불어 프랑크 왕국의 명예와 자부심은 크게 높아졌다.

후대를 대비해야 한다: 말년을 잘 정리하다

카를은 말년에 가면서 국내외적인 도전과 병폐에 시달려야 했다.

국내적으로는 기독교 국가를 확립해 백성들을 통합하는 것은 좋았으나, 교회와 성직자의 정치 개입을 초래해 신정정치가 중세사회의 가장 큰 특징이 되는 길을 열었다. 그리고 그가 벌인 지나친 외정으로 인해 국가 재정이 어려움에 처해 있었다.

국외적으로는 북방의 노르만족이 등장해 국경과 해안을 위협했다. 동남부에서는 마자르족과 슬라브족을 비롯한 주변 이민족들의 침입이 끊이질 않았다. 또한 복속된 게르만 부족들이 독립을 위한 반란을 수시로 일으켰다. 그의 북상으로 스칸디나비아 반도와 접경하면서 덴마크족과 핀란드족이 기독교로의 강제 개종에 강력하게 저항했다.

하지만 그는 문제를 현명하게 해결해갔다. 무엇보다 후계자의 확립으로 후대를 대비하는 일을 가장 중시하여 잘 처리했다. 806년이 되자 때가 왔음을 절감하고 클로비스 1세처럼 후대의 안정을 위해 프랑크족의 왕위계승 전통에 따라 왕국을 모든 아들들에게 분할 상속하려 했다.

그러나 2째아들 피피노 카를로만이 죽은 후, 3째아들 청년 카를, 1째아들 꼽추 피핀이 잇따라 죽어 5명의 아들이 요절하자, 813년에 혼자 남은 적자인 6째아들 루트비히를 공동 프랑크 왕이자 서로마 황제로 만들어 자신의 단독 후계자로 삼았다. 이후 루트비히 1세를 아헨으로 불러 통치를 맡겼으며, 자신은 은퇴 후에 여유롭게 사냥을 즐겼다.

다음해에 그는 지병으로 인해 71세의 나이에 세상을 떠났고, 주검은 아헨의 한 성당 지하에 묻혔다.

자신의 뜻대로 힘차게 살았던 영웅: 게르만 최고의 명군

카를 대제는 뚜렷한 이목구비에 매력적인 흰 머리카락을 가지고 있었다. 등이 굽어 있었으나 190cm가 넘는 큰 키에다 단단한 체격에 힘이 넘쳤다(그의 할아버지는 건장한 몸에 긴 수염을 텁수룩하게 길렀고 머리를 두 갈래로 나눠 어깨 아래로 늘어뜨리고 있었다. 아버지는 작은 몸집에 비슷한 행색을 하고 있었는데, 할아버지를 닮은 셈이다).

강인한 의지의 소유자로 늘 밝고 낙천적이었으며 희망과 행운을 좇았다. 교만을 경계했고 사치와 향락을 싫어하여 몸소 본보기를 보였다. 로마풍의 화려한 옷차림보다 일반 백성들처럼 프랑크족의 전통의상을 즐겨 입었다. 늘 모피 상의에 파랑 망토를 걸치고 칼을 찬 채 다녔다. 왕관과 금은 장식을 한 옷은 연회나 사절맞이 때만 국한하여 착용했다. 아무리 옷과 신발이 멋지고 화려해도 외국의 것이라면 멀리하여 가지는 것조차 금지했고, 교황과의 만남에서 호감을 주기 위해 로마식의 외국 옷을 딱 2번 입은 것이 전부였다. 다만 칼을 소중히 여겨 칼집과 무늬에 고급스런 금은을 장식했다.

그러나 그는 체계적인 교육을 받은 적이 없었고 문맹이었다. 구운 고기를 좋아한 대식가에 배가 불룩했다고 한다. 권력욕이 너무 강해 정적들에 대해 가차 없이 대했고 동생마저 암살했다. 왕실의 번성을 위해 정식 아내가 4명에 첩이 5명이었다. 많은 아들딸을 두어 왕실의 번영을 바랐으나 그의 희망과는 달리 정작 적통은 1명만이 살아남았다.

점령지들은 여전히 불안정하고 반란이 잇따라 1년의 대부분을 전쟁이나 순행으로 바쁜 나날을 보내야 했다. 후대에서 그를 신성로마 제국의 시조로 삼으려 해도 1대로 사라져버려 명분이 되기에는 약했다.

사실 그의 치세를 거치면서도 관습을 타파하지 못한 채 영주들의 군사적 도움을 받다보니 새 영토를 분봉해야 했고, 지방 분권적인 봉건제로 이어졌다. 직할령은 수도로 삼아 해마다 여름이면 머물렀던 아헨 일대에 지나지 않았다. 아헨조차 그에 의해 도시로 발전했다지만, 봉건사회의 굴레를 벗어나지 못한 채 서유럽의 중심지에 걸맞는 대도시로 발전하지는 못했다. 프랑크 왕국이 수준 높은 문명을 건설한 것은 아니었고, 동로마에 비하면 도시와 시골 같은 차이를 보였다. 그가 죽자 30년 만에 왕국은 분열되었고, 다시는 서유럽이 하나로 통일되지 않았다(나폴레옹과 히틀러는 잠깐 무력 점령한 것이다).

그렇지만 카를의 위대함은 중세 유럽을 통틀어 단연 독보적인 것이었다. 그는 정력적으로 일했으며 파격적인 지략과 현명한 처세를 중시했다. 정복군주로서 전장터를 누볐지만, 필요할 경우 교황을 최대한 앞세웠고 동로마와 아바스 제국과는 외교를 적절하게 활용했다.

또한 그를 도왔던 참모들도 유명하다. 이탈리아로 진격할 때 자신의 측근으로 활약한 12명의 기사들은 용맹한 전사로 명성을 날렸다. 롤랑은 〈롤랑의 노래〉로 부활했고, 가느롱은 단테(1265~1321)의 〈신곡〉에 등장해 롤랑을 배신했다가 지옥으로 떨어진 것으로 나온다.

요약하면 그의 진정한 위대함은 크게 3가지 치적에 있다. 1째 서유럽을 유럽의 지리적인 중심지로 확고하게 만들었다. 2째 기독교의 수호자로서 교회를 통해 민심의 안정과 통합을 이룩했다. 3째 그의 통합 노력이 카롤링거 르네상스를 통해 서유럽 세계를 형성했다. 이렇게 하여 역사적 전통과 내용적 정통성을 세워 오늘날의 판도와 토대를 만들었다.

'서유럽의 창건자.'

위대한 여정: 서유럽 가톨릭 세계를 형성한 프랑스와 독일의 시조

카를의 가장 돋보이는 업적은 게르만족을 중심으로 켈트족과 라틴족(갈로-로망)을 통합했다는 사실이다. 대부분의 서유럽을 정복하고 기독교에 토대한 봉건제도의 기초 아래 정치적·종교적 통일까지 이루어냈다. 서유럽과 중세를 결정적으로 정의하는 내용적 정신기반과 형식적 골격을 형성한 것이다. 그래서 그의 제국은 '유럽의 왕국'으로 불리며, 그는 서유럽 기독교 세계의 가장 원조격인 조상으로 여겨지고 있다.

'유럽의 아버지.'

그는 사실상의 왕조 창시자로서 46년 동안 통치하면서 최전성기를 구가했다. 선대의 노선과 정책은 물론이고 교회의 보호자임을 계승했고, 일생동안 전쟁터를 누비며 영토를 2배 이상 확장했다. 독일·프랑스·이탈리아 북부·네덜란드·벨기에·룩셈부르크·오스트리아·스위스 등지에 걸친 제국을 건설했다. 종교적으로 로마가톨릭을, 정치적으로 강력한 중앙집권제를 앞세워 내부의 통합을 이룩했고, 아바르족의 서진을 막아내 서유럽을 안전하게 지켜냈다. 특히 프랑스와 독일이 그로부터 뿌리를 두고 성립해 공동 조상으로 여겨지며, 더러는 스페인과 이탈리아까지 포함하는 유럽의 공동 조상으로 보기도 한다.

또한 작센족을 정복한 뒤 기어코 복종시키고 로마가톨릭으로 개종하도록 만들면서 자신의 영토로 이주시켜 나중의 오토 왕조를 예비했다.

그리스·로마의 학문과 문화예술까지 일으켜 서유럽에서 고대의 부흥을 계승했다는 논거를 제공하기도 했다.

하지만 그의 사후 대를 이은 루트비히 1세(778~840, 재위 814~40)가 죽자, 맏아들인 로타르 1세가 전통과 법을 무시하고 형제 간의 분할 상속을 거부했다가 3형제의 왕권다툼이 벌어졌다. 전쟁과 협상을 거듭한 끝에 843년 체결한 베르됭 조약에 따라 로타르 1세의 중프랑크 왕국(이탈리아 북부), 3째아들 루트비히 2세의 동프랑크 왕국(독일), 4째아들 카를 2세의 서프랑크 왕국(프랑스)으로 분할되었다.

루트비히 2세의 아들인 카를 3세(뚱보왕, 재위 876~87)가 884년에 왕국을 잠깐 재통합한 것을 끝으로 서로 분리되어 독립국가화했다(카를 3세는 북유럽에 살던 노르만족(바이킹)이 멀리 지중해까지 진출해 침입해오자, 굴욕적인 조약을 맺었다가 이듬해에 조카와 제후들에 의해 폐위되었다).

그렇지만 오랜 세월이 흘러도 카를의 위엄과 영향력만은 계속 이어졌다. 독일 왕으로 962년 신성로마 황제까지 겸하게 된 오토 대제는 그의 계승자로 자처했다. 1165년 프리드리히 1세의 요청에 따라 교황이 성인으로 추증했다. 13세기에는 독일 왕 프리드리히 2세가 그의 묘소를 단장하고 석관을 금으로 장식했고, 프랑스 왕 필리프 2세가 그를 기리는 전통을 되살리도록 조치했다. 1874년이 되어 독일 제국의 황제 빌헬름 1세(재위 1861~88)의 재정 지원으로 무덤이 정비되었다.

아울러 유럽의 여러 왕국들에서 군주의 이름으로 즐겨 호칭했음은 물론이고 일반 유럽인들도 많이 사용하고 있다. 프랑스와 독일에서는 자신들의 실질적인 시초가 된 군주로 변함없이 존숭하고 있다.

중세 서유럽의 왕국 Ⅱ : 프랑크 왕국의 3분할
○ 중프랑크(이탈리아 북부): 로타르 1세(재위 프랑크 840~43, 중프랑크 843~55)
○ 동프랑크(독일): 루트비히 2세(독일인 루트비히, 재위 843~76)
○ 서프랑크(프랑스): 카를 2세(대머리 카를, 재위 843~77)

우리는 카를을 통해 전쟁, 영토확장, 노예제 같은 방식만을 지향해서는 안된다는 사실을 배워야 한다.

앞으로는 개방과 세계화로 인해 힘을 앞세운 일방적인 방식은 절대로 또는 거의 허용되지 않을 것이다. 인류사회의 보편적 가치에 정면으로 배치되기 때문이다. 심지어 국내적인 독재, 군부통치, 학살, 폭정 등도 어려워질 것이다.

지도자라 할지라도 국민의 생활을 안정시키고 학문과 문화예술을 장려해 살기 좋은 세상을 만들어야 안정된 권력기반을 유지하고 국민들의 오랜 사랑과 인기를 누릴 수 있는 것이다.

마찬가지로 기업이라 할지라도 매출이나 영업이익을 추구하는 것만으로는 부족하다. 사회적 공헌이나 학문과 문화예술에 대한 후원을 통해 소비자를 비롯한 세상의 인심을 얻어야 오래 존립할 수 있을 것이다.

〈중세 기사〉

중세 유럽에서는 기사가 중요한 위치와 역할을 수행했다. 제후 또는 귀족의 바로 아래 계급을 차지하고 전쟁과 경호를 전담하는 무력집단으로 활약했다. 군주나 영주가 전쟁과 경쟁 속에서 자신을 지키기 위해 땅을 주기로 하고 기사를 두어 충성을 약속 받는 한편, 기사들은 충성을 맹세하고 경호, 방비, 전투, 특수임무 등을 도맡아 했다.

기사는 평소에는 깍듯한 예의, 약자 보호, 여성 배려 등을, 전시에는 사기, 용맹함, 전투력 등을 중시했다. 이들이 착용한 철모와 갑옷은 신분과 위상의 상징이었으며, 칼과 창으로 위세를 휘둘렀다. 평시에는 마상시합을 통해, 전시에는 말을 타고 전장을 누볐다.

그러나 유럽 기사의 맹점은 대초원 세력들이 유럽으로 진출했을 때 적나라하게 드러났다. 기사들은 기마군대의 상대조차 되지 못한 것이다. 특히 몽골 제국이 유럽을 정벌할 때 재미난 대목이 나온다.

유럽 기사들이 한껏 멋은 부렸지만, 중장비로 인해 속도전을 펼 수 없어 전투력을 발휘하지 못한 가운데 가벼운 차림으로 활을 쏘고 칼을 휘두르는 몽골군에게 맥없이 죽어갔다. 당시 몽골군은 기사의 모습과 장비를 보고는 어처구니없어 하며 비웃었다. 실제 전투에서도 기사들이 공격해오면 말을 빨리 몰아 도망쳤고, 나중에 무거운 장비로 인해 말과 기사들이 쉽게 지치면 되돌아와 비가 쏟아지듯 화살 공격을 퍼부은 뒤 기병들이 몰려가 기사들의 뒤로 돌아가 철모와 갑옷 사이 사이의 틈 사이로 칼을 집어넣어 찔러 죽였다.

중세 기사들이라면 주군을 위한 무용담, 왕실이나 귀족부인들과의 품격 있는 사랑이야기, 명예와 의협심을 지키기 위해 목숨까지 걸고 벌이는 결투로 유명하다.

무용담으로는 충성스런 원탁의 기사들로 이름을 날린 〈아더왕 이야기〉와 12인의 성기사들이 활약한 〈롤랑의 노래〉가 가장 대표적이며, 세르반테스가 조롱한 〈돈 키호테〉에 이르기까지 다채롭다.

기사들의 사랑은 숨막히는 암흑기였던 중세에 꽃피운 로망이었다. 그러나 절대왕정이 수립되자 자유분방하다 못해 사치와 향락에 빠진 궁전과 귀족문화의 저변으로 이어지기도 했다.

한편 명예를 최고의 가치로 여긴 중세에서는 결투가 명예를 되찾고 복수할 수 있는 합법적인 방법이었다. 프랑스 작가 알렉상드르 뒤마(1802~70)의 장편소설로 유명한 〈몬테크리스토 백작〉을 비롯해 수많은 결투 이야기가 전하고 있다.

중세의 어느날, 두 친구가 술을 마시다가 한 친구가 말했다.

"자네 아들은 수염이 별로 없군."

수염이 남성의 상징이었기에 참을 수 없는 모욕으로 받아들인 다른 친구는 자리를 박차고 일어서며 단호하게 말했다.

"자넨 나의 아들과 우리 집안을 모욕했네. 도저히 참을 수 없다. 결투를 신청한다."

두 집안 사이에서는 결투가 벌어졌고 결국 전쟁으로 이어졌다가, 나중에는 주민 모두가 전멸하는 비극으로 끝이 났다는 이야기가 있을 정도였다. 심지어 미국에서도 어슬프게 유습이 유지되어 '건국의 아버지들' 중에서도 대표적인 인물인 알렉산더 해밀턴(?~1804)이 결투로 어이없이 죽었다.

'페이(pay)'라는 말은 오늘날 현대인이 '일하고 받는 급여' 또는 '돈으로 지불하다'라는 뜻과 달리 중세에서는 '분쟁을 해결하고 평화를 유지하기 위한 지급'을 뜻했다. 어리석고 무모한 복수가 흔하게 벌어지고 피해가 심각해지자 법으로 금지했다. 대신에 적당한 보상을 돈으로 지급하는 관행이 생겨나 라틴어로 평화를 뜻하는 'pax'를 지키는 행동에 대한 금전적 지급을 'pay'라고 하면서 유래되었다.

오토 대제 때의 독일 영토

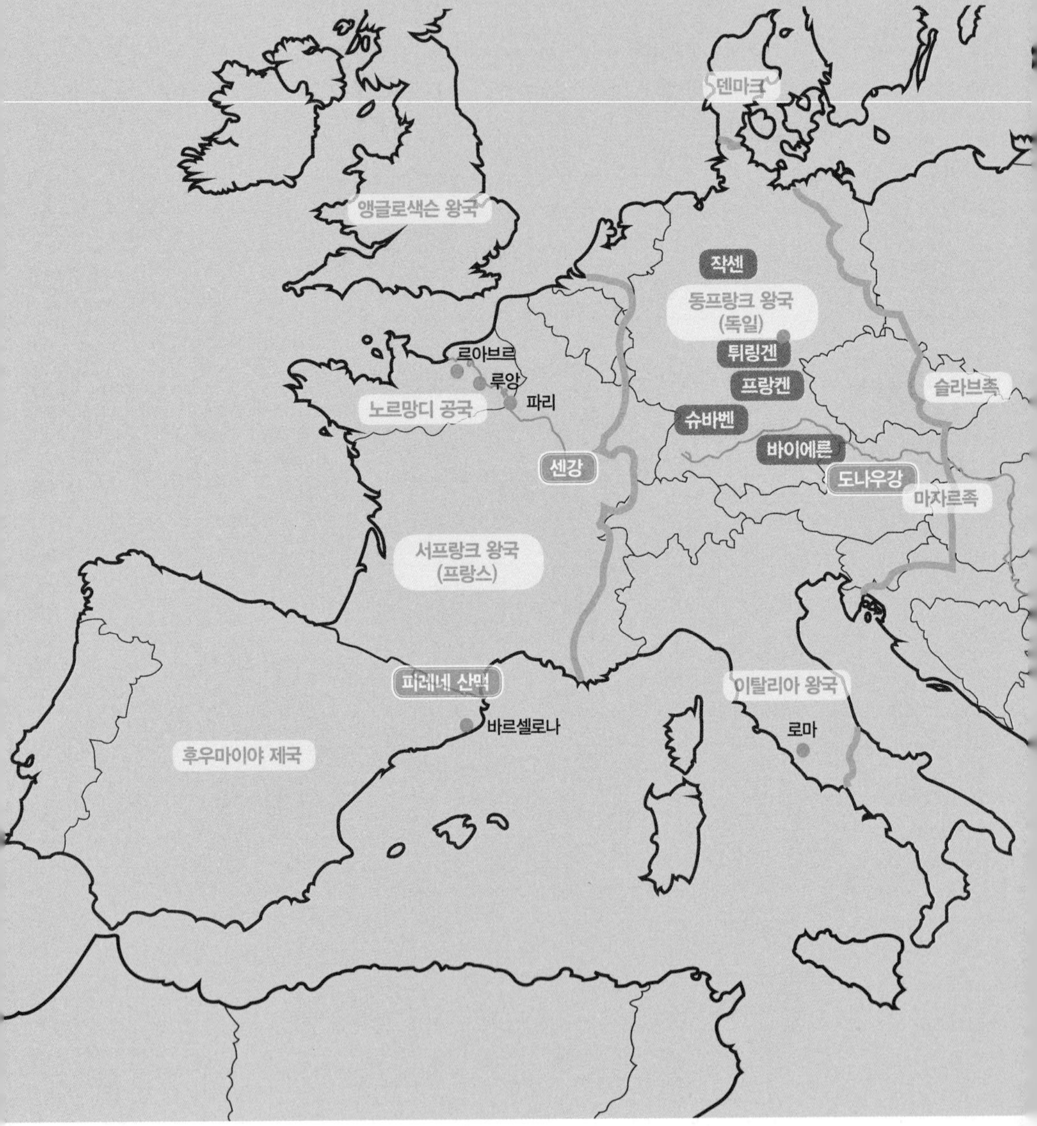

* 프랑스는 자국 역사의 시원으로 서프랑크 왕국이 성립한 843년보다 더 거슬러 올라가 클로비스 1세가 프랑크 왕국 성립한 481년으로 잡는다. 하지만 위그 카페가 카페 왕조(987~1328)를 창건할 때까지도 아무도 프랑스로 생각하지 않으며, 프랑크 또는 서프랑크로 인식했다. 프랑스라는 국호는 1190년에 가서야 처음 사용되었다.

오토 대제

신성로마 제국을 세워 진정한 독일의 시조가 되다

상징적 권위를 세워 통치권을 확립하다

우리가 일반적으로 아는 독일의 시조는?

'독일 국가로 보자면 1871년 통일국가를 세운 빌헬름 1세다. 다만 비스마르크가 국면을 주도하여 실질적인 주역으로 활약했다.'

그렇다면 독일의 역사가 너무 짧다.

'그렇다. 사실 이전에 일정한 영역을 두고 독일 왕이 군주로 있었다. 다만 영역 내의 제후들이 독립국가처럼 움직였고, 직접 관장한 영토는 얼마 되지 않았다. 첫 통일국가가 세워지기 전까지 백성들 사이에 독일인이라는 인식조차 없거나 약했다. 그래서 언제든지 독일이 아닌 프랑스, 폴란드, 오스트리아 같은 주변국의 영토가 될 수 있었다.'

카를 대제의 사후 루트비히 1세(프랑스어로 루이 1세)가 프랑크 왕이 되었다. 그러나 즉위 직후 이루어진 영지 분봉 문제로 치세 내내 혼란스러웠다. 자신의 세 아들인 로타르 1세, 피핀, 루트비히 2세에게 무려

4차례나 왕권을 빼앗겼다가 극적으로 복귀했고, 그 뒤로도 루트비히 2세 등이 여러 번 반란을 일으켜 힘겹게 막아냈다.

루트비히 1세가 병사하자, 아들들 간의 후계다툼 속에 3왕국으로 분할되었다(지금도 당시의 영역과 거의 일치한다).

동프랑크 왕국은 한참을 존속하다가 919년 하인리히 1세(재위 919~36)가 최초로 독일 왕국의 왕이 되었으며, 그의 아들인 오토 대제로부터 신성로마 제국(962~1806)이 성립되어 명목상이지만 제국의 영토와 권위를 확장했다. 이렇게 볼 때 독일 역사의 시작은 아무리 멀리 잡아도 동프랑크 이후가 되기 때문에 가장 멀게는 843년 루트비히 2세로부터, 그 다음은 919년 오토 왕조를 열고 독일 왕으로 호칭하기 시작한 하인리히 1세로부터, 또 그 다음은 936년 독일 영토 전반을 실제로 지배한 오토 대제로부터 비롯한 것으로 잡는다(더러는 768년 카를 대제가 프랑크 국왕이 된 때, 800년 서로마 황제가 된 때, 962년 오토가 신성로마 제국을 성립한 때로 보기도 한다).

* 사실 프랑스는 역사의 시작점을 의외로 간단하게 규정한다. 일반적으로 481년 클로비스 1세가 왕이 된 때로 보며, 더러는 486년 통일 프랑크 왕국을 세운 때로 간주한다.

자신의 역사, 시원과 뿌리, 정통성, 대의명분 등을 하루라도 더 멀게 잡으려는 속성에다 국호 자체도 프랑크에서 유래되었다고 보기 때문이다. 그래서 프랑스인은 유럽에서 가장 오래된 나라로 자부한다. 하지만 동의하기 어렵다. 843년 베르됭 조약에 의해 프랑크 왕국이 분할되기 전까지 프랑스와 독일의 역사가 나눠지지 않은 상황이라 카롤링거 왕조의 샤를 2세(재위 843~77) 이후의 서프랑크를 시초로 봐야 한다. 참고로 프랑스라는 국호는 1190년 필리프 2세(재위 1180~1223)가 프랑크에서 변형해 첫 공식 사용했다.

여기서 꼭 짚고 넘어가야 할 2가지 사실이 있다.

하나는 독일과 서유럽의 중세사에서 신성로마 제국을 떼놓고는 제대로 이해하기 어렵다는 것이다. 신성로마는 카를을 시초로 보기도 하지만, 대체로 오토가 황제가 되면서 성립한 것으로 간주한다. 독일의 군주들은 다분히 명목상의 존재였지만 다른 왕국들 위에 서는 권위를 더하기 위해 황제의 칭호를 얹어 군림하려 했다. 나중에 나폴레옹이 프란츠 2세(재위 1792~1806)를 퇴위시켜 해체할 때까지 존속했다.

또 다른 하나로 유럽국에서는 군주가 여러 왕국 또는 제후국의 수장을 겸해 재위기간이 여럿인 경우가 많다. 특히 독일의 군주들은 재위기간이 3개인 경우가 일반적이다. 독일 왕과 신성로마 황제의 직을 놓고 즉위 연도가 대부분 다르기 때문이다. 이 책에서 오토의 재위기간이 936~62~73년으로 되어 있는데, 936년은 독일 왕에, 962년은 신성로마 황제에 즉위한 해이며, 973년은 재위가 끝난 해를 말한다.

내부의 권력투쟁부터 다잡아야 한다: 오토의 단호한 권력 확립

오토 대제(오토 1세. 912~73, 재위 936~62~73)는 하인리히 1세의 맏아들로 태어났다. 아버지에 의해 후계자로 지명되었다가, 24세 때 아버지가 죽기 1달 전에 아헨에서 왕으로 선출되었다.

하인리히가 첫 독일 왕이 되고 오토 왕가를 열었다지만, 고구려 동명성왕 주몽, 백제 온조, 신라 박혁거세, 발해 대조영, 고려 왕건, 조선 이성계를 보면 알 수 있듯이 왕조(왕가)를 세우면 초기에 엄청난 내홍과 반란에 휩싸이기 마련이다. 독일 역시 독립성이 강한 제후들의 견제와 발호로 왕위계승이 순탄치 못한 경우가 많았다. 다만 오토는 아버지가 확고한 왕권을 확립한 상태에서 살아있을 때 장자상속을 이루어낸 덕분에 제위를 이어받는 일이 한결 수월했다.

그러나 오르막이 있으면 내리막이 기다리듯 왕이 된 오토에게는 시련이 기다리고 있었다. 그는 왕권강화를 추구해 제후들에 대한 군주권을 확립하려 노력했다. 하지만 그 역시 제후들의 선출로 왕이 되었던 취약한 상황에서 이내 반란이 일어났다. 프랑켄의 에버하르트와 바이에른의 이름이 같은 에버하르트가 가장 강하게 반발해 전란이 벌어졌고, 작센의 귀족들과 그의 배다른 형까지 힘을 합쳐 저항했다.

오토는 현명하고 능수능란하게 처리해갔다. 지도력을 발휘해 군대를 잘 이끌어 반란군들을 단숨에 압도했다. 배다른 형은 패배한 뒤 살해되었고, 프랑켄의 에버하르트는 항복하였으며, 바이에른의 에버하르트는 모든 지위와 권리를 잃고 추방되었다.

939년에는 동생인 하인리히가 반란을 일으켰다. 프랑스 왕의 지원까지 받으면서 공격해왔다. 이번에도 곧바로 강경 대처에 나서 진압했다. 그러나 정치력이 뛰어나고 인품이 좋은 오토는 고민에 잠겼다.

'형에 이어 동생까지 죽일 수는 없다. 이보다 더한 패륜이 어디 있겠는가. 동생에게 반성할 기회를 주어 너그러운 모습을 보여주자.'

그는 동생을 살려주었다. 하지만 2년 뒤 하인리히가 다시 그를 죽이려는 음모에 가담했다가 드러났다. 그는 반란자들을 단호한 원칙에 따라 처벌했지만 이번에도 어머니의 간절한 호소를 감안해 하인리히만은 용서했다. 그러자 하인리히는 진심으로 뉘우쳤다.

"전하, 또다시 살려주시니 정말 고맙습니다. 제가 권세에 눈이 멀어 큰 잘못을 저질렀습니다. 앞으로는 큰힘이 되도록 하겠습니다."

그는 동생이 진심으로 뉘우치면서 충성을 바쳐 전보다 더욱 단단한 정치기반을 다질 수 있었다(하인리히의 회개에 찬 처신으로 947년에 오토로부터 바이에른 공작을 수여받았다).

가만히 생각해보면 오토는 물론이고 우리 역사를 보더라도 조선의 대표적인 명군인 태종과 세종, 영조와 정조처럼 권력 기반이 다져지기 전까지는 경쟁자나 정적들과의 패권다툼이 불가피한 경우가 많다. 하지만 어느 정도 기반이 확립되면 용서와 관용을 펼친 지도자들이 성공하기 마련이다.

새삼 '2:3:3:2' 논리가 떠오른다. 어느 조직체든지 20%의 적극적 주도자와 30%의 우호적 참여자가 있고, 30%의 비우호적 참여자와 20%의 적극적 반대자가 있기 마련이다. 그런데 조직 전체를 내 편으로 만들기 위해 적극적 반대자를 솎아내면 전체 크기만 줄어든 채 다시 20%의 적극적 반대자가 생겨나 축소·도태될 뿐이다. 기업을 비롯한 어떠한 조직에서도 크게 다를 바 없다. 오히려 통합의 길을 갈 때 내적 결속 속에 힘찬 대외활동을 전개할 수 있게 되는 법이다.

〈동프랑크 왕국에서 독일로〉

동프랑크 왕국에서 911년에 카롤링거 왕조의 대가 끊어졌다. 콘라트 1세(재위 911~18)가 역사상 처음으로 제후들의 선출로 왕이 되었다. 이후 선거에 의해 왕이 선출되는 독일 왕국을 예비했다. 다만 아들이 없던 콘라트는 죽기 직전에 유언으로 왕위를 외적에 맞서 왕국을 지킬 지도자로 여긴 작센 공 하인리히에게 넘기도록 했다.

하인리히 1세(제위 919~36)는 왕이 되자마자 슈바벤과 바이에른을 차례로 제압하고 로트링겐(프랑스어로 로렌)까지 정벌해 영내 통합을 완성했다. 926년부터 슬라브족을 적극적인 포섭외교로 개종시켜 영향력 아래로 두었다. 933년에는 마자르족에 대한 치밀한 전쟁 준비 끝에 승리함으로써 동프랑크를 반석에 올려 지금도 최초의 독일 왕이자 신성로마 제국의 기초를 다진 군주로 평가한다. 또한 오토 왕조를 열어 독립적인 제후국들이 느슨하게 결합된 독일의 역사를 본격화했다(독일 왕국이라지만 '게르만족의 왕국'으로 칭했고, 독일 즉 도이칠란트(영어로 저머니)란 말 자체는 15세기부터 사용했다. 프랑스 역시 당시까지 사용되지 않은 국가명이지만 편의상 사용했다. 사실 중세 유럽에서는 민족 또는 국가라는 개념 자체가 없었다. 그저 군주 또는 제후들의 영토였을 뿐이다. 그랬기에 봉건사회하에서 종교 지배도 가능했다).

* 프랑크 왕국이 3개로 분할된 후 동프랑크는 독일, 서프랑크는 프랑스로 발전한 것과 달리 중프랑크는 소멸했다. 중프랑크는 로타르 1세가 처음 통치했다고 하여 로타르 왕국으로도 불린다(그의 이름에서 로트링겐이 유래했다). 동프랑크와 서프랑크 사이에 있는 가늘고 긴 형

태의 땅과 이탈리아 북부를 영토로 했다. 카를 대제가 수도로 삼은 아헨이나 로마의 수도였던 로마시 같은 핵심적인 지역들이 포함되어 있었다. 그러나 로타르가 죽자, 3아들에게 분할 상속되면서 3분되어 갈라졌고, 그만큼 국력이 약화된 상황에서 동프랑크와 서프랑크 사이에 끼여 두 왕국에 차츰 흡수되어 사라졌다.

내정의 안정이 확립되면 외치에 나서야 한다: 활발한 대외활동

오토는 불안정한 정세 속에 강력한 왕권에 기반한 중앙집권 체제를 확립해갔다. 내부가 어느 정도 안정되자, 다져진 힘을 활용해 기회가 생기는 대로 활발한 대외활동을 지향했다. 그 결과 나날이 왕국을 늘려갔고, 그때마다 새로 편입된 영토에 대한 방비를 강화했다.

동쪽으로는 그의 명을 받은 변경백들이 원주민인 슬라브족을 제압하면서 영토를 늘려갔다. 937년에 동방 공략의 전략거점인 마그데부르크(독일 작센-안할트 주의 주도)에 수도원을 세우고, 948년에는 2곳에 주교관구를 세워 통치기반을 다졌다. 또한 자신이 직접 1차 보헤미아 원정에 나섰다. 처음에는 기대한 성과를 거두지 못한 채 시간을 끌었지만 집요한 공격이 결실을 맺어 950년에 보헤미아의 군주가 더 이상 버티지 못하고 항복했다. 일정한 자치권을 부여하되, 확실한 종주권을 세우고 조공을 바치도록 하면서 이 지역도 손에 넣었다.

북쪽으로는 덴마크 일대까지 진출한 후, 확실한 통치를 위해 기독교를 앞세워 3곳에 주교관구를 세워 백성들을 편입해갔다.

서쪽으로는 프랑스 내부의 분쟁에 끼어들어 중재해 영향력을 확대하면서 부르고뉴까지 장악력을 행사했다. 942년에는 프랑스 왕이 로트링겐에 대한 영유권을 주장하자, 전쟁에서 이겨 영토로 편입했다.

남쪽으로는 이탈리아로 손을 뻗었다(이탈리아 남부는 서로마, 동고트를 거쳐 동로마의 지배 아래 있었다. 북부는 동고트, 동로마, 프랑크의 지배를 거쳐 롬바르드 왕국으로 존속했고, 이탈리아 왕국이라 부르기도 하며, 오토의 정복 후 1806년까지 독일·신성로마의 지배 아래 놓였다). 950년 롬바르드 왕이 독살되자, 변경백인 베렝가리오 2세가 왕이 되어 왕후였던 아델하이트(아델라이데)에게 자신의 아들과 결혼할 것을 강요했다. 그러나 그녀는 거절하고 감옥에 갇혔다가 극적으로 탈출해 오토에게 지원을 요청했다. 이듬해에 그는 이탈리아로 진격해 베렝가리오 2세 부자를 물리쳤다. 1차 원정이 성공하자 롬바르드 왕을 자칭했고, 아델하이트와 결혼해 이탈리아 내부로 강한 영향을 미치게 되었다. 952년에는 베렝가리오 2세까지 충성을 약속했다.

오토는 독일에서 아들인 리우돌프가 그의 재혼으로 후계권에 위협을 느껴 영주들의 지원을 등에 업고 반란을 일으키자, 이탈리아 원정을 중단하고 돌아왔다(그가 돌아가자 베렝가리오 2세는 다시 이탈리아 북부에서 세력을 떨치게 되었다). 일단 자신의 영지였던 작센에서 불리한 상황이 전개되자 후퇴한 뒤에 때를 기다렸다. 때마침 954년에 동쪽에서 헝가리의 마자르족이 독일을 침공하자, 내분으로 인해 외적에게 도움을 준다는 비난 속에 반군의 입지가 줄어들었다. 그는 명분을 등에 업고 거세게 공격했고, 이듬해에는 리우돌프가 무릎을 꿇었다. 이번에도 오토는 관대하게 처분했다. 리우돌프가 마자르족까지 끌어들였으나, 항복한 후에는 적장자임을 감안해 동생에게 한 것처럼 용서한 것이다.

이후 곧바로 고삐를 돌려 마자르족에 대한 격퇴에 나서 아우크스부르크와 가까운 곳에서 전투를 벌여 대승을 거두었다. 후환을 없애기 위해 마자르족 지휘관들을 처형했고, 작센 동쪽에 여러 변경구를 설치해 경비를 강화하며 갈무리했다.

그 뒤로도 오토는 영토 확장을 위한 여러 전투에서 승리를 계속하며 진격했다. 960년에는 엘베강 중류와 오데르강 중류 사이에 살던 슬라브족을 모두 정복했다. 963~65년에 걸쳐 폴란드의 1대 왕 미에슈코 1세(재위 963~92)가 영토를 확장하면서 접경하게 되자 2차례의 전투 끝에 모두 승리하면서 형식적이나마 속국으로 삼고 조공을 받았다. 또한 968년에는 백성들의 통합을 위해 3곳의 주교관구와 함께 마그데부르크 대주교관구를 세웠다(이곳은 오토의 정치 거점으로 그의 황제궁전이 유명하다. 독일 최초의 고딕식 건축물인 성 마우리티우스 대성당이 세워져 그와 왕비가 안치되어 있다).

승리의 대가를 열매로 맺다: 신성로마 황제에 오르다

962년, 오토 대제가 49세 때 교황이 급하게 도움을 요청해왔다.

"베렝가리오 2세가 이탈리아 왕으로 자처하면서 나를 급박하고 있소. 이젠 목숨까지 위협하고 있소이다, 나를 지켜 주시오."

그는 이탈리아에 대한 영향력을 되찾을 호기로 보고 기꺼이 승낙했다.

"좋습니다. 신성한 교황을 위협하다니, 그자를 도저히 용서할 수 없소. 곧 군사를 일으키겠소."

그는 2차 이탈리아 원정에 나서 거침없이 진격해 로마에 도착했다. 교황은 그를 로마가톨릭을 지켜줄 정치·군사적 수호자이자 실체로서 황제로 옹립했다. 그는 제위에 오른 후 교황과 '오토의 특권'이라 불리는 협약을 맺어 교황청의 세속권을 확인해주는 대신에 황제가 교황에 대한 선출을 인준할 수 있도록 하는 단서조항을 넣어 이탈리아 북부를 차지한 것에 더해 종교적 권위까지 확보했다. 뒤이어 베렝가리오를 붙잡아 독일로 압송했고, 이듬해에 로마 귀족들이 새 교황에 반대해 반란을 일으키자 강경 진압했다(나중에 그가 교황의 비리와 타락에 대한 금욕을 요구하자, 교황은 그를 견제하기 위해 이번에는 베렝가리오 2세와 내통했다. 그는 교회법 절차마저 무시한 채 최초로 교황을 폐위하고 새 교황을 옹립했다).

이렇게 하여 오토는 자신의 제국을 동프랑크의 독일 일대를 넘어서서 스위스와 오스트리아를 손에 넣고 이탈리아까지 확장했다.

965년에 교황이 죽자 그는 다시 새 교황을 옹립했으나 로마 귀족들에 의해 축출되어 감금되었다. 이에 3번째로 이탈리아 원정에 나서 966~72년에 걸쳐 머물면서 진압했고, 교황권에 개입해 마음대로 조종했다. 새 교황 역시 자신을 반대한 세력에 대해 잔혹한 보복을 가한 후에 교권의 회복을 추진하면서도 그를 확고하게 지지했다.

한편 동로마가 카를 대제에게 한 것처럼 그를 황제로 인정하기를 거부했다. 오토는 이탈리아 남부의 동로마 영토까지 진격한 다음, 협상 끝에 자신의 아들인 오토 2세와 동로마 공주의 결혼을 성사시키고 수교와 황제권의 상호 승인을 이루어내며 자신의 의지를 관철했다.

이후 그는 36여년에 걸친 치세를 잘 마무리하고 평안한 시간을 보내다가 60세의 약간 빠른 나이로 숨을 거두었다.

〈신성로마 제국〉

신성로마 제국(962~1806)은 오토가 교황의 옹립으로 황제가 되어 성립한 후 844년 동안 유지되었다. 그의 치세 덕분에 독일을 중심으로 서유럽의 동부 일대에 대한 패권을 확립해 유럽의 질서를 움직이는 또 하나의 유력한 세력으로 자리잡았다.

기독교적 권위를 드러내기 위해 '신성'을, 옛 로마의 후신이라 하여 '로마'를 수식어로 붙여 황제 국가라는 초월적 우위를 표방했다. 그러나 오토 때부터 이 명칭을 사용한 것은 아니다. 로마 제국 또는 신성 제국이라 불렸다가, 13세기부터 이 명칭이 통용되었다. 점차 프랑스와 대립각을 세우면서 16세기부터는 독일인의 제국으로서 강조되었다.

'독일 왕은 세속적 영토를 지배한다. 신성로마 황제는 신의 위엄으로 통치한다.'

그러나 이 제국은 독일의 일부 영토를 기반으로 했고, 뚜렷한 실체나 국가체제를 정립하여 존속한 것이 아니었다. 그야말로 명분상의 상징에 가까웠고, 황제조차 명목상의 존재로서 실체인 독일 왕이 겸임하는 형식이었다. 지도상에만 존재하는 제국이었지 한번도 대내외적으로 독자적인 통치권을 행사하지 못했다. 독일 왕의 실체에 허울상 얹혀있었을 뿐이었고, 독립적인 수많은 왕국과 공국의 느슨한 연합체였다. 후기로 가면서 권위마저 거의 잃고 신성, 로마, 제국이라는 모든 단어도 마찬가지의 신세로 전락했다.

독일 왕도 비슷한 시기의 고려나 송나라의 왕과는 달랐다. 제후국들이 독립국가와 다름없는 상태에서 군주로서 제대로 된 힘을 행사하지 못했다. 작은 직할령 외에는 실권이 약한 군주였다. 귀족들의 선거로 뽑혀 왕권이 너무나 취약해 군주라기보다 귀족들의 대표자에 지나지 않았다. 그나마 자기 혈통을 잇는 사람을 후계자로 지명해 선거에서 인정받으면 왕조가 계속되다가 선거로 다른 혈통의 왕이 나오면 그 왕조가 끝나기도 했다. 그래서 신성로마 황제의 힘을 빌어 권위를 강화해 통치력을 행사하려 했으나 실패했다. 당시 유럽인들도 신성로마 제국을 거의 인식조차 하지 않았으며, 그저 지배층과 로마가톨릭이 정통성과 종교지배의 논리에 따라 활용했을 뿐이다. 나중에 독일 왕이 약화되자, 프로이센(프러시아, 1701~1918)이 힘을 키워 제후들을 제압하면서 독일제국(1871~1918)으로 발전했다.

이런 까닭에 이 제국이 로마라는 호칭을 사용했다고 중세의 상징적인 계승자로 여기는 것은 말이 되지 않는다. 무굴이 페르시아어로 '몽골'을 뜻한다고 하여 무굴 제국이 몽골 제국의 후계자라는 주장과 다르지 않다. 중국에 한(韓)나라가 있고 국호의 한자가 같다고 하여 한국과 연관 짓는 것과 다르지 않다.

사실 이 제국은 오랜 존속에도 불구하고 로마의 권위와 로마가톨릭의 신성한 상징성을 활용했을 뿐이지 이름에 걸맞은 제국도 아니었다. 서유럽에서 독일권을 확장했다지만 실상은 봉건사회로서 국가조차 형성하지 못한 채 잘게 쪼개져 분열된 상태였다.

스스로 위대한 존재가 되다: 중세 유럽에서 몇 안되는 영웅

오토는 성장기를 비롯해 밝혀진 모습이 별로 없다. 다만 목표를 명확하게 세우고 끈질기게 파고든 의지의 소유자였음은 분명하다. 목적을 달성하기 위해서는 집요하게 전력을 기울였고, 치밀하게 움직였다.

그는 왕이 된 후 카를 대제의 선례를 본받아 충실한 정치를 펼쳐 뛰어난 치적을 쌓으면서 독일권의 형성에 결정적인 역할을 했다. 다만 카를 대제가 황제의 속권과 교황의 영권을 분리해 2개의 중심을 가진 서유럽 세계를 형성한 것과 달리, 황제의 우위권을 내세워 교회를 기반으로 제국을 통치했다.

당시에는 제후와 주교들이 지역의 실세였다. 영지를 기반으로 물산을 생산했고 군대를 보유하고 있었다. 그는 강력한 군주권 확립을 위해 3단계로 나눠 먼저 교회를 장악했고, 뒤이어 제후들을 압박하였으며, 결국에는 기독교 전반을 주도했다.

오토는 교권을 장악하기 위해 주교와 수도원장에 대한 서임권을 행사했다. 아울러 교회와 수도원의 재산권을 제한했다. 군주의 허가가 있어야 건물을 세울 수 있게 했고, 교회의 재산관리인을 따로 임명해 재정을 맡도록 했다. 그러면서 교회 지도부를 자기 휘하의 관료처럼 부렸다. 자신이 임명한 주교와 수도원장을 통해 교회권을 장악한 것이다. 반면에 제후들을 견제하기 위해 조세와 공물 징수, 통화 및 시장 관리 등을 맡겨 힘을 실어주기도 했다.

그는 자신의 실질적인 기반이었던 교회의 권위와 조직을 앞세워 제후들을 요리했다. 친위대격인 작센군을 주력으로 삼되, 사실상 제후와 다름없이 영지를 두고 세속 지배권을 행사한 주교들을 통해 병력을 동원했다. 대신 부르고뉴 같은 새 정복지를 주교들에게 맡기고 운영권을 보장해 주교와 교회의 협력을 유인했다. 이런 기반 위에서 제후들을 신하처럼 부렸으며, 저항하면 힘으로 굴복시켰다.

그런 중에 자신의 절대 권위를 세우기 위해 교권까지 장악해 자신의 뜻을 관철했다. 수시로 군대를 이끌고 로마로 들어가 교황청이나 귀족들은 물론이고 시민들의 반발에도 아랑곳하지 않고 교황까지 갈아치우거나 대립교황을 세워 자신의 뜻에 따르도록 강행했다. 이러한 방식은 그의 후대 군주들로도 이어져 교황권의 혼란이 극심했다.

하지만 그는 제후들에 대한 확고한 중앙집권화를 구축하는 일에 실패했다. 집권 초기에 공작들을 중심으로 한 제후들의 분립을 막기 위해 왕족을 공작과 왕령백으로 임명했지만, 반대세력들이 그의 아들까지 앞세워 루돌프의 난(953~54)을 일으켜 뜻을 이루지 못했다.

종교를 활용한 그의 의도는 교회의 세속화와 부패를 초래했다. 제후들의 반발을 키웠고 군주의 중앙집권적 통치는 요원했다. 반면에 교회의 기반이 늘어나 결국에는 교권의 강화를 불러와 군주와의 대립이 커졌다. 그의 치세 이후에도 독일 내의 제후들이 독립된 영주로서 분립하는 형세가 유지되었으며, 1871년에 가서야 프로이센의 실질적인 지도자였던 비스마르크에 의해 진정한 군주권의 확립과 통일이 이루어졌다.

그렇지만 오토 대제는 위대한 군주로서 빛난다. 주교·수도원장을 비롯한 교회 세력과 손잡고 교회령을 물질적 토대로 하는 교회 정책을 통해 국토기반과 재정을 확보했다.

또한 독일 전역에서 동원된 통합 군대를 이끌고 숱한 전쟁에서 승리를 이끌면서 왕권을 강화했다. 바이에른, 슈바벤, 튀링겐, 프랑켄 같은 공국들을 병합해 독일권의 기초를 다져놓았다. 제후들의 맹주로서 독일이라는 일정한 영역 개념 아래 통합의 토대를 마련했다(히틀러가 나치 독일을 독일 제국(1933~43)과 대독일 제국(1943~45)이라 하면서 제3제국으로 지칭한 경우가 많았다. 제1제국을 신성로마 제국으로, 제2제국을 독일 제국으로 보고, 그 정통을 이었다는 뜻으로 사용했다).

그는 활발한 정복사업에 나서 전성기의 판도가 오늘날의 독일 전역, 체코, 네덜란드 일부, 벨기에, 룩셈부르크, 프랑스 일부, 스위스, 오스트리아, 슬로베니아, 이탈리아 북부에 이르렀다. 그중에서도 이탈리아에 대한 개입은 집요했고, 여러 난관이 있었지만 결국은 성공적인 결과를 얻어냈다. 3차례에 걸친 이탈리아 원정을 통해 이탈리아 왕까지 겸했으며 마침내 신성로마의 첫 황제가 되어 독일 왕권을 초독일적인 황제권으로 확장했다. 비록 형식적·명목적이었지만 독일을 넘어서서 서유럽을 대표하며 동로마 황제에 필적하는 영웅적 군주로서의 위상을 확립했다. 이탈리아 북부의 패권자가 된 후에는 교황과의 정면대결에서 이겨 주교권에 대한 최고 지배권까지 확립했다.

그의 삶에서 빠뜨릴 수 없는 부분이 따뜻한 정치를 펼친 사실이다. 동생의 잇따른 반란과 맏아들의 반란을 용서하며 포용했다. 어려움에 처한 교황의 요청에 응함으로써 대인의 모습을 세상에 보여 대국을 만들고 이끌어갔다.

이렇게 볼 때 은혜를 베풀면 자신에게 가장 이롭고, 그 뿌리가 깊어 자손과 후대까지 큰 후광을 누리게 되는 법이다. 그래서 남을 위해 일하거나 세상을 위해 큰 기부, 후원, 공헌을 하면 더 큰 행복을 얻을 수 있다는 경서와 고전의 가르침을 다시 한번 생각해 본다.

풍성한 문화를 지향하라: 좋은 지도자라면 반드시 해야 할 일

오토는 치열한 전란 중이던 938년에 작센의 람멜스부르크에서 은, 구리, 납 등이 매장된 엄청난 광산을 발견했다. 재정의 중요성을 누구보다 잘 이해하고 있던 그인지라 그곳에서 캐낸 광물을 활용해 넉넉한 재정을 확충했다. 이후로도 수백년 동안 왕국의 든든한 재정원이자 서유럽의 중요한 자원공급처로 역할했다(지금은 이 광산 지역이 유네스코 세계문화유산으로 지정되어 있다).

아울러 그는 왕국의 전역에서 거둬들인 재정에 기반하여 적극적인 문화 정책을 장려했다.

"학문과 문화예술을 진흥하라. 무엇보다 학자와 문인들을 초빙하고 후하게 대우하라."

그의 아낌없는 후원 덕분에 실력 있고 명성 높은 학자들이 좋은 환경에서 연구와 작품활동에 전력했다. 학당을 세워 학문을 지속적으로 연구할 수 있는 분위기를 조성했다. 자신이 설립한 수도원 학교들을 중심으로 라틴어에 의한 기독교 문화를 진흥해 다수의 책 출판이 이루어졌다. 시인과 작가들을 지원해 세속적인 문화예술과 라틴어문학이 활발하게 꽃을 피웠다. 동로마에서 선진 문물을 받아들여 건축과 예술을 비롯한 다양한 분야에서 새로운 모습을 드러냈다.

이렇게 하여 그의 치세 이후 후대까지 지속적인 영향이 이어지면서 '오토의 르네상스'라 불리는 전성기를 누렸다(다만 동로마, 중앙, 동양과 비교하면 여전히 비교조차 되지 않았다. 10세기까지 서유럽에는 제대로 된 학문, 과학기술, 건축물, 문화예술을 찾기 어렵다. 현재 이따금 보이는 사례는 수정·보강, 재건축, 재단장, 확장된 경우가 대부분이다).

사실 한국에서도 대통령을 비롯한 정부뿐만 아니라 삼성·현대·SK·LG·롯데 같은 대기업, LH·한전·도로공사 같은 10대 공기업, 국민·농협·신한·우리·하나 같은 대형 금융기관 정도되면 학문과 문화예술에 대한 후원에 발 벗고 나서야 한다. 적어도 한두 분야에서는 독보적인 후원자로 자리매김하는 한편 선진 외국의 정부나 기업보다 더 진정성 있게 지속적으로 벌여나가야 할 것이다.

〈오토 이후의 명군, 프리드리히 1세와 프리드리히 2세〉

프리드리히 1세(1122~90, 재위 1152~55~90)는 슈바벤 공작(재위 1147~52), 로마 왕·독일 왕(재위 1152~69), 이탈리아 왕(재위 1154~90), 신성로마 황제(재위 1155~90)를 겸했다. 그의 별칭인 '붉은 수염 즉 바르바로사'처럼 불타는 듯한 수염을 한 건장한 모습, 돋보이는 달변과 설득력, 반듯한 예의범절, 뛰어난 검술 등을 갖춰 강력한 카리스마로 허약한 왕국의 권력 기반을 강화했다. 뛰어난 역량을 발휘하며 평생

동안 분열되고 복잡한 독일의 상황을 해결하기 위해 노력했다.

삼촌의 뒤를 이어 왕이 되자 자신이 가장 존경하던 카를 대제의 선례를 따랐다. 1153년에 협약을 맺어 교황의 교회 지배권을 인정·보호하고 서임권을 교황에게 양보하는 대신에 교황은 황제의 권위를 지지한다는 원칙을 얻어내 왕권강화의 발판을 확보했다.

그러나 1155년에 로마로 가서 황제 즉위식을 할 때 로마시민의 반발로 중도에 끝이 났고, 교황이 자신을 신하로 취급하는 서신을 보내자 격분했다. 여기에다 오토 대제 이래 독일 왕의 영지였던 이탈리아 북부의 도시들이 단결해 반기를 들었다.

이후 그는 오토 대제의 선례를 따랐다. 1158년에 밀라노를 점령하고 이탈리아 북부의 반란을 진압했다. 1166년에는 교황에 대항하여 내세운 대립교황을 보호하고자 로마로 쳐들어갔다. 그런데 군대에 말라리아가 돌고 교황과 이탈리아 북부 도시들이 연합해 반격하자 회군했다. 그 뒤로도 6차에 걸친 이탈리아 원정을 벌였으나 실패했다.

그는 허울뿐인 신성로마 황제가 아니라 고대의 로마 황제 같은 실질적인 지배자가 되고자 했다. 그래서 황제의 위상에 대한 명확한 원칙을 확립했다.

'황제는 어느 누구의 신하도 아니다.'

그는 사법 질서를 바꿔 사형을 포함하는 중범죄는 황제에게만 재판권이 있도록 만들어 최종적인 권위자의 위상을 세웠다.

1180년, 그는 이탈리아 원정 때 지원을 거절한 제후를 추방하고 영지를 몰수했다. 하지만 제후의 대표자에 지나지 않던 시절이라 다시 제후들에게 분봉하지 않을 수 없어 직할령을 늘릴 수 없었다. 대신에 빼앗은 땅을 나눠주면서 기존의 관습과 달리 황제가 직접 새로운 영지 배치를 결정했고, 영지를 받은 귀족들은 제국제후로서 황제에게 직속되는 가신이 되게 했다. 아울러 강력한 중앙집권적 관료제를 추진해 귀족 출신이 아닌 가신 관료단을 구성해 황제 직할지를 관리하도록 했다.

1184년, 마인츠 궁전에서는 유럽 각지에서 몰려온 7만명의 기사들이 그를 중심으로 잔치를 벌이며 열렬하게 연호했다.

"프리드리히 만세, 프리드리히 만세."

그날의 광경을 보면 마치 유럽이 그의 아래에서 하나로 통일된 것 같이 느끼기에 충분했다.

이런 상황에서 3차 십자군 전쟁(1189~92)이 일어나자, 영국 왕 리처드 1세(사자왕)와 프랑스 왕 필리프 2세(존엄왕)와 함께 10만 대군을 이끌고 서아시아로 상륙해 예루살렘으로 진격했다. 하지만 무거운 갑옷을 입은 채 강을 건너다가 물에 빠져 익사했다. 영웅의 최후로는 몹시 아쉬운 대목이다.

그렇지만 그는 당시는 물론이고 지금까지도 독일과 유럽을 대표하는 영웅군주로 여겨지며 숱한 신화와 전설의 주인공이 되어 사랑받고 있다(유럽의 관행처럼 독일에서는 그를 본딴 이름이 하도 많아 프리드리히 1세라는 군주만 해도 8명이다. 독일이 수백년 동안 분열된 채 독립된 제후들이 많아 그렇게 된 것이다. 그래서 프리드리히 1세는 공식 이름보다 '바르바로사'라는 별명으로 더 많이 불렸다).

십자군 전쟁(1096~1270)

1차(1096~99) → 2차(1147~48) → 3차(1189~92) → 4차(1202~04) → 알비(1208) → 어린이(1212) → 5차(1218~21) → 6차(1228~29) → 7차(1248~49) → 8차(1270)

* 십자군이 '성지' 예루살렘을 탈환한다는 목표 아래 개전한 후 1차 때 기습공격해 유일하게 승리했으나, 예루살렘 점령 후 무슬림과 유대인을 몰살시켜 악명 높다.

* 예루살렘을 놓고 십자군이 1099~1187년간 지배했으나, 이슬람이 탈환한 후 1187~1917년간 다스렸다. 영국의 일시적인 지배를 거쳐 이스라엘이 1948년에 건국한 후 차지했고 1967년에 전역을 점령했다.

프리드리히 2세(1194~1250, 재위 1212~20~50)는 시칠리아 왕(1198~1250), 독일 왕·로마 왕(1212~20), 이탈리아 왕(1212~50), 신성로마 황제(1220~50), 예루살렘 왕(1225~28)으로 활동했다. 프리드리히 1세의 아들인 하인리히 6세와 시칠리아 공주인 어머니 사이에서 시칠리아에서 태어나 시칠리아 왕이 된 것이고, 첫 아내와 사별한 뒤 예루살렘 왕의 외동딸과 결혼해 예루살렘 왕이라는 칭호도 얻었다(어머니는 프랑스 북서부에 위치한 노르망디에서 이탈리아 남부의 시칠리아로 이주해 노르만 왕조를 연 왕가의 딸이다).

그는 한창 내란(1198~1215)을 겪을 때 왕이 되자, 프리드리히 1세처럼 강력한 왕권확립과 중앙집권정치를 추진했다. 법령 정비와 관료기구 편제를 완수하고 세제와 통화를 갖추었다(당시 국제통화는 동로마 제국이 발행한 솔리두스 또는 이슬람 세계의 통화인 디나르였다).

특히 그는 학문과 예술을 장려하여 르네상스를 태동하게 한, 너무 일찍 태어난 르네상스인이자 계몽군주들의 선구자였다. 시인이자 독일어·그리스어·라틴어·이탈리아어·프랑스어 등의 8개 언어를 구사한 독서광이었다. 앞서 있던 이슬람 세계의 과학, 특히 수학·기하학·천문학 등을 배우기 위해 아랍어까지 공부했다. 철저하게 라이코 정신(레이어시즘·세속주의)에 입각하여 접근했다.

자신의 궁전이 있던 시칠리아 섬의 팔레르모에 연구소를 설립함으로써 지중해에 있던 철학자, 과학자, 문인 등이 모여들어 13세기의 문화 본산지로 역할했다.

서유럽의 공용어이자 지식인의 언어였던 라틴어가 성직자의 전매특허가 되자, 라틴어의 속어에 불과하던 이탈리아어를 손질해 이후 단테에 의해 꽃을 피워 수백년간 서유럽의 문학어로 쓰이도록했다. 그리스·로마의 문화는 물론이고 선진 이슬람 문화를 받아들이기 위해 그리스어·라틴어와 아랍어로 된 책들의 번역 작업을 진행했고, 지중해로 진출한 노르만의 문화까지 수용했다(아시시의 성 프란체스코와 함께 르네상스를 충실하게 예비한 최초의 선구적인 르네상스인으로 보기도 한다).

그는 중세 최고의 반항아로서 교황과 늘 반목했다. 십자군을 즉시 일으키지 않은 사실과 롬바르드 정책 등으로 인해 교황으로부터 1227년, 1239년, 1245년에 걸쳐 3번이나 파문당했다. 십자군 전쟁을 못마땅하게 여겼지만 교황이 파문으로 위협하자 십자군 총사령관이 되어 6차 십자군 전쟁에 출병했지만, 평화협정을 체결하고는 이내 돌아왔다.

그는 전대 군주들에 이어 이탈리아를 경영하려 노력했으나, 뜻을 이루지 못했다. 남부로 진출해 경제부흥책을 실시하려 했지만, 독자적인 경제활동을 원했던, 밀라노를 중심으로 한 북부와 피렌체를 중심으로 한 중부가 반발했다. 또한 베네치아는 거래처가 몽골 또는 이슬람 세력이라 목숨을 걸고서라도 독자성을 지키려 했다.

결국 프리드리히 2세는 다채로운 치적을 세웠지만 절대왕정의 확립과 영토 확장에 실패했고, 고향에서 멀리 떨어진 풀리아(영어로 아풀리아)에서 세상을 떠났다(중세 시절 클로비스, 카를, 오토, 프리드리히 1·2세 때는 새로운 시대를 연 것 같은 대단한 활약을 펼쳤다. 그러나 그 밖의 시절에는 제후들의 발호와 교황권의 강화가 벌어지는 가운데 내분과 혼란까지 겹치며 봉건체제의 한계를 벗어나지 못했다).

〈구엘프(교황파)와 기벨린(황제파)의 대결〉

교황파인 구엘프파와 황제파인 기벨린파의 투쟁은 중세 유럽사를 장식한 극적이고 유명한 사건이다(각각 구엘프당·겔프당 또는 기벨린당이라 부르기도 한다). 이탈리아 북부를 중심으로 교황과 신성로마 황제를 지지하는 파벌이 대립하면서 비롯되었다.

11세기부터 대주교, 주교, 수도원장 등은 성직자로서 교회의 자체적인 절차로 서임되는 것이 원칙이었지만, 12~14세기에 걸쳐 황제가 사실상의 봉건영주이기도 한 그들에 대한 임명권을 주장함으로써 '서임권 분쟁'이 일어난 후 치열하게 대결하며 전쟁을 벌였다.

구엘프와 기벨린의 투쟁

┌ 구엘프파(교황파) — 부유한 상업 가문들 중심
└ 기벨린파(황제파) — 중소 상인과 신흥계층 중심

구엘프는 독일의 유력 가문인 벨프 가의 이탈리아식 표기에서, 기벨린은 벨프 가와 반목하던 호엔슈타우펜 왕조의 성인 바이블링겐 성에서 유래했다. 양 가는 독일의 군주권을 놓고 12세기 동안 다투다가 이탈리아로 건너와 벨프가 교황 편에 서면서 다시 충돌했다.

프리드리히 1세가 이탈리아 원정에 나섰을 때 그에 대항하는 롬바르드 동맹 등 자유 도시들을 '구엘프파'로, 그의 편에 선 이탈리아인들을 '기벨린파'로 부르게 되었다.

1176년, 그가 롬바르드 동맹에 패배하면서 종주권을 넘겨주고 도시의 완전 자치를 부여했다. 하지만 대립이 지속되면서 점차 부유한 상업 가문들을 중심으로 교황을 지지하는 구엘프파와 중소 상인과 신흥계층을 중심으로 황제를 지지하는 기벨린파로 갈라섰다. 구엘프의 편에 선 도시들은 황제를 더 위협적으로 보았고, 기벨린파 도시들은 교황의 세력 확대를 더 큰 위협으로 보았다.

13~14세기에 걸쳐 전쟁도 자주 일어났다. 호엔슈타우펜 왕가에서 이탈리아 남부를 잃고 혈통마저 끊어지면서 양상이 변했다. 구엘프는 시칠리아를 다스리던 앙주 가의 이탈리아 남부에 대한 지배를 지지하는 세력들을 모아 피렌체와 토스카나 지방의 도시들끼리 동맹을 맺었고, 승리를 거둔 도시들에서 재산을 늘려 세력을 확장했다. 반면에 재

산을 몰수당한 기벨린파는 추방 상태에서 벗어나자, 신성로마에 대한 향수가 높아지면서 1310~13년과 1327~30년에 이탈리아를 원정할 때 되살아나기도 했다.

하지만 14세기를 지나가면서 두 파벌의 투쟁은 의미를 잃었다. 신성로마 황제들이 더 이상 이탈리아에 개입하지 않았고, 교황도 아비뇽 유수 이후 프랑스로 무대를 옮겼기 때문이다. 이렇게 되자 점차 분파의 의미와 결속이 사라지는 가운데 그저 지역적인 정파를 의미하는 정도로 유지되었다.

중세를 관통한 이러한 시대 상황은 베로나를 무대로 한 셰익스피어의 대표작인 〈로미오와 줄리엣〉의 배경이 되기도 했다(이탈리아 도시들의 동맹관계를 보면, 구엘프파 도시로는 피렌체를 중심으로 밀라노, 볼로냐, 제노바, 만토바, 페루자, 몬테풀키아노 등이, 기벨린파 도시로는 아레초, 피사, 시에나, 크레모나, 포를리, 모데나 등이, 중립에 선 도시로는 베네치아, 파도바, 베르가모, 페라라, 파르마, 피아첸차, 트레비소, 베로나, 비첸차 등이 있다).

그런데 19세기에 이탈리아 통일운동이 본격화하자, 1843년에 다시 등장해 구엘프파는 교황을 중심으로 이탈리아의 도시국가 연방을 추진했고, 기벨린파는 교황이 통일을 막는다고 생각하며 대립했다.

위의 사례에서 보듯이 어느 나라에서든지 권력다툼과 파벌이 횡행한 경우를 어렵지 않게 확인할 수 있다. 다만 이탈리아처럼 분열이 극심하면 수백년 이상을 혼돈과 전란 속에 살아야 한다는 사실을 잊어서는 안 된다. 그래서 뛰어난 지도자의 등장과 지도력의 발휘, 극단적 대립의 타협을 통한 해소, 신흥 주도세력의 등장과 국면 주도, 기존 세력의 동력 상실로 인한 무력화 또는 해체, 사회지도층과 국민의 집단 지혜 발휘 등을 통해 잘 극복해야 국가든 기업이든 공동체의 안정과 미래를 기약할 수 있다.

* 작센을 기반으로 한 하인리히 1세와 오토 대제 이후 이어지던 오토 왕조(919~1024)가 절멸되고, 잘리어 왕조(1024~1125), 주플린부르크 왕조(1125~37)를 거쳐 슈바벤 공작 프리드리히와 신성로마 황제 하인리히 4세의 딸 사이에서 난 콘라트 3세(재위 1138~52)가 호엔슈타우펜 왕조(슈타우펜·슈바벤 왕가, 1138~1254)를 성립했다.

그러나 호엔슈타우펜 왕조는 프리드리히 1·2세를 거친 후 콘라트 4세(재위 1250~54)가 전란 중에 전사하면서 절멸했다. 독일 왕 및 신성로마 황제가 부재한 대공위 시대(1254~73)의 혼란 끝에 합스부르크 왕가(1273~1806)로 군주권이 넘어간 후 1806년까지 이어졌다.

〈유난히 길고 긴 유럽의 전쟁〉

유럽사를 보면 유달리 오래 진행된 전쟁들이 많다. 중세로도 모자라 근대까지 명맥을 이어간 구엘프와 기벨린의 전쟁은 물론이고, 포에니 전쟁(BC 264~146), 페르시아 전쟁(BC 492~48), 십자군 전쟁(1096~1270), 백년 전쟁(1337~1453), 네덜란드 독립전쟁(1568~1648), 영국-네덜란드 전쟁(영란전쟁. 1652~74, 더러는 4차를 포함해 1784년까지로 봄)을 비롯해 수십년에 걸친 전쟁들이 수두룩하다.

이런 방식으로 하면 고구려-수·당 전쟁이 598~668년간이 되고, 고려-몽골 전쟁이 1231~70년이 아니라 공민왕 때 인당이 총사령관이 되어 몽골을 공격해 요동정벌에 성공한 1356년까지 진행된 것으로 간주해 1231~1356년간이 될 수 있다.

유럽에서 전쟁이 실제로 오래 진행된 것은 아니다. 개별적인 전쟁 또는 전투가 간헐적으로 진행되었으나, 주된 전쟁국을 기준으로 삼아 포괄적으로 늘려 잡아 전투가 벌어진 전체 기간을 합치는 경향 때문이다. 그러면서 자의적·편의적으로 적용해 자연스럽게 자신에게 유리한 방식으로 전쟁을 규정했다. 특히 승패 또는 전후처리 차원에서 유럽 중심적인 승리와 영광에 주목하도록 정리했다.

사실 유럽에서는 전쟁을 용병이나 기사가 수행했다. 용병은 두둑한 금전적 보상을 손에 쥔 뒤에야 전투행위를 잠깐 벌였고, 기사는 주로 1년에 약 40일 정도인 병역 의무 기간 동안에만 전쟁에 복무했다. 그러다보니 전쟁이 간헐적이거나 수시로 중단되었고, 자연스럽게 장기전이 되었다. 19세기부터 국민국가로 전환하면서 징병제에 의한 국민군이 편성되어 더 이상 이전과 같은 상황이 벌어지지 않게 되었다.

윌리엄 1세 때 잉글랜드 왕국의 영토

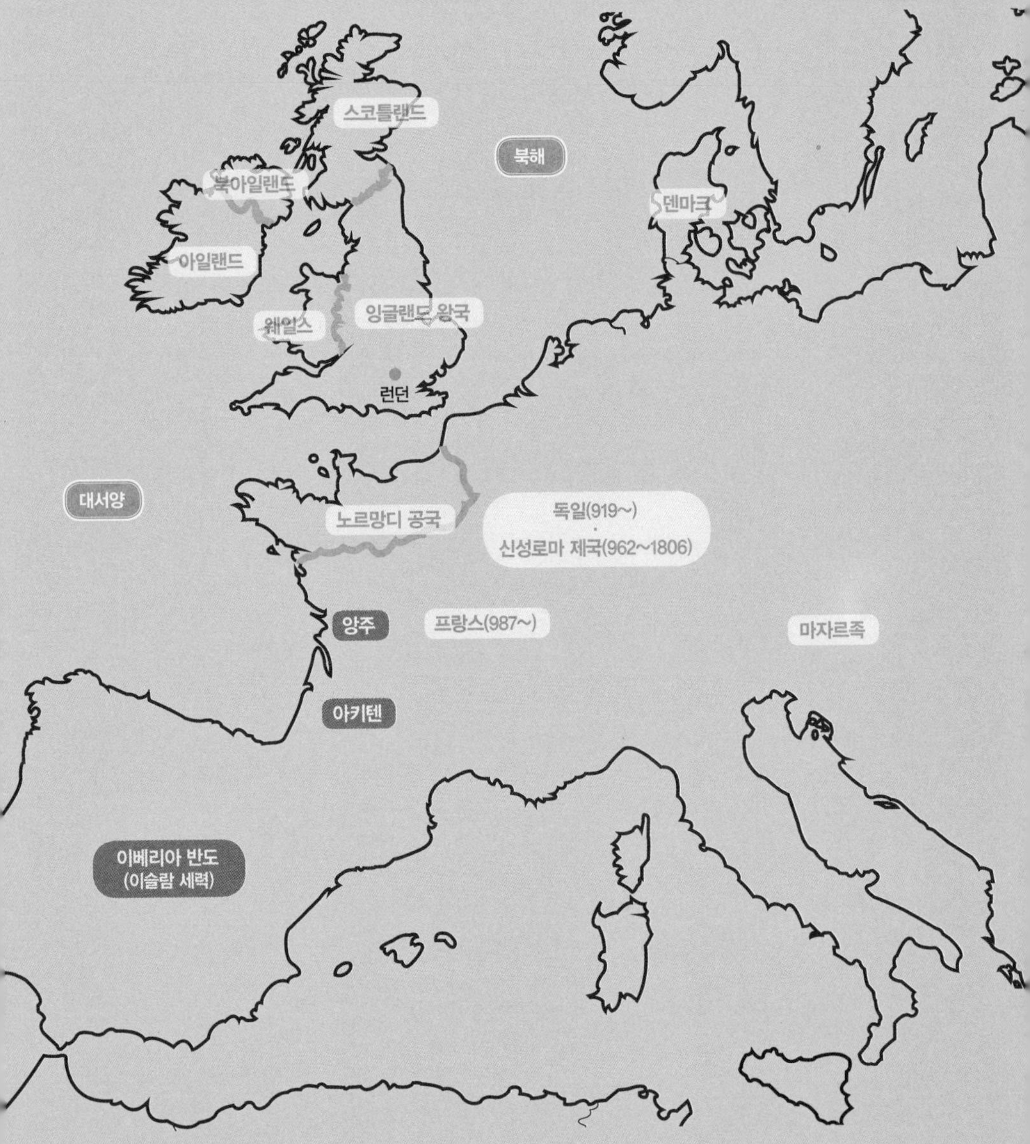

윌리엄 1세

영국의 진정한 역사를 열다

친위집단으로 대세를 잡다

영국을 대표하는 군주라면 누가 있는가?

'윌리엄 1세, 엘리자베스 1세, 빅토리아 여왕 등이 명군의 반열에 속한다. 또한 사자왕 리처드 1세, 존, 헨리 8세, 크롬웰같이 역사적인 사건에 연루되어 자주 회자되는 인물들도 여럿이다.'

그렇다면 영국의 첫 군주는 누구인가?

'윌리엄 1세로 봐야 한다. 진정한 영국의 역사를 시작한 장본인이기 때문이다. 노르만족 출신으로 영국을 정복하고 왕조를 열었다. 군주제를 확립하고 기준과 뼈대를 세워 영국의 기초를 닦고 본격적인 발전을 촉발했다. 섬나라로 폐쇄성이 강한 일본과 달리 영국을 유럽화하며 대륙과 오가는 개방적인 나라로 변모시켰다. 기독교를 받아들이되, 영국의 독자성을 확고하게 지키도록 만들었다. 그가 영국을 정복한 후부터 그 누구도 영국을 정복하거나 굴복시키지 못했다(이 책에서는 독자의 이해를 돕기 위해 편의상 잉글랜드 왕국을 영국으로 표현했다).

영국은 우리 입장에서 정말 눈여겨봐야 할 대상이다. 국토가 한반도와 비슷하고, 인구는 남한보다 23% 정도 많지만 남북한을 합치면 우리가 21% 정도 더 많다(한반도는 22.4만km^2, 영국은 24.4만km^2이다. 북아일랜드를 뺀 브리튼 섬은 22.9만km^2로 아주 비슷하다). 지리적 상황도 크게 다르지 않다. 주변국으로 스페인, 프랑스, 네덜란드, 독일 같은 강호들이 포진해 있고, 마주한 대서양 건너에는 세계 최강대국인 미국이 있다.

'문명의 역설'이지만 풍요로운 대지에 경쟁자가 없었던 아메리카 대륙은 정체된 채 문명화조차 뒤떨어졌지만, 영국은 주변에 경쟁자와 강대국이 많아 잠시도 분발하지 않을 수 없었고, 운명에 예속되기보다 더 나아지고 강해지기 노력한 결과 강자가 된 것이다.

영국은 잉글랜드가 세력을 키워 현재의 모습으로 발전했을 뿐만 아니라 진취적인 해양 진출 속에 민주화와 산업혁명을 성취하면서 대영제국을 건설해 한때 세계 최강대국으로 군림했다. 지금도 선진민주국이자 경제대국으로 유럽을 대표하는 강대국이며 영어와 문화예술은 물론이고 학문과 과학에서 세계적인 선도국가다. 그래서 영국은 한국이 본보기 목표로 삼을 만한 나라로서 알맞다.

한국은 3면이 바다에다 국토분단과 북한과의 대치 속에 섬나라나 다름없지만, 동쪽에 일본, 북쪽에 러시아, 서쪽에 중국, 남쪽에 동남아시아를 두고 있다는 우리 중심적 자세로 헤쳐가야 한다. 제조업, 교역, 조선·해양, 한류, 과학 등의 측면에서 볼 때 영국을 앞서거나 비슷한 경우도 적지 않다. 하지만 총체적인 국력에서 모자라는 상황인 만큼 국민적인 역량을 모아 나간다면 그다지 멀지 않아 영국을 앞설 수 있을 것이다. 통일까지 이루면 선진 경제·문화 대국에 더해 명실공히 강대국의 위상을 정립하게 될 것이고, 21세기 지구촌의 주역으로 역할하면서 인류의 평화와 미래를 이끌어갈 수 있을 것이다.

원래 영국은 미개의 땅이었다: 부족들이 난무한 시대

영국은 잉글랜드, 즉 '앵글족의 땅'이란 뜻으로 '영(英)'은 'England' 중의 'Eng-'의 음역에서 유래했다. 미국, 캐나다, 호주, 뉴질랜드, 남아공 같이 영국의 이민자 후손들이 세운 국가들까지 포괄해 앵글로색슨 계통, 앵글로색슨 문화라고 지칭하기도 한다.

영국은 켈트족이 선주민을 정복한 후, 남부의 브리튼족과 북부의게 일족으로 불리며 정착했다. 그러다가 로마의 진출로 오래 지배받았으며, 게르만족의 대이동으로 앵글족, 색슨족, 주트족이 다수를 이루었다.

주 섬인 브리튼 섬(브리타니아·그레이트 브리튼)의 중부와 동부를 기반으로 웨일스와 스코틀랜드는 물론이고 바다 건너 서쪽에 자리한 아일랜드까지 복속해 영국을 구성했다. 1922년 아일랜드의 독립 후에는 북아일랜드라 하여 일부 영토만을 포함하고 있다.

9세기경 앵글로색슨족이 7왕국을 형성하며 잉글랜드의 대부분을 장악한 상황에서 색슨족 출신이 세운 웨섹스 왕국이 가장 강력한 왕국이 되어 주도했다.

에그버트 왕(재위 802~39)은 829년에 7왕국을 모두 복속하고 앵글족과 색슨족을 합쳐 통합을 이루었다(영국의 기원으로 에그버트를 주장하기도 한다. 그러나 그의 치세 때에는 잉글랜드란 용어조차 없었던 웨섹스 왕일 뿐이다). 그의 사후 데인족이 웨섹스 전역을 초토화하며 지배했다(덴마크인을 말하며, 노르만족의 한 갈래다).

세월이 흘러 에그버트의 손자인 앨프레드 대왕(재위 871~99)이 전란 속에 고전을 거듭하던 끝에 결정적인 승리를 거두면서 다시 통합했다. 왕이라는 명칭을 처음으로 사용했고, 전성기 때에는 브리튼 섬 전역과 아일랜드까지 영향력을 미쳤다(영국의 기원으로 앨프레드를 주장하기도 한다. 그러나 그 역시 잉글랜드 왕국 이전의 웨섹스 왕이었을 뿐이다).

앨프레드는 지방행정 체제를 주와 군으로 정비하고 성채들을 세웠으며 해군과 육군을 강화했다. 사법체제를 손질하고 관습법을 집대성해 단일 법전을 편찬했다. 뛰어난 전사에 더해 지성인·문화인으로서 학문과 문화예술을 장려하고 라틴어로 된 기독교와 문학 서적들을 앵글로색슨어(고대 영어)로 번역했다.

다만 제후의 권한을 보장하고 기독교 국가로 전환시켜 중세 봉건사회의 단초를 제공했고, 강성해진 데인족에게 북동부 일대에 대한 지배권을 인정했다가 침입과 지배를 초래했다.

정작 영국의 왕조와 지배층을 형성한 것은 북방 노르만족이다. 한때 데인족과 웨섹스가 서로 경쟁했지만, 잠깐의 활약상에서 벗어나지 못했다. 결국 윌리엄 1세가 영국을 정복한 후부터였다. 노르만 왕조를 열어 그의 혈통이 대를 이어가며 지배적인 왕가를 확립했고, 군주제에 의한 안정된 체제를 구축하면서 영국 역사가 전개되었다.

〈아더왕 이야기〉

영국에서 가장 오래된 이야기로 5세기 말 로마의 지배가 끝난 후 원주민이었던 켈트족 출신의 부족장 아더가 놀라운 활약으로 침입자인 색슨족을 물리치고 영국을 해방시킨 신화적인 영웅이다.

아더왕(King Arthur)은 아서왕으로 부르기도 하며, 영국을 구한 영웅으로 여겨지는 전설적인 왕이자 기사도의 상징이다. 명확한 실존 인물은 아니지만 완전히 허구적인 인물은 아니며, 몇몇 인물이나 활약상이 결집되어 창조된 영웅군주다.

12~15세기에 걸쳐 쓰인 〈브리튼왕 열전〉과 〈아더왕의 죽음〉 등을 통해 유럽까지 알려졌다. 색슨족을 격파하고, 아일랜드·아이슬란드·프랑스·독일·노르웨이·덴마크를 정복하고 서로마 황제까지 무찔렀다고 포장되었다. 여기에 사랑이야기가 더해지고 기사도와 모험담으로 각색되었다. 심지어 유럽인의 상상력을 등에 업고 십자군 전쟁과도 이어졌고, 숱한 문인들이 '아더왕과 원탁의 기사'들을 노래했다.

아더왕과 그의 부하인 랜슬롯을 비롯해 12명으로 구성된 원탁의기사들이 왕국의 수도인 카멜롯 성을 근거지로 용감무쌍한 활약을 펼치는 모습이 근간을 이룬다. 최후의 만찬에서 예수가 사용했던 기적의 힘을 가진 성배(술잔)를 찾아 떠나는 여정을 중심으로 전개되는 숱한 모험과 무용담은 흥미진진함을 더했다. 전투에서는 용맹하지만 여성과 약자를 돕는 기사도 정신과 아름다운 여인들과의 사랑은 중세 유럽의 전형적인 신사문화와 정신세계를 표현했다. 그러면서 아더왕을 정의에 찬 이상적인 기독교적 군주로 그려냈다.

가장 전형적인 아더왕 이야기는 다음과 같다. 영국의 왕 펜드래건이 남의 아내인 이그레인과 사랑에 빠져 아더가 태어나자, 마법사이자 예언자인 멀린에게 맡겼다. 멀린은 다시 갓난 아더를 충직한 기사 엑터경에게 맡겼다. 아더는 엑터의 양아들로 성장했고, 청년이 되어 검 이야기를 들었다.

'이 검을 뽑는 사람이야말로 왕이 될 것이다.'

아더가 이 말을 듣고는 모험에 나서 온갖 우여곡절 끝에 바위에 꽂힌 검을 뽑았다. 이 소식을 들은 엑터가 아더를 만나 말했다.

"너는 영국 왕의 아들로 후계자다. 이제 검까지 뽑아 왕이 될 자격에 실력까지 갖추었으니 왕이 되도록 하거라."

아더는 자신의 정체를 알게 되었고, 마침내 국왕이 되었다.

어느날 아더는 외적의 침입으로 로데그란스 왕이 위기에 처했다는 소식을 듣고는 먼 길을 떠나 용감하게 싸워 이겼다. 그때 로데그란스의 딸인 기네비어 공주와 사랑에 빠져 결혼했다. 로데그란스가 기네비어에게 100명의 기사와 원탁을 결혼선물로 주자, 그는 자신의 왕국에서 뽑은 기사들과 합쳐 원탁의 기사단을 결성했다.

아더는 바위에서 뽑았던 검이 여행 도중에 부러지자, 멀린의 도움을 받아 엑스칼리버로 불리는 명검을 호수의 요정에게서 건네받아 자신의 주 무기로 삼았다. 의기투합한 원탁의 기사들과 함께 거인을 격전 끝에 무찌르고, 유럽으로 원정해 로마군을 이기는 등 온갖 모험을 겪는다.

세월이 흘러 아더는 서로의 관계를 전혀 모른 채 이복누이와 사랑에 빠져 낳은 사생아이자 원탁의 기사였던 모드레드의 참언으로 랜슬롯과 기네비어의 불륜을 알게 되자 참담한 심정으로 랜슬롯을 치라는 명을 내렸다. 이에 랜슬롯이 기사들까지 죽이며 저항했다. 아더는 군대를 이끌고 공격했고, 수세에 몰린 랜슬롯이 프랑스로 도망가자 쫓아갔다. 그가 자리를 비운 틈을 타 모드레드가 왕위찬탈 음모를 꾸미자, 서둘러 영국으로 돌아왔다가 평원에서 모드레드와 싸워 격전 끝에 죽이며 승리했지만 자신도 아들이 휘두른 칼에 큰 상처를 입고 죽게 된다.

아더는 원탁의 기사인 베디비어 경에게 엑스칼리버를 호수에 돌려주라고 명했다. 베디비어가 엑스칼리버를 호수에 던지자 손 하나가 물위로 나와 검을 받아들고는 사라졌다. 그는 죽은 뒤에 작은 배를 타고 호수의 요정들에 이끌려 요정의 섬인 아발론에서 영생을 얻었다고 한다(그 뒤 랜슬롯에 아더를 돕기 위해 영국으로 왔으나 이미 아더는 죽은 뒤였고, 기네비어와 랜슬롯도 짧은 만남 후에 잇따라 죽었다).

영국에서는 지금도 아더왕이 깊은 동굴 속에서 잠을 자고 있으며, 영국이 위기에 빠졌을 때 다시 돌아와 구원해줄 것이라고 믿고 있다. 1830년대 이후 낭만주의(로망) 시대 때 여러 작품의 소재로 가장 많이 활용되면서 전 세계에 알려졌고, 지금도 숱한 소설, 만화, 영화, 애니메이션, 드라마 등에서 자주 등장하고 있다.

어려움 속에 내공을 키우다: 사생아·반항아가 노르망디 공이 되다

윌리엄 1세(정복왕. 1027~87, 노르망디 공 1035~87, 잉글랜드 왕1066~87)는 노르망디 공의 외아들로 태어났다. 그의 어머니가 장인 집 안의 비천한 출신에다 정식 결혼해 낳은 것이 아니라서 어려서부터 놀림을 받으며 자랐다(어머니는 나중에 다른 사람과 결혼해 두 아들을 두었다). 더욱이 후계다툼을 둘러싸고 암살까지 시도되고 그의 보호자들이 3명이나 잔혹하게 죽어 목숨마저 위태로운 힘든 시기였다.

아버지가 예루살렘으로 순례를 갔다가 돌아오는 길에 죽자, 길을 나서기 전에 후계자로 임명된 대로 8세의 나이로 기욤 공(기욤 2세, 영어로 윌리엄)으로 불리며 노르망디를 다스리게 되었다.

그렇지만 즉위 초에는 어린 군주를 함부로 대하는 일이 여전했다. 특히 '서자 공'이란 치욕스런 별명으로 비꼬며 불러댔다. 출정하여 전투가 벌어졌을 때 적군의 성에서 어머니 집안을 빗대 그의 출신을 조롱하기도 했다. 심지어 그의 먼 친척이자 아내가 될 여성조차 '천한 혈통의 서자'라며 놀려댔다(윌리엄은 화가 나 말을 타고 집으로 쳐들어가 그녀를 채찍으로 때리고는 달아났다. 4년 후 그가 25세 때 2살 어린 그녀와 결혼했고, 평생 동안 화목하게 잘 지냈다).

윌리엄은 정적들이 시비를 걸었지만, 프랑스 왕 앙리 1세(재위 1031~60)를 자기 편으로 끌어들여 도움을 받아 무사했다. 이후 제후들에 대한 정복을 벌였고, 앙리 1세의 후원 아래 세력을 확장했다(당시 프랑스는 제후들이 독자적인 위상을 유지했다. 앙리 1세 역시 파리 주변과 오를레앙을 직할 영토로 하고 있어 세력 확장을 위해 윌리엄과 협력했던 것이다).

이렇게 하여 윌리엄은 내부의 적과 반란자까지 모두 제압하면서 나날이 힘이 강해졌다. 나중에는 앙리 1세가 위협을 느낀 나머지 1054년과 1058년 2차례에 걸쳐 노르망디를 공격했지만 막아내면서 메인 지역을 합병해 영토를 늘렸다.

〈앵글로색슨, 영국의 진정한 주인〉

앵글로색슨(Anglo-Saxon)은 영국의 색슨족과 대륙의 색슨(작센)족을 구별하기 위해 사용했다가 지금은 일반적인 영국인을 뜻한다. 5세 기경 독일 북서부에서 브리튼 섬으로 건너간 게르만족의 한 갈래로 독일·스웨덴계의 앵글족(앵글로족, 독일 북부의 앙겔른에서 유래), 영국으로 건너간 작센족인 색슨족, 스칸디나비아에서 온 주트(유트)족으로 이루어져 있다. 6세기 말이 되자 앵글족이 잉글랜드 북부와 동부를, 색슨족이 템즈강 이남을, 주트족이 켄트를 차지했다. 그러다가 동질화 과정을 거쳐 앵글로색슨족으로 통합되었다(주트족은 7왕국 중에 켄트 왕국을 세웠으나, 빠르게 흡수 · 동화되어 명칭에서는 빠져 있지만 포함된다).

앵글족에서 잉글랜드가, 색슨족에서 웨섹스(웨식스), 에섹스(에식스), 서섹스(서식스) 왕국들의 국호가 유래되었다. 인종적으로는 북방계에 속해 장신·백인·금발·벽안에다 좁고 높은 코 등의 특징이 있다. 6세기까지도 문자를 갖지 못해 아직도 밝혀진 모습이 별로 없다.

켄트를 차지하고 있던 브리튼족의 수장이 같은 켈트족인 스코트인과 픽트인의 침입에 시달리던 중에 앵글족의 도움을 받아 대처했다가 오히려 그들에게 영토를 빼앗겼다(스코트인과 픽트인은 점차 세력을 넓혀가며 브리튼 북방을 근거지로 스코틀랜드를 형성했다). 이후 1세기가 넘게 브리튼으로 이주가 진행되었고, 인구가 늘자 살기 좋은 저지대로 이동해 정착하면서 지배 민족이 되었다.

앵글로색슨족은 작은 왕국들을 건설했다가 7개의 부족국가들로 통합되며 7왕국 시대를 전개했다(노섬브리아, 머시아, 서섹스, 에섹스, 웨섹스, 이스트 앵글리아, 켄트 왕국이 있었다). 6세기 말에 로마가톨릭이 선교를 위해 건너오자 왕실의 필요에 따라 백성들 전반으로 확산되었다. 특히 웨섹스 왕국이 가장 강력해지면서 9세기 초반에는 에그버트에 의한 잉글랜드의 정복이, 후반에는 앨프레드 대왕에 의한 잉글랜드의 통합이 거의 이루어졌다. 그 과정에서 색슨족이 지배층을 형성했다.

그러다가 8세기부터 진행된 데인족의 잇따른 침략으로 기반을 잃어갔고, 윌리엄 1세의 정복으로 지배층이었던 앵글로색슨 귀족들까지 완전히 몰락했다. 결국 영국은 선주민, 켈트족, 로마, 앵글로색슨족, 데인족을 거쳐 최종적으로는 노르만족에 의해 지배권이 확립되었다.

* 이베리아족이 브리튼 섬에 처음 살기 시작한 이래, 켈트족이 이주해 원주민으로 정착했다. 카이사르의 원정 이후 소수의 로마인들이 건너왔으나 민족구성과 문화 차원에서 영향력이 미미했고 지배력의 상실과 함께 로마의 영향은 아예 소멸했다. 1차 게르만족 민족대이동 때 앵글로색슨족이 진출해 영국인의 다수를 형성했고, 2차 때 노르만족이 지배층을 형성해 주류 영국민족의 대강을 마무리 지었다. 세월이 흘러 독일계의 하노버 왕가(1714~1901)와 작센-코부르크-고타 왕가(1901~17)가 영국 왕실이 되었고, 1차대전 때 영국민의 거부감을 감안해 영국식인 윈저 왕가(1917~지금)로 호칭을 바꿔 오늘에 이르고 있다.

어쨌든 영국은 지중해가 역사의 중심이던 시절에는 한참 동떨어진 존재로서 변방에 지나지 않았다. 그만큼 문명의 발전이 서유럽보다 더 늦었다.

참고 기다리다가 때가 오면 과감하게 치고 나간다: 영국 정복

정작 윌리엄이 노린 것은 프랑스가 아니라 영국이었다. 에드워드(재위 1042~66)가 권력다툼과 혼란 속에 노르망디로 피신해 왔을 때자신에게 다음 왕위를 약속했고, 그 뒤를 이은 해럴드 2세(재위 1066)도 백작의 신분으로 사절로 왔다가 노르망디에 붙잡혀 있을 때 자신에게 왕위의 양보를 약속했기 때문이다.

주변 정세도 유리하게 돌아갔다. 대립하던 앙리 1세가 죽고 친하게 지내던 필리프 1세(재위 1060~1108)가 9세의 어린 나이로 왕이 되었다. 역시 대립하던 앙주 백 마르텔도 그해에 죽으면서 유약한 후계자로 승계되었다(앙주 백은 프랑스 앙주 지역의 백작으로 노르망디와 영국에서는 플랜태저넷 왕조로 불리며 노르만 왕조의 뒤를 이었다). 또한 교황이 영국의 캔터베리 대주교와 대립하는 상황에서 윌리엄을 적극적으로 후원했다. 이렇게 되자 자연스럽게 주변과 배후를 걱정하지 않아도 되었다.

영국 내의 정세도 급변했다. 어머니의 고향인 노르망디에서 망명생활을 하던 에드워드가 돌아가 앵글로색슨 왕가를 부활했지만 함께 지냈던 노르만족의 도움으로 10여년을 끌던 내분을 척결한 뒤 이들을 중용해 앵글로색슨 귀족들의 불만이 높아졌다. 그러다가 에드워드가 후사 없이 죽자 왕권다툼을 벌였던 해럴드가 왕의 유언이라며 밝혔다.

"다음 왕을 해럴드에게 물려주도록 하라."

해럴드는 에드워드의 유언에 더해 처남임을 들어 왕위를 요구했다. 앵글로색슨 귀족들은 해럴드를 왕으로 추대했다. 하지만 해럴드는 에드워드와 벌였던 내전을 수습하지 못하고 있었다.

그즈음 윌리엄은 해럴드에게 왕위를 요구했다. 그렇지만 누가 말 한마디 했다고 왕좌를 넘겨주겠는가. 막상 왕이 되자 도무지 약속을 지킬 기미를 보이지 않았다. 오히려 해럴드는 반박했다.

"에드워드가 한 약속은 사실무근이다. 나도 약속을 강요받은 것이라 무효다."

윌리엄은 당장이라도 공격하고 싶었지만, 유리한 정세를 만들어가며 치밀한 준비를 해나갔다. 군사력을 확충하고 유럽 각지에서 용병까지 불러들이는 가운데 바다를 건널 함대를 구축했다(영국과 유럽대륙 사이에는 도버 해협이 있다. 가장 가까운 곳은 34km(21마일) 정도다. 1994년에 50.45km(해저38km)의 유로터널이 완성되면서 영국의 지리적 단절이 해소되었다. 30분이면 오갈 수 있고, 런던 – 파리 간은 3시간이면 주파한다. 참고로 인천에서 중국 산동반도까지 거리는 140km 정도 되고, 부산에서 일본 후쿠오카까지는 240km 정도 된다. 현재 한중 터널과 한일 터널에 대해 논의 중이다).

이런 상황에서 노르웨이 왕까지 나서 왕위를 요구했다.

"덴마크왕과 먼저 죽는 쪽이 상대에게 영국을 넘기기로 약속했다."

노르웨이 왕은 자신의 계승권을 주장하며 영국을 침공했다. 이에 해럴드가 힘들게 막아내면서 외부의 유력한 잠재적 경쟁자가 사라졌고, 해럴드군은 많은 손실을 입고 상처투성이가 되어버렸다.

윌리엄은 때가 왔음을 직감하고 전쟁을 선언했다. 그리고 해럴드 2세가 대관식을 진행할 때 핼리 혜성이 나타나자, 이를 이용해 해괴한 소문을 퍼뜨렸다.

'해럴드 2세가 망하고 새로운 왕조가 들어설 조짐이다.'

이 소문은 영국 백성들의 마음을 뒤흔들어 상당한 심리전 효과를 거두었다.

1066년 그는 모든 준비를 끝내고 8000 병력으로 영국 원정에 나섰다. 처음 출정할 때 심한 북풍이 불어 1달을 묶이기도 했으나, 해럴드가 노르웨이군과의 전쟁을 끝내자마자 이내 바람의 방향이 바뀌었다. 윌리엄은 곧장 진격에 나서 3일 만에 영국 해안에 상륙했다.

그가 영국에 발을 내딛다가 넘어져 땅에 엎어졌다. 그러자 미신과 징조를 따지던 시절이라 병사들이 걱정에 휩싸여 수군거렸다.

"아, 주군이 넘어지다니, 시작부터 너무 불길하다."

윌리엄은 상황을 간파하고 아무 일 없다는 듯이 큰소리로 외쳤다.

"보라. 나는 지금 영국 땅에 두 손을 짚었노라. 영국이 나의 손에 들어왔음이 아닌가!(이 유명한 일화는 영국의 영웅군주를 미화하기 위해 지어낸 가공의 이야기일 뿐이다)"

영국 남동부의 헤이스팅스에서 결전이 벌어졌다. 윌리엄은 수천명의 노르만 기사들로 구성된 기병을 주력으로 삼아 보병 위주의 해럴드군을 상대했다. 먼저 화살로 해럴드군을 집중 공격해 밀집대형을 해체하려 했다. 이에 해럴드군도 만만치 않게 대적해 방패로 잘 막아냈다. 이후 기병대를 출정시켜 휩쓸려고 했으나, 굳세게 방어해 물러서야 했다.

윌리엄은 2단계 작전에 돌입했다. 기병을 거짓으로 후퇴시켜 언덕에 진을 치고 있던 해럴드군의 보병들이 내려와 쫓아오게 했다. 해럴드군이 유인책에 속아 뒤쫓다가 전열이 흐트러지자, 기병이 뒤돌아 반격을 가했다. 이렇게 후퇴와 반격을 여러 차례 되풀이하자, 해럴드군은 큰 손실을 입고 지칠대로 지쳤고, 해럴드의 형제들도 전사했다. 전투는 9시간이나 지속되었다. 윌리엄은 결정타를 날리기 위해 궁수대로 하여금 하늘을 향해 높이 쏘도록 했다. 해럴드군이 비처럼 쏟아지는 화살에 당황하자 기병이 전속력으로 돌진하며 쓸어나갔다. 그때 해럴드 2세가 하늘을 바라보다가 화살에 눈을 맞아 쓰러지자 윌리엄군이 달려들어 죽이고는 하루 만에 전투를 끝내면서 완벽하게 승리했다.

창업보다 수성을 더 잘해야 한다: 완전한 영국 정복

윌리엄은 영국을 정복했다. 하지만 캔터베리 대주교를 비롯한 귀족들이 승복하지 않은 채 기어코 새 왕을 옹립했다. 또한 런던에 입성하려 했지만 런던 다리에서 더 이상 나아가지 못하게 막아섰다. 윌리엄은 공격을 퍼부었다가 실패하자, 런던을 우회하면서 반대 세력들의 거점을 점령해갔고, 런던을 포위한 채 항복을 받아내며 입성했다.

그해 크리스마스에 윌리엄은 39세의 나이로 영국 왕이 되었다. 그러나 반란과 외침이 이어졌다. 1067~71년간 이어진 반란들을 직접 출정해 진압했고, 데인족의 침공까지 막아냈다. 그 과정에서 무력과 공포에 바탕한 철권통치를 휘둘렀다. 소수의 노르만족이 절대 다수의 앵글로색슨족을 지배하기 위해서였다.

윌리엄이 원했던 진정한 정복은 여전히 이루어지지 않았다. 이에 정치력을 발휘해 새로운 방식으로 접근했다. 유럽 대륙에서 실시하던 봉건제도를 그대로 도입했고, 앵글로색슨 귀족들의 토지를 몰수해 한꺼번에 몰락시켰다. 방어를 위해 수백 곳에 성을 쌓고 지역별로 거점을 확보해 지배했다. 변경의 안정을 위해 1072년에 스코틀랜드를, 1081년에는 웨일스를 침공하는 한편 변경주를 설치해 공고하게 다졌다.

그의 통치에 반발한 앵글로색슨족이 노르만족을 공격해 죽이는 일이 자주 일어나자, 희한한 법령을 내려 자신의 주축 세력을 보호했다.

"노르만족의 주검이 발견된 지역에는 무거운 벌금을 물린다. 주검이 노르만족인지 가릴 수 없어도 마찬가지다. 그렇지만 앵글로색슨족의 주검이면 아무런 문제가 없다."

무엇보다 절정의 묘수는 '둠즈데이 북(Domesday Book)'이라 불린 조사 보고서를 만든 일이었다. 1085년 영국 최초의 전국적인 토지대장을 작성한 것으로 행정구역(카운티)별로 토지의 소유자와 면적, 인구, 주택과 시설물, 농기구, 가축수 등에 대해 정밀한 조사를 진행해 기록했다.

영국 백성들은 놀라 수군거렸다.

"낱낱이 다 파악해서 뭘 하려나, 최후의 심판이라도 하려는 것인가?"

이후 이 장부를 둠즈데이 북이라 불렀다고 한다(기독교에서 쓰는 '최후의 심판 날'과 같아 나온 이야기일 뿐이다). 하지만 실제로는 기재사항이 '최종적인 통계자료(집계)'라 하여 이름 붙인 것이다. 철저하고 정확한 조사사업으로 인해 중앙집권화의 결정적인 기반이 확립되었고, 징병과 부역은 물론이고 세금과 물자를 걷어 왕실 재정을 확보했다.

1086년이 되자 59세가 된 윌리엄 1세가 다시 명을 내렸다.

"8월 1일, 모든 앵글로색슨 귀족들은 솔즈베리로 모여라."

그는 귀족들이 모인 자리에서 힘차게 외쳤다.

"그대들이 가진 토지는 모두 내가 내린 봉토다. 그러므로 그동안의 주종 관계를 떠나 나에게 충성하라."

그는 충성 서약까지 받아내면서 윌리엄식 중앙집권적 봉건제를 밀어붙였다. 유럽 대륙에서 보편적이던 봉건제도가 영지를 직접 내린 영주에게만 충성하던 것과 달리, 모든 영주의 최정점에 있는 왕에게 충성하도록 한 것이다. 또한 지역마다 세워진 성을 거점으로 전국에 걸쳐 보편적으로 적용했다.

특히 앵글로색슨 귀족들의 토지를 모두 빼앗아 일단 왕의 소유로 만든 뒤에 자신을 따르던 충성스런 노르만족 기사들에게 나눠주고 영주로 삼아 중앙과 지방의 지배에 필요한 인적·물적 기반을 갖추었다(250명의 토지 소유 귀족들 중에 앵글로색슨족은 2명밖에 없었다). 이후 어떠한 반란이 일어나도 군주의 지배권은 흔들리지 않는 버팀목이 되었다.

〈4개국의 연합국 영국: 잉글랜드, 스코틀랜드, 웨일스, 북아일랜드〉

영국은 브리튼 섬에 있는 잉글랜드, 스코틀랜드, 웨일스와 서쪽에 있는 아일랜드 섬 북쪽의 북아일랜드로 구성된다(잉글랜드가 13만km^2로 56.5%, 스코틀랜드가 북부 고지대를 중심으로 7.9만km^2로 34.3%, 웨일스가 서부 고지대를 중심으로 2.1만km^2로 9.1%를 차지하고 있다. 북아일랜드는 아일랜드 섬(8.2만km^2)의 일부로 1.4만km^2이다).

현재 우리가 아는 영국의 형성은 잉글랜드 왕국이 주도했다.

웨일스는 1282년에 정복했다가 2년 뒤 러들랜법에 따라 합병했다. 잠깐 독립한 적도 있지만, 1536년 헨리 8세가 다시 합병해 오늘에 이르고 있다. 고유어인 웨일스어를 사용하고, 민족·역사·문화에서 이질적인 정체성을 유지하며, 자치와 독자성을 지향하고 있다.

스코틀랜드는 제임스 1세(재위 스코틀랜드 1567~1625, 잉글랜드 1603~25)가 스코틀랜드 왕으로 있다가 스튜어트 왕조를 열면서 잉글랜드 왕으로 즉위한 후 양국의 왕을 겸직하며 통합했다. 1707년 연합법에 따라 스코틀랜드를 합병했다. 2014년 분리독립을 놓고 국민투표를 실시했다가 경제상의 이유로 영국으로의 존속을 결정한 바 있다.

다만 워낙 독자성이 강해 투표 전에 한 영국정부의 약속에 따라 독립국 수준에 가까운 자치권을 추진하고 있다(고유어인 게일어와 스코트어가 있지만 극소수만이 사용하고 있다).

아일랜드는 1172년에 정복하여 식민지가 되었다(아일랜드인은 켈트족의 한 갈래로 아일랜드를 고유어인 게일어로 에이레라 한다). 끈질긴 저항으로 독자성을 강화했으나, 1534년에 대규모 침공을 벌여 실질적인 지배력을 확립했다. 그러다가 1801년 연합법에 따라 합병해 연합 왕국을 성립했다. 1921년 아일랜드가 독립하자, 다음해에 얼스터 지방의 9개 주 중 6개 주를 북아일랜드로 편입해 현재의 영국을 형성했다. 그렇지만 서로 다른 섬에다 민족과 종교가 확연히 달라 원래대로 아일랜드와의 결합을 바라고 있어 분리·독립의 열기가 가장 강하다.

이들 3개 지역은 힘의 논리에 따라 통합되었다. 그러다보니 민족도 다르고 각각 고유한 언어와 문화를 갖고 있어 갈등과 대립이 상당하며, 하나같이 분리·독립 또는 자치화를 원하고 있다. 다만 서로 분리되면 영국이 누리는 강력한 위상과 실리를 모두 잃는다는 공감대도 크게 작용하고 있어 협의와 조정을 거쳐 느슨한 연방국으로서 각 지역 나라들이 광범위한 자치를 보장받으며 존속하고 있다. 그래서 올림픽과 더불어 대표적인 지구촌 축제인 월드컵에서는 영국의 경우 축구 종주국임에도 국가대표팀이 4개국 팀으로 제각각 따로 출전하고 있다.

영국의 확장

○ 잉글랜드 왕국(1066~1707): 웨일스 합병

○ 그레이트 브리튼 왕국(1707~1801): 스코틀랜드 합병

○ 그레이트 브리튼 아일랜드 연합 왕국(1801~1921): 아일랜드 합병

○ 그레이트 브리튼 북아일랜드 연합 왕국(1922~지금): 북아일랜드 일부 편입

과욕은 죽음을 부른다: 정복욕에 불탔지만 더는 이루지 못하다

윌리엄 1세는 1072년 이후 15년 동안 대부분 노르망디에 머물며 영국에 잘 가지도 않았다. 길게는 7년 동안이나 가지 않은 적도 있었다. 나고 자란 자신의 온전한 왕국인 노르망디를 좋아한 데다 정복 이후 염증을 느꼈으며, 유럽 대륙에서 영토 확장에 나서고자 한 것이다.

대신에 영국에 대한 통치는 문서를 통해 명을 내려 다스렸다. 오랜 친구를 캔터베리 대주교로 임명하고, 주교들에게 위임했다. 노르만 귀족들은 그에게 충성하는 제후로서 든든한 토대가 되어주었다.

정복왕은 여전히 목말라 했다. 먼저 가까운 전략 요충지인 브르타뉴를 공격했다. 그러나 필리프 1세의 완강한 저항에 부딪쳐 실패했다. 오히려 1077년에는 자신의 맏아들이 플랑드르에서 반란을 일으키는 바

람에 필리프 1세의 도움을 받아야 했다. 이런 까닭에 그의 바람과는 달리 더 이상의 눈에 띄는 정복사업은 이루지 못했다.

그러다가 1087년에 프랑스의 망트를 공략하던 중에 큰 부상을 입고 말에서 떨어져 회복하지 못했다. 결국 화해를 원했던 만아들 로베르에게 노르망디 공의 자리를, 3째아들 윌리엄(붉은 얼굴 윌리엄·윌리엄 2세)에게 잉글랜드 왕의 자리를 물려주고 60세의 나이로 숨을 거두었다(비만에 후진적인 매장 수준으로 인해 묻을 때 주검이 손상되고 악취가 극심했다. 전란을 거치면서 약탈당해 지금은 넓적다리뼈만 남았다고 한다).

〈귀족과 젠틀맨〉

영국은 엄청난 정치·사회적 변화 속에 내란과 전쟁이 잦았다. 하지만 세월이 흐를수록 민주주의적 전통이 뿌리내리면서 적절한 타협과 양보를 통해 피를 흘리는 혁명을 피하면서 지금도 왕과 귀족이 여전히 존속하며, 왕실과 상원은 이들의 세습 속에 전통을 잇고 있다.

귀족은 영국의 지배층으로 토지를 1만에이커(4000만m^2) 이상 소유한 대지주를 가리킨다. 그 아래로 젠틀맨의 어원이 되는 '젠트리'라 하여 3000~1만에이커 정도를 소유한 지주가 있어 귀족과 젠트리가 상류층을 형성했고, 넓은 뜻의 귀족에는 젠트리가 포함된다.

이들이 형성한 귀족 또는 상류층 문화는 맏아들로 세습되는 신분과 이를 보장하는 상속법, 부의 근간인 토지에서 나오는 막대한 수입 등을 통해 유지했다. 사교와 유희, 무도회(파티), 사냥, 경마·도박을 일상으로 벌이면서도 외부의 시선을 의식해 품위와 교양, 멋진 복장과 매너, 사색과 독서, 경건한 신앙생활 같은 신사 문화를 즐겨 '젠틀맨의 나라'라는 인상을 형성했다. 이러한 즐겁고 달콤한 현실을 지켜내기 위해 전통과 정치를 활용했고, 위협이 되면 전쟁도 서슴치 않았다.

영국은 상업의 발전, 모직물·면직물 산업의 발전, 산업혁명, 자본주의의 본격화로 산업자본가 계층이 형성되었다. 중산층(토지 1에이커, 소득 연간 200파운드 이상)까지 늘어나 새로운 정치 주도세력이 되어 근대 영국을 이끌며 세계 최강대국 대영제국으로 발전했다.

부르주아와 중산층은 날이 갈수록 강화되었고 일상생활에서 풍요와 여유가 뒤따르자, 기꺼이 젠틀맨 문화와 풍조에 합류해 즐겼다. 물론 이들은 바쁜 일상 속에 치열한 경쟁을 벌여야 했다. 산업혁명의 전성기에조차 기껏 성공해 공장주가 된들 면직업 일부에 국한되었으며, 규모라고 해야 지금의 중소기업 정도라서 뱁새가 황새를 따라갈 수 없듯이 분명한 한계는 있었다.

반면에 지주들은 전체 인구의 0.5% 정도지만, 전체 토지의 절반 이상을 차지했다. 상위의 소수 귀족집단을 형성하여 왕을 둘러싸고 왕당파 또는 토리당(지금의 보수당)으로 변화해가며 영국 정치를 영유했다. 영국 민주주의의 3대 전환기를 만들었던 대헌장(마그나 카르타), 권리청원, 권리장전을 이끌어내며 왕권마저 제한하면서 의회정치와 내각책임제를 확립했다. 그 과정에서 자신들의 입지와 기득권을 보장받는 바탕 위에서 여야 간의 정권교체와 은퇴(퇴진)를 수용하면서 일정한 양보와 신흥 세력들의 참여를 보장함으로써 지금도 이어지는 영국의 귀족 문화와 전통을 유지하고 있다.

윌리엄 1세는 출신상의 열등감에다 화를 잘내고 다혈질이었다. 서자로 태어나 군주가 된 이후에도 그에 대한 조롱은 계속 따라다녔다.

"바스터드 공 윌리엄."

그는 극히 신경질적인 반응을 보였다. 나중에 자신을 "바스터드(서자·사생아·개자식·잡종 등의 극히 나쁜 뜻으로 쓰임)"라고 놀린 사람들을 붙잡아 팔다리를 모두 잘라 굴러서 돌아가도록 했다는 믿기 어려운 이야기가 전할 정도다. 그렇다고 그가 열등감에 빠져 좌절하거나 쓰러진 것은 아니다. 오히려 큰 덩치답게 넓은 사고의 소유자였고, 혈기왕성한 정력은 숨을 거둘 때까지 멈추지 않았다.

그는 자신에게 반발하는 세력이나 적에 대해서는 가차없는 잔혹함을 드러내며 무자비한 진압과 처벌을 강행했다. 영국을 정복한 후에 반란을 일으킨 지역에 대해 주민들은 물론이고 가축까지 몰살했고, 집과 시설물을 불태우고 농기구까지 부숴 초토화했다.

사실 그는 애써 정복했지만 영국에 대한 애정은 전혀 없었다. 영어를 읽거나 쓸 줄도 몰랐을 뿐만 아니라 말도 한 마디 하지 못했다(백년전쟁 때까지 영국의 공용어가 프랑스어였다). 그래서 그는 자신이 태어난 고향 노르망디에서 편하게 살다가 그곳에 묻혔다.

그렇지만 그의 역량과 위대한 치적은 역사적인 인물로서 높이 평가받는다. '정복왕'이란 호칭에 걸맞게 전쟁터에서는 침착하고 인내력을 발휘하였으며 전략적인 사고에 따라 치밀한 전술을 구사하면서 누구보다 용감하게 잘 싸웠다.

그는 사람들의 마음을 잘 읽은 심리전의 대가였고, 정세를 정확하게 간파해 통치에 활용했다. 영국 정복도 자신의 편에 선 하늘의 뜻인 양 끌어들였다. 프랑스와 교황의 지지를 등에 업고 주변을 유리하게 정리한 후 정복에 나섰다.

리더십이 뛰어나 격의 없는 우의와 확실한 보상으로 측근과 병사들의 충성과 사기를 관리했다. 충직한 부하들이 잘 따랐고, 백성들의 복종도 이끌어냈다. 적이 많았지만 책략과 외교로 돌파했다. 통합의 정치를 펼치지는 않았지만 왕권강화란 목표는 악착같이 지켜냈다.

왕권을 놓고 자신이 에드워드 사촌의 아들에 해당되고, 에드워드가 생전에 왕위 상속을 약속했으며, 해럴드 역시 이전에 왕권을 넘기고 신하가 될 것을 맹세한 일 등을 앞세워 자신의 정벌을 정당화하면서 영국 내부의 분열을 조장했다. 왕이 되자, 자신에게 저항하며 위협하던 앵글로색슨 귀족들의 토지와 재산을 몰수해 자신을 충직하게 따르던 노르만 귀족들에게 넘겨 한꺼번에 영국의 지배층을 교체하고 장악해 통치기반을 굳혔다. 백성들에게는 둠즈데이 북을 통해 거미줄 같은 통제와 고분고분한 순종을 이끌어냈다. 또한 넉넉한 재정을 확충했고 필요시 언제든 징병·부역을 동원할 수 있게 만들었다.

한 시대를 열거나 나라를 세우면 역사적인 영웅이 된다

윌리엄 1세는 1035년 노르망디 공이 되어 노르망디 공국을 과거의 서프랑크 왕국(프랑스의 전신)에 버금갈 정도로 성장시켜 놓았다. 영국을 정복한 이후에는 왕조와 정치체제를 확립해 안정된 반석 위에 올려

놓았다. 사실 영국의 입장에서 보면 그는 노르만 왕조의 창건자인 잉글랜드 국왕으로서 자신들의 실질적인 시조격이다. 또한 왕국의 수도를 햄프셔 주의 윈체스터에서 런던으로 옮겨 지금도 영국의 수도이자 유럽 및 세계의 중심지로 역할하고 있다.

그의 치세 이후에는 이전까지 그토록 많은 외침에 시달리던 영국을 지금까지도 철옹성처럼 유지하고 있다. 결과적으로 외부로부터 안전한 영국을 실현하는 한편 유럽의 마지막 보루 같은 존재로서 역할했다(나중에 나폴레옹과 히틀러가 유럽 대륙을 석권한 후 마지막 남은 영국을 점령하려 했으나, 정치 지도자와 국민들이 단결해 막아냈다).

윌리엄 1세는 종교를 적절히 활용했지만, 로마가톨릭에 의한 지배는 물론이고 간섭조차 거부했다. 왕권강화에 배치되는 교황의 개입에 대해서는 노골적으로 반감을 드러냈다. 오히려 주교에 대한 임명권을 손에 넣어 교회의 실권을 잡은 채 종교에 대한 정치의 우위를 확립했다. 특히 교황과 대립하여 교회에 대한 국왕의 관리권을 주장하면서 주 법정과 교회 법정을 분리하는 등 왕권을 더욱 강화하면서 영국의 종교적 독자화를 예비했다.

이러한 대처방식으로 나중에 교회재판권을 둘러싼 헨리 2세와 대주교 간의 다툼을 거쳐 헨리 8세 때인 1536년에 교황과 정면 충돌하면서 성공회(국교회)를 성립해 독자화했다. 이후 헨리 8세의 딸인 엘리자베스 1세에 의해 완전히 독립적인 성공회가 확립되었다.

그는 영국과 유럽 대륙을 떼려야 뗄 수 없는 관계로 만들었다. 바다 건너 노르망디에 본거지가 있다보니 자신의 정복전은 물론이고 백년 전쟁, 네덜란드 전쟁같이 영국이 유럽 대륙을 침략하거나 정복하기 위해 끊임없이 도모하는 결정적인 상황을 만들었다(프랑스의 저지에 막혀 유럽 대륙에서 밀려났고 노르망디마저 프랑스의 영토가 되었지만, 그 앞의 채널 제도는 역사적·민족적으로 여전히 영국의 영토다).

로마의 철수 이후 수백년 동안이나 주로 북유럽과 소통하다가 그의 치세 후에는 프랑스, 스페인, 네덜란드 등과 다양한 관계를 형성하며, 지금까지도 서유럽 국가의 일원으로 활동하고 있다. 프랑스를 비롯한 유럽 대륙의 문화와 생활관습을 전해 영국의 다양화와 풍요로운 융합 발전을 가능하게 만들었다.

다시 한번 '개방의 힘'을 절감하며, 우리도 정부와 기업은 물론이고 국민 개개인에 이르기까지 세계무대를 향한 열린 마음으로 호흡하며 자신을 발전시켜 나가야 할 것이다.

〈리처드 1세: 윌리엄 1세 이후 가장 유명한 인물〉

리처드 1세(1157~99, 재위 1189~99)는 '사자왕'으로 불리며 영웅적인 명성과 무훈을 자랑했다. 훗날 전설인 〈로빈훗〉과 월터 스콧(1771~1832)의 소설 〈아이반호〉의 배경으로 활용되면서 중세 기사도를 상징하기도 했다(평민 출신의 자유로운 의적 로빈훗(록슬리)과 색슨족 출신의 기사 아이반호가 그와 뜻을 같이 하여 활약을 펼치는 내용이다).

하지만 그는 전형적으로 미화와 과장을 거친 인물이다. 제멋대로 처신하면서 실패와 위기를 자초했을 뿐만 아니라 치적이 없고 사람과 세상을 위한 흔적이나 이바지를 남기지 않아 호평을 하기 어렵다. 〈아이반호〉에서는 리처드가 부과한 무거한 세금 때문에 산적이 늘어난 현실을 외면한 채 동생 존의 압정에서 나라를 구하고 로빈훗과 의형제를 맺는 것으로 전개해 정반대로 각색했다.

그는 헨리 2세의 3째아들로 태어났다(헨리 2세(재위 1154~89)는 플랜태저넷 왕조의 첫 국왕으로 왕권강화를 추진하며 내정의 안정에 노력했다. 아일랜드, 웨일스, 스코틀랜드를 차례로 정복해 영국사는 물론이고 12세기 서유럽의 뛰어났던 군주로 손꼽힌다. 그러나 말년에 프랑스와 벌인 영토 쟁탈전으로 바쁘게 보내다가, 리처드와 존이 반란을 일으키고 적국인 프랑스와도 결탁한탓에 실의에 빠져 병사했다. 죽는 순간까지 리처드를 저주했다고 한다).

아버지가 동생인 존을 편애하여 부자와 형제 간의 불화가 극심했다. 그는 어릴 적부터 전통에 따라 영주가 되었으나 자신의 영지에서 폭정을 일삼다가 반란이 일어나 형제들과 싸웠다. 다행히 만형의 갑작스런 죽음으로 전세가 역전되면서 진압한 뒤 후계자의 입지를 굳혔다.

리처드는 아버지가 프랑스로 원정 간 사이에 어머니·동생 존과 손잡고 반란을 일으켜 싸웠으며, 이듬해에 아버지가 죽자 왕위에 올랐다.

그는 왕이 되자 국정을 살피기도 전에 십자군 전쟁 참전을 결정했다. 원정에 나서기 전에는 막대한 전비를 강제로 걷어들였다. 국고나 세금으로 충당하기 어렵게 되자 관직은 물론이고 영주들의 성과 영지까지 매매하여 자금을 긁어모았다. 귀족들은 관직과 신분·영지를 지키기 위해 엄청난 대가를 지불해야 했다. 백성들은 징병과 부역에다 가혹한 세금까지 납부하면서 불만이 극히 높았다.

1190년, 프랑스 왕 필리프 2세 및 독일 왕·신성로마 황제 프리드리히 1세와 3차 십자군 전쟁을 주도하며 출정했다. 8000 병력과 함께 함선을 타고 진군해 키프로스, 아크레 등을 점령하며 무용을 높였다(그는 이슬람 포로들은 물론이고 붙잡힌 여성과 어린이까지 3000여명을 살육했다).

그즈음 그의 부재를 틈타 존이 왕위 찬탈을 꾀했고, 프리드리히 1세가 강을 건너다가 익사하는 바람에 독일군이 철수했다. 필리프 2세 역시 병을 핑계로 일찌감치 발을 빼 고국으로 돌아가 휴전 약속을 깨고 프랑스 내의 영국 영토를 공략했다(당시 그는 필리프 2세의 누이동생과 약혼했다가 딴 결혼에 눈이 팔려 일방적으로 취소한 후 적대시하게 되었다).

리처드는 성지 예루살렘 근처까지 도착한 후, 1년을 싸웠지만 아무런 성과가 없었다. 그러던 중에 깜짝 놀랄 소식을 들었다.

"먼저 귀환한 필리프 2세가 신성로마 황제로 갓 즉위한 하인리히 6세와 손잡고 존의 왕위 찬탈을 지원하고 있습니다."

결국 이슬람 세계의 영웅군주인 살라딘(재위 1169~93)에 매료된 상태에서 겨우 2000 병력으로 홀로 남은 채 승리와 성지탈환이 어려움을 알게 되자, 1192년에 살라딘과 평화조약을 맺고 철수했다.

그는 군사들에게 명을 내렸다.

"급하다. 귀국을 서둘러라. 최대한 빨리 귀환해야 한다."

그러나 폭풍을 만나 난파당해 베네치아 근처에 다다랐다. 변장하고 돌아가던 중에 빈에서 자신에게 모욕을 당한 오스트리아 공 레오폴트 5세에게 붙잡혀 성에 유폐당했다(십자군 원정 때 그는 레오폴트의 공작 깃발이 국왕인 자신의 깃발과 함께 나부끼자 빼앗아 진흙탕에 던져버렸다. 이에 레오폴트는 화가 나 철수했다).

다음해에 레오폴트는 몸값을 받고 하인리히에게 팔아넘겼다. 1년 넘게 억류생활을 하던 중에 하인리히가 필리프에게 넘기겠다고 협박하자, 어처구니없는 조건이었지만 어마어마한 몸값을 지불하고 영국 전체를 신성로마 제국에 넘긴 뒤, 풀려나 귀국했다(물론 영국으로 돌아온 뒤에 하인리히에게 한 약속을 지키지 않았다).

리처드 1세는 영국으로 돌아와 자신의 귀환 소식에 프랑스로 도망친 존에게 빼앗겼던 왕위를 되찾았다. 존을 지지했던 귀족들의 충성을 받아들이면서 일부 영주들의 반란을 진압했다. 급기야 군사를 이끌고 바다를 건너 노르망디에 도착한 뒤 공격을 준비하자, 그의 용맹함을 잘 알던 유약한 존이 항복했다. 그는 아버지에 이어 친동생까지 죽이는 패륜을 피하기 위해 존을 용서하고 영지의 일부를 되돌려주었다.

그는 1달도 채 지나지 않아 통치를 캔터베리 대주교에게 맡긴 다음, 프랑스로 건너가 전쟁에 돌입했다. 그러다가 프랑스의 한 전선에서 갑옷을 입지 않은 채 성벽 가까이 거닐다가 갑자기 날아온 화살에 맞은 상처가 깊어져 41세의 한창 나이에 죽었다.

그 역시 춥고 흐린 날씨에 자주 비가 내려 영국을 좋아하지 않았다. 앙주 가 출신에 아키텐에서태어나고 자라 영어를 거의 사용하지 않았다. 영지도 어머니로부터 물려받은 아키텐이라 고향에 대한 남다른 애정으로 유럽 대륙에 머물며 활동했다(그의 머리, 심장, 나머지 주검은 따로 분리되어 프랑스에 묻혔다).

그는 잦은 전쟁과 원정을 벌였다. 선대의 대륙정책을 계승해 프랑스와 치열한 전쟁을 지속했다. 왕으로서 영국에 머문 기간은 고작 6개월 정도였다. 그나마도 정치에는 관심을 두지 않았고 백성들을 살피지도 않았다. 전투를 잘했지만 무엇하나 완수한 것도 없이 살육을 즐긴 무자비한 싸움꾼이었다. 이런 점에서 그는 전혀 군주답지 못한 인물이었다. 그러나 용맹한 중세의 전사로서 십자군 전쟁의 무용담에다 사자왕으로서의 위명이 더해졌고, 후대에 가서 영국과 유럽이 제국주의 열강으로 나설 때 대외 정복활동의 본보기로서 영웅으로 만들어졌다.

사실 유럽과 미국, 일본과 중국의 경우 어지간한 인물만 되면 긍정적으로 바라보거나 미화하는 경향이 강하다. 조금이라도 실책보다 공적이 더 많은 인물은 없던 사실까지 만들어가며 영웅화하거나, 무용담을 더하거나, 명언을 비롯한 언행을 부각하면서 훌륭하게 만들어 자주 인용하며 후대에 가르친다. 리처드 1세도 그런 경우에 해당하며, 엘리자베스 1세, 조지 워싱턴, 토요토미 히데요시, 유비 같은 영웅적 지도자들은 하도 존경과 사랑을 보내며 떠받들어 조그마한 결함도 듣기 어렵다.

이런 점에서 한국에서도 우리 역사 속에, 현대사 속에 존재하는 숱하게 많은 영웅들을 개인의 짧은 판단과 정치·사회적 입장에 따라 비난과 부정을 일삼는 일은 근절되어야 할 것이다. 오히려 '공5과5, 즉 공이 50% 이상이고 과가 50% 이하이면 잘한 것'이라는 평가를 하는 풍토가 조성되어야 한다. 여기에 더해 자신이 관심을 갖거나 좋아하는 인물이라면 상상의 나래를 펼쳐 신화와 전설을 창작해서라도 알차게 채워가는 모습을 기대해본다.

* 존왕(재위 1199~1216)은 형편없는 군주지만 이름만은 잘 알려져 있다. 리처드의 사후 왕이 되었으나 무능하면서 폭정을 일삼자, 1215

년에 견디다 못한 귀족과 성직자들이 런던 시민의 지지를 모아 템즈강 변에서 그를 압박해 굴복시켜 대헌장(마그나 카르타)을 승인받았다.

대헌장은 의회 승인 없는 과세 불가, 재판이나 국법에 의하지 않은 체포·감금 불가 등을 담아 귀족의 권리를 재확인하는 봉건적 문서였다. 그러다가 17세기에 왕과 의회의 대립 때 왕의 전제에 대항해 국민의 자유와 권리를 옹호하는 최대의 전례로 이용되면서 의회 중심의 내각책임제로 정립되었다. 여기에 영국인의 자존심이 덧칠되어 자유를 옹호하는 가장 기본적이며 중요한 근대 헌법의 토대가 되었다고 평가한다(영국은 1265년 의회에 귀족 · 성직자만이 참여하다가 기사·도시 대표들을 참석시켜 의회제의 시초로 본다. 또한 1297년 웨스트민스터 수도사 집회소에서 정식 모임으로 출범해 진정한 의회이자 하원(Commons)이 시작되었다).

〈노르만족: 북유럽과 러시아 건설 및 영국 - 프랑스 - 지중해 진출〉

노르만(Norman)족은 '북쪽 사람'을 뜻하며 노르만인, 바이킹, 노르딕으로도 부르는 북유럽민족이자 북방인종이다(협곡 즉 바이크에 살아 바이킹이라 불렀다. 노르웨이라는 국호와 민족도 여기에서 유래했다).

스웨덴을 중심으로 발트해·북해 주변에 살며, 주로 스칸디나비아반도와 덴마크를 기반으로 한다. 주류를 형성하고 있는 덴마크, 노르웨이, 스웨덴, 아이슬란드를 비롯해 영국, 아일랜드, 프랑스 북부 해안, 벨기에, 네덜란드 북부, 독일, 핀란드 서부 등지에 분포하고 있다.

큰 키, 금발, 파란 눈, 흰 피부가 특징으로 일부는 갈색 머리에 녹색·회색 눈도 있다. 코가 가늘게 뾰족하고 머리통이 길며 뒤통수가 튀어

나와 있다. 얼굴·팔에 주근깨가 있다. 햇볕에 잘 타지 않고 추위에 강해 가장 추운 지역에 살고 있다.

원래 농경·목축·어업을 하며 살았으나 해양 지향성이 뚜렷하고 강인한 기질에 모험심이 강했다. 이들이 타던 배는 길이 20m의 작은 배로 20~60명 정도가 타고 움직이며 내륙 깊숙한 얕은 강까지 이동할 수 있어 뛰어난 항해술을 활용해 일부는 해상 약탈을 일삼았고, 일부는 유럽 전역을 강타한 것이다.

땅이 워낙 척박하여 살기조차 어려운 상황에서 8세기경 통일된 왕권이 형성되자, 이에 반발한 여러 부족들이 약탈적 이동을 시작해 11세기까지 이어졌다. 게르만족의 민족대이동 차원에서 보면 4~6세기에 이어 2차 대이동이 진행된 셈이다.

영국과 서유럽은 물론이고 동유럽과 러시아 및 지중해와 흑해까지 진출해 맹위를 떨쳤다. 근대를 거치면서 세계 전역의 백인 거주 지역에 고르게 퍼져 살고 있다.

793년, 영국 북부의 한 수도원을 침략한 것을 시작으로 무차별적으로 유럽 전역에 걸쳐 활발한 진출을 전개했다. 300년 동안에 걸쳐 대서양과 지중해를 넘나들며 영국 북부와 아일랜드, 프랑스 파리와 보르도, 스페인의 세비야, 이탈리아의 시칠리아, 러시아, 카스피해와 흑해, 터키의 이스탄불 등에 이르기까지 다방면으로 이어졌다. 노르만인은 교역과 약탈을 벌이면서 중세 유럽의 판도에 큰 역할을 했다. 이들 가운데 일부는 콘스탄티노플 일대로 이동해 정착했고, 동로마에서 용병이나 황제의 근위대로 활약하기도 했다.

노르만족의 이동(2차 게르만족 민족대이동, 8~11세기) ○ **덴마크계** : 덴마크, 노르망디 공국 성립, 영국의 노르만 왕조 창건 ○ **노르웨이계** : 노르웨이, 아이슬란드 ○ **스웨덴계** : 스웨덴, 러시아 형성 후 류리크 왕가 창건 후 존속 ○ **지중해 진출 세력** :시칠리아 섬과 이탈리아 남부에 걸쳐 시칠리아 왕국 성립, 팔레스타인에도 공국 성립

노르만족의 이동은 크게 3방향으로 움직였다.

덴마크계는 프랑스와 영국으로 향했다. 912년에 부족장인 롤로는 프랑스 왕을 위협해 센강 하류 지역을 봉토로 받아 노르망디 공국을 성립했다. 1066년에는 노르망디 공 기욤(윌리엄 1세)이 영국을 정복해 노르만 왕조를 열었다.

노르웨이계는 본거지인 노르웨이를 비롯해 아이슬란드·그린란드로도 진출했고, 일부는 북아메리카까지 이주했다.

스웨덴계는 러시아에서 발트해로 흐르는 강을 거슬러 올라가 볼가강 또는 도니에플강을 지나 다시 내려가 각각 카스피해와 흑해에 이르는 교역로를 개척해 아바스 또는 동로마와 교역했다. 바랑기아인의 부족장 류리크(루리크)는 러시아로 진출해 최초의 노브고로드 공(재위 862~79)이 되어 러시아의 시조로 여겨진다(그가 창건한 류리크 왕가(862~1598)는 로마노프 왕가(1613~1917) 이전까지 러시아의 왕가로 역할했다). 이후 류리크의 친척이자 측근인 올레그가 키예프 공국(882~1283)을 성립하여 고대 러시아 역사의 기원을 비롯했다(진정한 역사는 몽골의 지배기를 거쳐 모스크바 공국이 등장하면서 시작되었다).

일부는 대서양을 돌아 지중해로 진출해 시칠리아와 이탈리아 남부를 석권해 시칠리아 왕국을 성립했다. 그 밖에 팔레스타인에 공국을 세웠고, 동로마·스페인 등지로 가서 용병으로 활약하거나 정착했다.

노르만족은 활발한 대외 진출을 벌이면서 3가지의 흥미로운 지리적 흔적을 남겼다.

1번째 1000년 전에 북미 대륙을 발견한 흔적이 남아 있다. 아시아의 대초원인 일부가 1만년 전까지 간빙기 때 베링해를 건너 아메리카 대륙에 정착한 후 점차 남하하여 중남미 전역으로 확산되었다. 그러다가 양 대륙 간에 이동이 단절되어 그들만의 고립된 생활을 하던 상황에서 이탈리아 탐험가 콜럼버스(1451~1506)가 발견하기 전에 이미 바이킹들이 아메리카의 존재를 인식한 셈이다.

2번째 아이슬란드를 개척했다. 874년에 이 섬을 발견했는데, 추운 북방 지역과 달리 살기 좋은 곳이었다. 너무 탐이 나서 독차지하기 위해 남들이 찾아올 엄두조차 내지 못하게 '얼음의 땅(아이슬란드)'이라 이름 지어 접근조차 막으려 했다. 그러나 그 이름과 다르게 해양성 기후라 따뜻하며, 지금도 관광산업이 주력일 정도로 풍경도 좋다. 북위 66도에 위치하지만 따뜻한 북대서양 해류로 인해 푸른 숲과 멋진 해안이 돋보이며, 산기슭에는 꽃이 만발하다. 화산이 많지만, 온천도 많다. 여름과 겨울뿐이지만 밝은 여름이면 저지대가 시원하며, 어두운 겨울에도 비교적 온난하다. 항구도 1년 내내 얼지 않는 부동항이다.

3번째 그린란드를 발견했다. 986년에 에리크가 발견한 뒤 추운 얼음땅이었지만, 자신의 성공을 자랑하기 위해 '녹색의 땅(그린란드)'이라 불렀다. 그러나 한여름에도 연안 지대에 녹색이 보일까 말까 할 정도이고 그나마도 금세 지나가버린다. 거의 절반이 북극권에 있어 85%가 얼음으로 뒤덮여 있다. 일부 노르만족이 이주했지만, 대초원인의 후손으로 에스키모의 한 갈래인 이누이트인에게 밀려나면서 그렇게 거센 바이킹조차 1명도 없이 절멸되었다(18세기 초 덴마크가 거주지를 세워 덴마크령이 되었다가 2009년 독립을 선언한 후 자치권을 행사하고 있다).

노르만족이 남긴 북방문화는 겨울 스포츠로 전해지고 있다. 인류의 제전인 올림픽을 여름과 겨울로 나눠 2년마다 개최하는데, 겨울 올림픽의 주요 종목으로 노르만족에서 유래한 노르딕 경기가 열리고 있다. 우리가 흔히 말하는 뷔페(buffet)는 노르만족이 싸움에서 이기거나 약탈한 뒤에 잔치를 벌여 널빤지를 펴놓고 음식을 차려 먹어 유래된 것으로 이 문화가 프랑스로 들어가 프랑스어인 '뷔페'로 불린 것이다.

제3편

근대 유럽의 서막

바투 칸

코시모–피에로–로렌초

레오나르도 다 빈치–미켈란젤로–라파엘로

킵자크 한국과 몽골 제국의 5한국

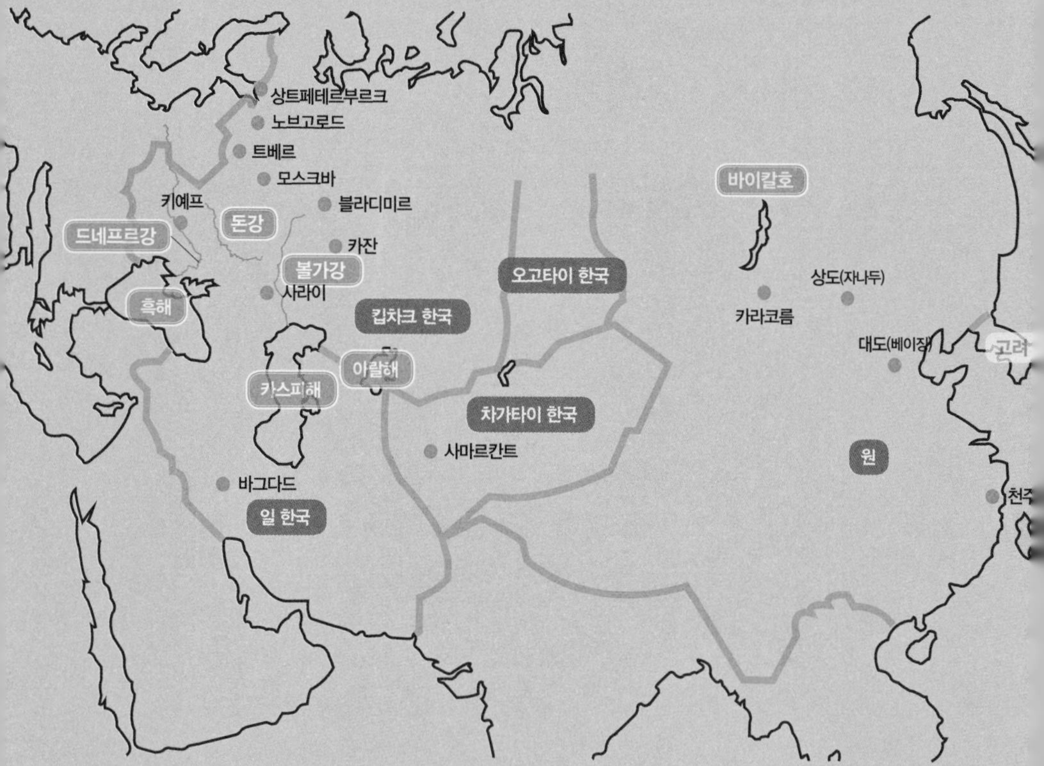

바투 칸

러시아와 동유럽 일대를 정복하여 지배하다

사상 최강의 기마군단으로 세상을 압도하다

유럽으로 진출한 외부의 비유럽 세력은 누가 있었나?

'여럿이다. 페르시아, 카르타고, 훈족, 아바르족, 우마이야, 후우마이야, 아바스, 몽골, 오스만, 티무르, 미국, 소련 등이 있었다.'

그렇다면 유럽에 가장 강력한 영향을 미친 경우는?

'몽골 제국이었다. 3차례에 걸쳐 유럽 원정을 벌여 러시아와 동유럽을 지배하며 서유럽까지 위협했다. 다만 3번 모두 몽골 내부의 사정으로 유럽 원정을 중도에 멈춰 공포에 떨던 서유럽이 온전할 수 있었다.'

숱한 외부 세력들이 유럽으로 진출했다. 메소포타미아, 이집트, 페니키아로 인해 지중해 문명권이 형성되어 그리스와 로마가 문명을 일으켰다. 서아시아 유목민 출신의 유대인인 예수와 베드로·바울을 비롯한 초기 기독교 세력이 유럽을 '기독교의 땅'으로 바꿔놓았다.

특히 대초원 북방 민족과 이슬람 세력이 잇따라 등장해 유럽을 위협하거나 지배했다. 훈족의 유럽 강타로 고대를 마감하고 중세로 전환하면서 오늘날 유럽의 판도를 형성했다. 아바르족 역시 유럽 대륙에 대제국을 건설하며 동로마·프랑크와 경쟁했다. 이슬람 세력이 줄기차게 진출해 수시로 시달렸다. 지중해 일대를 중심으로 최고 수준의 문명을 전수했다. 10~18세기에 걸쳐 투르크와 몽골이 유럽을 압도하며 주도권을 행사했다. 동·남 유럽과 러시아 일대를 오래 동안 지배했고, 서유럽에 지식·과학기술·문물을 전파해 근대화를 촉발했다.

러시아는 몽골의 지배기 때 세력을 키운 모스크바 공국이 모스크바 러시아와 러시아 제국으로 발전하며 세력 팽창과 영토 확장을 대대적으로 진행하면서 현재의 대략적인 모습을 형성했다. 몽골을 통해 제국의 형성과 유지, 통치 방법과 관리술, 강력한 군사력 확충과 전술 등을 전수받아 유럽으로는 흑해까지, 아시아로는 우랄 산맥을 넘어 중앙아시아, 시베리아, 극동의 오호츠크까지 진출해 세계 최대의 영토를 넓혔다.

한국은 몽골과 러시아의 흥망성쇠에 주목할 필요가 있다. 모두 작은 부족에서 출발했고 길고 긴 분열과 피지배의 역사를 거쳤지만 일단 세력을 형성하자 본거지를 중심으로 끊임없이 대외지향성을 추구하여 대국이 되었기 때문이다.

사실 한국도 현대사 이후 수출입국을 기치로 내걸고 대외진출을 활발히 벌여 오늘의 발전을 영위하게 되었다. 앞으로도 '개방과 자유'를 절대 원칙으로 삼아 세계 전역을 무대로 계속하여 진출 또 진출해야 한다. 물론 과거처럼 전쟁이나 정복을 통해 할 수는 없다. 경제와 문화 분야를 중심으로 활발하게 전개하면 된다.

몽골 제국(1189~1635)의 5한국

- 오고타이 한국(1218~1310)
- 차가타이 한국(1226~1402/1706)
- 킵차크 한국(1243~1502)
- 일 한국(1259~1336)
- 원(1271~1368, 북원 1368~88)

* 몽골은 인류 역사상 최대의 제국이다. 불세출의 영웅 칭기즈칸(재위 칸1189~1206, 대칸 1206~27)에 의해 창건한 후 방대한 영토를 정복해 5한국(칸국)으로 나눠 통치했다. 일정한 시간을 두고 위의 순서대로 구성되었다.

* 북쪽으로 옮겨간 후 몽골 초원을 기반으로 오래 존속하다가 청에 의해 멸망했다. 이후 몽골의 후신들이 이어져 티무르 제국, 무굴 제국, 준가르 제국, 크림 한국 등을 통해 19세기까지 활약했다(몽골은 1921년 러시아에 이어 세계 2번째로 공산국가가 되었다가 소련의 해체 후, 1992년 몽골 공화국을 성립했다. 다만 남몽골은 중국이 청의 계승자임을 내세워 내몽고자치구로 삼아 지배하고 있다).

선대의 덕을 보다: 칭기즈칸과 주치의 서방 원정

칭기즈칸은 세계정복을 꿈꾸면서 오랜 준비 끝에 1219~27년에 걸쳐 서방 원정에 나서 호라즘(화레즘) 정벌을 완수했다. 이후로도 계속 박차를 가해 유럽 원정에 나섰다.

"명한다. 주치와 날쌘 제베는 (지휘를 맡아) 2갈래로 나눠 북상하여 세상 끝까지 다 휩쓸고 돌아오라."

몽골군은 군대 편성을 탄력적으로 운영했다. 필요하면 대칸의 친위대를 비롯해 일정 수를 따로 떼어 편입해 출정했고, 나중에 돌아오면 원래의 부대로 배치했다. 이번에도 북벌군을 2군으로 나눠 공격하게 한 것이다.

주치(1177?~1227)는 칭기즈칸의 맏아들로 늘 정복사업에 앞장섰다(칭기즈칸이 겪은 것처럼 어머니가 적에게 잡혀갔다가 임신한 채로 돌아와 태어나 일생 동안 혈통 시비에 시달렸다. 전쟁이 벌어지면 어머니의 당부대로 죽는 날까지 누구보다 앞장서서 목숨을 걸고 싸웠다. 1207~17년에 걸쳐 첫 출정한 후 북서 몽골의 오이라트족과 시베리아 남서부를 공략하면서 인류사에 전면 등장했다).

1221~23년에 걸쳐 대대적인 북상을 감행해 맹렬한 속도로 중앙아시아 서부, 러시아, 동유럽 일부까지 강타했다. 특히 러시아군을 격파하고 방대한 초원을 차지하면서 킵차크 한국의 기초를 닦아놓았다. 다만 칭기즈칸의 명에 따라 서방 원정군이 회군할 때 주치는 따라가지 않고 남아 독자적인 행보에 나섰다.

1227년, 러시아와 유럽 정벌을 벌이던 중에 주치와 칭기즈칸이 잇따라 죽자 유럽원정이 중단되었다(제2군을 이끌었던 제베와 수부타이는 2만5000명의 정예 기마 병력을 이끌고 조지아(러시아어로 그루지야), 킵차크, 러시아, 크림의 제노바 요새도시, 볼가의 투르크 등을 격파하며 북상했다).

스스로 힘을 키워야 한다: 나날이 성장한 바투의 제국

바투(1207~55, 제국 지배자 1227~55, 킵차크 칸 1243~55)는 칭기즈칸의 손자이자 주치의 2째아들로 태어났다. 전통에 따라 어릴 때부터 전쟁에 참전해 앞장서서 전투를 벌이며 지휘능력과 공적을 쌓아나갔다.

주치가 죽자, 그는 20세의 나이로 방대한 제국의 실질적인 지배자가 되었다. 몽골 중에서도 가장 막강한 군사력을 보유하고 있었고, 그의 지도 아래 나날이 세력을 키워갔다.

한편 칭기즈칸의 3째아들로 2대 대칸에 오른 오고타이(재위 1229~41)는 카라코룸을 수도로 삼아 세계의 제국다운 모습을 갖추었다. 방대한 영토에 걸쳐 통치관인 다루가치를 두어 지배체제를 확립했고, 제국 내의 교통망을 완비해 유기적으로 연결했다. 제국의 기반이 닦이자, 남송과 고려를 비롯해 러시아, 유럽, 인도 방면으로 전방위에 걸친 정복사업을 전개하며 영토 확장을 본격화했다.

드디어 오고타이는 유럽을 주 목표로 한 서방 원정을 결정했다. 1236~41년에 걸쳐 바투와 명장 수부타이를 총 · 부사령관으로 삼아 50만 병력의 원정군을 조직한 뒤 서진을 통한 정복전쟁을 전개했다.

바투는 29세의 나이로 유럽 원정군 총사령관이 되자 주력 기마군단을 중심으로 2군으로 나눠 북방과 남방을 향하도록 하여 중앙아시아 서부는 물론이고 러시아와 유럽 일대를 거침없이 휩쓸면서 정복했다.

1237년에 러시아를 공격해 도시국가와 독립 제후국들을 차례대로 정복했다. 모스크바까지 함락하고, 1240년에는 종주국격인 키예프 공국을 점령했다. 바투군은 다시 방향을 틀어 거세게 서진을 벌여 러시아 전역을 휩쓸었다. 바투는 몽골군을 더욱 서진시켜 발트해까지 진격했다가 겨울 추위가 심해지자 일단 멈추었지만, 러시아의 일부 도시만이 병탄되지 않았을 정도로 방대한 지역을 공략했다.

유럽의 절반을 차지하다: 바투가 정복한 동·중부 유럽

바투는 정복전쟁을 멈추지 않았다. 이번에는 방향을 바꿔 빠른 속도로 남하를 진행했다. 가장 앞서 공격에 나선 몽골군은 폴란드와 체코 일대로 침공해 슐레지엔(영어로 실레지아)까지 진격했다.

1241년이 되어 폴란드·체코와 러시아 잔존세력들이 주도한 유럽 연합군이 5만 병력으로 10만 몽골군과 마주섰다. 지휘자인 슐레지엔 공 하인리히 2세를 비롯한 유럽군은 공포에 빠진 채 유럽 각지의 병력을 긁어모으던 중에 예상보다 훨씬 빨리 진격한 몽골군과 대치하게 된 것이다. 그런데 유럽군은 명성에 걸맞지 않게 작은 말, 허름한 갑옷, 짧은 활, 짧게 휜 칼로 무장한 모습을 보고는 비웃었다.

"그동안 소문으로만 들어오던 '악마의 불패군대'라더니, 꼴이 어찌 저런가. 얼마든지 상대할 수 있겠다."

유럽 연합군은 병력의 열세에도 몽골군을 가볍게 여기고 선제 공격을 시작했다. 레그니차(리그니츠·발슈타트) 전투가 벌어진 것이다.

그러나 몽골군은 싸우려 들지 않고 말머리를 돌렸다.

"퇴각하라, 퇴각하라!"

유럽 연합군이 선공하자 몽골군은 도망쳤다. 그러나 예정된 작전상의 후퇴였다. 몽골군은 항상 전쟁이나 원정 전에 많은 정보원들을 미리 보내 정복대상의 정세와 군사력을 살펴보았기 때문에 이번에도 전략과 대응작전을 세워둔 뒤였다. 유럽군이 로마 이후 보병들의 밀집방어를 기본 전형(진법)으로 하여 전투를 벌인다는 사실을 알고 전열을 무너뜨리려 물러선 것이다. 이런 사실을 까맣게 모르던 유럽군은 기세를 올리며 추격했다. 하지만 대다수 유럽군이 보병 위주로 구성된 상황에서 잡힐 듯 말 듯 도망치는 몽골군을 계속 쫓아가다보니 이내 기력이 소진되었다. 기병은 무거운 갑옷에 온갖 장식의 무게로 너무 느려, 빠르게 움직이는 몽골군을 따라잡을 수 없었다. 급기야 유럽군이 무질서하게 공격을 펼치던 중에 몽골군 진영 깊숙이 들어와 지칠 대로 지쳤을 때, 갑자기 몽골군이 뒤돌아섰다.

"지금이다. 전군은 뒤로 돌아 적군을 공격하라. 한 놈도 살려두지 마라. 공격하라, 공격하라!"

궁수부대들이 먼저 유럽군의 머리 위로 하늘을 뒤덮을 것 같은 새까만 화살 비를 쏟아붓자 전세는 곧바로 뒤집혔다. 때를 같이하여 퇴로를 열어주고는 급한 마음에 전열이 무너진 채 도망치는 유럽군을 초토화했다. 어찌 보면 일방적인 학살전이나 다름없는 상황이 벌어졌다.

"안되겠다. 이젠 정예 병력이 나서야겠다. 독일 기사단, 폴란드 기사단, 체코(보헤미아) 기사단까지 모두 공격에 참여하라."

그러나 전세를 뒤집지 못한 채 하인리히 2세가 활에 맞아 전사하고, 유럽 연합군은 전멸에 가까운 패배를 당했다.

한편 바투는 러시아와 동유럽 일대를 휩쓸던 몽골군과 별도로 남쪽을 향해 진군시킨 몽골군을 통해 헝가리에 요구했다.

"무조건 즉시 항복하라. 그렇지 않으면 공격만이 있을 뿐이다. 살아 있는 모든 것을 죽일 것이다."

깜짝 놀란 헝가리 왕은 교황에게 지원을 요청했다.

"도와주시오. 적군이 총공세를 해올 듯합니다. 빨리 원군이 와야 합니다."

그러나 몽골군은 숨 돌릴 틈도 없이 겨우 2일 만에 공격했다. 5만 병력의 헝가리군과 성전 기사단이 저항했지만 일방적으로 몰아붙이며 모히(사조강) 전투에서 대승했다(중세 유럽에서는 3대 기사단이 가장 뛰어난 전사 집단으로 명성을 날렸다. 그러나 요한(구호) 기사단을 뺀 독일(튜턴)과 성전(템플) 기사단이 격파된 것이다). 뒤이어 폴란드-체코 일대를 휩쓸며 동유럽 일대를 손에 넣은 몽골군까지 남하해 합류했다.

헝가리를 돌파한 몽골군의 선발대는 아드리아 해안까지 진출했다. 또한 이란·조지아·아르메니아 등지로도 정벌하며 광범위한 초토화를 전개했다. 이렇게 하여 바투는 러시아와 폴란드·체코·헝가리 등지를 비롯한 동·중부 유럽을 병탄했다.

이후로도 유럽 정벌은 거침없이 진행되었다. 이대로 가면 서유럽마저 유린당할 위기에 내몰렸다. 상황이 이렇게 되자 유럽 사회는 공포에 휩싸였다. 바로 그때 유럽에 행운의 신이 입맞춤을 해주었다.

"몽골군이 철수한다. 이제 우린 살았다."

당시 유럽에서는 그 이유를 몰랐지만, 오고타이 대칸이 죽었기 때문이다. 몽골군은 전통에 따라 유럽에 대한 대대적인 정복사업을 또다시 중단했다(서아시아에서는 일 한국이 서진을 계속했다. 7차 십자군 전쟁

(1248~49)에서 유럽군을 이끌던 프랑스왕 루이 9세(재위 1226~70)는 몽골과의 연합을 추진했으나 몽골의 거부로 실패했다. 당시 유럽은 북방과 남방에 이어 동방에 의한 압박까지 받아야 했다).

몽골의 유럽원정(3차)
○ 1차(1221~23): 주치·제베, 칭기즈칸의 죽음으로 회군
○ 2차(1236~41): 바투, 오고타이의 죽음으로 회군
○ 3차(?~1347): 자니베크, 흑사병의 창궐로 회군

〈공포에 떨었던 유럽이 묻어버린 바투의 유럽원정〉

바투가 러시아와 유럽 동·중부까지 정복하자, 유럽은 몽골이 서진하여 자신들의 영토까지 침공할까봐 극도의 공포에 사로잡혔다. 서유럽에서는 몽골에 대한 정세 파악과 회유에 나섰다. 로마가톨릭도 다급해졌다. 교황은 수도사 카르피니를 사신으로 보냈다(카르피니가 1247년에 올린 귀환복명서는 몽골을 실제로 견문한 후 유럽에 전한 최초의 문서였다). 프랑스왕 루이 9세 역시 똑같은 목적으로 사절을 파견했다.

"평화를 원하오. 대칸은 유럽이 아니라 이슬람 세력을 공격해야 합니다."

공격의 대상과 지역을 바꿔 유럽이 전화를 입는 것을 막고, 이슬람 세력에 대한 협공을 강조하며 십자군 전쟁의 동맹으로 끌어들이려 한 것이다. 그러나 몽골의 입장은 언제나 단호했다.

"항복하라. 그래야 목숨을 지키고 가족과 나라를 보전할 수 있을 것이다. 복종만을 원한다."

사실 몽골은 항복하면 관용정책을 펼쳤다. 세금을 납부하고 군사 차출에 협력하면 종교, 문화, 생활관습에 이르기까지 폭넓게 자치를 허용했다. 그렇지만 반항하면 본보기로 삼아 철저한 응징을 가했다. 순수한 몽골인이 20만 병력에 지나지 않아 살아있는 생명체를 모두 죽일 정도로 잔인하게 초토화해 공포심을 극대화했다(몽골 정예군은 10만 병력에 지나지 않았다고 주장하기도 한다). 바투도 러시아와 유럽의 도시들을 휩쓸고 지나갈 때 아예 도시 자체가 없어질 정도로 파괴했다.

그렇지만 현대 유럽인들은 이러한 사실 자체를 모른다. 몽골과 관련된 역사 자체를 다루지 않기 때문이다. 일부 사실을 언급하지만 철저하게 유럽 중심적으로 편집·각색되어 도무지 내용을 알기 어렵고, 특히 패배와 피지배를 당한 경우에는 아예 외면하거나 은폐하고 있다. 이런 중에 몽골에 대해 그저 야만적이고 반문명적·비인간적인 비유럽인으로 치부한 채 고개를 돌려버렸다.

바투와 킵차크에 대해서는 존재 자체를 지워버릴 정도다. 특히 당사자인 러시아는 몽골에 의한 지배를 덮고 가려는 의식과 접근이 강하다(중국은 2중적으로 접근하고 있다. 청을 '만주족의 나라'라 하여 싫어하지만, '영토와 권리의 계승자'로 주장하면서 필요할 때 최대한 활용한다. 몽골 역시 청에 의한 지배 사실을 내세워 남몽골(중국 입장에서는 내몽고)에 대해 북몽골(중국 입장에서 외몽골) 즉 현재의 몽골조차 자기 땅이라고 우기고 있다. 이런 식이라면 몽골의 지배를 받았던 러시아도 자기 것이라 주장할 수 있다. 또한 몽골의 계승자로 자처해 중국 대륙을 러시아 것이라고 주장할 수 있다).

분열할수록 내 몫을 챙겨야 한다: 킵차크 한국의 성립

주치가 죽고 얼마 안 가 칭기즈칸이 죽자, 주치 진영과 몽골 제국에서는 후계자 문제로 인한 갈등이 첨예하게 벌어졌다. 원래 맏아들인 주치가 칭기즈칸의 후계자가 되어야 했지만, 칭기즈칸의 2남인 차가타이를 비롯한 일부가 몽골의 혈통이 아니라며 부정했다. 결국 칭기즈칸은 3남인 오고타이를 후계자로 삼아 극한 대결을 해소했다.

이러한 기류는 후대로까지 이어졌다. 오고타이가 죽자, 이번에는 칭기즈칸의 손자들이 극렬하게 반대했다.

"바투 역시 더러운 메르키트족의 피를 물려받았다. 칭기즈칸의 직계 혈통인 황금씨족이 아니다. 절대로 인정할 수 없다."

오고타이는 죽기 전에 바투와 대립하는 것을 못마땅하게 여기고 자신의 아들들까지 나무랐지만 소용이 없었다. 바투는 크게 화를 냈다.

"아버지에 이어 나까지 모욕하다니, 도저히 참을 수 없다. 이제 저들과 상관없이 나의 길을 가겠다."

1243년, 35세가 된 바투는 때가 되었음을 절감하고 참모들과 협의해 중대결단을 내렸다.

"우리는 몽골 초원으로 돌아가지 않는다. 고향은 이제 이곳이다. 그대로 남아 나라를 세우겠다. 모든 몽골인들은 가족과 함께 초원을 누비며 부족함이 없도록 하겠다."

바투는 킵차크 한국을 창건하면서 본국과의 직접적인 주종 관계를 끊어버리고 독자적인 제국의 운영에 들어갔다('금장 한국 즉 골든 호르드'로도 불렸다. 양대 구성축은 백장 한국과 청장 한국인데, 군주기와 호르드의 색깔에 따라 부여된 것이다. 참고로 한때 러시아와 유럽에서는 몽골인을 '타타르'로 불렀다. 원래 몽골이 공격해 멸족시킨 초원의 한 부족이었으나 정작 몽골인이 그 명칭으로 불렸고, 지금은 투르크를 가리키는 말로 쓰인다).

본국에서도 바투의 힘을 잘 알고 있었던 터라 누구도 공격에 나서지 못했다. 거꾸로 바투가 5한국 중에 가장 강력한 군사력을 앞세워 제국의 운영과 후계자 결정을 좌우했다. 3대 구유크 대칸(재위 1246~48), 4대 몽케 대칸(재위 1251~59)의 계승에서 가장 중요한 역할을 했다.

바투는 오고타이의 사후 맏아들인 구유크와 대립하면서 후계다툼이 벌어졌다. 당시 패권의 주도권은 바투의 손에 있었고, 자신을 모욕한 구유크 일가를 결코 용납하지 않았다. 구유크가 그의 반대에도 불구하고 쿠릴타이를 소집해 대칸에 올라 전쟁 직전까지 치달았으나 때마침 구유크가 몇 달 만에 죽어 무산되었다.

바투는 칭기즈칸의 막내아들인 툴루이의 왕비와 손잡고 쿠릴타이를 열어 오고타이 가문을 밀어내고 툴루이의 맏아들인 몽케가 대칸에 오르도록 주도했다. 이러한 흐름은 쿠빌라이의 대칸 승계 때까지 지속되었다. 다만 바투는 우랄 산맥을 넘지 않겠다는 스스로의 약속 때문에 동진은 하지 않았다. 또한 같은 칭기즈칸의 손자인 훌라구가 서아시아를 석권하면서 성립한 일 한국과 영토를 마주한 채 경쟁하게 되자 남진까지 멈추었다.

가장 큰 영토를 다져놓다: 러시아와 유럽으로 뻗어가다

바투는 뛰어난 지도력과 막강한 군사력으로 드넓은 영토를 개척했다. 중앙아시아와 러시아 전역을 차지하는 한편 발트해까지 진출하면서 폴란드·체코와 헝가리 등지의 동·중부 유럽에 이르는 정복사업을 완수했다.

그러다가 오고타이가 죽자, 그는 볼가강 하류의 사라이를 수도로 삼아 킵차크 한국을 성립했다. 착실하게 제국의 기반을 다졌고, 킵차크 초원을 중심으로 북으로 러시아, 남으로 흑해·카스피해, 동으로 우랄과 발하슈호, 서로 동·중부 유럽에 이르는 방대한 판도를 형성했다.

바투는 유럽에 대한 더 이상의 정복을 중단했다. 거의 매력을 느끼지 못했기 때문이다. 당시만 해도 유럽은 거의 전 지역이 숲으로 뒤덮여 있어 말을 풀어놓고 기를 곳이 마땅치 않았다. 흐리고 눅눅한 날씨 탓에 맑은 하늘 아래에서 초원을 배경으로 말을 타고 마음껏 내달리던 습성에 맞지 않았다(유럽여행을 해본 독자는 아시겠지만, 어디를 가나 초원이 펼쳐져 있다. 하지만 원래 유럽은 울창한 숲으로 뒤덮인 곳이었다. 중세 수도사들을 중심으로 숲을 태워 밭을 만들기 시작하면서 독일의 검은 숲 정도를 제외하고는 아예 사라져버렸다. 유럽인들이 인류 역사상 가장 살벌하고 광범위하게 환경 파괴를 벌인 셈이다).

세월이 흘러 1255년이 되어 바투는 제국의 안정을 만끽하던 중에 48세의 한창 나이로 세상을 떠났다. 그가 다져놓은 제국은 탄탄한 기반 덕분에 잠깐의 내부 정리를 거친 후에는 전성기에 돌입했다. 그의 형제인 4대 베르케 칸(재위 1257~66) 이후 본격적인 안정기에 접어들어 10대 자니베크 칸(1342~57)의 치세까지 활발한 정복사업을 지속하는 가운데 오랜 황금기를 누렸다. 다만 베르케는 몽골의 일원임을 충실히 지켜나가되, 제국을 다스리던 그의 사촌들과 친밀하게 지내지 않았으며, 일 한국과 전쟁을 벌이다가 전사했다.

그런 중에 베르케 이후 한동안 유럽 정벌에 대한 관심을 접은 데다, 일 한국과 잦은 분쟁과 전쟁을 벌여 발목이 잡혀 있던 상황 덕분에 유럽은 자연스럽게 몽골의 공포에서 벗어날 수 있었다.

〈짧게 보는 몽골의 러시아 지배사〉

킵차크 한국은 주치에서 바투로 이어진 치세까지 포함하면 역사가 훨씬 길어지며, 후신 국가들까지 합치면 상당히 오래 존속했다. 특히 바투는 러시아 전역을 통치하며 체제의 안정화를 확립했다.

킵차크는 러시아에 일부의 자치권을 주었지만, 반란에 대해서는 단호하게 대처했다. 러시아인은 몽골의 손이 닿지 않는 서방과 북방 지대로 옮겨가기 시작해 모스크바를 중심으로 결집했고, 모스크바 공국을 세워 힘을 키워갔다(러시아는 대국 지향성이 강해서인지 노브고로드 공을 노브고로드 대공, 모스크바 공국을 모스크바 대공국이라 높여 부른다).

그러다가 티무르 제국이 몽골의 계승국으로서 두각을 나타내자, 13대 칸 토크타미시(재위 1380~95)는 한때 협력했지만 오랜 경쟁 끝에 결국은 패권 전쟁을 벌였다. 1395년에 수도인 사라이 베르케가 함락당해 초토화되면서 급격히 몰락했다. 칸은 형식상의 군주로 존속했지만 티무르의 허수아비 신세가 되었다. 그즈음 티무르는 모스크바 일대까지 진격해 모스크바 공국을 휩쓸며 정복활동을 벌였으나, 별다른 매력을 느끼지 않아 이내 철군하여 중앙아시아와 인도를 원정했다.

킵차크는 전란 속에 결정타를 입은 상태에서 권력다툼으로 인한 내분과 러시아 제후들의 이탈로 지배력이 차츰 느슨해졌다. 반면에 모스크바 공국의 힘은 상대적으로 강해져갔다.

1480년, 이반 3세(재위 1462~1505)는 크렘린궁을 중심으로 전제군주제를 확립하면서 기력이 다한 몽골로부터 완전히 독립했다. 최초로 차르를 자칭하면서 모스크바 공국을 대공국으로 격상하고 노브고로드·트베르 공국 등을 통합해 초기 러시아 민족국가의 모습을 형성했다(차르는 카이사르의 러시아어로 동로마 황제에 한해 사용한 칭호였다. 물론 주변 유럽국에서 아무도 인정하지 않았다. 이반 4세(재위 1533~84)가 1547년에 다시 차르를 칭하면서 '모스크바 러시아' 시대를 열었지만 역시 인정받지 못했다. 러시아에 대한 진정한 인정은 표트르 대제(재위 1682~1725)가 1721년에 '러시아 제국'을 천명하면서 이루어졌다).

모스크바 공국은 러시아인에 의한 러시아의 시초로서 산재했던 수많은 군소 국가들의 하나에서 출발해 정복사업에 본격적으로 착수하면서 대국화의 길을 걸어갔다. 그러면서 자신의 역사에서 몽골의 지배 사실은 물론이고 흔적마저 지웠다. 그래서 바투는 아예 모르는 존재이거나 알더라도 두려운 침략자에 무자비한 정복자로 인식되는 정도다.

다만 없애고 싶은 불편한 역사지만, 아예 도려내 완전히 없앨 수는 없었기 때문에 아무도 모르기를 바라는 듯 도무지 알 수 없는 용어로 대충 넘어가고 있다.

'타타르의 멍에(1223~1480).'

'지배기.'

* 러시아는 유럽의 시대 구분법을 활용하여 역사를 구성했다. 원시를 포함하는 고대를 놓고 정확한 시기를 표시하지 않은 채 애매하게 설정해 여러 부족들이 러시아를 형성하는 외형의 모습을 제시했다.

그러면서 키예프 공국의 성립을 시원으로 잡는다. 여기에 블라디미르-수즈달 공국과 노브고로드 공국을 합쳐 전형적인 형성기로 간주한다. 그러나 이러한 접근 방식은 러시아의 연원을 오래 잡고 자신들의 혈통과 기원상의 정통성을 확립하기 위해 다분히 짜깁기되고 과장되었다.

정확하게 따지자면 키예프 공국은 우크라이나의 시초라 러시아와 분리된다. 러시아는 당시만 해도 원형조차 형성되지 않았으며, 문명권의 변방으로 낙후된 소국일 뿐이었고, 모스크바도 등장조차 하지 않고 있었다(러시아는 동슬라브족의 한 갈래인 루시(루스)족에서 유래했다. 러시아어로 로시스카야, 로시야 등으로 불리며, 한자로 아라사로 표기되었다. 일반적으로 루시에는 우크라이나와 벨라루시(백러시아)까지 포괄한다).

오히려 분명한 사실은 키예프 공국은 물론이고, 블라디미르-수즈달 공국이나 노브고로드 공국은 원시적인 단계를 벗어나지 못한 도시국가로 머물다가 모두 몽골에 합병되었다. 그러다가 몽골의 지배 이후 실제적인 역사를 전개한 것이다.

러시아의 역사

○ **원시·고대:** 동슬라브의 정착기(BC 10세기~AD 7세기)

불가르족(7~13세기), 하자르족(7~11세기), 루시족(8~9세기)

○ **중세**

- 전반: 키예프 공국(882~1238), 블라디미르-수즈달 공국(블라디미르 공국, 1168~138, 9노) 브고로드 공국(1136~1478)
- 후반: 몽골 지배기(1223~1480) ➔ 모스크바 공국(1283~1547)

○ **근대:** 모스크바 러시아(1547~1721) ➔ 러시아 제국(1721~1917)

○ **현대:** 소련(1917~91), 러시아 연방 공화국(1992~지금)

* 러시아의 공국은 키예프 공국을 비롯해 모두 대공국으로 부르기도 한다.

세상을 멋지게 산 영웅: 천하를 누비며 제국을 세우다

바투 칸에 관해서는 전하는 기록이 별로 없다. 단지 역사 속에 나오는 부분적인 사실들을 통해 그의 인품과 역량을 짐작해볼 뿐이다.

그는 할아버지 칭기즈칸과 아버지 주치를 바로 옆에서 지켜보며 이 세상 어디서도 구할 수 없는 지식과 체험을 쌓아갔다. 칭기즈칸의 손자라는 황금씨족의 혈통을 자랑스러워 했고, 자신의 일생을 영광스럽게 이끌어가는 원동력으로 활용했다. 그는 군사적·정치적 상황이 발생할 때마다 단호한 결단력을 발휘했다. 용맹하여 일생 동안 어떠한 상대와의 전쟁도 두려워하지 않았다.

군사 지도자로서 지휘관이 되자 뛰어난 역량을 드러내며 가장 막강한 기마군단을 보유한 채 러시아와 유럽을 누비면서 불패의 명장으로 활약했다. 모든 전쟁을 벌이기 전에 외교를 통한 명분의 확보와 축적, 상대의 정세와 장단점에 대한 정보전의 전개, 끊임없는 신기술과 무기 개발 및 실전 활용, 부족·민족·인종과 적·포로를 망라하는 능력 중심의 용인술, 역량과 전투경험에 따른 배치, 항복하지 않을 수 없도록 극도의 공포감을 조성하는 심리전, 막강한 기마부대와 궁수대의 최대한 활용, 향후 재기를 불가능하게 만드는 초토화 등을 그대로 따라했다.

정치 지도자로서도 제국의 기초를 다지고 오랜 번영을 준비한 '훌륭한 군주'였다. 대칸(황제)의 후계권을 놓고 혈통 문제가 불거지자 망설임없이 킵차크 한국을 건설하고 본국에 대해 당당하게 처신했다. 또한 몽골 전체의 중대사 결정에서 가장 강력한 힘과 영향력을 행사했고,'대칸 옹립자'로 역할하면서 당대 세계 최강의 제국으로 군림했다.

〈몽골에 의한 유럽의 변화: 직접 지배당하거나 큰 영향을 받다〉

몽골의 활약으로 유럽은 전화와 공포에 휩싸여야 했다. 하지만 결과적으로 유럽의 근본적인 변화를 가져왔다. 훈족이 고대에서 중세로 가는 기폭제가 되었듯이, 중세에서 근대로 가는 기폭제가 되었다.

'더 이상 이대로 가면 안된다. 언제까지 전쟁과 위협에 시달려야 하는가. 이러다간 또다시 정복당할 수 있다. 우리의 힘을 길러야 한다.'

유럽은 이러한 시대적 분위기 속에 스폰지가 물을 빨아들이듯이 선진문명에 대한 유입을 통해 활발한 변화를 모색했다. 동양과 이슬람으로부터 선진 문물과 학문·과학을 대대적으로 받아들여 군사력의 강화와 함께 근대로 가는 변화의 물꼬를 튼 것이다.

러시아는 몽골의 지배를 거치면서 작은 소국들로 분열되어 있던 모습을 청산하고 모스크바 공국을 중심으로 영토 확장을 계속하며 대제국을 형성했다. 그 과정에서 몽골군의 병법과 제국 통치술을 최대한 활용했다(2차대전 때 군부에서는 유럽 원정군 부사령관으로 출정한 명장 수부타이(1176~1248)의 전쟁술을 연구해 실전에 적용했다. 방대한 전역에서 펼치는 작전을 구사하면서 전후방을 가리지 않고 탱크를 앞세워 기습전과 교란전을 벌이면서 독일군을 공격해 전세를 뒤집었다).

폴란드 역시 몽골에 정복당한 뒤 동·북 유럽에서 가장 강력한 국가가 되어 세력을 확장했고, 한때 모스크바를 점령하는가 하면 한동안 러시아를 압도하며 괴롭혔다.

유럽인들은 베네치아의 상인 마르코 폴로(1254~1324)가 1298년에 출판한 〈동방견문록〉을 보면서 커다란 충격 속에 동방에 대한 동경심이 일어났다(교역을 위해 몽골로 갔다가 쿠빌라이의 눈에 들어 17년 동안 섬기다가 돌아와 겪고 본 것을 책으로 펴낸 것이다).

강성하고 풍요로운 몽골에 관한 내용은 폭발적인 인기를 끌었다. 이러한 선망 속에 르네상스의 초기 화가 조토(1267?~1337)가 그린 '그리스도의 십자가'에 몽골의공용문자인 파스파 문자 무늬가 그려지기도 했다.

이 책은 유럽인을 일깨웠다. 유럽 너머의 새로운 세상에 대해 알게 되면서 막연한 선망 속에 황금과 값진 물자들에 대한 욕망이 불타올랐다. 포르투갈과 스페인은 이베리아를 지배하던 이슬람 세력을 협공하는 한편 아프리카의 황금에 주목해 배후에 있을 것으로 여긴 기독교 왕국과 손잡기 위해 당시로서는 죽음의 모험과 다름없었던 대서양으로 남하함으로써 대항해 시대를 열었다. 물론 전설과 상상 속의 기독교 왕국은 몽골을 가리키는 것이었다. 또한 콜럼버스가 금은보화가 넘치는 풍요로운 몽골을 찾아 대서양을 횡단했다가 아메리카 대륙을 발견해 현재의 미국과 라틴 아메리카를 형성하도록 이끌었다(〈동방견문록〉에 몽골을 인도로 잘못 기록한 탓에 콜럼버스도 몽골을 인도로 인식했다).

몽골군의 기마부대와 전술은 물론이고 사용하던 화약과 화포 무기가 유럽으로 전파되었다. 유럽 각국들은 새로운 군사체제로 전환하면서 소총과 포를 비롯한 총기류를 개발하고 무장해 근대 군대로 발전해갔다. 또한 나침반을 전수받아 어디를 가든 원하는 방향으로 갈 수 있게 되어 대항해 시대에 결정적인 방향타 역할을 했다(나침반을 만든 나라는 중국이 분명하지만 전파한 주역은 몽골이다. 고선지 장군이 고구려 출신이라 하여 서역 원정이 고구려의 행위가 아닌 당나라의 대외활동이듯이 몽골이 이슬람인·거란인 등을 활용해 화약과 포를 만들고 나침반을 전파한 것이다).

1250년 몽골에 갔던 프란치스코회 수도사의 기록에 따르면 몽골이 안경을 처음 발명하고 사용했는데, 그 모습을 보고와 동료 수도사에게 만들도록 한 것이 서양 안경의 시초가 되기도 했다.

서양과 중양의 국제질서를 좌우하다

몽골의 빛나는 영광과 강력한 권위는 세계사에 큰 영향을 미쳤다. 5한국이 모두 제국으로 확립되어 워낙 방대한 영토를 다스렸기 때문이다. 중국, 중앙아시아, 서아시아, 러시아와 유럽에 걸쳐 짧게는 100여 년에서 길게는 수백년을 넘게 존속하면서 거의 모든 문명권에 영향을 미치면서 그 전과 그 후를 가름하는 결정적인 변화를 가져왔다.

그중에서 유럽에 미친 영향은 킵차크가 압도적이었다. 바투가 러시아의 소공국들을 모두 합병해 강력한 제국을 운영함으로써 이전까지만 해도 러시아라는 영역 개념조차 없던 상태에서 러시아인이라는 인식과 유라시아에 기반한 세계관이 정립되었다. 나중에 모스크바 공국이 남진과 동진으로 세력을 확대해 영토 대국이 된 것도 따지고 보면 몽골의 영토를 넘겨받은 것이나 다름없었다.

킵차크는 독일·오스트리아 등지를 경계로 서유럽을 강하게 압박하는 한편 서아시아로도 눈을 돌렸다. 같은 대초원 세력으로 이집트와 시리아를 다스리던 맘루크 제국(1250~1517)과 우호관계를 맺어 서아시아를 제패한 일 한국을 앞뒤에서 압박하며 영향력을 행사했다.

이후에는 개방과 관용 정책을 앞세워 동양과 유럽의 중간 지대를 차지한 지리적 이점을 활용해 유라시아 전체의 교역을 주도하며 막대한 부를 누렸다. 이탈리아의 제노바 상인들이 동로마를 경유해 맘루크로 운송하는 과정에 러시아에서 노획한 백인노예와 물자들을 팔기도 하는 등 교역이 활발하게 이루어졌다.

이렇게 하여 제국의 기반을 다진 뒤에는 오랜 황금기를 구가하면서 학문과 문화의 융성을 가져왔고 화려한 문물을 꽃피웠다. 나중에는 이탈리아 도시국가들의 경제와 문화의 활성화에 영향을 미쳐 르네상스의 촉발에도 일조했다.

〈알렉산드르 네프스키와 드미트리 돈스코이〉

러시아는 13~15세기에 걸쳐 최소한 240여년 동안 몽골의 지배를 받았다. 그러면서 러시아의 중심지가 키예프에서 모스크바로 이동했다. 모스크바 공국은 이 시기에 형성되었으며, 알렉산드르 네프스키와 드미트리 돈스코이가 유명하다.

블라디미르 공 알렉산드르 네프스키(재위 1252~63)는 1240년에 네바강 전투에서 적은 병력으로 막강한 스웨덴군을 물리치고 영토를 확장했다. 1242년에는 에스토니아의 페이푸스호 전투에서 독일(튜턴) 기사단에 승리해 러시아가 약소국이던 시절 북서부를 외적의 침입에서 지켜내는 등 뛰어난 활약을 펼쳐 러시아의 국민영웅으로 평가받는다.

네프스키는 킵차크의 수도인 사라이로 가 바투의 아들이자 2대 칸인 사르타크와 교류해 그의 안다(의형제)이자 바투의 양자가 되어 가신으로 있으면서 1252년에 블라디미르 공이 되었다. 나중에는 킵차크의 신임을 받아 노브고로드(노브고르드·노브고로트) 공의 지위까지 받은 후에 모스크바 공국의 기초를 닦아 러시아의 기원을 이루었다. 세월이 흘러 1317년에는 그의 맏아들인 유리(재위 1303~25)가 킵차크의 공주와 결혼하면서 러시아의 칸으로 인정받기도 했다(유리의 막내아들인 다니엘(재위 1283~1303)은 모스크바를 중심으로 영토를 확장했다. 전쟁에 시달린 러시아인들이 모스크바로 몰려들자 다니엘의 2째아들인 이반 1세(재위 1325~40) 때에는 모스크바가 전체 러시아의 중심지로 자리매김했다).

몽골이 종주권과 군사행위에 관한 한 철저한 지배력을 행사했지만 일정한 자치권을 부여했기 때문에 모스크바 공국은 주변 도시들과 치열한 경쟁 속에 성장했다. 아울러 폴란드, 리투아니아, 투르크 등의 여러 외부 세력과 전쟁을 벌이면서 세력을 키워갔다.

모스크바와 블라디미르 공 드미트리 돈스코이(재위 1359~89)는 이반 2세(재위 1353~59)의 아들로 킵차크 한국이 보호하던 트베르와 경쟁하던 중에 전투를 벌여 승리했고 리투아니아와 벌인 전쟁에서도 이겼다. 1380년에 몽골군이 트베르의 복수를 위해 공격하자 돈강에서 전투(쿨리코보 전투)를 벌여 약세에도 불구하고 치열한 공세 끝에 40만 몽골 대군에 대승하여 역사상 최초로 몽골을 상대로 승리를 거둬 지금도 러시아의 국민영웅으로 여겨진다(네바강의 승리로 네프스키라 불리듯이 돈강의 승리로 돈스코이라 불리게 되었다).

하지만 1382년에 몽골이 반격했다. 새로 제위에 오른 토크타미시 칸이 몽골군을 이끌고 승리를 거두며 모스크바 공국에 큰 타격을 입혔다. 몽골의 지배가 재개되었고, 모스크바를 점령하며 크리미아에서 발하슈호까지 영토를 넓혔다. 다시 세월이 흐르면서 몽골이 내분 속에 쇠락하자 모스크바 공국의 발전과 독자화는 강화되어 갔다.

〈인류 역사상 최초이자 최대의 세계 제국을 건설하다〉

유럽인은 인류 역사상 최대의 대제국으로 로마를 꼽는 경우가 많다. 다음으로는 알렉산드로스의 정복 사업이나 나폴레옹의 유럽 제패까지 들기도 한다. 반면에 중국인들은 진나라를 세계 최초의 대제국으로 내세우거나, 당나라 시절에 수도인 장안이 세상의 중심지로서 세계 각지의 사람들과 물산이 넘쳤다고 주장한다.

하지만 서양의 그리스, 로마, 프랑스는 물론이고 동양의 진, 당나라조차 세계를 아우른 제국이라 하기에는 통치 범위가 좁았다. 로마조차 지중해를 중심으로 남유럽·서아시아·북아프리카의 일부 지역으로 세력을 확장한 정도였고, 2세기경 전성기를 구가하던 시절에도 영토가 500만km^2 정도였다. 중국인이 가장 자랑스러워하는 당나라도 서역·베트남 북부·고구려의 멸망 이후 한대륙 서부지역(요동·만주·동북3성) 일부까지 지배력을 확장했지만, 7세기 전성기의 영토가 540만km^2로 현대 중국의 절반보다 약간 넓은 영토에 지나지 않았다.

이렇게 볼 때 몽골이 유라시아 대륙에서 문명화된 지역 대부분을 평정해 대략 2400만km^2의 영토를 다스리면서 나머지 지역으로도 압도적인 영향을 미쳐 단연 돋보인다. 바투가 세운 킵차크만 해도 영토가 600만km^2를 넘어 로마나 당나라보다 더 방대한 제국이었다.

몽골은 이동, 유목(목축), 상업과 교역, 기마부대를 특징으로 했다. 개방과 관용을 기본 정책으로 펼쳐 역동적인 제국을 운영했다. 그 결과 몽골 아래에서 세계 교역이 대대적으로 촉진되어 바로 직전 시대보다 10배 정도 증가했을 정도였다.

유럽의 유리, 모직물 등이 쉴 새 없이 아시아로 흘러들어왔고, 아시아에서는 면직물, 비단, 향료, 도자기, 설탕, 차 등이 엄청난 규모로 유럽으로 흘러갔다. 이런 중에 몽골이 이룩한 막대한 부는 자연스럽게 학문과 문화예술의 번창을 가져왔고, 유럽과 중국에 미친 영향이 대단히 컸다.

하나의 세계를 만들다

몽골은 이전에 없던 강력한 대제국을 형성하여 하나의 국경 아래 통합했다. 대초원과 유라시아 일대를 기반으로 동양, 중양, 서양을 모두 연결하며 서로 간의 교역과 문화융합이 본격적으로 이루어졌다.

그동안 기나긴 동·서방을 오가려면 수많은 나라들을 거쳐야 했다. 그러다보니 다양한 종교·인종·민족·국가를 지나면서 언어가 다르고 사용하는 도량형조차 제각각이었다. 온갖 문화 · 풍습과 정책의 차이에서 오는 예상치 못한 혼란과 어려움도 겪어야 했다. 국경을 통과할 때는 부패한 국경 관리와 세관들을 거치면서 별의별 세금을 바치고 관리들의 갈취를 받아들여야 했다. 도적과 해적들도 수시로 출몰해 물자들을 탈취당하거나 목숨마저 위협받아야 했다.

이러한 상황에서 몽골이 방대한 영토에 걸쳐 초원길을 비롯한 실크로드, 중국 대도로망, 이슬람 대도로망 등으로 결합해 육로를 갖추었다. 바다길도 잘 정비해 고려와 중국 해안에서 동남아시아, 인도, 아라비아, 아프리카에 이르는 해로를 운영했다.

또한 사통팔달하는 도로와 역참의 운영, 정보와 물류 네트워크의 정비, 지폐를 통한 무역의 편리성 도모, 수많은 통행세를 소비세로 단순화한 조치 등을 통해 몽골만의 4대 요체를 구축했다.

상인들은 역사상 가장 넓어진 지역을 대상으로 활발하게 상업과 교역을 펼치면서 교통로를 오갔고, 관리와 사절은 특별한 통행증을 발급받았다. 40km마다 역전제(자무치)를 두고 말과 식량을 비축하고 있어 빨리 서두르면 하루에 450km를 주파했다. 무엇보다 몽골이 관리한 교역로는 그 편리함과 안전성으로 유명했다.

"황금 판자를 머리에 이고 다녀도 안전하다."

이렇게 되자 몽골이라는 하나의 통합질서 아래에서 사람과 물자의 이동과 교역이 자유롭고 안전하게 이루어졌다. 여권 없이, 세관을 통과할 필요 없이 편하게 오갈 수 있는 세상이 열린 것이다.

인류사회는 비로소 '세계'라는 관념을 형성하게 되었다. 인류 최초의 세계지도로서 1402년 조선에서 만든 〈혼일강리역대국도지도(줄여서 강리도)〉도 이러한 시대적 배경 아래에서 제작된 것으로 보인다.

무엇보다 몽골은 세계사를 책으로 펴내 지구 차원의 범인류적 변화를 가져왔다. 14세기 초 일 한국의 7대 가잔 칸(재위 1295~1304)의 명으로 재상인 라시드 앗 딘이 세계사 총서인 〈집사(集史)〉를 편찬한 것이다. 이 책은 온갖 분야의 학자·역사가들이 모여 작성한 인류 최초의 세계사 책이자 기획과 규모의 방대함에서 전례가 없었다. 투르크, 아랍, 유대, 프랑크 등에 이르기까지 중요한 모든 민족과 지역의 역사를 집대성했고, 세계 전역의 지리지까지 기록해 유라시아의 모든 문명들을 하나의 세계로 편입했다. 몽골이 무엇과도 비교할 수 없는 수준과 내용을 자랑하며 인류가 세계에 눈뜨도록 만든 것이다.

〈서구에서 말하는 중국은 거의 몽골 제국을 말한다〉

몽골에 대한 중국의 왜곡과 비하는 극심하다. 중국식 접근에 따른 편향적·왜곡적인 내용이 판을 치고 있다. 중국이 농경민족에다 정착생활을 고집해 중국 밖으로 거의 나가지 않아 자유로운 이동과 활발한 정복을 펼친 몽골의 기질과 문명적 특성을 이해하지 못한 탓도 크다. 몽골이 지배할 때 한족에 대해 농업에 종사하며 정착해 살아가는 존재라 하여 가장 천시하며 학대했고 관직에조차 진출하지 못하게 하여 몽골에 대해 더할 나위 없이 부정적이기도 했다. 심지어 원(1271~1368)나라라 호칭하면서 중국 대륙을 지배한 시기만을 좁게 설정하면서 칭기즈칸과 바투의 활약을 배제했다.

그러다가 현대 중국에서는 입장을 바꿨다. 몽골의 자산과 후광을 자신의 것으로 만들기 위해 애쓰고 있다. 중국을 근간으로 제국을 유지했다고 주장하면서 몽골의 세계성을 활용해 중국의 것으로 편입하려는 것이다(유럽을 비롯한 다른 지역에서는 같은 동양의 일원으로 간주해 중국의 입장에 그저 편의적으로 따라가는 경향이 강하다).

그러나 몽골은 중국을 중심으로 운영하지 않았다. 막강한 기마군단으로 대제국을 형성하면서 중국 대륙은 그 과정에서 정복한 영토 중의 일부 지역일 뿐이었다. 원나라가 세워지기 훨씬 전에 이미 성립하고 있었으며, 제국 전체가 원나라로 다시 건국한 것도 결코 아니었고, 명나라에 의해 쫓겨났다고 하여 역사에서 사라진 것도 아니다.

'팍스 몽골리카, 몽골에 의한 세계의 평화를 실현한다.'

거듭 강조하지만 몽골은 뛰어난 통치력과 제국운영을 실현하면서 약 450년에 걸쳐 존속했다. 풍부한 경제력 속에 활발한 인적·물적 교류를 통해 문명세계의 발전을 비약적으로 이루어냈다. 화려하고 선진적인 문명을 이룩해 타의 추종을 불허하는 문화예술도 꽃피웠다.

유럽에서 동양을 주제로 한 작품들이 있었다. 첫 작품은 한국을 무대로 한 〈코레아의 신부〉였다. 1895년 하인리히 리델이 줄거리를 쓰고 1897년 요제프 바이어가 곡을 만든 발레 작품으로 오스트리아의 빈 궁정오페라하우스(현 국립오페라하우스)에서 초연된 후 5년간 장기 공연되었다(대규모 무대와 화려한 장면으로 구성된 4막9장의 작품인데, 전쟁을 배경으로 한국 청년의 사랑과 애국심을 주제로 하여 상당한 흥행을 했다).

뒤이어 1904년에 일본을 무대로 한 푸치니의 오페라 〈나비부인〉이, 1926년에는 역시 푸치니의 오페라 〈투란도트〉가 발표되었다. 그런데 〈투란도트〉의 무대를 중국으로 알고 있지만 실은 주인공이 몽골 공주이며 몽골이 배경이다(투란도트란 이름부터 중앙아시아의 지역명인 '투란'과 '딸'을 뜻하는 '도트'의 합성어로 '투란의 딸'을 가리킨다. 타타르 왕 티무르의 아들로 그녀와 맺어지는 칼라프 왕자 역시 중국명과는 전혀 다르다. 푸치니는 몽골과 중국을 구분하지 못한 탓에 이방의 느낌이 나는 명칭들을 사용한 것이다. 주 무대가 되는 베이징(대도) 역시 몽골의 수도였다. 다만 중국의 음악과 분위기를 활용해 동양적 신비감과 호감을 이끌어낸 것은 분명하다).

유럽에서 '황화론(黃禍論)'이라 하여 동양을 두렵게 바라보게 한 장본인도 몽골이다(1895년 독일 제국의 빌헬름 2세가 "황인종이 다시 유럽 문명을 위협할 것"이라는 주장을 함으로써 공론화되었다). 지금까지 중국은 단 1번도 유럽을 공격하거나 위협을 준 적이 없다.

마르코 폴로가 〈동방견문록〉을 펴낸 뒤 유럽인의 동경의 대상이 된 나라도 몽골이다. 그는 몽골에 17년 동안 머물며 강대한 국력과 화려한 문물에 대해 끝없는 칭송을 노래하듯 읊조렸다.

콜럼버스가 〈동방견문록〉을 읽고 인도라는 명칭으로 찾아 나선 곳도 몽골이다. 항해에 나서 발견한 신대륙을 서인도라고 이름 짓고 지역 원주민을 인디언이라 지칭하면서 생각한 인도 역시 몽골이었다.

이슬람 천문학을 받아들여 수시력이란 정확한 달력을 만든 나라도, 페르시아의 세밀화에 큰 영향을 준 나라도 몽골이다. 앞서 설명한 것처럼 화약과 포에서 나침반과 안경에 이르기까지 숱한 문물들이 유럽에 전해졌다. 유럽인들이 그 주역을 중국으로 알고 있지만 몽골이다.

* 이슬람의 '지하드(성전)'도 1258년에 몽골군이 계속 서진하여 마침내 아바스의 수도인 바그다드를 함락해 불태우자, 수니파의 이슬람 신학자가 이슬람교도들에게 항전을 촉구하면서 시작되었다(암살단파(아사신파·암살교단·니자리 이스마일파)를 전멸시킨 장본인도 몽골군이다. 원래 시아파의 한 종파로서 엄격한 규율과 훈련을 통해 적대자와 정적을 암살해 유명세를 누렸다. 그러다가 훌라구가 이끈 몽골군이 요새들을 차례로 점령한 뒤 1256년에 본거지인 알라무트마저 함락한 것이다).

〈신라와 코리아 한국 VS 와쿠와쿠와 지팡구 일본〉

이슬람 상인들은 다우선으로 남아시아를 비롯해 동남아시아, 중국, 한국에 걸쳐 '다우 교역(권)'이라 불리는 방대한 해상활동을 벌였다. 장강 하류의 양주는 당나라 때 가장 번영한 상업도시로 이슬람 상인들이 거주했다. 〈신당서〉에는 760년에 '안사의 난(안록산의 산)'으로 양주가 공격받았을 때 수천명이나 살해되었다고 기록되어 있을 정도였다.

9세기에 지리학자 이븐 후르다드비가 쓴 〈도로들와 나라들의 서〉에서 '중국에 300개의 대도시가 있고 연안 전체를 항해하려면 2개월이 걸린다'고 썼다. 그러면서 신라에 관한 주목할 만한 내용이 나온다.

'중국의 맨 끝에 신라(Sila)라는 산이 많은 나라가 있다. 금이 풍부해 이슬람인들이 도착하면 그곳의 아름다움에 끌려 정착한 채 떠나려 하지 않는다. 그러나 그 나라 너머에 무엇이 있는지는 아무도 모른다.'

여기에 나오는 신라는 당연히 신국의 땅이자 한민족의 천년왕국인 신라를 말한다. 그러면서 신라를 풍요로운 곳으로 기록했다. 반면에 일본의 존재에 대해서는 전혀 인식하지 못하고 있음을 알 수 있다.

'황금이 풍부하여 주민들이 기르는 개의 사슬이나 원숭이 목줄을 황금으로 만들고 황금(실)으로 짠 옷을 갖고와서 팔 정도다.'

사실 신라는 '황금의 왕국'이다. 신라의 국호와 수도를 금성(金城)이라고도 하고, 성씨도 한국인의 21%를 넘어서는 김(金)씨 중에 경주에서 발원한 김(金)씨가 다수를 차지하고 있어 쉽게 알 수 있다. 금관, 금동반가사유상, 금속공예, 보석·장신구·금허리띠 같은 숱한 황금 유물에 비추어볼 때 신라를 '찬란한 황금의 나라'로 불러도 손색이 없다.

신라에는 이슬람 상인들이 오갔고, 서역과 서방의 물자들이 넘쳐났다. 고분벽화와 석상 등에 보이는 서역인, 헌강왕(875~86) 때의 처용 등을 통해 이방인들의 활약을 짐작할 수 있다. 경주 황남대총 남·북분과 왕릉급 고분들, 계림로 14호 무덤에서 로마 양식 유리, 보석 장식 구슬류, 황금보검 등이 나와 당시의 활발한 교류와 무역을 엿볼 수 있다. 석굴암과 황금보검에서 로마와 중앙아시아의 물자와 기법이 활용되어 더욱 주목을 끈다(금관이 대초원 세력의 신, 정신세계, 양식 등과 일치할 뿐만 아니라 주로 출토되는 말 관련 유물들을 통해 신라 왕족을 비롯한 지배세력이 북방 기마세력임을 알 수 있다).

이후 신라를 계승한 고려도 활발한 해상 제국으로 이어졌다. 현재 한국을 '코리아(Korea)'라고 부르게 된 것도 이슬람 상인들이 고려를 호칭하면서 유래되었다.

일본은 동양 외의 지역에 남긴 최초의 기록에 와쿠와쿠(Waq Waq)로 나와 광동어 호칭이 변한 것으로 보인다. 그러다가 마르코 폴로가 〈동방견문록〉에서 일본 즉 지팡구를 '황금으로 가득한 땅'이라 하여 처음 등장했다. 당시 유럽인들은 세계를 거의 인식하지 못한 채 지리·역사 지식의 부족으로 동양에 대한 허구와 편견이 판을 쳤다. 이 책 역시 황금이 넘치는 세계로 소개하면서 가기만 하면 부자가 될 수 있다는 헛된 꿈을 꾸도록 만들어 후대의 일본행을 부채질했다. 그 역시 세상물정에 어두워 한국에 관한 내용이 거의 없었던 것으로 보인다(고려를 까우리(까오리, Cauli)로 불러 중앙에서 코리아로 부른 것과 비슷하다. 내용에서는 제대로 언급하지 않아 부실한 부분이 있고, 세계 전반의 사정에 가장 밝았던 이슬람 상인들이 황금향을 신라라고 한 내용과도 차이가 난다).

사실 중앙에서는 한반도의 존재에 대해 오랜전부터 알고 있었다. 쉴레이만이 851년에 기록한 〈중국과 인도 소식〉에서 신라가 중국 동쪽에 있는 나라임을 밝혀 놓았다. 또한 10세기 아랍의 세계지도에 신라가 나오며, 1154년 이드리시가 그린 세계지도에도 중국 동남해쪽 해상의 섬나라로 나타내 가장 오래된 한반도의 모습을 담고 있다.

한반도의 지리적 존재를 유럽에 처음 알린 인물은 프란치스코 수도회의 선교사인 윌리엄이다. 1245~47년간 몽골을 방문했다가 1254년에 우연히 만난 같은 이름의 유럽인 윌리엄에게 국경 너머에 '카울레(Caule) 즉 코리아'라는 나라의 사신을 만난 적이 있다는 사실을 듣고 보고서에 기록했고, 이후 350년 동안 한반도에 대한 유럽인의 지리적 이해를 결정했다.

'그들은 진실이라며 말했지만, 나는 믿지 않았다. 캐세이(Cathay)의 국경을 넘어서면 한 나라가 있는데, 일단 입국하면 나이가 그대로 멈춰 서고 더 이상 늙지 않는다는 것이다. 그곳에 사는 사람은 바다 한가운데 섬나라에 살고 있는데, 겨울이 되면 얼어붙기 때문에 타타르(Tatars)가 그곳을 걸어 건너간다고 한다.'

지금 보면 어처구니가 없을 정도로 무지하고 틀린 내용이지만, 유럽인으로 하여금 고려를 너무나도 동경하는 신비한 이상향으로 이해하게 만들었다.

어쨌든 캐세이와 타타르는 몽골과 몽골인을 가리킨 것으로 〈동방견문록〉의 기록과 마찬가지로 지금의 중국이나 인도가 아니었다(원래 캐세이는 몽골인이 남몽골과 중국 북부를 지배했던 거란을 지칭하는 말이었으나, 몽골을 가리키는 용어로 쓰이다가 지금은 중국을 지칭한다. 홍콩의 캐세이퍼시픽 항공사도 여기서 유래했다).

이탈리아의 주요 도시와 지방 1

코시모 – 피에로 – 로렌초
르네상스로 유럽의 근대화를 촉발하다

•

•

•

돈을 아름답게 활용하여 어떻게 써야 하는지 보여주다

유럽에서 고대 아테네에 비견할 만한 도시는?

'단연 피렌체다. 도시국가로서 정치적으로 공화국의 형태 아래 시민들의 자유와 안정이 확립되었고, 경제적으로 금융과 무역으로 번영하였으며, 문화적으로 르네상스를 싹 틔우고 황금기까지 구가했다.'

도대체 누가 그 일을 가능하게 만들었는가?

'바로 메디치 가다.'

어째서인가?

'르네상스의 주역 중의 주역으로 정치적 안정과 경제적 번영을 이룩한 바탕 위에 문화예술과 학문을 꽃피웠다. 미술가와 문인을 정책적으로 지원했을 뿐만 아니라 경제적으로 앞장서서 후원해 작품활동에만 전념할 수 있도록 도왔다. 로렌초 때 최전성기까지 누렸다.'

메디치 가(가문)는 '의사'를 뜻하는 '메디코'에서 유래했다(가문의 문장이 '8개의 둥근 알약'이기도 해 선조가 의사이거나 민간치료사로 추정된다). 평민 출신에서 가세를 일으켰고, 1397년 조반니 디 비치 데 메디치(1360~1429)가 피렌체에 메디치 은행을 설립한 뒤 금융업으로 재산을 모아 피렌체 최고의 부자가 되어 메디치 가를 역사의 주인공으로 만들었다.

14세기에는 피렌체의 양대 문벌이 바르디와 페루치 집안이었다. 금융업·수공업·무역업을 벌이며 유럽 전역으로 뻗어나간 재벌로 영국, 프랑스, 교황청, 나폴리 왕가 등이 최대 고객이었다. 15세기에 접어들자 여러 유력한 가문들이 등장했고, 메디치 가가 단연 두각을 드러냈다. 금융업을 중심으로 경제력을 키웠고, 정권까지 잡아 피렌체 공화국에서 실질적인 참주정을 확립하였으며, 15세기 중반부터 약 60년 동안 피렌체를 정치 및 문화 대국으로 발전시켰다.

메디치 가는 교황청의 재산 관리를 맡고 유럽 각지에 은행 16개를 운영하면서 확실한 거부가 되었다. 한때 피렌체의 전체 세입 중에 65%를 납부했고, 시정을 주도하면서 피렌체의 재정까지 사유화했다. 그러면서 교황 3명을 배출했을 뿐만 아니라 프랑스 왕비를 비롯해 유럽 여러 나라들과의 결혼정책을 통해 세력을 떨쳤다.

조반니 디 비치로부터 시작된 메디치의 예술과 학문 사랑은 대단했다. 고대의 문헌과 예술작품·공예품 등을 집중적으로 수집했다. 피렌체의 예술품 중 절반 이상이 메디치에서 주문·제작 또는 수집한 물건들이거나 그에 자극받은 다른 피렌체인들이 뒤따른 것들이었다.

특히 예술가에 대한 후원을 아끼지 않았다. 브루넬레스키, 도나텔로, 보티첼리, 레오나르도 다 빈치, 미켈란젤로, 라파엘로 같은 수많은 미술가들이 마음껏 예술활동을 펼치도록 배려하여 기라성처럼 빛나는 존재들을 밤하늘의 별처럼 쏟아낼 수 있었다. 또한 인문학도 장려했다. 페트라르카, 레오나르도 브루니, 포조 브라촐리니, 마키아벨리, 구이차르디니 같은 인문주의자들이 피렌체 공화국의 관리들이었다. 로마 때 저술을 남긴 대부분의 사람들이 공직자였던 것과 비슷하다.

근대 과학의 선구자로 여겨지는 갈릴레오 갈릴레이(1564~1642)도 메디치의 초빙으로 집과 생계·연금 등을 후원받아 지동설을 발표한 것이다. 배율 20배의 망원경으로 목성 주위를 도는 4개의 위성을 발견해 모든 별은 지구 주위를 돌고 있다는 천동설을 정면으로 뒤집으면서 지동설을 확고하게 정립해 인류의 우주관을 전환하도록 만들어 근대 과학의 문을 활짝 열였다(메디치 가의 수장이자 토스카나 공국(피렌체 공화국의 후신)의 군주인 대공 코시모 2세(재위 1590~1621)에게 이 위성을 '메디치의 별'로 이름 지어 헌정했다).

서양 클래식 음악에서 가장 주역 악기인 피아노의 발명도 18세기 초 메디치의 악기수리공인 크리스토포리(1655~1731)에 의해 이루어졌다. 해머로 현을 두드려 소리를 내 연주가가 자유롭게 음의 강약을 바꿀 수 있도록 만든 것이다. 그 후원 덕분에 건반을 만들면서 단단한 상아로 흰 건반을, 추가된 반음을 내는 값진 흑단을 사용해 오늘에 이르고 있다(독일과 영국에서 더 개량해 1890년경 지금의 피아노로 틀이 잡혔다).

여기에서 정말 주목해야 할 것은 메디치가 시민 및 세상과 공생했다는 사실이다. 그것도 부를 활용한 문화예술을 통해서였다. 그 결과로 가문을 18세기 중반까지 유지한 것이다.

원래 생명체가 존재로서 살아가는 방법은 크게 4가지다. 공생, 경쟁, 기생, 천적이다. 어떤 경우에도 홀로 존재하는 또는 혼자 잘사는 독존은 없다. 그래서 사람은 공생과 경쟁을 적절히 활용해야 한다. 특히 한국 기업은 물론이고 사회 구성원 모두에게 공생이 필요하다. 가족, 친구, 선후배, 동료 등을 경쟁 대상으로 삼기보다 함께 협력해 도움을 주고 받으면서 공생을 뛰어넘어 공영을 이루어내야 한다.

'공생을 통한 자아 확장.'

앞장서야 역사에 남는다: 피렌체의 3대 주역 코시모, 피에로, 로렌초

메디치 가는 코시모, 피에로, 로렌초를 거치면서 수많은 미술가와 문인을 후원해 르네상스를 꽃피웠다. 사실 피렌체 르네상스는 도시 피렌체로만 국한되지 않는다. 피렌체 출신이 이탈리아는 물론이고 유럽 전역으로 르네상스를 전파한 것이다. 이런 점에서 이들 3인은 누구보다 중요한 르네상스인이다.

코시모(1389~1464, 재임 1434~64)는 코지모라고도 부르며, 조반니 디 비치의 맏아들로 태났다. 일생동안 아버지를 본따 충실히 뒤따랐지만 더 훌륭하게 극복했다. 금융업과 상업으로 일어선 가문을 키워 피렌체를 장악한 실질적인 창업자다. 교황청의 자금관리를 맡으면서 유럽 최고의 경제력 기반을 다졌고, 뛰어난 정치력을 발휘하면서 영향력을 강화했다. 특히 참주정을 확립한 장본인으로서 로렌초까지 전성기를 누렸다.

그는 높은 인품, 검소함, 예의바름, 남에 대한 배려 등으로 자신부터 본보기가 되었다. 특히 아낌없는 기부와 자선을 즐겼다.

"나는 돈 버는 것보다 쓰는 것이 훨씬 즐겁다."

그는 자신의 직접적인 도움을 받지 않은 시민이 없을 정도여서 흔들림 없는 민심을 얻었다. 유력 가문과의 권력투쟁에 패배해 감금과 망명생활을 겪었지만, 정권을 잡은 후 보복행위를 거의 하지 않고 몇 명만 추방하는 선에서 마무리 지었다. 국정을 각 계층에 널리 개방하고 능력에 따라 인재를 등용해 피렌체의 발전을 이루어냈다. 세율을 4~33.5%까지 단계별로 정한 누진제를 유럽에서 처음으로 도입해 국가운영의 관건인 재정을 해결했다. 그 밖에도 농업의 진흥, 인프라 정비 등을 통해 기반을 다져놓았다.

무엇보다 예술과 학문을 장려하여 르네상스 시대를 가져왔다. 피렌체를 상징하는 산타 마리아 델 피오레 대성당(피렌체 대성당, 두오모)을 완성해 확고한 구심점을 세웠다. 장인·수공업자 정도로 여겨지던 화가, 건축가, 조각가를 예술가·창조자로 우대해 당대의 내노라하는 인재들이 죄다 모여들어 활동했다. 동로마와 오스만의 고서를 사들이고 메디치 도서관을 세워 르네상스의 기초를 닦았다. 교외에 메디치의 별장을 제공해 '아카데미아 플라토니카(플라톤 아카데미)'를 창설해 르네상스인을 체계적으로 배출하는 토대를 갖추었다.

1453년에 동로마가 멸망하자, 망명해온 예술가와 지식인들을 대거 받아들였고, 그들이 가져온 그리스와 로마의 고전들을 번역해 르네상스의 문을 활짝 열었다.

그는 피렌체, 베네치아, 밀라노, 로마, 나폴리로 대표되는 이탈리아 반도의 5대 유력 세력을 모아 강화를 체결함으로써 대립과 전쟁을 종식하고 세력균형을 통한 대외 안정을 구축했다. 자연스럽게 신성로마 제국과 프랑스의 영향력을 약화시켜 평화를 가져왔다. 또한 서방과 동방의 중재자로 활약하며 오스만과도 아주 좋은 관계를 지속했다.

코시모는 평민 출신에 아무런 공직도 없었지만 '공화국 수장'이란 칭호와 함께 진정한 피렌체의 지도자가 되었다. 사후에는 피렌체 의회로부터 '국부'란 호칭을 수여받아 로마 황제들이 원로원으로부터 칭호를 받은 이후 중세와 르네상스를 통털어 오직 그만이 부여받았다.

〈코시모 효과 또는 메디치 효과〉

코시모는 탁월한 외교술로 이탈리아 전체의 안정과 평화를 실현했다. 국가재정의 출혈, 무거운 세금, 가혹한 병역·부역 부담을 없애면서 금융과 상업을 중심으로 한 경제활동을 통해 피렌체와 시민들의 부를 창출했다. 그런 중에 인도의 향신료를 비롯한 물자들은 물론이고 그리스.로마의 서적들을 같이 실어와 근대로 가는 기운을 불어넣었다.

그러면서 그는 부를 시민들에게 베풀었고, 열렬한 예술 애호가이자 학문 숭배자로서 예술과 학문을 후원해 피렌체를 변화시켰다. 유명한 기성 예술가나 작가들보다 젊고 참신한 인물들에게 건축과 작품을 의뢰하거나 학문연구를 맡겼고, 이들은 한결같이 당대 최고의 예술가와 학자들로 성장했다. 낯설고 새로운 것으로 창조적·혁신적 변화를 주도해 훨씬 더 나은 것들이 생겨나고 확산되도록 이끌었다.

'메디치 효과.'

피렌체의 상징인 산타 마리아 델 피오레 대성당의 돔 건축을 보자. 메디치의 전폭적인 후원 아래 아르놀포 디 캄비오, 조토, 피사노, 브루넬레스키와 같은 당대의 건축가들이 참여했다. 특히 젊은 건축가 브루넬레스키는 16년 만인 1436년에 높이 109m, 지름 43m에 이르는 거대하고 예술적인 돔을 완성했다. 원근법의 원리를 발견해 르네상스의 핵심적인 요소로 활용되었고, 이후 500여년 동안 서양 회화의 절대적인 시각적 원리가 되었다.

1475년에 천문학자·수학자·지리학자·의사인 토스카넬리는 이 돔의 높은 창으로 들어오는 빛의 움직임을 관찰해 태양의 운동을 계측했다. 1492년에는 천문항법에 기반해 서쪽으로 대서양을 횡단해 항해하면 곧바로 인도로 갈 수 있다는 토스카넬리의 주장 덕분에 콜럼버스에 의한 아메리카 대륙의 발견을 이끌었다. 콜럼버스가 서인도제도를 발견하자. 그를 후원한 스페인은 식민지 개척과 수탈을 통해 16세기에 걸쳐 가장 부유하고 강성한 나라가 되었고, 유럽은 대항해 시대와 중상주의가 본격화하며 근대화의 번영을 일구어갔다.

결국 코시모의 혁신은 돔의 건설, 원근법의 발명, 천문항해의 발견, 콜럼버스의 항해, 스페인의 시대, 대항해와 중상주의 시대의 개막 등이 이어지며 예상을 뛰어넘는 엄청난 파급효과를 낳았다. 코시모가 일으킨 작은 변화가 유럽의 변화, 아니 세계사의 변화를 촉발한 것이다.

피에로(1416~69, 재임 1465~69)는 코시모의 아들로 후계자가 되어 메디치의 수장으로서 피렌체를 이끌었다. 선대에 이어 뛰어난 외교술로 피렌체 공화국이 번영하는 기반을 다졌다.

1466년, 자신을 죽이고 메디치를 몰락시키려는 정적들의 쿠데타가 일어나자, 단호하게 진압하여 자신과 집안의 위상을 다시 한번 확고하게 확립했다. 그러면서도 쿠데타 주모자들의 처형에 반대하고 선처하여 정적을 동지로 만들기도 했다.

그는 가문의 전통을 그대로 이어받아 예술과 문화에 대한 후원활동을 계속했다. 관용과 배려도 남달랐다. 그의 보살핌을 받던 불세출의 조각가 도나텔로가 죽으면서 유언을 남겼다.

"(나를 가장 아껴준) 코시모의 무덤 곁에 묻어주십시오."

피에로는 유언대로 도나텔로를 산 로렌초(성 라우렌시오) 성당에 있던 메디치 집안 묘지의 코시모 무덤 옆에 잠들게 하여 르네상스인들의 명예를 높여주었다(이 성당은 1421~65년에 걸쳐 세워진 최초의 르네상스 건축이다. 바로 옆에는 1521~3년에 걸쳐 미켈란젤로가 완성한 라우렌치아나 도서관이 있다).

보티첼리를 비롯한 수많은 화가, 건축가, 조각가들에게 작품을 의뢰해 이들의 활동을 후원하는 한편 선대부터 해오던 고대 서적 · 주화 등을 계속해서 수집했다.

하지만 병약한 탓에 5년밖에 이끌지 못했다. 사실 창업자인 코시모와 전성기를 연 로렌초에 가려 있지만, 뛰어난 역량의 소유자로서 만일 그가 병으로 죽지 않았더라면 더 나은 치적을 남겼을지도 모른다.

로렌초(1449~92, 재임 1469~92)는 피에로의 아들로 20세에 수장이 되어 메디치 가와 피렌체 공화국을 이끌었다. 통치에 있어 선대의 세력균형 원칙에 따른 평화 노선을 계승했으나, 막후에서 역할했던 방식과는 달랐다. 화려하고 당당한 지도자로서 정상회담처럼 전면에 나서서 결론을 내리는 것을 좋아했다. 이런 중에 피렌체는 풍요와 번영의 절정기를 누렸다. 그래서 그를 15세기 최고의 정치가로 보기도 한다.

마키아벨리는 그의 치세를 칭송하면서 기록했다.

'로렌초의 통치 때 피렌체인들은 최대의 행복 속에서 지냈다.'

그는 학문과 예술에 대한 장려를 가장 활발하게 펼쳤다. 문학을 좋아해 고전을 수집.보급했고, 문인들을 도왔다. 학교를 세우고 인문학자들을 후원해 교육에 애썼다.

그러다가 1478년에 '파치 가의 음모'로 불리는 쿠데타로 인해 불행을 겪기도 했다. 그 자신은 칼에 찔렸지만 급히 피신해 목숨을 건졌으나 동생 줄리아노가 살해당했다. 그가 죽은 지 2년 뒤인 1494년에는 메디치 은행이 파산하고 플라톤 아카데미도 무너져 일부에서는 경영자로서 위대하지 않았으며 안배가 부족했다고 비판하기도 한다.

무엇보다 그의 죽음으로 이탈리아가 평화로웠던 시대도 막을 내렸으며, 피렌체 르네상스마저 종말을 맞이했다.

하지만 그는 시를 즐겨 쓴 문인으로서 피렌체와 르네상스의 전성기를 이끌어 시민들로부터 최상의 찬사를 받았다.

'위대한 사람(일 마니피코).'

그의 별명은 여전히 고유명사처럼 즐겨 사용된다.

'위대한 로렌초.'

지금도 그의 위명은 여전하여 르네상스의 본산인 피렌체에는 화가인 레오나르도와 함께 로렌초라는 이름이 남성들 중에 가장 많다.

피렌체, 르네상스의 꽃

피렌체는 르네상스의 발생지이자 가장 화려한 황금기를 구가했다. 그 완성까지 이루어내 그리스의 아테네, 로마 제국의 로마, 진·한·당의 서안(호경·함양·장안), 신라의 경주처럼 이탈리아 르네상스의 중심지 역할을 했다. 유네스코 세계문화유산에서 도시로는 1호가 아테네, 2호가 피렌체였다. 유럽연합(EU)에서 해마다 1곳의 문화도시를 선정할 때 1번째 해가 아테네였고, 2번째 해인 1986년에는 피렌체가 선정되었다.

피렌체는 영어로 플로렌스로 불리며, '꽃의 도시'라는 뜻을 가진 도시 이름만큼이나 인류 역사에서 문화예술의 아름다움을 꽃피운 곳으로 유명하다. 근대 유럽의 첫 역사가로 손꼽는 레오나르도 브루니(1370~44)는 1401년에 자신의 명저 〈피렌체 찬가〉에서 단언했다.

"이 도시보다 더욱 빛나고 영광스러운 곳은 이 세상 어디에서도 발견할 수 없을 것이다."

그가 이 말을 했을 때는 피렌체가 전성기를 이루었던 15세기가 오기도 훨씬 전으로 전조만을 보고도 이러한 예찬을 했을 정도였으니 전성기 때의 찬란한 모습이란 두말할 필요조차 없는 것이었다.

다만 로렌초 이후 르네상스는 끝이 났다. 그나마 메디치는 우여곡절을 겪으면서도 권력과 부를 지켜냈고, 피렌체를 수도로 한 토스카나 공국을 성립시켜 1737년까지 존속했다(시민들의 반란으로 국외추방을 당한 2번(1494~1512, 1527~32)을 빼고 나면 수 세기 동안 통치를 이어갔다).

또한 곤궁에 처한 국가재정을 충당하기 위해 결혼동맹을 추구한 프랑스에 2명의 왕비를 배출했고, 유럽 전역으로 혈연 관계를 확산시켰다(카트린 드 메디시스(본명은 이탈리아어로 카테리나 데 메디치)는 앙리 2세의 왕비로 이탈리아 요리와 식사 예절을 전파해 프랑스 요리와 식문화의 시초가 되었다. 궁전발레도 전파해 루이 14세가 몸소 27편에 출연해 최초의 발레 스타가 되었다. 마리 드 메디시스(본명은 이탈리아어로 마리아 데 메디치)는 부르봉 왕가를 연 앙리 4세의 왕비로 루이 13세를 낳아 후대를 이어갔다. 또한 스페인과 영국의 왕비 또는 사보이 공국의 부인이 되어 메디치의 혈통을 가진 후손들이 널리 퍼져 나갔다).

그렇지만 피렌체는 로렌초 이후 르네상스적이지 않았으며, 다시는 피렌체 시민과 유럽인의 칭송을 받는 영광의 주인공이 되지 못했다. 메디치 가 역시 정략결혼과 책략으로 정권과 부를 도모했지만 자신들의 현상만을 겨우 지키는 모습에서 벗어나지 못한 채 기득권에 매달리다가 시민들의 신망을 잃고 역사 속으로 사라졌다.

그럼에도 불구하고 피렌체는 오늘날까지 여전히 르네상스의 정수를 그대로 담고 있어 빛나는 별이나 보석보다 찬란하다.

"피렌체보다 빛나고 영광스러운 곳은 지금도 이 세상 어디에도 없다."

왜 피렌체일까: 르네상스의 기원, 전성기, 완성기까지 누린 7가지 이유

1째, 피렌체의 경제적 번영이 르네상스를 가능하게 만들었다.

'경제적 융성 이후에 문화적 융성이 뒤따른다'는 만고의 진리처럼, 피렌체는 황금기를 누리던 오스만과 근대를 향해 꿈틀대던 유럽의 중간에서 금융업과 직물업(특히 모직물)을 중심으로 한 교역을 통해 풍요로움을 누리면서 문화예술의 부흥기를 열 수 있었다. 한때 빈부 차가 극심해져 1378년에는 직공들의 폭력적인 파업이 일어났다. 자본가와 노동자, 뒤이어 자본가와 자본가의 대립으로 전개되었지만, 1434년에 화합한 뒤에는 경제적 번영을 더욱 가속화했다. 당시 피렌체는 일반 노동자의 생산성이 유럽 다른 지역이나 국가들에 비해 월등히 높았다.

2째, 피렌체의 정치적 안정이 조성된 덕분이다.

어느 나라 어느 시대나 마찬가지지만 학문과 문화예술이 발달하려면 경제력이 바탕이 되어야 하며, 경제적인 번영의 바탕에는 안정된 정치가 있어야 가능한 법이다. 다행스럽게 피렌체는 13~14세기의 격동기를 거쳐 본격적인 정치안정 속에 경제발전의 시대를 열어갔다. 이런 중에 문화적인 욕구가 광범위하게 형성되어갔고, 15세기가 되자 베네치아·제노바 같은 이탈리아의 다른 도시국가들과 경쟁하는 가운데 선구적으로 르네상스에 열을 올리게 되었다.

3째, 피렌체의 기풍 덕분이다.

자유롭고 정의로우며 활달한 피렌체인이라 유럽인들이 로마가톨릭의 지배 아래 긴 잠에 빠져 있을 때 가장 먼저 자각할 수 있었다. 예술과 인문주의를 접목하면서 르네상스까지 촉발했다. 수많은 예술가와 문인들이 피렌체로 몰려들어 역량을 발휘했다. 1348년 흑사병(페스트)의 창궐로 인구의 1/3이 줄기도 했지만, 1년 정도 지나 완전히 진정되자 베네치아와 더불어 이탈리아에서 인구가 가장 많은 곳이 되었다. 이런 중에 재능인들이 마음 놓고 끼와 기량을 발휘하게 되자, 르네상스 동안 다른 모든 지역에서 배출한 예술가들보다 비교조차 되지 않게 더 많은 걸출한 인물들이 쏟아졌다.

4째, 보테가라 불리는 공방 겸 작업장 겸 가게 덕분이다.

지금은 '첸트로 스토리코(역사적 도심)'라 부르는 피렌체 중심부에 자리잡고 있었다. 피렌체인은 물론이고 피렌체를 찾은 누구든지 회화와 조각을 비롯해 의상·장신구·장식품, 건축 설계도면과 디자인, 금속세공을 하는 야금 등을 쉽게 접할 수 있어 가장 르네상스다운 유형으로 여긴 만능인들이 속출할 수 있었다. 이러한 양상은 미술뿐만 아니라 제롤라모 카르다노처럼 의사·수학자·물리학자·점성술가·수집가·도박광이자 검술·낚시·수영·승마의 대가인 르네상스인도 많이 배출되었다.

5째, 길드 조직 덕분이다.

피렌체에서는 모든 예술가들이 길드에 속해 있었다. 주문도 오로지 길드만을 통해 받았다. 회화를 비롯해 기술적·전문적인 여러 분야가 연계되면서 금속세공, 도자기, 시설공사 등에 이르는 지식과 기술까지 보유하게 되면서 르네상스의 특징인 전문가들이 육성되고 만능인들이 쏟아지게 된 것이다. 레오나르도 다 빈치도 길드에서 도제 수업을 거친 만능인이었으며, 알베르티·미켈란젤로·조르조 바사리 등도 널리 알려진 만능인들이다.

6째, 이탈리아어를 잘 다듬고 활용했기 때문이다.

로마 때부터 공용어로 통하던 라틴어를 발전시켜 이탈리아어로 작품을 썼다. 이런 중에 자연스럽게 이탈리아어가 교양언어로 자리를 잡을 수 있었다. 단테, 조반니 빌라니, 페트라르카, 보카치오, 레오나르도 브루니, 피치노, 폴리치아노, 마키아벨리, 구이차르디니 같은 르네상스인들이 피렌체를 무대로 활동하면서 인문학을 통해 더욱 발전시켰다. 지금 우리가 이탈리아어라고 말하는 언어는 700년 전 피렌체인에 의해 이루어진 것이다.

7째, 피렌체라는 도시 자체의 마력 덕분이다.

르네상스의 심장부답게 건축주 또는 건축가에 의해 궁전, 성당, 관공서, 저택, 분수대 등에 이르기까지 건축물의 웅장함과 아름다움이 극치를 보여준 도시다('팔라초'는 궁전을 말하지만 제후나 대귀족의 정무를 보는 정청 또는 대저택을 가리키기도 한다). BC 59년에 카이사르가 로마식 도시로 건설한 후, 로마 때의 이름인 플로렌티아에서 유래해 '꽃의 도시'로 불렸다. 로마 때 세워진 많은 건축물들에 더해 르네상스 건축가인 아르놀포가 난잡한 느낌을 주던 도시를 르네상스에 걸맞게 회복·창조했다(그의 대표작인 베키오 궁전은 1298~1322년에 걸쳐 시뇨리아 광장 앞에 세워졌다. 피렌체의 청사였고 지금도 시청사로 사용한다). 또한 1400년대에 들어오면서 메디치를 비롯해, 피티, 파치, 루첼라이, 스트로치 같은 유력한 시민들이 앞을 다퉈 정청 또는 대저택을 지으면서 본격적으로 활성화되어 르네상스의 수도다운 면모를 갖추게 되었다.

한국은 2차대전 이후 가난과 전란 속에서 선진 민주국가이자 경제대국을 건설한 유일한 사례로 손꼽힌다. 중국과 동남아시아를 비롯한 세계 곳곳에서 한국형 성공 모델을 따라함으로써 번영을 일구고 있다.

다만 21세기에는 문화로서 인류에 기여하면서 세계인의 사랑을 받아야 한다. 이런 점에서 피렌체의 사례를 깊이 있게 연구할 필요가 있다. 짧게는 100년, 길게는 14~16세기에 걸쳐 르네상스를 펼쳤듯이 한류라는 대중소비적인 현상을 넘어서서 오랜 역사와 전통·문화에 바탕하되, 새롭고 찬란하며 화려한 한국문화를 꽃피워 인류 문명의 미래를 이끌어가는 주역이 되어야 할 것이다.

피렌체 르네상스의 몰락

1494년, 기인이기도 한 수도사 사보나롤라의 설교가 피렌체를 뒤흔들었다. 로렌초를 정면 공격하고 교회와 현세의 도덕적 부패를 질타했다. 프랑스의 침공으로 메디치가 쫓겨나자 피렌체의 정권을 장악했다.

그러나 프랑스군이 철수하고 열풍이 가라앉자, 반대 세력이 강해지는 가운데 르네상스마저 비난하며 서적과 예술품들을 불태웠다가 민심을 잃어갔다. 그런 중에 로마가톨릭의 권위마저 부정해 교황과 대립했고, 결국 파문당한 채 종교재판에 따라 처형되었다.

이후 피렌체는 메디치 가의 추방과 복귀를 되풀이했다. 1521~44년에 걸쳐 이탈리아의 패권을 차지하기 위한 독일과 프랑스의 전쟁이 벌어지면서 파괴와 혼란의 도가니로 빠져들었다. 결국 번영하던 피렌체는 몰락했고, 메디치 역시 추방되었다.

1532년에 피렌체 공화국(1115~1532)의 붕괴 이후 메디치 출신인 교황의 지원 덕분에 복귀하면서 메디치 가에서 다스리는 세습 군주제의 피렌체 공국(1532~69)이 되었다. 그러다가 토스카나 공국(1569~1737)으로 전환하면서 피렌체는 수도가 되었다(이 공국은 메디치의 단절 이후 합스부르크.로트링겐 왕가로 넘어갔다가 나중에 이탈리아 통일왕국에 흡수되었다).

이 무렵부터 피렌체는 질병이 유행하고 인구가 감소되어 쇠퇴하면서 예술도시의 명맥을 겨우 유지했다. 1743년에는 메디치의 마지막 인물이자 마지막 상속녀였던 안나 마리아 루이사 데 메디치가 모든 예술품과 궁전·별장을 비롯한 전 재산을 단 1가지 조건을 걸고 토스카나 공국에 기증하고 죽으면서 약 350년에 걸친 메디치 가도 절멸했다.

"메디치 가의 모든 것은 시민의 재산으로서 피렌체를 벗어나지 않도록 한다."

피렌체도 메디치와 비슷한 운명을 피하지 못한 채 19세기 초에는 인구 10만명 이하의 소도시에 지나지 않게 되었다. 이렇게 하여 피렌체는 르네상스를 꽃피운 빛나던 영광이 사라졌다. 다만 오늘날에는 르네상스의 명성을 등에 업고 세계적인 관광 명소로 각광받고 있다.

피렌체의 몰락은 우리가 새겨야 할 반면교사에 해당한다. 경제적 부와 문화예술의 화려함만으로는 국민의 평화를 담보하지 못한다는 사실을 보여준 사례이기 때문이다. 반드시 외부의 간섭과 침략을 막아낼 군사력을 갖추어야 한다. 특히 국민들의 통합을 통한 국력 확대 및 강국화를 실현해야 온전한 평화를 누릴 수 있는 것이다.

〈피렌체 르네상스를 말아먹은 선동가 사보나롤라〉

사보나롤라(1452~98)는 '위대한 로렌초'가 죽기 직전인 1491년에 도미니크회 소속의 수도사로 피렌체의 산 마르코(성 마가) 수도원장이 되었다. 그는 피렌체를 다스리던 로렌초와 도시의 타락을 격렬하게 비난하면서 소리 높여 외쳤다.

"모두 하느님이 노해 내린 벌이다, 이야말로 천벌이다. 회개하라, 그렇지 않으면 정말 무서운 천벌이 내릴 것이오."

그는 선동에 찬 설교로 시민들의 마음을 사로잡은 채 혼란에 빠져든 피렌체를 절망의 늪으로 밀어넣었다.

피코 델라 미란돌라, 보티첼리, 구이차르디니, 프라 바르톨로메오 같은 플라톤 아카데미의 지식인과 예술가들은 물론이고 수많은 시민들이 그의 주장에 추종하거나 끌려다녔다. 오죽하면 보티첼리는 그에 빠져 화풍도 환희에서 비애로 완전히 달라졌고, 나중에는 붓을 꺾고 가난 속에 살다 죽었다. 프라 바르톨로메오는 수도사가 되었는데, 후일 그가 죽자 슬픔에 빠져 그림 그리기를 그만두기까지 했다.

1494년에 프랑스군이 이탈리아를 침공하자, 로렌초의 맏아들이자 교황의 형인 피에로 2세 데 메디치가 무능과 전횡으로 일관하다가 겁에 질려 항복했다. 분노한 시민들에 의해 추방당한 후에는 사보나롤라가 열렬한 환호 속에 정권까지 장악했다. 그는 왕정이나 귀족정을 배제하고 신정정치를 실시하면서 강력한 종교개혁을 추진했다.

그러나 프랑스군이 철수한 후 그에 대한 역풍이 거세졌다. 1497년에는 피렌체의 미술품과 도서까지 '허영의 소각'이라며 불태웠다.

"이따위 것들이야말로 사치품이고 소용없는 것이며 이교적이다."

시민들은 그의 기가 막힌 언행에 점차 넌더리를 쳤다.

"아무리 그렇지만 우리의 자랑거리이자 보물과도 같은 회화, 조각과 건축, 도서, 금속세공품까지 쓰레기보다 못하다니 너무하지 않는가. 목숨보다 소중한 것들을 마구잡이로 파괴하고 불태우다니 있을 수 없는 일이다."

이 일로 시민들의 반감을 불러 일으켰다. 그런 중에 교회의 권위마저 부정하며 로마가톨릭과 대립하다가 교황에게 파문당했다. 뒤이어 피사 전쟁의 실패, 메디치파의 책략까지 더해져 뜨겁던 선동의 약발이 식으면서 민심을 잃었다. 이런 상황에서 사보나롤라는 가짜 예언자로 몰려 다른 2명의 도미니크회 성직자와 함께 화형을 당해 죽었다.

일부에서는 그를 놓고 기독교의 정통 복귀 운동가라거나 종교적 혁신운동의 선구자로 접근하는 것도 모자라 이탈리아의 종교개혁자로서 16세기 초 종교개혁을 주창한 마틴 루터와 비교하기도 한다. 하지만 말이 되지 않는다. 거친 선동에 가득 찬 설교를 앞세워 인신공격, 전쟁, 문화파괴를 자행했다. 결국에는 르네상스마저 끝장낸 인류 문명의 적과 같은 존재였을 뿐이다.

결과적으로 보면 클레온이 민주주의와 공화정의 전성기를 구가하던 아테네를 몰락으로 이끌었듯이, 사보나롤라는 그토록 찬란하던 피렌체의 공화정과 문화예술을 파괴와 멸망으로 이끌었다. 굳이 공통점이라면 선전선동가로서 번영의 절정에 서 있던 한 국가를 달콤한 말을 앞세운 선동으로 한순간에 무너뜨렸다는 사실이다.

시민의 책임은 더 크고 무한적이다. 아테네 시민처럼 피렌체 시민도 다른 어느 시대나 지역보다 살기 좋은 시절을 누리면서도 종잡을 수 없는 선동가의 말에 혹해 혼란과 광기에 빠져들어 진정으로 소중한 것을 지키지 않은 채 휘둘리다가 자신들마저 파멸로 이끌었기 때문이다.

이런 까닭에 나만을 옳다고 믿으면서 적대적인 편가름과 진영 논리에 빠져 합리적 이성과 다양성을 잊은 채 누군가의 대책 없는 말 잔치에 놀아나면 파멸의 비참한 말로를 겪을 수 있다는 교훈으로 새겨두면 좋을 것이다.

로마 르네상스: 로마의 부활

로마는 세계에서 타의 추종을 불허할 정도로 개방적이고 보편적인 도시였다. 모든 길을 개방했고, 프랑스풍·스페인풍·독일풍·네덜란드풍과 같이 자기만의 독특한 차림과 언어를 사용하는 수많은 외국인들이 모여 살고 있었다. 교황 선출에서도 이탈리아 출신이 압도적이기는 했지만, 다른 국적의 출신자들도 그다지 문제되지 않았다.

로마가톨릭의 총본산인 교황청은 권위와 영향력을 바탕으로 서유럽의 모든 기독교 국가들과 교인들을 아우르고 있어 막대한 수입이 유입된 반면에 사치와 낭비를 일삼지 않는 한 별다른 지출이 없어 재정이 넉넉했다. 이런 상황에서 피렌체에서 르네상스의 물결이 치자, 더 높은 존엄을 지향한 교황도 르네상스를 후원했다. 피렌체가 가장 돋보이던 시절에도 로마는 나름대로 르네상스를 활발하게 진행하고 있었다.

피렌체가 몰락한 후에는 로마가 명맥을 넘겨받아 찬란함을 이어갔다. 한창 때에는 르네상스의 3대 미술가로 손꼽는 레오나르도 다 빈치, 미켈란젤로, 라파엘로가 모두 피렌체에서 활동하다가 로마로 건너가 작품 활동을 했다.

당시 로마는 로마 제국이 남겨준 혜택을 잘 활용했다. 르네상스의 명분으로 삼은 고대의 발견과 부흥이 곧 로마를 말하는 것이었기 때문이다. 고전에 바탕한 학문은 물론이고 르네상스의 요체이자 꽃이었던 미술에서 적극적으로 활용했다. 특히 건축은 그야말로 정수를 그대로 물려받아 재창조할 수 있었다.

다만 회화는 거의 부재 상태라 16세기 네로 황제의 황금궁전(도무스 아우레아 궁전)을 발굴하면서 플리니우스가 묘사했던 화려한 벽화나 장식이 있던 동굴 즉 그로토에 그려진 벽화들을 보면서 라파엘로나 그의 제자들이 영감을 얻어 그로테스크풍을 발전시키는 정도였다. 하지만 결과적으로 기성의 것에 얽매이지 않은 탓에 전혀 새로운 회화를 그려 내며 가장 돋보이는 창의성과 발전을 가져왔다.

그러나 로마 르네상스는 이탈리아 전쟁(1494~1559)으로 쑥대밭이 되면서 기력을 잃어갔다. 16세기 중반부터 맹위를 떨친 반종교개혁의 물결이 교황청을 뒤덮은 채 횡행하며 르네상스를 죽게 만들었다.

1527년에 벌어진 '로마의 약탈'은 결정타를 날렸다. 합스부르크 왕가의 스페인 왕 카를로스 1세(카를 5세)가 독일 왕 겸 신성로마 황제까지 겸하며 방대한 세력권을 구축하자, 교황은 그와 패권을 다투던 프랑스 왕 프랑수아 1세와 손잡고 신성동맹으로 대항해 남하를 막으려 했다.

카를 5세는 기습 공격에 나섰고, 독일·스페인 용병군이 로마시를 급습하여 극심한 약탈과 파괴를 자행했다. 교황을 지키던 스위스 용병들조차 모두 전사했고, 교황은 산탄젤로 성으로 피신했다가 항복한 뒤 감금생활을 겪어야 했다. 그 와중에 르네상스의 걸작품들이 숱하게 불타 없어졌다(우여곡절 끝에 2년 후에 강화를 맺고 카를 5세는 명실공히 황제의 왕관을 쓰고, 교황은 자신의 본가인 메디치의 피렌체에 대한 지배자 지위를 회복했다. 직전까지 메디치의 복귀를 거부하던 피렌체는 카를 5세의 공격으로 함락되면서 공화국에서 황제의 보호령이자 제후국인 공국으로 전환했다. 교황의 사생아인 알레산드르 데 메디치는 카를 5세로부터 정식으로 공작 작위를 받았다).

로마시는 르네상스가 한창일 때 전란에 휩싸였고, 하도 파괴와 약탈을 당해 지금도 유일하게 온전한 로마 때의 건축물이 판테온(지금은 성당으로 활용)일 정도다. 이탈리아 전체로 보더라도 남아 있는 르네상스 양식 건축물은 베네치아 궁전(미술관으로 활용), 키지 궁전(총리 관저로 활용), 파르네세 궁전(프랑스 대사관으로 활용) 정도가 손꼽힌다.

르네상스의 3대 중심지와 주도 세력

피렌체	→	로마	→	베네치아
|		|		|
메디치 가		르네상스 교황		상인(집단)

〈르네상스 교황〉

르네상스 교황은 1447~1549년까지 100여년을 재위한 11명의 교황을 말한다(니콜라우스 5세(1447~55), 갈리스투스 3세(1455~58), 피우스 2세

(1458~64), 바오로 2세(1464~71), 식스투스 4세(1471~84), 인노켄티우스 8세(1484~92), 알렉산드르 6세(1492~1503), 율리우스 2세(1503~13), 레오 10세(1513~21), 하드리아누스 6세(1521~23), 클레멘스 7세(1523~34), 바오로 3세(1534~49)로 이어졌다).

로마 르네상스는 15세기 말에서 16세기 초까지 30년 동안 전성기를 구가했다. 교황들이 든든한 배경이자 적극적인 후원자로 나섰기 때문에 가능했다. 원래 교황은 영적 지도자로서 군대 유지와 전쟁 수행에 따른 엄청난 재정 부담에 시달리지 않았다. 그러면서도 세속 군주와 다름없이 막대한 세금을 걷어 넉넉한 재정을 가지고 있었다.

당시 재정난에 쪼달린 것은 교회의 권위를 돋보이려는 욕구가 지나쳐 건축물과 회화 · 조각에 너무 많은 경비를 지출했기 때문이다. 르네상스를 후원하다가 어려운 처지에 처한 셈이다.

중세 봉건사회에서 교황은 이름뿐이거나 형식적인 군주들보다 훨씬 강한 세속 정치력을 발휘했다. 이런 상황 속에 교황의 자신감에 찬 보호와 배려 속에 예술가들은 재능과 기량을 펼칠 수 있었다. 보기에 따라서는 르네상스의 유명한 화가, 건축가, 조각가 중에 교황의 후원을 받지 않은 경우는 별로 없었다고 해도 지나친 말이 아니었다.

그렇지만 로마 르네상스는 메디치 덕분이라 해도 좋다. 르네상스 교황의 첫 시조인 니콜라우스 5세가 메디치 도서관의 첫 관장으로서 로마를 아름다운 문예의 중심지로 만들면서 시작되었다. 메디치 출신인 레오 10세와 클레멘스 7세는 황금기를 주도했다(레오 10세는 원명이 조반니 데 메디치인 로렌초의 2째아들로 문예에 대한 메디치의 사랑을 바티칸에서 더욱 본격화했다. 반면에 그에 따른 비용을 충당하느라 독일에서 면죄부를 발행했다가 마틴 루터의 반대로 종교개혁을 불러온 장본인이다. 클레멘스 7세는 원명이 줄리오 데 메디치로 '파치 가의 음모'로 죽은 줄리아노의 사생아로 피렌체 주교를 거쳐 사촌형 조반니가 교황이 되자 추기경이 되었다가 교황에 올라 르네상스를 계승했다. 카를 5세와 경쟁하다가 로마 르네상스의 종말을 가져왔다. 메디치 출신의 교황은 3명으로 후대에 가서 레오 11세(1605.4.1~27)가 극히 짧게 재임했다).

* 르네상스 교황들은 기독교의 권위와 상징성을 예술로 표현하기 위해 아낌없는 후원과 작품 의뢰를 했다. 대체로 메디치 출신으로 교황이 되거나 피렌체와 손잡고 직·간접적인 영향을 주고받으면서 르네상스를 북돋웠다. 피렌체가 교황청의 권력과 재정을 장악하면서 피렌체에서 하듯이 넉넉한 후원을 하면서 적극적으로 도운 것이다. 여기에 더해 교황들이 종교 지배를 고집하면서도 일정하게 새로운 가치적 접근을 묵인·허용했기에 가능했다.

베네치아 르네상스: 베네치아다운 르네상스

베네치아는 유달리 강한 개방성에 바탕해 예술정신을 발현했다. 로마의 도시였던 피렌체와 로마 제국의 수도였던 로마시에 비하면, 베네치아는 로마의 흔적조차 없는 새로운 도시였다. 개방과 흡수·융합을 통해 두루 받아들이면서도 독자적인 베네치아풍을 발전시켰다. 특히 수준 높은 고객의 수요가 많고 언론이나 예술의 자유가 보장되는 두뇌 유입국이었다. 회화에서 베네치아 출신이 많았으나, 그 밖의 분야에서는 이탈리아는 물론이고 유럽 다른 지역의 사람들도 받아들였다.

안드레아 그리티(재임 1523~38)는 통령(두체·도제, 총독.원수)으로서 베네치아 르네상스에서 가장 중요한 인물이다.

'지배하기 위해 태어난 남자.'

그는 공화국의 전성기를 구가하면서 베네치아 르네상스의 견인차 역할을 했다. 산소비노를 맞아들여 공공건물의 설계를 맡겨 베네치아다운 건축물을 갖추었다. 티치아노에게 통령 관저 안에 있는 모든 회의실 벽화의 제작을 맡기고 화가 중의 화가로 성장시켜 베네치아 회화의 절정기를 누렸다. 아레티노가 옮겨오자 글쓰는 자유와 환경을 보장해 근대 문학을 예비했다. 북방 플랑드르에서 음악가를 초빙해 산 마르코 대성당(성 마가 대성당)의 음악감독에 임명했다. 당시 이들은 모두 30대 젊은이들이었지만 과감하게 기용해 당대의 주역으로 만들었다.

건축에서도 남달랐다. 14~15세기에 활발한 교류와 무역을 벌이면서 이슬람의 건축물들을 그대로 구현해 이국적인 색채가 강했다. 하지만 16세기가 되자 독자적인 건축에서도 놀라운 발전을 보여 14세기의 간소함과 15세기의 화려함을 뛰어넘어 16세기의 웅장함을 표현했다.

'로마의 약탈'로 당대의 건축가들이 베네치아로 옮겨오자 주요 건축물들의 설계를 맡겼다. 안토니오 다 상갈로와 산소비노처럼 피렌체 출신으로 로마에서 활약한 이들을 맞아들였고, 파도바 출신인 팔라디오에게도 일을 맡겨 베네치아를 화려하게 채웠다. 성당 중심의 중세 건축에서 벗어나 궁전, 관청, 저택, 별장, 병원 같은 세속적인 다양한 건축이 발전했고, 도시계획 또는 방어시설까지 진행되었다.

회화에서는 '베네치아파 회화'라 하여 그림을 보는 즐거움의 만끽에 충실해 빛을 중심으로 형태와 색채에 집중하는 양식을 구현했다(베네치아는 따사롭게 비추는 햇빛에 더해 운하 때문에 수면에 반사되어 더욱 강렬하고 다양했다). 또한 르네상스의 전형적인 특징이었던 만능인의 방식에서 벗어나 화가는 그림에만, 건축가는 건축에만 전념하게 되었다.

음악에서도 놀라운 성취를 보였다. 비록 16세기에는 플랑드르에서 전문가를 초빙했지만, 150여년 후부터 비발디(1678~1741)를 비롯한 음악가들을 배출하면서 유럽 음악계의 선도국이 되어 서양 클래식 음악의 본산이 되었다.

베네치아인은 실용주의에 입각해 교양과 지성의 중요성을 누구보다 잘 깨우친 것 같다. 피렌체보다 빨리 공립도서관을 만들었다. 금속활자를 가장 먼저 받아들여 고전을 라틴어 대역까지 붙여 출판했다. 더불어 사건을 충실하게 기록하는 연대기 작가들도 많이 배출했다.

인쇄 출판업을 통한 지식의 보급도 이루어졌다. '르네상스 출판왕'인 알도 마누치오를 필두로 한 출판업자들이 유럽 전체의 30% 가량을 찍어내 출판왕국으로서 르네상스 문화의 창조와 보급에 위대한 공을 세웠다. 특히 교회의 압력을 받을 어떠한 무서운 책도 발행하여 종교개혁을 주창한 마틴 루터나 정교분리를 주장한 마키아벨리의 책도 버젓이 출판되었다. 동로마의 멸망 후, 수많은 학자들이 베네치아로 망명하면서 가져온 고전 사본을 활용했다. 읽기 힘든 필사본 고서체를 개선해 읽기 쉽고 더 많은 문자를 인쇄할 수 있는 '이탤릭체'를 발명했고, 학생도 살 수 있도록 포켓판의 효시가 되는 문고본을 고안했다.

파도바 대학은 볼로냐 대학에 이어 세계에서 2번째로 오래된 대학인데, 자신들의 최고 학부로 생각해 육성에 온갖 힘을 기울였다(대학은 학제와 전공, 교수진, 학생 수준 등이 중요한 기준이다. 대학 명칭의 사용은 동·서양 모두 후대의 일이다).

베네치아는 16세기가 저물면서 이탈리아 르네상스의 마지막을 장식했다. 르네상스가 이탈리아의 고유한 현상이자 특징으로 여겨졌던 시절도 끝났다. 유럽 각국으로 퍼져 나가 각 나라마다 독특한 모습으로 전개되었다. 피렌체, 로마, 베네치아 등지의 르네상스인들이 유럽 전역으로 옮겨가면서 더욱 본격화했다.

당시에는 이탈리아 반도가 도시국가들로 갈라져 있는 상태여서 민족 또는 국가 관념이 없었다. 국토 영역도 성립되지 않은 때라 르네상스인들이 자연스럽게 후원과 벌이를 찾아 유럽의 다른 지역으로 옮겨가 생활을 하고 예술활동을 펼친 것이다. 특히 프랑스는 가장 가까운 나라여서 르네상스의 남은 에너지를 가장 전면적이고 빠르게 넘겨받아 이후 유럽 대륙의 문화 중심지로 올라섰다.

〈르네상스에 딱맞는 자유로운 도시국가 베네치아〉

베네치아는 영어로 베니스로 부르며, 현재 기준으로 면적이 414km^2로 부산(766km^2)의 절반 정도되며 새만금(401km^2)보다 조금 크다. 아드리아해를 끼고 만 안쪽의 육지와 석호 위에 118개의 섬들이 400여개에 이르는 다리로 연결되어 세상 어디에도 없는 '바다 위의 도시'를 형성했다. 원래 습지대로 버려진 땅이었으나, 5세기경 훈족과 게르만족이 이탈리아 북부로 침입하자, 도저히 쫓아오지 못할 곳을 찾아 사람이 살지 않던 석호 안의 얕은 여울에 간척과 건설에 착수해 세운 것이다.

베네치아 공화국(697~1797)은 유력 상인들이 국가 운영을 주도했다. 통령을 선출한 이후 독자적인 공화정 도시국가로 1100년 동안 존속했다. 시민의 80%가 중산층이었고 서로를 공동운명체의 일원으로 생각하며 연대했다. '개방과 자유'를 기본원칙으로 삼아 표현과 언론의 자유도 만끽했다. 베네치아는 이러한 기반 위에서 단 1가지 조건 외에는 모든 자유를 인정했다.

'베네치아의 정치체제에 반대하면 어떠한 자유도 주어지지 않는다.'

11세기에 십자군 전쟁의 전진기지가 되면서 지중해 무역의 중심지로 부상했다. 4차 전쟁 때는 동로마의 수도인 콘스탄티노플을 역사상 처음이자 마지막으로 점령한 후 라틴 제국(1204~61)을 창건했다.

곳곳에 교역 식민지와 거점도시를 건설했다. 키프로스, 에게해의 섬들, 이탈리아에 속주를 설치했다. 달마티아(지금의 크로아티아로 달마시안 개의 원산지)와 알바니아 연안 등지로 영역을 확장했다. '레반트의 여왕'이라 불리며 동지중해의 해상권을 장악한 채 무역을 독점했다.

동로마가 멸망한 뒤에는 한때 20만명이 사는 도시로 번영을 누렸다. 이슬람의 발전되고 풍부한 물자와 선진 문물이 유럽으로 전해지는 집산지여서 지중해의 교역독점권을 활용해 막대한 부를 거두었다. 유리, 옷감, 비단, 금, 철, 청동 등의 물자들을 가공하는 기술도 뛰어나 엄청난 부가이익까지 창출했다.

베네치아는 외국의 간섭에 대해서는 어떠한 경우라도 반대했다. 그래서 정치적 이유로 피렌체에서 추방당한 단테가 암살자를 피해 몸을 의탁했고, 정적에 의해 잠깐 축출된 코시모가 피신해 지냈다. 라이코 정신(레이어시즘·세속주의)에 따라 정교분리를 철저히 적용했고, 교회와 주교의 위상과 권한이 매우 제한적이었다. 로마가톨릭의 막강한 권위조차 개의치 않아 오죽하면 교황조차 탄식하게 만들었다.

"나는 어디에서나 교황이지만 베네치아에서는 다르도다."

16세기 후반 반종교개혁의 물결이 유럽을 휩쓸면서 이탈리아까지 덮쳤을 때도 이단심문과 종교재판이 없었던 곳은 베네치아 뿐이었다(유럽 전역에서는 암스테르담까지 단 2곳이었다). 정치안정과 경제번영 속에 종교의 지배와 탄압을 전혀 허용하지 않았기 때문이다.

대외적으로도 극히 중립적인 입장을 지켰고, 신성로마 제국의 영향력조차 철저하게 배제했다. 지중해의 패자가 된 오스만에 대해서도 나름대로 독자성을 유지했다.

이러한 자유로운 분위기 속에 문화예술의 번영을 이룩해 피렌체와 로마에 이어 16세기 르네상스의 본산지가 되었던 것이다.

'르네상스는 피렌체에서 싹이 트고 꽃을 피웠으며, 로마로 옮겨가서 다시 한번 꽃을 피웠고, 베네치아에서 그 열매를 맺었다. 그 뒤로 파리나 런던을 비롯한 유럽 전역으로 퍼져 나갔다.'

그러다가 포르투갈과 스페인이 이베리아 반도를 지배했던 이슬람 세력으로부터 항해술과 조선술을 비롯한 선진기술을 습득한 후 대항해 시대를 개막하자, 무역과 부의 주도권이 대서양으로 넘어갔다. 자연스레 지중해의 태양은 기울었고, 베네치아의 영광도 빛을 잃어갔다.

17세기 이후에는 오스만이 지중해의 패권을 잡고 세력을 확장하면서 동지중해의 주도권마저 잃고 겨우 명맥을 이어갔다. 게다가 경제의 쇠락과 흑사병의 창궐로 인구가 10만명으로 줄어들었다.

결국 베네치아는 나폴레옹이 오스트리아군을 뒤쫓아 침공하면서 멸망했다(1805년에 나폴레옹 치하의 이탈리아 왕국에 귀속되었고, 1815년에는 왕정복고의 구질서에 따라 오스트리아의 지배를 받다가, 1866년 이탈리아 왕국에 편입되어 통일 이탈리아의 일부분이 되어 오늘에 이르고 있다).

이탈리아의 주요 도시와 지방 2

코르시카는 내내 이탈리아에 속하다가 현재 프랑스의 영토이며, 나폴레옹이 이 섬 출신이다. 그 역시 선대까지 이탈리아인이었으나, 프랑스로 국적을 바꾸면서 프랑스인으로 활동했다.

레오나르도 다 빈치 - 미켈란젤로 - 라파엘로

유럽의 문화를 꽃피우다

●

●

●

눈 뜨고 바라보기 어려울 정도의 찬란한 미술을 남기다

르네상스를 짧게 설명한다면?

'그리고 싶은 그림을 그리고 쓰고 싶은 글을 쓴 시대, 정신, 작품을 말한다. 이전까지 교회는 물론이고 집이나 관공서에도 십자가를 걸어 놓고 하느님과 예수만을 이야기해야 했다. 그러다보니 정작 나 자신이 없었다. 사람이 없었다. 드디어 사람을 화폭과 책에 담은 것이다.

그동안 로마가톨릭에 복종하던 1원론적인 사고방식에서 벗어나 비종교적인 사람 지향의 접근에 충실했다. 출발이자 근원을 고대 그리스 · 로마로 삼아 그 정신과 문명을 복원하고 부흥해 발전시키고자 했다. 예술가와 인문주의자들이 독창적인 발군의 면모와 기량을 보이면서 미술과 문학이 훌륭한 가치와 목돈이 되는 세상을 열었다.'

언제 진행되었는가?

'유럽의 중세 막바지에 생겨났다. 그 시기를 놓고 다양한 주장이 많다. 통상 13세기에 조짐을 보였고, 14세기 들어 기지개를 펴다가 15세기에 황금기를 구가했고, 16세기 중반을 지나면서 끝났다고 간주한다.'

르네상스로 무엇이 달라졌는가?

'유럽이 근대로 전환하는 계기가 되었다. 유럽에서 이보다 더 큰 변화를 가져온 전례가 없다. 유럽인은 새로운 사람으로 태어났다.'

2014년은 인류 문명사에서 기념비적인 한 해였다. 동양이 다시 서양을 앞섰다. 동아시아가 국내총생산(GDP)에서 북미는 물론이고 유럽연합(EU)을 비롯한 전체 유럽을 합친 것을 추월해 지구촌에서 가장 국력이 앞서게 된 것이다. 구매력 평가지수(PPP)로 계산하면 격차가 훨씬 더 벌어지고, 성장속도와 활력에서 단연 앞서고 있어 미래도 밝다.

이제 우리는 한·중·일 동양3국, 동북아시아, 동아시아, 서태평양과 아시아로 무대를 확장해야 한다. 경제도 중요하지만, 학문과 문화예술에 각별한 애정과 노력을 발휘해 '피렌체에 의한 르네상스', '이탈리아에 의한 르네상스'처럼 '서울에 의한 르네상스', '한국에 의한 르네상스'를 꽃피워야 한다. 이렇게 할 때 한국이 인류 문명에 크게 이바지하는 것은 물론이고 문화, 마이스(MICE, 국제회의·전시), 레저스포츠, 관광, 서비스 등의 21세기형 발전에서도 결정적인 동력을 갖출 수 있다.

새로운 도전이 새로운 시대를 연다: 르네상스가 근세 유럽을 열다

르네상스는 조르조 바사리가 1550년에 펴낸 〈미술가 열전〉에서 처음 사용한 '미술의 부활 즉 리나시타(rinascita)'를 1840년 프랑스 역사가인 미슐레(1798~1874)가 르네상스(Renaissance)라는 프랑스어로 번역한 후 널리 쓰이고 있다. 한국에서도 그대로 받아들여 사용하고 있고, 굳이 한국어로 사용할 때는 '문예부흥'이라고도 한다.

르네상스는 14~16세기에 걸쳐 피렌체를 시작으로 미술과 인문학을 중심으로 화려한 정수를 꽃피웠다. 그 뿌리와 기원을 화가 조토나 시인 단테로 언급하면서 13세기부터 비롯했다고 주장하기도 한다. 논거는 약하지만 십자군 전쟁의 연장선상으로 접근하기 때문이다. 더러는 중세 암흑기까지 거슬러 올라가 근대의 전조를 찾아내면서 접근한다. 심지어 더 올라가 아시시의 성 프란치스코(1182~1226)와 프리드리히 2세(재위 1215~50)를 최초의 르네상스인 또는 르네상스를 연 선구적인 인물로 보기까지 한다. 이후로는 중상주의와 산업혁명을 자연스럽게 접목하여 무려 19세기까지 근대화를 연결시키기도 했다.

그러면서 외부 문명의 도움이나 외세에 의한 역사를 외면한 채 유럽이 르네상스 이후 인류 문명사에서 한결같이 가장 앞서왔고 지금도 변함없이 이어지고 있다고 주장한다. 이는 유럽에 의한 근대 문명이라는 역사성을 부여하기 위한 짜맞추기식 주장에 불과하다. 이러한 연계 주장은 아무리 연대적.논리적으로 맞춰봐도 말이 되지 않는다.

이런 식의 접근이라면 실학이 이수광(1563~1628)에서 비롯한 이유를 들어 조선의 실학이 16~19세기에 걸쳐 지속된 것으로 접근하는 것과 다를 바 없다. 한술 더 떠 개화파와 그 일원이었던 이승만을 들어 한국의 건국과 연결시켜 한국 근현대사를 변화와 개혁의 역사로 설명하는 것과 다르지 않다. 어느 사조나 문명도 전조와 조짐이 있기 마련이고, 시작 단계를 거쳐 본격적인 형성과 전성기를 이루기 마련이라 직접 연관이 있는 시기를 본격적인 진행기로 잡는 것이 진정한 시대 구분이다.

이런 까닭에 르네상스 시기를 두고 15~16세기로 설정하고 좁게는 이탈리아 미술의 사조와 양식을 말하되, 넓게는 유럽의 문예부흥 전반을 가리키면서 인문주의(휴머니즘)와 결합해 유럽에서 새로운 문명의 장을 연 것으로 보는 것이 가장 정확하다. 특히 전조와 후광을 제외한 본격적인 기간을 100년 정도로 잡으면 정확하다.

레오나르도 다 빈치에서 본격화하여 미켈란젤로에 의해 고대를 능가하면서 황금기를 누렸다. 1519년과 1520년에 다 빈치와 라파엘로가 잇따라 죽어 황혼기로 접어들었다. 다만 로마와 베네치아로 무대를 옮겨 일정하게 유지되었고, 이후에는 유럽 전역으로 확산되어 다양한 특징으로 전개되었다.

여기에서 우리가 반드시 알아야 할 국면이 있다. 이슬람 문명을 대거 흡수함으로써 가능했다는 사실이다. 지중해의 패권은 여전히 이슬람 세력 아래에 있었고, 이슬람 문명이 훨씬 더 앞서 있었다. 유럽에서는 이러한 이슬람의 위력에 주목해 각종 물자와 기계 같은 선진문물은 물론이고 철학, 인문학, 수학, 천문학, 화학, 지리학, 항해술과 조선술 등을 받아들여 르네상스와 근대화를 실현한 것이다.

〈조르조 바사리의 〈미술가 열전〉〉

조르조 바사리(1511~74)는 토스카나 지방 아레초 출신의 화가·건축가·미술사가로 16세에 피렌체로 가 미켈란젤로에게 그림을 배웠다.

1529년에 로마를 방문해 라파엘로를 비롯한 화가들의 작품을 공부하는 한편 로마의 유적을 소묘하면서 착실하게 준비했다. 다시 피렌체로 돌아와 메디치의 후원 아래 활발한 작품 활동을 했다. 특히 메디치의 수장인 코시모 1세(재위 피렌체 공 1537~69, 토스카나 대공 1569~74)를 위해 대작들을 작업했다.

그는 건축가로서 장중함과 간결미를 바탕으로 건축에 회화, 조각, 목공, 석공 등의 다양한 분야를 종합적으로 실현했다. 독창성은 부족했지만, 프레스코화를 중심으로 지적이고 화려한 작품을 그렸다(프레스코화는 회반죽을 벽에 발라 마르기 전에 물로 녹인 안료로 그린 벽화다).

건축의 주요 작품으로는 우피치 궁전, 베키오 궁전, 바사리 회랑 등이 있다. 회화로는 '마지막 심판'(1568~79), '베드로와 요한의 축복', '스테파노의 순교', 초상화인 '위대한 로렌초' 등이 있고, 바티칸에도 일부 프레스코화 작품이 있다.

그의 대표 건축물인 우피치(영어로 오피스) 궁전은 메디치의 정청으로 힘과 권위를 상징했다. 통치자의 집무실 건물로 웅장함 속에 위엄이 넘친다. 지금은 미술관으로 사용되며 르네상스 미술품들을 소장 · 전시하면서 피렌체를 대표하는 장소로 유명하다(바사리 회랑은 아레초에 있으며 그란데 광장을 낀 채 유럽 최대의 벼룩시장이 열리고 있다).

바사리의 가장 위대한 업적은 〈미술가 열전〉을 지어 미술가 200여 명의 삶과 작품을 기록함으로써 르네상스를 수놓은 주인공이자 별보다 더 빛나는 존재로서 세계인이 영원히 알 수 있도록 한 것이다.

이 책에서 '르네상스'라는 단어를 처음 사용한 것을 비롯해 시대 구분, 개념 정의, 비잔틴과 고딕 양식, 매너리즘, 소묘 예술, 단축법 등의 용어를 사용하면서 최초로 미술사 영역을 개척했다.

그는 르네상스 초기에 라틴적 형식에 기초를 둔 미술이 확립되었고, 1500년경 조화와 우미를 실현한 고전 미술의 절정에 이르렀으며, 다 빈치와 라파엘로의 죽음 이후 말기로 진행되었다고 주장했다. 그러면서 르네상스를 이탈리아만의 고유한 현상으로 보고, 이탈리아인이 가장 정통한 고대의 계승자임을 주장했다. 반면에 알브레히트 뒤러를 비롯해 자연을 중시한 북방예술을 무시한 채 고대의 부재로 비천하다고 주장함으로써 아집과 편향성을 드러내기도 했다.

르네상스인: 새로운 물결이 불면 많은 사람들이 동참한다

르네상스인은 르네상스를 이끌어간 주체로서 개인의 기예와 지식을 중심으로 새로운 정신을 펼친 사람을 말한다. 미술가로 조토를, 인문주의자로 단테를 최초의 인물로 본다(물론 조토 이전에 조각가인 N.피사노, 피렌체 화파의 시조인 치마부에, 건축가·조각가인 아르놀포 디 캄비오, 조각가인 G.피사노, 시에나 화파의 거장인 두초 등이 있었다).

피렌체를 중심으로 중세의 후진성을 과감하고 훌륭하게 극복했다. '사람'에 주목해 미술에서는 인체를, 문학에서는 정신을 추구했다. 그중에서도 그 상징은 미술이었고, 미술 중에서는 단연 그림(회화)이었다.

회화에서는 전범이 되는 고대를 본받고자 해도 건축이나 조각과 달리 제대로 전하는 것이 없었다. 그러다보니 고대 조각에서 모방하거나 문헌을 통해 활용하되, 순수·열정·자유에 기반한 독창성을 최대한 발휘하게 되었다. 어쩌면 고대의 작품이 없었기에 더욱 르네상스적인 창작이 가능했고, 단연 독보적으로 발전했는지도 모른다.

중세 때만 해도 인체에 대해 무관심은 고사하고 그나마 그려진 모습이래야 십자가에 매달린 채 괴로워하는 깡마른 예수 정도였다. 그러던 상황에서 육체를 정신이 담긴 중요한 대상으로 삼아 발가벗은 몸의 아름다움을 재발견하고 해부학적·과학적인 정밀한 묘사를 통해 미술의 핵심적인 대상이자 주제로 활용했다.

새로운 인간정신과 예술을 지향하는 명분으로 그리스·로마 문명을 앞세웠지만 흉내 내기나 그늘에만 머물지 않았다. 종교화(성화)를 주류로 하면서도 신화화·역사화·전쟁화 및 초상화(인물화)·정물화·풍경화·풍속화 등을 통해 다채로운 대상을 표현했다. 숱한 만능적 예술인들이 앞다투어 중앙·선의 원근법적 공간 구성, 좌우대칭과 균제비례(심메트리) 같은 분명한 도식, 그 위에 전개된 변화 있는 구도, 위엄과 우미를 겸비한 예술성 등으로 뛰어난 독창성을 발휘했다.

저마다 창조적인 기법과 묘사에 노력하면서 명암법, 원근법, 해부학, 비례법, 삼각형(3각추 즉 피라미드형 구도) 및 원·수평-수직과 같은 기하학, 스푸마토 등을 개발하고 새로운 화풍과 문예적 기법을 창안해 역사상 가장 찬란하게 빛나는 서양미술을 구현했다(대기 원근법은 다 빈치가 작품성을 높이기 위해 창안해 완성했다. 화면 중앙과 선의 원근법과 달리 공기의 작용에 따라 대상이 멀어질수록 빛깔이 강해지고 채도가 줄어들며 윤곽이 희미해지는 회화 기법이다. 스푸마토 역시 다 빈치가 창안해 명명한 작법이다. 대표작인 모나리자에 잘 활용되었다. 기존의 고착된 방식에서 벗어나

물체의 윤곽선을 번지듯 그리는 음영법·명암법으로 전체적인 조화 속에 섬세하고 부드러운 독특한 깊이와 분위기를 표현했다).

작품에 작가의 정신과 의도를 부여하는 '알레고리'가 즐겨 활용되었다. '다른 것을 말한다'는 그리스어에서 유래한 말로 아프로디테를 넣어 사랑을 상징하듯이 비유적·암시적 형상을 예술적으로 표현했다.

13세기부터 벽화에서는 프레스코, 판화에서는 템페라가 주를 이루며 전조를 이루었다(템페라는 광물과 식물을 갈아 색채가루인 안료를 용매와 섞어 물감을 만들어 그린 그림이다. 안료는 진한 색의 광물 등을 재료로 기름에 개어 사용해 색상을 다채롭게 표현할 수 있다).

15세기 초에 플랑드르 출신의 화가 얀 반 에이크가 유화를 발명한 후 많은 연구와 개량을 거쳐 16세기 이후 티치아노를 비롯한 베네치아파의 주도로 색채를 중시하는 화파를 형성했다. 뒤이어 튜브가 개발되어 시간과 공간의 제약에서 벗어나 작품활동을 펼치게 되었다.

르네상스 미술에서 그림을 중심으로 발전하는 중에 건축과 조각에서도 독보적인 성취를 쌓아갔다.

건축은 로마 건축의 특징인 질서와 조화를 활용하는 동시에 르네상스 양식도 창조해 유럽 건축의 주축을 확립했다. 중세까지는 거의 교회 건축이라서 실생활에 필요한 인프라는 로마인이 남겨 놓은 것을 거의 수리도 하지 않은 채 그대로 사용하는 정도였다. 교회 건축조차 내용적으로 별것 아니었고, 예술성이나 장중함의 어느 것도 만족시키지 못한 채 교회 권력의 상징만을 강조했다.

그러던 것이 초기 건축가들의 시도를 거쳐 브루넬레스키가 기초를 닦은 후부터 쟁쟁한 대건축가들이 쏟아지면서 중세의 건축적 한계를 보기좋게 뛰어넘어 그야말로 다채로운 건축물들로 이탈리아 곳곳을 세상에서 건축물이 가장 아름다운 도시들로 단장했다.

조각은 고대의 영향을 계승하고 회화와 건축의 연장으로 접근하다가 아름다운 예술품으로 변모해 건축물과 도시를 예술공간으로 만들었다. 대리석을 비롯해 청동, 테라코타, 스투코 등을 활용해 성당과 궁전·저택, 거리와 광장 등에 다양한 작품들이 회화적인 예술성을 드러내며 제작되었다(테라코타는 점토로 구운 것을 총칭하며, 스투코는 석고 또는 소석회에 대리석.점토가루를 섞어 건축물에 덮어 칠한 화장도료다).

청동 벽화와 대작 인물상 등은 작품 자체만으로도 대형 건축물을 능가하는 장중함과 예술미를 실현했다. 세월이 흐르면서 회화로부터 먼저 독립하고, 뒤이어 건축과도 독립된 예술 장르로 발전했다.

이렇게 놀라운 발전을 이룩하여 오늘날 우리 눈으로 볼 수 있는 헤아릴 수 없이 빛나는 예술품들을 남겨 놓았다. 한편 회화를 중심으로 건축과 조각 등의 대예술에 관심이 집중된 것은 분명하지만, 소예술에서도 나름대로 예술적 발전을 이루어냈다. 판화, 공예, 금속세공, 가구, 도기 등에 걸쳐 예술적이고 화려한 모습을 전개했다.

〈유화와 튜브: 르네상스를 이끈 발명품〉

서양미술사에서 르네상스가 가장 화려하고 찬란하다. 특히 회화를 감상하노라면 감탄과 찬사가 절로 터져 나온다. 어떻게 저런 그림을 그렸는지, 현재의 기준에서 보더라도 그 예술성에 놀라지 않을 수 없다.

르네상스 회화를 가능하게 만든 결정적인 계기는 무엇일까?

'유화(유채화).'

'아르놀피니의 거울'로 유명한 얀 반 에이크(1395?~1441) 덕분이다. 이전의 비슷한 기법을 개량하고 발전시켜 유화 장르를 완성했다.

전에는 색채를 내는 광물 또는 식물 가루를 물감의 안료로 만들어 달걀 용액에 섞어 사용했다. 유화의 전조로서 화면에 색칠하거나 템페라화에 덧칠했다. 더러는 그림에 광택을 내기 위해 기름이나 밀랍을 바르기도 했다. 기름을 섞은 물감은 빛을 흡수할 뿐만 아니라 안료를 기름층 내에 잡아두어 밝고 강렬한 색과 생동감 있는 질감을 표현했고, 생생한 자연광까지 재현했다. 12~13세기에 걸쳐 북유럽에서 이탈리아로 전파되면서 르네상스 미술을 자극했다.

그러나 물감이 빨리 마르고 얼마 안 가 색이 벗겨지거나 바래지는 데다 다양한 색상을 표현하지 못해 근본적인 한계가 있었다. 그림에 대한 새로운 시대적 요구를 반영하기 위해 고심하던 얀 반 에이크는 기름(아마인유 또는 호두기름)을 사용해 새로운 회화의 세계를 열었다. 다양한 색깔을 자유롭게 골라 마음껏 표현했다. 얇거나 두껍게 발라 농담과 질감을 표현해 화가의 의도를 충실하게 그려 전에 없던 기념비적 작품을 선보이며 회화를 르네상스의 대표적인 분야로 만들었다. 다빈치처럼 화가의 선호에 따라 자신만의 물감을 다양하게 만들어 사용할 정도였다. 소묘(데생), 판화, 프레스코, 템페라 같은 기법이 있지만, 지금도 가장 표현력이 뛰어나고 풍부한 회화 기법으로 사용되고 있다.

르네상스 회화를 가능하게 만든 또 하나의 결정적인 계기가 있었다.

'튜브.'

그동안 회화의 치명적인 결함으로 외부에 나가 마음대로 그릴 수 없었다. 물감으로 그렸지만 동굴, 신전, 궁전, 교회 등의 실내라야 가능했다. 더러는 실외에서 색칠을 했지만 도구와 기술의 부족으로 얼마 안 가 벗겨지거나 바래졌고, 결국에는 색이 없어졌다(오죽하면 그리스 예술이 이집트의 건축과 회화에서 결정적인 영향을 받아 화려한 색채를 구현했지만, 결국에는 색채가 사라져 '하얀 대리석 문명'으로 인식될 정도였다. 물론 이집트의 화려한 색채예술도 실내에 국한되었었다).

물감이 최상의 재료임에 분명하고, 유화의 성행으로 회화의 새 경지를 열었지만 실외에서는 그림의 떡이었다. 금세 딱딱하게 굳어버렸기 때문이다. 햇볕이 내리쬐거나 바람이 불면 더 빨리 굳어졌고, 캔버스를 펼쳐도 비가 오면 난감했다. 물감을 한번 쓰고 나면 나머지는 버려야 했다. 이런 마당에 자연을 충분히 바라보며 작품활동을 하는 일은 꿈도 꾸지 못했다.

튜브가 발명되자 서양화는 획기적인 전환을 이룰 수 있었다(정확한 기원과 창안자는 알 수 없다). 안료를 이겨 용기에 담아 필요할 때 적정한 양을 알맞게 짜내 사용하게 되었다. 다양한 색상을 튜브별로 담아 원하는 색채를 표현했다. 튜브에 넣어 두었다가 필요할 때 사용했다. 특히 실외로 나서 언제 어디든지 이동하기 쉬웠고, 편한 장소를 골라 충분한 시간을 두고 그릴 수 있었다. 자연을 실내 회화의 소재로도 편리하게 활용하게 되었고, 풍경화를 비롯한 실외 미술이 마음껏 나래를 펼쳤다. 이렇게 하여 시간과 공간에 얽매이지 않은 채 자유롭게 그림을 그리게 되자 르네상스의 폭발적인 발전을 가속화했다.

르네상스의 3대 거장: 레오나르도 다 빈치, 미켈란젤로, 라파엘로

르네상스는 이탈리아에서 벌어진 역사적·문화적 현상이었다. 심장부였던 피렌체에서는 하도 화가를 많이 배출해 나머지 모든 시대와 모든 유럽국들의 화가들을 합친 것보다 더 많은 대가들이 활약했다.

그중에서 3대 거장으로 레오나르도 다 빈치, 미켈란젤로, 라파엘로를 손꼽는데, 이들 역시 피렌체에서 활약했다(더 좁혀 양대 거장으로는 다 빈치와 미켈란젤로로, 1명일 경우에는 다 빈치를 들어 가장 르네상스적인 인물로 여기면서 르네상스 자체가 그의 생애와 거의 일치한다고 보기도 한다).

레오나르도 다 빈치는 사색·호기심·관찰에서 얻어진 다양한 분야의 창조적 세계를 현실화한 만능인의 다채로움으로, 미켈란젤로는 조각과 건축의 대가로서 창조력에 바탕해 신의 한 수에 해당하는 정교한 예술성이 돋보이는 방대한 작품으로, 라파엘로는 요절하지 않았다면 얼마나 위대했을지 가늠조차 안되는 인물로 참으로 아름답기까지 한 인간성과 더불어 완벽한 예술성으로 돋보인 르네상스인이다.

레오나르도 다 빈치(1452~1519)는 토스카나의 빈치 마을에서 태어나 피렌체에서 자랐다. 베로키오의 제자로 입문해 청소나 심부름부터 시작해 붓을 다듬고 안료를 장만하면서 그림을 배워 화가가 되었다. 이미 당시에 회화는 물론이고 다방면의 만능적 천재성을 드러냈다.

그는 화가로서 세상에서 가장 유명한 '모나리자'를 비롯한 명작을 남겼을 뿐만 아니라 조각, 건축, 음악, 과학, 수학, 천문학, 유체역학(물리학), 해부학, 식물학, 토목공학, 도시계획, 지질학, 지리학, 기상학, 음악 등의 온갖 분야에 관심을 보이며 재능을 발휘했다. 자연 속의 근원적인 힘과 원리를 탐구했고, 새로운 발명으로 미지의 세계를 개척하며 시대를 훨씬 앞서간 발명가·과학자·기술자이기도 한 만능인이었다.

기중기, 방적기, 비행기, 헬리콥터, 준설선, 복개전차 같은 다양한 장치들을 창안했다. 비행기, 헬리콥터, 자동인형 등을 설계하고, 복개전차, 기관포, 잠수함 등의 무기를 제작했다. 밀라노에서는 군사 기사로 종군하면서 측량과 지도·기중기 제작, 운하 건설 등은 물론이고 궁전의 오락과 요리까지 관여했다.

그는 관심과 착상을 글로 쓰거나 그림으로 그리면서 자신의 생각을 창작품으로 실현한 작업을 착실하게 담아놓은 기록장을 유난히 많이 남겼다(조선은 세종대왕 때 황금기를 구가했다. 과학자·발명가로서 주도적인 역할을 한 장영실이 갑자기 사라졌는데, 다 빈치보다 약간 앞선 동시대의 인물로 관심분야 및 창안품들이 너무 비슷해 유럽으로 건너가 그에게 전수하거나 영향을 주었을 가능성이 있다).

특히 높은 관심을 기울인 교량과 도시 건축에서 탁월해 당시 최강대국이었던 오스만의 술탄 바예지드 2세에게 거대한 제안을 하기도 했다(칼리프(칼리파)는 종교상의 최고지도자며, 술탄은 정치상의 최고지도자다. 페르시아와 그 영향을 받은 지역에서는 샤(파디샤·샤한샤)가 술탄 즉 국왕 또는 황제에 해당한다).

"이스탄불과 금각만을 잇는 다리와, 함께할 수 있다면 보스포루스 해협을 가로질러 유럽과 아시아를 잇는 다리를 놓고 싶습니다."

그는 1466~82년간 피렌체에서 활동할 때 메디치의 후원을 받은 적이 없다. 로렌초조차 밀라노 공작에게 소개했을 뿐이다. 1482~1500년간 밀라노 공 루도비코 스포르차의 후원으로 밀라노에 머물며 이슬람의 수학·기하학 등을 활용해 원근법을 도입했다. '암굴의 성모'에서 색의 경계 없이 부드럽게 처리하는 스푸마토를 처음 선보였다. 그리스의 해부학을 통해 얼굴에서 인체 전반까지 정확하게 묘사했고, '최후의 만찬'을 3년 만에 그려내 예술과 과학의 접목을 이루어냈다.

그러다가 밀라노가 프랑스군의 침공으로 함락되자, 1500~06년간 피렌체로 돌아와 '성 모자와 성 안나'를 그렸고, 그의 가장 유명한 역작인 '모나리자'를 그리기 시작했다. 그 사이에 체사레 보르자가 자기 왕국의 건설 작업에 초빙해 도시계획과 인프라 구축을 위한 건설 총감독 자리에 올랐으나, 1503년 친아버지인 교황이 죽고 숙적이 새 교황으로 즉위하자 보르자가 실각해 감금되면서 무산되었다.

1506~13년간 다시 밀라노로 가 궁정화가가 되어 조용한 세월을 보냈다. 그런 중에 로마로 초청을 받아 갔지만, 교황의 후원이 만족스럽지 않은 상황에서 힘들어했다. 그러다가 1516년에 단 1번 만났지만 그의 열렬한 팬이었던 프랑스왕 프랑수아 1세의 초청으로 프랑스로 가 후대를 받으며 지내다가 3년 뒤에 죽었다. 다만 지금도 그의 이름과 공적은 영원한 존재감과 더불어 늘 향기를 내뿜고 있다.

'사람을 사람답게 표현하려다가 그도 모자라 사람을 위한 그 무엇

인가를 만드는 일에 일생을 바친 창조인.'

〈세상에서 가장 유명한 그림, 모나리자〉

모나리자는 레오나르도 다 빈치가 그린 명화다. 모나리자를 만나기 위해 프랑스 파리의 루브르 박물관을 찾아가는 사람들이 수두룩할 정도다. 이 그림 앞에는 늘 관람객들로 북적거려 제대로 보기가 어려울 때도 적지 않다. 어찌 보면 이 그림 덕분에 박물관이 유명해졌다.

그도 가장 소중히 여겨 일생 동안 늘 갖고 다니기도 한 유일한 그림이다. 그러던 그가 죽으면서 자신을 초빙하여 고단하던 인생에서 말년의 여유를 준 프랑수아 1세의 호의가 정말 고마웠는지 모나리자를 그에게 준다는 유언을 남겨, 지금도 루브르 박물관에 있게 되었다.

하지만 모나리자는 원래 명화로 평가받지도, 대중의 관심을 끌지도 못했다. 1911년 이 그림의 도난사건으로 일약 세계적인 유명세를 탔다.

20세기 최고의 화가로 손꼽히는 피카소와 당대 인기 시인인 아폴리네르 등이 다 빈치의 대표작이라는 사실을 지적하면서 대중의 관심을 끌어올렸다. 언론도 쉬지 않고 기사를 실으면서 도난 후 하루가 지나서야 그 사실을 파악한 루브르 박물관에 비난을 퍼부었다. 그러면서 모나리자는 최고의 걸작품으로 프랑스뿐만 아니라 세계인에게 각인된 것이다. 나중에 도난당한 지 2년3개월 만에 범인이 붙잡히면서 박물관으로 귀환했을 때는 세계에서 가장 유명한 그림이 되어 있었다.

그런데 이 사건을 두고 프랑스 정부와 루브르 박물관이 작전을 펼쳤으며, 실질적으로 가장 이득을 얻은 것은 박물관이란 뒷이야기도 나온다. 어쨌든 세계인들이 이 그림을 보기 위해 파리로 몰려들었으며, 관람의 필수 작품이 되었다.

모나리자(Mona Lisa)는 유부녀 이름 앞에 붙이는 이탈리아어 경칭인 모나와 초상화의 주인공 이름인 리자의 합성어로 '조콘도의 부인'이라 하여 '라 조콘다'라고도 부른다. 피렌체의 기혼 여성으로 보는 것이 일반적이지만 누구인지에 대한 여러 주장들이 있다.

사실 이 그림의 특징은 초상화의 주인공인 모나리자 자체가 아니다. 엷게 미소 짓는 모습을 놓고 온갖 품평을 늘어놓지만 작품의 본질과는 한참 거리가 멀다. 눈썹이 없는 것을 두고 여성들의 미의 기준으로 유행했다거나 미완성이라 미처 그려 넣지 못했다거나 심지어 그려 놓은 것이 지워졌다고 논란을 벌이는 것도 중요하지 않다. 게다가 스푸마토 작품 기법, 피라미드 구도, 황금비율을 지킨 인물 배치와 얼굴 등은 더더욱 이 작품의 명성을 대변하지 못한다. 자세히 살펴보면 여느 대가의 초상화보다 특별히 나은 점이 보이는 것도 아니다.

이 작품의 비밀은 그가 이 그림이 공개되면 자신의 목숨이 위태롭다고 여기면서 늘 지니고 다녔다는 사실에서 해답이 나온다.

인물화로서는 드물게 자연을 배경으로 하고 있다. 유심히 살펴보면 고풍스런 중세의 풍경이 나오는데, 어둡게 깔린 배경을 하고 있어 마치 중세 암흑시대의 분위기를 암시하는 듯하다. 그러면서 사람들 앞에 닥칠 어려움이 저 멀리 지평선 너머가 아니라 곧 닥쳐올 눈앞의 현실임을 느끼게 한다. 얼마 안 가 큰 비가 쏟아질 것처럼 보여 중세를 쓸어버린 후 비 온 뒤의 맑은 세상을 기대하는 듯도 하다.

무엇보다 그가 그토록 가지고 다녀야 했던 결정적인 정황은 따로 있다. 석조 다리가 놓여 있는 어느 지역을 마차를 타고 황급하게 달리며 무언가에 놀라 쫓기는 듯한 표정으로 뒤를 돌아다보는 사람의 모습이 나온다. 곧 끝장날 중세로부터 도망가는 듯 보인다. 자유인으로 살았고, 또 살고자 했던 그가 당시를 얼마나 힘들어 했을지 쉽게 짐작이 간다. 아니, 이 그림을 보는 사람들에게 힘껏 소리치는 듯하다.

'이 암울하고 힘든 세상에서 빨리 벗어나시오.'

미켈란젤로(1475~1564)는 르네상스의 가장 독보적인 예술가이자 시인이다. 습작을 거쳐 메디치의 추천으로 화가의 길에 들어섰다. 기성 화가와 조각가들로부터 배웠으나, 이내 자신만의 작품세계를 추구했다. 못생긴 얼굴로 괴로워했고, 다혈질에 괴팍하기도 한 성품의 소유자로 단 1명의 정식 제자도 두지 않았다. 일생 동안 작품에 전력해 창조한 작품의 양과 질 그리고 예술 수준에서 단연 대표적이다.

조각·회화·건축으로 대표되는 조형예술의 3대 장르에서 누구도 따라올 수 없는 주옥 같은 작품들을 남겼다. 신의 손으로 빚은 듯한 완벽한 작품들이 즐비하다. '다비드'와 '피에타'는 조각의 정수로, 바티칸 궁전 안 시스티나 성당(예배당·채플)의 천장화인 '천지창조'와 정면 벽화인 '최후의 심판'은 가장 위대한 그림으로, '성 베드로 대성당의 돔'과 '메디치 영묘' 및 산 로렌초 성당 부속의 '라우렌치아나 도서관(메디치 도서관)'은 불멸의 건축물로 평가받는다.

그의 조각 작품 중 하나인 '쥴리앙' 즉 줄리아노 데 메디치는 로렌초의 동생이다. 정치가로 활동하다가 정적에 의해 25세로 비운의 죽음을 맞자, 메디치 출신의 교황이 그의 묘비 제작을 의뢰해 석고상을 만들었다(잘생긴 얼굴과 남다른 재능으로 시민들의 사랑을 받다가 '파치 가의 음모'로 살해당했다). 조각 같은 외모, 큰 눈, 오똑한 코, 잘 빠진 목선으로 인해 대표적인 미남상으로 여겨진다. 한국에서는 미대 입학이나 미술가가 되는 과정에서 1번은 그려 보았을 아름다운 두상으로 유명하다.

그는 쉬지 않고 작품활동을 하면서 대작을 많이 남겼다. 말년에는 성 베드로 대성당의 건축감독을 역임했다. 자신을 '조각가'로 자처하며 회화보다 훨씬 중시했다. 다 빈치 및 라파엘로와 갈등했고, 작품에 주변 인물들을 교묘하게 그려 넣어 자신의 속내를 표현했다.

미켈란젤로는 주로 로마에서 활동하며 걸작을 많이 남겼지만, 피렌체에서 나고, 자라고, 활동했고, 묻혀 피렌체의 상징적인 인물이라 하겠다. 영원한 피렌체인이 되고자 한 그의 유언은 유명하다.

'영혼은 신에게, 육체는 대지에 보내고 그리운 피렌체로 죽어서나마 돌아가고 싶다.'

라파엘로(1483~1520)는 우르비노 출신의 화가·건축가로 미켈란젤로와 달리 성품이 좋고 대인관계도 원만했다. 그림으로 사람들의 심금을 울린 천재화가로 높은 명성을 누렸다. 품격 있고 우아하며 아름답고 화려한 대작의 느낌을 물씬 풍기는 화가였다.

페루지노의 제자로 배운 뒤 피렌체로 가 1504~08년에 걸쳐 당시의 화풍을 잘 표현했고, 다 빈치와 미켈란젤로의 화풍을 담아내기도 했다. 그렇지만 화면 구성, 유려한 선의 구사, 인물 묘사, 탁월한 명암 활용,

환상적인 원근감과 입체감의 표현, 전체의 꽉 짜여진 처리 등으로 대표되는 자신만의 독창성을 철저하게 유지하며 발전시켜 나갔다.

1508년에 기세를 다한 피렌체를 떠나 로마로 가서 교황청의 궁정화가가 되었다. 바티칸 궁전 4개의 방에 그린 그의 대표작에는 종교, 철학, 예술, 과학, 학문 등의 본질과 조화시켜 시각적으로 형성화했다. 특히 '아테네 학당' 같은 벽화가 유명하다.

교황들은 한결같이 그를 가장 소중히 여겨 적극적으로 후원했다. 그러다보니 그의 체류와 활동으로 로마는 피렌체에 이은 새로운 르네상스의 중심지가 되었다.

그는 피렌체 시절에는 '성모 마리아의 결혼', '초원의 성모', '성모와 아기 예수' 같은 성모자상과 여인상을 즐겨 그렸다. 로마 시절에는 '성체의 논의', '파르나소스' 같은 대작들을 뛰어난 솜씨로 표현했고, 자화상과 '레오 10세'를 비롯한 초상화도 그렸다.

그 또한 만능인의 기량을 선보였다. 건축에서 1514년에 브라만테의 뒤를 이어 성 베드로 대성당의 건축에 참여했고, 1514~17년에 걸쳐 바티칸 궁전의 벽화장식을 작업했다. 1515년 이후에는 감독관이 되어 로마의 유적 발굴과 재현에도 남다른 노력을 기울였다.

그는 가장 르네상스적인 그림을 그려 당대에 이미 회화의 고전적 규범을 확립했다. 완벽함이 결함이 되는 경지의 솜씨를 발휘했다. 그러나 37세의 젊은 나이로 갑자기 죽어 1518년부터 그리던 마지막 작품인 '그리스도의 변용'을 미완성으로 남겼다. 이 작품을 통해 고전 양식을 뛰어넘는 바로크 예술사조를 드러내 근대 예술의 도래를 예비했다.

라파엘로가 요절하자, 교황은 사람 좋고 늘 부지런한 작품활동으로 많은 걸작들을 남긴 그의 죽음을 아쉬워하여 신들의 전당이었던 판테온에 묻히도록 했다. 사실 그가 레오나르도 다 빈치나 미켈란젤로 만큼이라도 살았더라면 하는 안타까운 마음을 지울 수 없다.

'사람이 표현할 수 있는 가장 아름답고 우아하며 장엄한 작품들을 훨씬 더 남겼을 것이다.'

그렇지만 지은이가 확신하건대 그가 남긴 작품만 해도 누구라도 직접 보게 된다면 '르네상스인 중의 르네상스인'으로 평가할 것이다.

'모두가 사랑한, 사랑하지 않을 수 없는, 사랑해야 하는 위대한 화가.'

눈부시게 찬란한 르네상스 미술

르네상스 건축의 비약적인 발전으로 외관상 새로운 유럽이 틀을 잡았다. 앞 시대에서도 건축이 나름대로 진행되었지만, 르네상스 이후 건축미와 예술미가 살아 있는 진정한 건축이 본격화한 것이다. 내부에도 조각과 벽화를 비롯해 공예, 금속세공, 가구, 도기 같은 것들로 속까지 제대로 채웠다. 그래서 지금 우리가 보는 유럽의 모습은 이때를 기본틀로 삼아 거의 다 만들어진 것이라고 봐도 모자람이 없다.

르네상스를 두고 볼 때 변할 수 없는 가장 중요한 사실은 미술에서 너무 찬란해 똑바로 쳐다보기가 힘들 정도라는 것이다. 중세까지만 해도 유럽 미술은 너무나 조악하고 형편없는 수준에 머물러 있었다. 그마저도 교황과 교회의 눈치를 보면서 비위를 맞추기 위한 종교화에만 국한되어 성스러움에 얽매여 있었다. 이런 상황에서 예술가의 창작의 지나 예술성이 발휘되기를 기대하는 것부터가 무리였다.

그러다가 자유롭고 창조적인 도전 속에 한 시대의 사조로서만이 아니라 오늘날의 기법과 수준에서 보더라도 도저히 따라갈 수 없는 예술성을 발휘해 이보다 더 뛰어난 예술이 과연 존재할까라는 생각이 들 정도로 독보적인 업적을 남긴 것이다. 눈부신 이 작품들은 앞으로도 영원히 하나하나가 하늘에 떠 있는 별처럼 빛을 뿜어낼 것이다.

특히 수백년 아니 천년 이상 걸려야 나올 예술가들이 한 시대에 쏟아져 나와 그 전과 그 후를 망라한 것보다 더 많은 훌륭한 예술가들이 즐비하게 활동했다.

인문주의 르네상스인: 인문학의 토대를 닦다

유럽 문학은 그리스·로마 이후 무려 1000년이 넘는 세월이 흐르는 동안–미술에서 단순하고 거칠며 조악한 수준을 벗어나지 못했던 것처럼–이렇다 할 작가와 작품이 없었다. 그나마 중세 말기를 향해 가면서 새로운 시대의 기운이 싹트는 흐름 속에서 극소수의 작가들이 등장해 르네상스적인 작품이 새로운 전조를 보이는 정도였다.

르네상스인의 활약은 유럽의 인문학을 최고의 지적 소산으로 만들었다. 인문주의가 확립되고 인문학이 체계를 잡으면서 유럽인들의 정신세계를 꽉꽉 채워주었다. 미술에서 종교에 대한 영향이 여전했던 것과 달리, 문학에서는 신의 존재를 경건하게 인정하면서도 중세의 교회와 사상에서 등을 돌렸고, 금욕, 청렴, 독신, 은둔 등을 주장하기보다 가정생활을 찬양하고 재산을 불려 현명하게 사용하도록 장려했다. 도시를 중심으로 현실생활과 합리주의를 중시했다.

인문주의자들은 중세인이 '신'에 대한 탐구에 얽매인 데서 벗어나 르네상스의 이상으로 추구한 '사람' 그 자체를 대상으로 한 접근에 나섰다. 선과 악, 정신과 육체라는 2원적 접근이 아니라 사람이라면 누구나 같이 가지고 있는 것으로 보고 서로 합쳐 하나의 사람이 된다고 보았다. 사후의 천국을 준비하기보다 이 세상에서 이루어야 한다고 강조했다. 사람들이 자기 스스로 생각하고, 느끼고, 행동하며, 주체가 되어 살아가기를 독려했다. 개성을 갖되 다양한 방면에 걸쳐 능력을 갖추는 것을 중시했고, 여러 분야로의 관심과 학문적 개척이 활발하게 시도되면서 다른 이교도의 세계에 대한 지적 입장까지 공유하고자 했다.

르네상스 인문주의는 대담하게 '고대의 재발견'과 '사람의 재발견'을 통해 신에 종속된 존재가 아닌 고유한 정신세계를 추구했다. 알고 싶은 것에 대한 탐구심에서 출발하여 보고 싶은 것을 직접 확인하고, 대상에 대해 직접 느끼고, 무엇이든 자기 머리로 생각한 대로 표현했다. 작가 자신의 자유로운 생각을 담아 적나라하게 전달하는 방식을 추구하면서도 다른 생각을 인정했다. 화가마다 자기만의 표현방식을 추구하고 궁전마다 일정한 미술 유파를 형성할 정도였듯이, 작가들도 질의 시대로 전환했고 양도 넘치고 찼다.

'단테, 조반니 빌라니, 페트라르카, 보카치오, 초서, 브루니, 브라촐리니, 로렌초 발라, 피치노, 폴리치아노, 피코 델라 미란돌라, 에라스무스, 마키아벨리, 토머스 모어, 구이차르디니, 라블레, 아레티노, 몽테뉴.'

기라성 같은 인문학자들이 주옥 같은 작품을 쏟아내면서 활약했다. 특히 피렌체에서 14~16세기에 걸쳐 수많은 저술들을 쏟아냈다. 이들의 글을 통해 이탈리아어의 형성과 완성이 이루어져 라틴어의 일개 속어·방언이었던 이탈리아어를 대다수 사람들이 활용하는 대중언어이자 유럽인의 교양 및 지식 언어로 발전시켰다.

* 한국에서 발명된 인쇄술이 유럽에 전파되어 독일의 구텐베르크가 1450년에 금속활자를 만들었다. 1455년에는 〈42행 성경〉을 인쇄해 보급한 후, 인쇄술의 보편화와 활발한 대량출판에 따라 서적 발간의 열풍이 불어 일반 대중에게 광범위하게 보급되었다(이전에는 키케로의 서간집을 출판할 때 직인 2명이 매달려 100부를 찍는 데 4개월이 걸렸다).

〈인문주의자: 서양 인문학을 집대성하다〉

인문학은 근원이 되는 고전을 공부하는 것에서 출발했다. 그리스 인문학은 로마의 건축과 함께 르네상스에서 부활했다. 거장들과 명작들이 쏟아지며 철학, 역사, 문학을 중심으로 여러 분야로 확장되었다.

크게 4가지의 본질과 방향성을 지녔다. 1째 주제로서 '사람'을 대상으로 한다. 그동안 우주, 천지만물, 자연 등을 주제로 하다가 소우주로서 그 중심인 사람을 지향했다. 2째 방법으로서 정확한 이해를 위해 '객관적·과학적·합리적·체계적 접근'에 충실했다. 3째 주체로서 '교양인'을 기본으로 하여 '지성인'을 지향했다. 4째 분야로서 '사람에게 이로운 행복을 위한 어떠한 지식'도 가치 있는 만큼 포괄했다.

일부에서는 그 연원을 두고 카를 대제에 의한 카롤링거 르네상스, 오토 대제에 의한 오토 르네상스, 프리드리히 2세에 의한 프리드리히 르네상스까지 올라가기도 한다(더러는 이탈리아인으로서 선구자였던 무사토(1261~1329)로부터 보기도 한다. 12~13세기경 중세 인문주의에서 기초가 닦여 르네상스는 그 연장에 지나지 않는다고 보기도 한다).

그렇지만 진정한 르네상스는 피렌체를 근거지로 한 단테(1265~1321), 조반니 빌라니(1276~1348), 페트라르카(1304~74), 보카치오(1313~75)로 대표되는 4인방을 원조로 한다.

특히 페트라르카는 본격적인 인문학 시대를 열었다. 고대광으로서 고전에 매진하며 그 목적과 대상을 분명하게 밝히고 있다.

"사람의 본질을 알아야 한다. 왜 태어났는가, 어디에서 와서 어디로 가는 것일까에 대해 추구해야 한다. 아니라면 그 학문은 무의미하다."

그러면서 사람의 진실한 모습을 있는 그대로 추구할 것을 촉구했다. 로마에서 출발해 키케로, 세네카, 베르길리우스는 물론이고 그리스의 호메로스와 플라톤에 이르는 고전 연구로 기초를 닦았다.

페트라르카의 제자인 살루타티(1331~1406)를 중심으로 형성된 산 스피리트 수도원 모임은 숱한 선구적·지도적 지식인을 길러내 피렌체 인문주의의 요람이 되었다. 살루타티의 제자인 레오나르도 브루니(1370~1444)와 포조 브라촐리니(1380~1459)로 이어지는 고전 연구를 통해 피렌체 인문학은 확고한 뿌리를 내렸다.

당시 인문주의의 창시자인 단테를 비롯해 대부분의 인문주의자들이 로마 때처럼 피렌체 공화국의 중앙청에서 근무한 실무 공직자들이거나 교황·영주의 행정가 또는 비서였다. 관념에 매달렸던 중세 성직자들의 시대에서 현실을 중시하는 실무 지식인의 시대로 바뀐 것이다.

마키아벨리(1469~1527)나 구이차르디니(1483~1540)처럼 후대에서도 크게 다를 바 없었다(마키아벨리가 쓴 〈군주론〉은 이탈리아의 통일을 바라는 염원 아래 체사레 보르자가 교황인 아버지의 보살핌에 힘입어 로마냐 공국을 창설하고 이탈리아의 풍운아가 되자, 그를 이상적인 본보기로 삼아 쓴 후 메디치에 바쳐 다시 공직에 나갔으면 하는 바람에서 쓴 책이다).

1438~39년에 열린 동·서 종교회의를 계기로 기라성 같은 학자들이 유입되었다. 1453년 동로마의 멸망으로 당시 세계 최고의 지성이었던 그리스인들을 비롯한 학자와 예술가들은 물론이고 방대한 서적들이 대거 건너왔다. 그들은 그리스 고전의 수집과 번역·주석에서 크게 기여했다. 다만 플라톤에 집중해 신플라톤 학파의 철학을 재정립해 15세기 후반 인문주의를 신플라톤주의 르네상스라고 할 정도였다.

피치노(1433~99)를 초대 학장으로 한 플라톤 아카데미를 열자, 당대의 인재들이 몰려들어 메디치의 아낌없는 후원 속에 발전해갔다. 폴리치아노(1454~94)는 고전 연구를 문헌학으로까지 끌어올렸고, 피코 델라 미란돌라(1463~94)는 〈사람의 존엄성〉을 지어 사람 중심의 사상에서 자유의지의 철학으로 발전시켜 인문주의의 정점을 달성했다.

하지만 꽃이 시들기 마련이듯 16세기가 되자 르네상스도 쇠락했다. 이탈리아에서 북상해 알프스 이북으로 이전과 분산 속에 전파되어 확장되었다. 프랑스, 네덜란드, 독일, 영국 같은 변방까지 두루 확산되어 충실한 현지화가 이루어지면서 유럽의 일대 성숙을 가져왔다.

네덜란드의 에라스무스(1466~1536)와 영국의 토머스 모어(1477~1535)가 종교적 기반 위에 인문주의를 계승했고, 자유·관용의 정신을 더해 프랑스의 라블레(1483~1553), 그중에서도 몽테뉴(1533~92)를 통해 르네상스의 절정을 구현하며 근대를 예고했다.

르네상스=이탈리아

이탈리아는 유럽의 다른 지역과 달리 도시국가들이 번성하면서 개방적이고 자유로운 사회를 이루고 있었다. 최고 수준의 선진문명을 이룩한 이슬람 세계와 가장 가까운 위치에 있어 신문명의 수용에 절대적으로 유리했다. 원전은 물론이고 아랍어 번역본들을 통해 고스란히 보관하고 있던 그리스.로마 문명을 대거 활용할 수 있었다.

특히 자신들의 직접 조상인 로마의 부흥을 지향했다. 로마의 지방통치체제인 38개 속주의 수도나 군단 기지 정도에 불과했던 런던, 파리, 쾰른, 빈 같은 도시들과 달리, 로마시를 비롯한 이탈리아 반도는 제국의 본거지로서 확고한 위상과 실질적인 내용을 담고 있었다.

이런 상황에서 플랑드르와 독일에서 북방미술가들이 내려온 것을 비롯해 많은 르네상스인들이 이탈리아로 몰려들어 기운을 보탰다. 이런 까닭에 르네상스는 피렌체를 중심으로 전개되다가 로마, 베네치아로 이어졌던 이탈리아에서의 고유한 현상이었다.

사실 르네상스의 주역은 거의 이탈리아 출신이다. 비이탈리아인은 몇 사람에 지나지 않는다(이탈리아인 중에서도 피렌체인이 거의 대다수를 차지하며 주축을 이루는 가운데 일부 베네치아인이 뒤이어 활약했다).

'예술가 중에 비이탈리아인은 네덜란드의 얀 반 에이크, 독일의 한스 멤링, 알브레히트 뒤러, 알브레히트 알트도르퍼 같은 몇 사람 정도다.'

'인문주의자 중에 비이탈리아인은 영국의 초서와 토머스 모어, 네덜란드의 에라스무스, 프랑스의 라블레와 몽테뉴 정도이다.'

〈이탈리아 르네상스〉

르네상스 때 이탈리아에서는 볼로냐 대학(1158년, 나중에 1088년으로 올려 잡았음)을 필두로 파도바 대학(1222년), 살레르노 대학(1231년) 같은 여러 대학들이 설립되어 인문학의 토양을 제공했다.

르네상스인들은 그리스와 로마 문명을 알기 위해 그리스어와 라틴어를 배워 번역했다. 그 속에는 '살아있는 사람의 언어와 사람 중심의 문화'가 숨쉬고 있었다. 쉬운 어휘와 간결하며 논리적인 문장은 같은 라틴어였지만 신에 얽매인 성직자들의 고리타분하고 빈약한 중세 라틴어와 달랐다. 자기 생각을 자유롭게 글로 표현하는 매력적인 모습으로 가득 찼다. 사람의 눈으로 보고, 사람의 머리로 생각하고, 사람의 입과 손으로 표현하는 세상에 눈을 떴다.

이후 신의 계시가 아닌 사람의 자유의지를 표방하며 중세 기독교 성직자의 언어에서 근대 시민사회 지식인의 언어로 전환했다. 시와 산문을 통해 성직자와 귀족들이 독점하던 언어에서 일반 시민들이 사용하는 세속 로망스어로 변화했다. 일반 유럽인들도 인쇄술의 혁명으로 대량 생산, 저렴한 구입, 편리한 보관이 가능해져 널리 보급되었다.

특히 피렌체에서 새로운 시대 사조에 가장 먼저 눈을 뜨고 인문주의로 발전했다. 과거의 라틴어를 뛰어넘어 피렌체어로서 오늘날 통일 이탈리아의 국어인 현대 이탈리아어로 확립되었다.

다른 유럽국에서도 마찬가지 현상이 일어나 스페인은 세르반테스가 쓴 〈돈 키호테〉가 그대로 현대 스페인어가, 영국은 셰익스피어가 쓴 저작물의 언어가 그대로 현대 영국어가 되다시피했다.

* 근대 이탈리아는 독일-오스트리아와 함께 전개과정 내내 우리가 흔히 '클래식'이라 부르는 서양음악의 발상지이자 압도적인 영향을 미친 본산으로 역할했다. 이렇게 볼 때 이탈리아는 미술과 문학뿐만 아니라 건축, 음악, 영화, 패션, 공연 등의 전반적인 분야에서 눈부신 활약을 이어가며 유럽을 풍성하게 살찌웠다.

라틴 문명의 부활

절대 다수의 유럽인들은 르네상스를 유럽의 자랑스런 일부로 바라본다. 같은 유럽 지역에서 진행되었고, 같은 알파벳 문자를 사용하여 당연하게 여기기 때문이다. 그러면서 중세에 이은 유럽의 단계적 발전 역사로 동일시했다. 특히 서유럽에서 라틴족이 다시 역사의 전면에 등장해 르네상스를 꽃피운 후에, 유럽의 보편적 현상으로 진행된 사실을 부각시켜 자신들의 일부로 접목했다.

하지만 근대 서유럽은 그리스·로마 및 르네상스와 분명한 시간적·공간적 차이가 있다. 시간적으로 중세 1000년 동안 암흑기를 보냈고, 공간적으로 남유럽과 서유럽이 동시에 문명 발전을 한 것이 아니었다.

무엇보다 고대 로마에 대해 대대적인 파괴와 약탈을 벌이면서 땅속에 묻어 버리고 로마라는 이름이 주는 명예와 권위만 활용했듯이 르네상스 역시 이탈리아를 유린하고 약탈하면서 르네상스까지 파괴해 끝장내고는 근대화의 토양과 화려함만 활용했다.

심지어 근·현대를 거칠 동안에도 군대를 앞세워 라틴 문명에 대한 파괴와 약탈을 계속했다. 그리스와 로마의 유적과 유물을 마구잡이로 훼손하면서 가져가 자신들의 문화유산인 양 행세하고 있다. 파르테논 신전에서 '엘긴 마블' 같은 대리석 조각품을 뜯어가 대영 박물관의 상징이자 가장 인기 있는 관람 유물로 만들었다.

이런 까닭에 서유럽이 유럽이라는 공통분모에다 그리스·로마를 일부 되살리고 르네상스를 전수받아 발전시킨 사실을 들어 자신의 것으로 일체화한 것은 잘못되었다. 아랍, 인도, 중국, 한국이 같은 아시아에 있고 서로 간에 엄청난 영향을 주고받은 사실을 내세워 동일시하는 것과 다를 바 없다. 또한 자신들의 언어가 그리스어·라틴어와 같은 알파벳이라 하여 자기 것으로 강조하는 것은 한·중·일이 같은 한자 문화권에다 동질성이 많다고 하여 동일시하는 일과 다르지 않다.

사실 라틴 문명권은 고대 때는 서유럽의 문명화를, 르네상스 때는 근대화를 이끌었다. 서유럽의 입장에서 보면 게르만계 문명은 로마의 갈리아 정복으로 문명권에 편입되었고, 르네상스를 통해 지식과 교양을 갖추고 근대 유럽으로 달려갈 수 있었던 것이다.

굳이 1가지를 더하자면 그리스·로마의 문명이 지중해-중동으로부터 선제적이고 절대적인 영향을 받았듯이, 르네상스 역시 지중해-중동의 앞선 문명을 받아들이고 활용해 라틴 문명과 남유럽이, 뒤이어 게르만 문명과 서유럽이 근대화의 성공과 번영을 누리게 된 것이다.

〈르네상스는 이슬람 문명 덕분에 가능했다〉

이탈리아의 도시국가들은 번영을 누렸다. 서아시아를 석권한 오스만과의 교류와 무역을 통해 가능했다. 지리적으로 가장 가까운 이점을 이용한 지중해의 교역권을 무기로 엄청난 부를 축적한 것이다. 당시 중계 무역은 동지중해, 이집트, 흑해를 거점으로 삼아 연결되면서 이전보다 10배나 증가했다고 한다.

이런 중에 유럽의 빈약했던 학문과 예술은 투르크와 몽골의 활약 속에 오스만에 이르러 반가운 문명의 비를 흠뻑 맞았다. 비록 이들의 정복사업으로 남·동 유럽과 러시아까지 점령당한 상태에서 서유럽마저 위협받았으나, 대신에 학문과 문화예술을 곧바로 받아들일 수 있었다. 학문적·예술적 영감과 기법까지도 전파되었다.

이슬람 세력이 십자군 전쟁에서 번번이 승리하며 완승으로 끝낸데 이어, 로마의 후신이자 유럽의 절반을 차지했던 천년제국인 동로마마저 멸망시키자 최강대국 오스만에 대해 더 알고 배우려는 열풍이 불었다.

여기에다 동로마의 학자와 예술가들이 이웃한 이탈리아로 대대적으로 피신하거나 옮겨오면서 더욱 활발한 르네상스를 자극했다. 유럽에서 그리스와 로마에 대한 기록이 상당히 소실되어 사라진 것과 달리, 이슬람권에서 온전히 보관하고 있던 서적들을 라틴어로 번역해 활용할 수 있었다.

레오나르도 다 빈치도 이슬람의 수학, 기하학, 회화의 원근법 등을 활용함으로써 '모나리자'와 '최후의 만찬'과 같은 불후의 명작을 비롯해 자신의 예술과 과학을 창조적으로 승화시킬 수 있었다.

다시 말해 이슬람 문명을 통해 선진 문물, 앞선 학문과 과학기술, 뛰어나고 화려한 문화예술을 들여오면서 르네상스를 본격화했고, 다시 유럽 각지로 확산되면서 서유럽의 개화와 근대화가 가능했던 것이다.

르네상스와 서유럽의 근대화는 직접적인 상관관계가 없다

르네상스로 인해 서유럽은 1000년에 걸친 중세 암흑기라는 길고 긴 잠에서 깨어났다. 르네상스를 신호탄으로 물질적 토대로는 대항해 시대, 중상주의, 식민개척을 통해, 정신적 토대로는 종교개혁, 학문과 과학기술의 발전, 근대 철학의 전개, 미술·문학·음악의 화려한 만발을 통해 서로 복합적으로 작용하면서 근대 유럽으로 발전했다.

다만 근대 유럽의 긍정적인 국면들만 서로 인위적으로 연계하고 부각시켜 문제다. 지나치게 작위적인 합리화가 너무 심하다. 14~19세기에 걸쳐 오래 동안 진행된 여러 모습을 마치 한 편의 드라마처럼 미화된 '근대사'로 포괄하고 있기 때문이다.

예를 들어 르네상스가 이탈리아인에서 진행되었다면, 대항해 시대는 포르투갈과 스페인에서 벌어졌다. 이탈리아 출신의 콜럼버스와 아메리고 베스푸치처럼 개인적으로 참여한 경우가 있었지만, 이탈리아에서 여건을 만들지 못하게 되자 스페인을 통해 뜻을 이룬 것이다(포르투갈은 자신의 계획과 성취에 바빠 거절했고 나중에 뼈아프게 후회했다).

근대화 과정의 위대한 성과들이 서로 엇갈린 운명을 만들기도 했다. 종교개혁은 로마가톨릭의 독점을 타파하며 중세의 종교 지배에 치명적인 상처를 입혔지만, 이에 반발한 반종교개혁 세력에 의해 이탈리아가 가장 극심하게 피해를 입었고 르네상스에는 찬물을 끼얹었다. 게다가 신·구교 간의 종교적·정치적 대립 끝에 공존과 협력을 하지 못한 채 숱한 전쟁이 벌어져 온 유럽을 피로 물들인 국면은 간과했다.

르네상스가 서양의 과학과 학문에 영향을 미친 사실을 부정할 수는 없지만 서유럽과의 직접적인 연관 속에 진행된 것은 아니다. 오히려 서유럽에 의한 파괴와 혼란으로 인해 근대 지성계 인물 중에 철학, 과학, 학문 분야에서 이탈리아인의 활약은 거의 찾기 어렵다.

게다가 근대 지성계의 대표적인 인물들이 즐비한 듯하지만 유럽 전체를 다 끌어모아 수세기에 걸쳐 나열한 것이라 아시아를 한·중·일, 인도, 서아시아 등지로 구분하고 10년 단위로 나누어 정리하는 방식대로 접근하면 여전히 빈약한 실체가 드러난다.

특히 10~18세기 전반에 걸쳐 서유럽이 그다지 강력하지도 매력적이지도 않았다. 서유럽 전체를 합친 것보다 훨씬 더 크고 막강한 존재들인 몽골 제국, 오스만 제국, 무굴 제국, 청나라 등이 서유럽 일부를 뺀 대부분의 문명 지역을 지배하며 유럽을 압도하고 있었다. 조선도 당시에 서유럽보다 앞서면 앞섰지 결코 뒤떨어지지 않는 국력과 문명 수준을 유지하고 있었다.

〈이탈리아 르네상스의 종말로 인한 유럽으로의 확산〉

달도 차면 기울듯이 르네상스도 결국 지는 날을 맞이해야 했다. 1517년 마틴 루터에 의해 종교개혁이 불타오르자, 반종교개혁으로 맞선 세력에 의해 이탈리아 반도에 전쟁을 초래했다. 급기야 서유럽 세력들의 침공과 파괴로 르네상스인이 신의 솜씨를 빌어 빚어 놓은 찬란한 예술을 비르네상스인이 짐승의 야만으로 발 닿는 대로 짓밟았다.

그렇지만 로마가톨릭 성직자를 비롯한 파괴의 지지자들은 본산인 피렌체와 로마시를 파괴한 사건에 대해 정반대로 받아들였다.

'피렌체에 닥친 것은 신의 징벌이다.'

'르네상스에 물든 로마에 천벌이 내려진 것이다.'

결국 그동안 다른 생각도 인정하던 르네상스의 활발한 정신과 사조가 이를 거부하는 반종교개혁에 의해 살해당한 것이나 다름없었다.

다만 이탈리아에서는 끝났지만, 르네상스 자체까지 수명을 다한 것은 아니었다. 더 이상 이탈리아에서 전개되기 어렵게 되자, 원래의 이탈리아적인 현상을 뛰어넘어 다른 유럽 지역으로 전파된 것이다.

이탈리아 반도가 전란과 파괴에서 벗어나지 못하자, 이탈리아 미술가·건축가·직공 같은 르네상스인들이 대대적으로 분산되었다. 프랑스, 네덜란드, 벨기에, 독일, 스페인, 영국 등으로 초청되어 가면서 유럽 각국별로 르네상스 사조와 양식이 성립되었고, 일정한 시간을 두고 독창적인 모습으로 전개되었다(건축에서 두드러졌다. 르네상스 건축이 보급되자, 초기에는 고딕·르네상스의 혼합 양식이 나타났다가 얼마 안 가 나라별로 자국 출신의 건축가들이 등장해 국가적인 독창성을 드러내는 르네상스 양식이 형성되었다. 이를 두고 북방 르네상스라고 접근하지만, 사실 그보다는 훨씬 광범위하게 전개되었다. 또한 회화를 비롯한 예술 전반에 걸쳐서도 비슷한 양상으로 전개되었다. 하지만 이러한 경향은 국가별로 개성 있게 진행되면서 정착한 성격이 강해 일정한 양식을 가진 사조로 보기는 어렵다).

경제력과 자유가 문화예술을 꽃피게 한다

문화예술이 발전하려면 2가지가 필요하다.

'경제력과 자유'

피렌체와 베네치아는 영토로 볼 때 작은 소국에 불과했지만, 피렌체는 교황청의 자금을 관리했고 베네치아는 지중해의 교역 독점권을 행사해 번창했다. 경제력에서 당시만 해도 낙후 상태에서 벗어나지 못했던 프랑스와 영국마저 완전히 압도하는 수준이었다. 이 지역 노동자들은 봉건 영주나 수도원에 속한 노동자들보다 생산성이 40배나 높았다.

이탈리아 도시국가들의 자유로움은 유럽에서 거의 유일한 예외나 다름없었다. 로마의 멸망 후 다수의 도시국가들로 유지되다보니 절대 군주나 중앙정부의 강력한 통제가 작용하지 않아 자유로운 분위기에서 예술적·학문적 표현이 가능했던 것이다.

그리스에서 1000개가 넘는 폴리스들이 온갖 분야에서 문명을 발전시켰듯이, 중국에서 춘추전국시대를 맞아 1800개에 이르는 제후국들이 분립하면서 제자백가에 의해 사상과 학문이 발전한 것과 비슷하다.

중심무대가 된 궁전은 독립적인 지위를 누리면서 유럽의 어지간한 국가들보다 더 막대한 부와 강한 힘을 가지고 있었다. 대표적으로 피렌체의 메디치 가, 우르비노의 몬테펠트로 가, 밀라노의 스포르차 가, 만토바의 곤자가 가, 리미니의 말라테스타 가 등이 손꼽힌다. 15세기에 접어들자 크게 5대 지역이 두드러졌다.

'스포르차 공작 가문이 통치하는 풍요로운 평원과 상업 및 무역이 발전한 밀라노 공국, 과두정치로 불리는 소수 지배체제의 공화정을 변함없이 유지한 베네치아 공화국, 4개 유력가문이 2파로 나뉘어 교대로 다스린 제노바 공화국, 메디치 가의 참주정치를 펼친 피렌체 공화국, 왕이 통치한 나폴리 왕국.'

여기에 서방 교회의 총본산인 로마 교황청까지 더하면 6대 세력이 맹주들에 해당한다. 그중에서도 경제적 번영을 누리면서 자유로운 분위기가 강했던 피렌체, 로마, 베네치아에서 르네상스의 황금기가 이어졌다(로마는 학문에서 자유로운 분위기가 아니었으나, 미술 분야에서는 달랐다. 교황들이 후원했는데, 네덜란드 출신 1명을 빼고 나면 피렌체 출신 2명을 비롯해 모두 이탈리아 출신이라 자연스러웠다. 심지어 비용 마련을 위해 가혹한 세금을 걷고 면죄부까지 발행했다가 교회의 몰락을 자초했을 정도였다).

중세 유럽에서는 종교적 통제에서의 자유가 중요했다. 당시에는 종교심판과 마녀사냥이 유행했다. 이단 심문관이 일단 희생자를 점찍으면 반드시 유죄로 만들어 죽이기를 밥 먹듯이 해 수십만명이 희생되었다. 자행한 고문의 잔인함과 처참함은 자신의 동기가 옳다고 확신하는 사람들이 아무런 죄책감 없이 얼마나 비인간적인 악행을 저지를 수 있는지를 그대로 보여주었다. 숱한 책들이 금서가 되었으며, 미켈란젤로의 나체 예수상에 아래 도리를 가리는 헝겊이 덧칠되었다. 갈릴레오 갈릴레이는 재판까지 받아야 했고, 결국 진실과 양심을 외면한 채 지동설을 철회해야 했다. 만일 르네상스의 상징이나 다름없는 레오나르도 다 빈치가 그 시기나 그 나라에 살았더라면 지금 우리가 보는 창작물은 고사하고 목숨조차 부지하기 어려웠을 것이다.

르네상스의 3대 지성적 동력: 책, 대학, 인쇄술

르네상스는 사람이 이성과 합리성에 따라 자유롭게 사유하고 행동하는 존재로 거듭나게 만들었다. 이렇게 지성적 존재로서 행위하도록 만들어준 3대 동력이 있었다. 세상의 지식과 정보를 얻을 수 있는 책, 안정되게 학문과 문화예술을 추구할 수 있는 대학, 유럽인을 근대인으로 변화시킨 인쇄술이다.

〈책: 사람의 길잡이이자 인류의 영원한 등불〉

중세 유럽에서는 책을 구하기조차 어렵고 워낙 비쌌다. 학생들은 좋은 교수의 강의를 잘 듣고 꼼꼼히 받아 적어 지식을 배우는 방법밖에 없다시피 했다. 아직 인쇄술이 보급되기 전이었기 때문이다.

그래서 필사 과정을 거쳐 책을 만들었다. 주로 수도원에서 책을 필사했다. 수도사는 양피지를 잘 편 다음 줄을 맞춘 뒤 글자를 1자 1자 옮겨 적으면서 책을 베끼는 작업을 했다. 고된 일이었지만 누구도 하기 어려운 지식 교양인의 특권이기도 했다.

그러나 필사본은 힘들게 만들어도 구하거나 보관하기 어려워 일단 잃어버리거나 손상되면 그야말로 낭패였다. 어지간한 책도 2개월 만에 1권이 필사되었고, 숙련된 기술자조차 200쪽의 책 1권을 필사할 때 4~5개월이 걸렸다. 두꺼운 성경 1권을 베끼려면 660여마리의 양가죽이 들었다. 이런 까닭에 14~15세기 이탈리아의 도시 가구당 연봉이 최고 50플로린일 때 법률 책 1권 가격이 25~30플로린이었다고 한다.

구텐베르크가 금속활자로 책을 찍어내는 인쇄술을 전파하자, 활자로 동일한 글자를 통일성있게 획일적으로 찍어내면서 대량 보급이 이루어졌다. 독자들은 책을 쉽게 구해 편하게 읽을 수 있게 되었다. 1주일 만에 책 500권을 인쇄하게 되었고, 1450~1500년에 유럽 각국의 236개 도시에 인쇄기를 두게 되면서 3만종의 책이 10개 이상의 언어로 무려 2000여만권이 출판되어 지식정보의 대중화가 이루어졌다. 결국 한국에서 발명되어 유럽으로 전해진 후 책의 폭발적인 인쇄와 보급으로 르네상스의 일반화가 가능해진 것이다.

〈대학: 인류 지성의 산실이자 학문과 예술의 본산〉

대학은 서아시아의 셀주크 제국에서 처음 설립되었다. 명재상 니잠 알-물크(1018~92)가 대학에 해당하는 니자미야를 설립했다. 학생들의 학비와 생활비를 지원했고, 여러 곳에 설립되면서 오늘날의 마드라사로 발전했다.

이러한 흐름이 이탈리아로 건너가 대학이라는 체제로 발전했다. 이슬람의 대학 문화를 재빨리 흡수해 학부와 대학원 구분, 검은 가운 등의 세부적인 전통까지 활용하면서 유럽의 자각과 발전의 결정적인 토대를 만들면서 근대의 문을 연 것이다.

대학은 학문과 예술의 본산으로 심장부이자 상징과도 같았다. 학자나 예술가들이 교수가 되자 경제적인 안정을 확보한 상태에서 지속적으로 연구활동과 강의를 할 수 있게 되었다. 대학은 지식의 생산처이자 보고로 자리잡았고, 다수의 제자들을 길러내 다방면의 확산이 가능해졌다. 바로 이러한 기반과 분위기가 유럽의 광범위하고 안정적·지속적인 발전을 가능하게 만든 것이다.

유럽 최초이자 세계 최초의 공인 대학은 이탈리아의 볼로냐 대학이다. 1158년 독일 왕 겸 신성로마 황제인 프리드리히 1세가 칙령을 내려 교육기관으로 인정한 뒤 논리학, 수사학, 라틴어문법 3과목을 배우도록 하고, 석사 과정에서는 수학, 기하, 천문, 음악을, 박사 과정에서는 신학, 의학, 법학 중에 전공을 선택하도록 했다(19세기에 와서 연원을 더 멀리 잡아 1088년에 설립되었다고 주장해 공인받았다).

학생들이 만든 조합을 '유니버시타스(Universitas)'로, 교수들이 만든 조합을 '칼리지아(Collegia)'로 명칭을 정했던 것이 오늘날 종합대학을 뜻하는 유니버시티와 단과대학인 칼리지의 어원이 되었다. 다만 유니버시티는 우주로 대변되듯이 전체를 망라하는 종합적 연구를, 칼리지는 기숙사를 갖춘 고등교육 학교를 강조하는 말로 사용되기도 한다.

유럽의 초기 대학은 엉성하고 빈약한 교육과정과 내용에다 교회와 같은 건물에서 수업을 듣는 것이 고작이었다. 학생과 교수의 숫자도 적었으며, 학습 공동체 수준에 머물고 있었다. 그러다가 르네상스를 거쳐 눈부시게 발전하면서 근대화를 이끌어가는 주축으로 자리잡았다.

* 동양 역시 대학을 학문과 과학 및 지성계의 최고로 여겼다. 한국은 고구려의 태학, 신라의 국학, 고려의 국자감, 조선의 성균관이 대표적이다.

특히 성균관대학은 1398년에 건립한 후 현존하고 있어 세계에서 8

번째로 오랜 대학이다. 992년에 그 전신인 국자감이 건립되었는데, 전공과 학생수 등을 갖춘 채 대학명만 바뀌었지 학통을 계승한 것으로 잡으면 현존하는 세계 최초의 대학이 된다(역사성에 따라 대학으로 모두 되살릴 경우 시대순으로 하여 평양의 태학을 2대학, 경주의 국학을 4대학, 개성의 국자감(나중의 개성 성균관)을 6대학, 서울의 성균관을 7대학, 한국 서울의 서울대학교를 8대학으로 명칭을 부여하는 것도 생각해볼 수 있다. 다만 여기서는 고대 조선, 백제, 발해의 대표 대학을 찾아내거나 설립할 때까지 제1, 제3, 제5 대학은 비워놓고 시대순으로 번호를 부여했다).

〈인쇄술: 한국의 금속활자 덕분에 르네상스가 가능했다〉

인류 문명 발전의 최대 사건인 금속활자의 발명은 한국에서 이루어졌다. 이 사실을 세상이 알고 인정하게 된 것은 박병선(1929~2011)의 노력 덕분이다(프랑스 국립도서관 사서로 일하며 20년 동안 3000만권이 넘는 책을 하나하나 확인해 도서관 창고에서 중국 서적으로 분류된 채 먼지에 쌓여 있던 조선의 대표적인 문화기록인 '297권의 외규장각 의궤'를 발견했다. 온갖 방해와 난관 속에서 반환 작업을 주도해 2011년 프랑스에 약탈당한 지 145년 만에, 찾아낸 지 34년 만에, 반환 협상 20년 만에 모두 찾아왔다).

그녀는 1377년에 인쇄한 〈직지(백운화상초록불조직지심체요절, 줄여서 불조직지심체요절, 더 줄여서 직지심체요절, 직지심경)〉를 찾아냈다. 이 책을 통해 인류 최대의 발명품이자 문명사의 일대 전환점이 된 금속활자의 원조국이 한국임을 밝혀냈고 세계로부터 공인받았다.

아직도 많은 세계인들은 독일의 구텐베르크가 금속활자를 발명했다고 알고 있지만 독일마저 한국이 최초의 발명국임을 인정했다. 지성인들을 비롯한 전 세계의 사회지도층 인사들을 중심으로 한국의 인쇄술과 금속활자 발명에 대한 인정이 확산되고 있다(제대로 된 연구가 뒤따른다면 구텐베르크 역시 장영실과 15세기의 동시대인으로서 서로 간의 직·간접적인 연관성이 밝혀질지도 모른다. 사실이라면 장영실의 만능인적 발명과 과학적 위업들이 전해져 르네상스에 큰 영향을 준 셈이다).

앞으로 한국 사회에서는 이러한 업적을 남긴 사람들을 위해 살아생전에 충분한 명예적·경제적인 지원을 하도록 의무화하는 것과 아울러 국립 대학교수나 국책 연구소 채용 또는 초빙을 통해 최대한 도와야 한다. 이런 인물들에게 일할 수 있는 마당을 펼쳐 준다면 바다에 고기를 풀어주듯 엄청난 창조적 결과를 얻을 수 있을 것이다.

* 금속활자의 발명국인 고려는 세계 최고 수준의 과학기술과 문물을 꽃피운 선진 문명국이었다. 고려불화, 상감청자, 나전칠기, 천연염색, 화포무기, 불꽃놀이 등과 더불어 인쇄술(출판문화)의 발달이 두드러졌다. 방대한 대장경의 목판인쇄를 완성한 데 이어 1234년에 금속활자로 〈상정고금예문〉을 인쇄했다. 이 책은 직지보다 143년 앞선 것이며, 서양의 금속활자 발명보다는 221년이 앞선 것으로 현재까지 인류 최초의 금속활자다. 다만 기록상 최초이긴 하지만, 활자판이나 간행 책자가 전하지 않아 〈직지〉를 최초로 보는 경우가 일반적이다.

이제 우리가 할 일은 금속활자의 발명국이자 원조국으로서 인쇄술의 역사를 낱낱이 기록하면서 그 증거와 문화유산들을 모아 바로 알리도록 해야 한다. '인쇄 박물관'을 세우고 '인터넷 인쇄술' 방을 열어 스위스와 아프리카 시골 구석의 어린이에게도 문자와 지식을 배울 때는 한국의 인쇄술이 있었기에 가능했음을 알려야 한다.

지은이의 바람이라면 전용 박물관에 필사본 다라니경, 8만대장경, 직지, 조선왕조실록, 의궤 등의 전문을 한 쪽 한 쪽 그대로 펼쳐 관람하게 만들고, 그 내용을 현대적으로 잘 번역하고 설명해 오늘을 사는 한국인과 세계인에게 인문학의 보고로서 실생활에 필요한 교훈과 도움을 주었으면 한다.

유럽의 4대 지역권 및 3대 민족권

〈유럽국(44개국)〉

그리스, 네덜란드, 노르웨이, 덴마크, 독일, 라트비아, 루마니아, 룩셈부르크, 리투아니아, 리히텐슈타인, 마케도니아, 모나코, 몬테네그로, 몰도바, 몰타, 바티칸, 벨기에, 벨라루스, 보스니아-헤르체고비나, 불가리아, 산마리노, 세르비아, 스웨덴, 스위스, 스페인, 슬로바키아, 슬로베니아, 아이슬란드, 아일랜드, 안도라, 알바니아, 에스토니아, 영국, 오스트리아, 우크라이나, 이탈리아, 체코, 크로아티아, 키프로스, 포르투갈, 폴란드, 프랑스, 핀란드, 헝가리

* 러시아와 터키는 유럽국에 포함하는 경우도 있지만 그렇지 않은 경우가 더 많다. 유럽인은 기껏해야 유럽의 변방, 이방인, 유럽 밖의 유럽으로 여기는 정도다. 이 책에서는 해당 부분에서 언급할 때를 빼고 나면 유럽에 포함하지 않는다.
* 1815년 나폴레옹의 몰락 후 오스트리아에서 열린 빈 회의에서 서유럽 열강들은 "빈의 동쪽은 아시아다"라고 선언했다. 유럽의 중심이었던 빈이 헝가리 서부 즉 판노니아 평원의 서쪽 끝에 닿아 있어 유럽의 동쪽 경계로 여겼다.

〈유럽의 4대 권역: 동유럽, 서유럽, 남유럽, 북유럽〉

동유럽

러시아, 루마니아, 몰도바, 벨라루스, 불가리아, 슬로바키아, 우크라이나, 체코, 폴란드, 헝가리

* 전형적인 슬라브족 영역이다. 다만 로마인의 후손이 살고 있어 로마에서 국명이 유래된 루마니아와 역시 한 계통인 몰도바, 대초원 계통인 불가리족의 불가리아, 역시 대초원 계통인 훈족의 한 갈래인 헝가리처럼 예외인 경우가 있다. 2차대전 이후 냉전 때 공산국가들로 존속했고, 상대적으로 늦었지만 민주화와 경제발전을 위해 노력하고 있다.
* 러시아의 주류가 슬라브족이라 포함했다. 하지만 동·남 유럽국들은 옛 소련 시절 공산국가로 지배받은 탓에 러시아에 대해 적대적이거나 비우호적인 경우가 많다.
* 중부 유럽을 넣어 5대 권역으로 구분하기도 한다. 다만 동유럽에서 서유럽과 러시아 사이에 위치하며 유럽 대륙의 한복판에 있어 중부 유럽이라고 주장한다.

서유럽

네덜란드, 독일, 룩셈부르크, 리히텐슈타인, 모나코, 벨기에, 스위스, 오스트리아, 영국, 프랑스, 아일랜드

* 전형적인 게르만족 영역이다. 다만 원주민인 켈트족이 프랑스, 영국(주로 스코틀랜드·웨일스), 아일랜드 등에 주로 살고 있고, 프랑스의 브르타뉴, 스페인의 갈리시아·이스투리아스 등지에 살고 있다. 소수민족인 바스크족이 스페인 북서부와 프랑스 서남부 일부에 살고 있다. 스위스처럼 켈트족, 라틴족, 게르만족 등이 복잡하게 얽혀 있는 경우도 있다. 근대 이후 유럽을 주도하고 있다.

남유럽

그리스, 마케도니아, 모나코, 몬테네그로, 몰타, 바티칸 시국, 보스니아-헤르체고비나, 산마리노, 세르비아, 스페인, 안도라, 알바니아, 이탈리아, 크로아티아, 포르투갈

* 전형적인 라틴족 영역이다. 다만 그리스, 일리리아족의 후손이 살고 있는 알바니아·코소보 같이 독자적이거나, 세르비아처럼 슬라브족이 대거 들어와 영역을 구축하기도 했다. 그리스와 로마가 잇따라 문명을 꽃피웠던 알프스 남쪽 지역으로, 고대까지만 해도 역사적·문화적으로 유럽이라기보다 지중해-중동 문명권이었다. 다만 서아시아와 북아프리카의 이슬람화가 진행되면서 서로 구분되고 있다.
* 불가리아, 터키, 프랑스를 포함하기도 한다.

북유럽

노르웨이, 덴마크, 라트비아, 리투아니아, 스웨덴, 아이슬란드, 에스토니아, 핀란드

* 북유럽은 발트해와 스칸디나비아 반도 일대를 말한다. 스칸디나비아 반도라면 원래 노르웨이와 스웨덴 2개국을 말하지만, 핀란드까지 포함하기도 한다. 더 넓게는 덴마크와 아이슬란드까지 포함하여 스칸디나비아 제국 또는 북유럽 5개국이라고도 한다. 게르만족의 한 갈래인 노르만족 영역이지만, 서로 이동과 혼혈을 거듭했다. 대초원 민족의 한 갈래인 핀족이 서진해 핀란드와 에스토니아의 주류를 형성했고, 아이슬란드에서는 켈트족과 혼혈해 다수를 이루었고, 라트비아와 리투아니아를 중심으로 발트해 일대에 살고 있는 발트족도 있다.
* 영국을 북유럽에 포함하기도 한다.
* 북유럽 5개국은 넓은 영토와 풍부한 자원으로 풍요로운 생활을 누리지만 인구는 작아 모두 합쳐 남한의 절반 정도다. 발트 3국인 에스토니아(130만명)-라트비아(230만명)-리투아니아(305만명)를 포함해도 남한의 63% 정도(남북한 합치면 42%)밖에 안된다.

〈유럽의 3대 민족권: 라틴, 게르만, 슬라브〉

라틴 민족권

라틴족(라틴민족·라틴인·라틴계)은 주로 남유럽과 지중해를 낀 채 살고 있다. 이탈리아를 비롯해 포르투갈, 스페인, 프랑스 남부, 루마니아 등이 대표적인 국가들이며, 벨기에의 왈롱·스위스의 이탈리아어권 등지를 포함한다. 동유럽인 루마니아와 몰도바에도 살고 있다(프랑스 남부와 이탈리아 북부 지역에는 게르만 계통이, 프랑스의 브르타뉴와 스페인의 갈리시아·이스투리아스 지역에는 켈트족이, 스페인과 프랑스에 걸친 지역에 바스크족이 살고 있다).

* 그리스인은 넓게 라틴족에 포함하지만 대체로 독자적인 민족으로 구별한다. 고대 그리스의 몰락 후 이산(디아스포라)으로 작게는 300만명에서 많게는 700만명이 전 세계에 흩어져 있어 해외 한민족의 1/3에서 절반 정도에 이르는 규모다.

게르만 민족권

서유럽에 위치한 네덜란드, 독일, 벨기에, 스위스, 영국, 오스트리아, 프랑스 등이 대표적인 국가들이다. 북유럽에는 북방계인 노르만족이 노르웨이, 덴마크, 스웨덴, 핀란드, 아이슬란드 등지에 분포하고 있다. 다만 프랑스의 경우 북부는 게르만족이 주류를 이루지만, 원주민인 갈리아인(켈트족 계통으로 골족이 주를 이룸)과 더불어 중남부에는 라틴족이 주류를 형성하고 있다. 이탈리아도 북부는 게르만족이지만 남부에서는 라틴족을 중심으로 분포한다. 그 밖에 체코 일대에도 살고 있다. 게르만족은 여러 세부 부족들끼리 오랜 분화와 개성화를 거치면서 완전히 이질화되었다.

슬라브 민족권

유럽 전체 인구의 1/3을 차지하는 최대 민족으로 주로 동유럽과 러시아에 살고 있다. 동슬라브, 서슬라브, 남슬라브의 3권역으로 나뉘는데, 러시아권, 동유럽권, 발칸반도권과 대체로 일치한다. 동슬라브권은 슬라브족 전체의 절반에 달하는 러시아를 비롯해 우크라이나(소러시아) ·벨라루스(백러시아), 서슬라브권은 폴란드·체코·슬로바키아, 남슬라브권은 가장 작은 지역과 인구지만 복잡하게 분포하여 불가리아, 마케도니아, 몬테네그로, 보스니아-헤르체고비나, 세르비아, 슬로베니아, 크로아티아가 있다. 주로 동방 정교회를 믿지만, 서슬라브와 일부 우크라이나·벨라루스, 크로아티아, 슬로베니아에서는 가톨릭을, 남슬라브에서는 오스만의 지배를 받아 발칸반도를 중심으로 보스니아-헤르체고비나, 일부 불가리아와 세르비아 등지에서 이슬람교를 믿는다. 다만 정교회는 나라별로 그리스 정교회, 러시아 정교회, 불가리아 정교회같이 독자적인 위상을 유지한다.

나머지 민족들

그 밖에 그리스인, 켈트족, 바스크족, 알바니아와 코소보에 걸쳐 정착하여 이슬람교를 믿는 알바니아인, 멀리 인도에서 출발해 아시아를 거쳐 이동한 것으로 추정되는 유랑민족인 집시, 대초원 계통인 헝가리, 불가리아, 핀란드·에스토니아 및 슬라브족에 가까운 발트족 등이 독자성을 유지하며 살고 있다.

* 국호가 '로마의 땅(로마인의 지역)'이란 뜻인 루마니아와 루마니아에서 떼어져 나간 몰도바(영어로 몰다비아)는 로마의 후손들인 라틴 계통이다.

유럽의 분리독립

독일	바이에른(바바리아)
벨기에	플랑드르(경제적인 이유)
스페인	바스크, 안달루시아, 카탈루냐
영국	스코틀랜드, 웨일스, 북아일랜드
오스트리아	티롤
이탈리아	남티롤(오스트리아와의 재결합), 롬바르디아, 베네치아
프랑스	브르타뉴, 코르시카
옛 유고슬라비아	코소보
몰도바	트란스니스트리아(러시아와의 결합)

주요 국가별 대표적인 지방과 도시

그리스의 대표적인 폴리스

델로스, 델포이(델피), 로도스(서아시아에 가까움), 마케도니아, 메가라, 미케네, 밀레투스, 사모스, 스파르타, 아르고스, 아테네, 엘리스, 에페이로스(이피로스), 오르코메노스, 코린트(코린토스, 성경의 고린도), 크노소스, 키레네(북아프리카 리비아에 있음), 테베, 테살로니키, 트로이, 티린스, 페르가몬

* 델포이는 아폴론 신전의 신탁으로 유명하다. 엘리스는 올림피아에서 열리는 올림픽을 주관했다. 마케도니아는 북방의 야만족으로 여겼으나 힘을 길러 그리스를 통합하여 지배했고, 지금은 알렉산드로스를 놓고 그리스와 마케도니아의 국적 선점 경쟁이 뜨겁다.
* 에게 해를 중심으로 방대한 지중해 및 그리스 세계를 구성했다. 아티카·보이오티아 등이 있는 중부 그리스(그리스 본토), 펠로폰네소스(모레아) 반도, 크레타 섬, 키클라데스 제도 등이 중요했다. 아티카(라틴어 지명으로 고대 그리스어로 아티케, 지금의 아티키)는 아테네를 중심으로 한 지역이다. 아테네는 지혜와 전쟁의 여신인 아테나를 수호신으로 하여 아테나이로도 부르며, 테세우스를 최고의 영웅으로 여긴다(아티카는 철학과 문학을 창조적으로 주도하여 줄곧 그리스 문화의 중심이었다).
* 오늘날에는 뮤지컬·영화 〈맘마미아〉 촬영지였던 산토리니, 성경의 중요한 무대였던 테살로니키(테살로니카·데살로니가·살로니카) 등이 잘 알려져 있다.

로마 제국: 38개의 속주

갈라티아, 갈리아, 게르마니아, 노리쿰, 다키아, 달마티아, 라이티아, 루시타니아, 리키아-팜필리아, 마우레타니아, 마케도니아, 메소포타미아, 모이시아, 브리타니아, 비티니아와 폰투스, 시리아, 시칠리아, 아라비아 페트라이아, 아르메니아, 아시리아·아시아, 아이깁투스, 아카이아, 아프리카, 알페스, 에피루스, 유다이아, 이탈리아, 카파도키아, 코르시카-사르디니아, 크레타-키레나이카, 키프로스, 킬리키아, 트라키아, 판노니아, 히스파니아

* 갈리아, 게르마니아, 마우레타니아, 모이시아, 알페스, 판노니아, 히스파니아 등은 2~4곳의 속주로 나눠져 있었으나, 편의상 통합해 표기했다.
* 유럽의 판도 형성과 후대에 미친 영향이 워낙 커 속주의 명칭을 알아두면 좋다. 달마티아(지금의 크로아티아로 달마시안 개의 원산지), 판노니아(지금의 헝가리 중·서부 일대의 평원) 등은 지금도 유럽의 지형을 설명할 때 자주 사용하고 있다.
* 동로마 제국(395~1453)은 로마 제국이 동·서로 갈라지면서 동쪽에 있던 로마라 하여 그리 불렸으며, 한때는 새로운 영토를 개척하며 옛 로마의 판도를 거의 회복했다. 동로마인들은 자신의 나라를 '로마 제국, 로마니아, 로마인의 제국'으로 불렀다. 일부에서 비

잔티움 제국으로 부르는 것은 1557년 독일 역사가 히에로니무스 볼프가 〈비잔티움 역사집〉을 출간하면서부터다. 330년 콘스탄티누스 대제가 천도한 뒤 콘스탄티노폴리스(영어로 콘스탄티노플)로 바꾸기 전의 명칭인 비잔티움(BC 667년 메가라의 식민자들이 세운 그리스 도시)에서 유래했다. 서유럽에서 점차 사용이 늘다가 19세기 때 '그리스인의 제국'이란 표현으로 일반화되었다. 여기에는 서유럽에서 자신들의 뿌리로 삼는 서로마 제국, 프랑크 왕국, 신성로마 제국을 로마의 정통으로 삼고, 동로마를 계승자가 아니라고 거부하는 속내가 담겨 있다. 일부에서는 비잔틴 제국이라 하지만 형용사식 표현이라 비잔티움 제국이 정확한 표현이다.

네덜란드: 12개 주

노르트 브라반트, 노르트 홀란트(암스테르담), 드렌터, 림뷔르흐, 오버레이설, 위트레흐트, 자위트 홀란트(로테르담, 헤이그), 제일란트, 프리슬란트, 플레볼란트, 헬데를란트, 흐로닝언

* 암스테르담은 수도이자 최대 도시이며, 로테르담은 유럽 최대 무역항으로 제2의 도시이고, 헤이그는 정부 소재지다.
* 프리슬란트는 영어로 프리지아라고 부르며, 서게르만족의 한 갈래인 프리지아인은 프리지아어를 사용하며 독자적인 정체성을 유지하고 있다. 바다에 접한 2개 주인 홀란트와 제일란트가 역사적·정치적·경제적으로 중요하다. 홀란트의 지명을 따 국호로도 부르며, 여기에서 '화란(和蘭)'이 유래했다.

독일: 16개 주

노르트라인-베스트팔렌(도르트문트, 뒤셀도르프, 레버쿠젠, 뮌스터, 본, 아헨, 에센, 쾰른), 니더작센(하노버), 라인란트-팔츠(마인츠), 메클렌부르크-포어포메른, 바덴-뷔르템베르크(바덴, 슈투트가르트), 바이에른(뉘른베르크, 뮌헨, 아우크스부르크), 베를린, 브란덴부르크(포츠담), 브레멘, 슐레스비히-홀슈타인(킬), 자를란트, 작센(드레스덴, 라이프치히), 작센-안할트, 튀링겐(바이마르), 함부르크, 헤센(프랑크푸르트)

* 초기 독일의 형성은 크게 4공작령인 바이에른, 슈바벤(지금의 바덴-뷔르템베르크과 바이에른의 일부), 작센(지금의 작센, 작센-안할트, 니더작센, 노르트라인-베스트팔렌 일부, 슐레스비히-홀슈타인 일부), 프랑켄(지금의 바이에른 북부와 인접 지역)이 주역이었다가 점차 넓어져 오늘의 독일로 이어졌다.
* 로트링겐은 한때 중프랑크의 중심지였다가 동프랑크 및 독일로 발전해갈 때 주역이었으며, 지금은 프랑스 영토가 되어 로렌으로 불린다. 라인란트는 라인강 주변의 지명으로

프랑스의 영토가 된 알자스-로렌을 빼고는 독일에 속해 있다. 역사적으로 독일과 프랑스 사이의 끊임없는 분쟁 지역으로 10세기 이후 제후들이 할거해 분할 지배하고 있다가, 1648년 베스트팔렌 조약으로 남부의 알자스는 프랑스령이 되었다. 유럽을 제패한 나폴레옹은 1797년 라인강 서안을 프랑스령으로 삼고, 라인 지방의 중소 제후국들을 합쳐 라인동맹을 결성해 보호 아래 두기도 했다.

* 한자(Hansa)는 발트해 주변 상인들이 길드(중세 유럽의 상공업자 조합) 또는 한자(독일의 상인 집단 조직)를 형성할 때인 1267년 문서에 처음 등장한 후 한자 동맹은 13~17세기에 걸쳐 플랑드르에 대항하면서 한때 뤼베크를 맹주로 하여 베를린, 브레멘, 쾰른, 함부르크 등을 비롯한 90개의 도시가 참여해 북유럽의 해상권을 장악했다.

벨기에: 3권역

○ 북부 플랑드르(1만3522km^2): 네덜란드어를 쓰며 르네상스 때 활약한 지역이다. 1872년 영국의 여류작가 위다가 소년 네로와 개 파트라슈의 아름답지만 힘든 여정을 담은 〈플랜더스의 개〉의 배경으로 유명하다.

○ 남부 왈롱(1만6844km^2): 왈로니로도 부르며, 프랑스어를 사용한다.

○ 독일어 사용 지역(3624km^2): 원래 독일 라인 지방의 일부였다가 1차 세계대전 후 독일로부터 할양받은 지역으로 독일어를 사용한다.

* 플랑드르는 네덜란드어로 블렌데렌, 영어로 플랜더스라 한다. 얀 베 에이크로 대표되는 북방 미술의 중심지로서 르네상스를 비롯해 역사 속의 주요 무대였다. 네덜란드어를 사용하여 네덜란드의 역사로 인식하는 경우가 많다(수도 브뤼셀은 프랑스어 사용 인구가 늘어 다수다). 넓게는 네덜란드 남부에서 벨기에와 프랑스 북동부 일대를 통칭했으나, 지금은 벨기에 북부를 가리키는 북해 연안 지역이다. 전략적 요충지라 무역과 산업이 발전했고, 한때 유럽 최대의 모직공업이 형성되었고 루벤스, 프란스 할스, 반 다이크, 베르메르 등이 활약하며 플랑드르 미술(플레미시파)을 꽃피웠다. 15세기 플랑드르 악파(네덜란드 악파)가 활동하면서 유럽 음악의 중심지로 다성음악을 비롯한 클래식 음악의 모태가 되었다.

* 3권역으로 구성되지만 독일과 국경을 접한 독일어권 사용 지역이 좁아 남북으로 나눠 보는 경우가 많다. 인구 구성비에서는 플랑드르인이 57%, 왈롱인이 32%를 차지한다. 공식 공용어로는 네덜란드어, 프랑스어, 독일어다.

* 구교를 믿는 남부 10개주가 신교를 믿는 북부 7개주의 네덜란드에서 갈라져 오늘에 이르고 있다.

스페인: 17개 자치지방과 2개 자치시

○ 자치지방: 갈리시아(비고, 산티아고 데 콤포스텔라), 나바라, 라리오하, 마드리드, 무르시아, 바스크(빌바오), 발레아레스 제도(팔마 데 마요르카), 발렌시아, 아라곤(말라가·사라고사), 아스투리아스(오비에도), 안달루시아(그라나다·세비야·코르도바), 에스트레마두라, 카나리아 제도(라스팔마스), 카탈루냐(바르셀로나), 카스티야-라만차(톨레도), 카스티야 이 레온, 칸타브리아(산탄데르)

○ 자치시: 멜리야, 세우타(북아프리카에 있는 스페인령으로 모로코와 영유권 분쟁)

* 국토 면적이 50.4만km^2로 서쪽 모퉁이의 포르투갈을 뺀 이베리아 반도 전역을 차지하며, 유럽에서 프랑스와 우크라이나에 이은 3위의 영토국가다.

* 역사적으로 독립 왕국들의 통합 속에 북부에서 남부로 남하하면서 형성되었다. 피레네 산맥 건너 북부에서 레온-아라곤-카탈루냐(서쪽에서 동쪽 방향), 중부 카스티야, 동부 발렌시아, 남부 안달루시아 등지가 중요한 지역으로 역할했다. 다양한 인종과 민족이 활동했고, 지역색이 강하다. 북쪽의 갈리시아는 켈트족, 바스크는 이베리아족의 한 갈래인 바스크족, 남부의 안달루시아는 이슬람 아랍인, 카탈루냐는 프랑스의 영향이 남아 있다. 언어와 문화가 너무 다르고 서로에 대한 감정도 좋지 않아 독자화와 분리독립을 강하게 원하기도 한다. 그 밖에 나바라, 발레아레스 제도, 발렌시아, 아스투리아스 역시 나름의 독특한 지방색을 가지고 있다.

* 스페인은 기독교 세력이 이슬람 세력을 축출하고 세운 나라다. 재정복·국토회복전쟁을 뜻하는 레콩키스타로 성립했다. 711~1492년에 걸친 이슬람 세력의 오랜 지배에 저항하여 북서부 지역을 거점으로 전개하면서 여러 왕국들이 통합했고, 중부의 카스티야와 지중해 연안에서 세력을 확장한 아라곤 두 왕국이 이베리아 반도 대부분을 차지했다. 1469년 카스티야의 이사벨 1세와 아라곤의 페르난도 2세의 결혼으로 최초로 스페인 통합 왕국이 성립했고, 1492년 이슬람 최후의 거점인 그라나다 왕국을 함락해 완성했다. 이들의 결혼은 느슨한 결합이어서 완전한 통일 스페인 왕국은 1516년에 성립하여 오늘에 이르고 있다. 다만 지상 최고의 아름다운 기타 연주곡으로 손꼽히는 '알람브라 궁전의 추억'으로 유명한 알람브라(알함브라) 궁전을 비롯해 안달루시아를 중심으로 한 남부에서는 이슬람 색채가 강하다.

* 나바라(나바레, 프랑스어로 나바르)는 피레네산맥 서쪽의 구릉지로 1만km^2에 이른다. 원주민인 바스크족은 로마, 서고트, 프랑크에 저항하며 굴복하지 않았다. 지금도 고유어인 바스크어를 사용하며 분리독립을 원한다.

* 레온은 BC 1세기 로마에 의해 건설되었다가 68년 로마군의 주둔지로서 발전했다. 레온 왕국의 수도로 번성했고, 이후 스페인 북서부의 주요 도시로 역할했다.

* 바스크(바스코, 바스코네스, 바스콩가다스)는 면적이 0.7만km^2에 이르며, 피레네산맥의 서쪽 끝이다. 좁게는 스페인 영토 지역을 가리킨다. 과거 나바라 왕국의 북부에 해당하며 바스크인 아래 별도의 자치지방을 이루고 있다.

* 발레아레스 제도는 스페인 동쪽에 있는 지중해의 대표적인 휴양지다. 발렌시아는 그리스, 카르타고, 로마, 서고트 등의 지배를 거쳐 1094년 〈시드의 노래〉로 유명한 국민영웅 엘 시드가 이슬람의 지배로부터 정복했으나, 그의 사후 다시 이슬람 세력에 넘어갔다가 1238년 아라곤 왕국 때부터 스페인의 일부가 되었다.
* 아라곤은 스페인 북동부에 위치하며 면적이 4.8만km^2이다. 아라곤 왕국은 과거 카스티야 왕국과 더불어 스페인 통일의 양대 주역으로 활약했다.
* 카스티야는 레온 왕국에 이어 아라곤 왕국과 통합하는 한편 레콩키스타를 완수하여 스페인 통일 왕국을 만드는데 가장 주도적인 역할을 한 카스티야 왕국이 있던 스페인 중부다. 이이베리아 반도 중앙부를 동서로 뻗는 중앙산맥을 경계로 해발 평균 600m의 메세타 즉 중앙대지를 차지한 채 17.4만km^2의 면적에 2개의 자치지방으로 나누어져 있다.
* 카탈루냐는 북동부에 있는 자치지방으로 3.2만km^2이다. 로마와 서고트의 지배를 거쳐 이슬람 세력의 지배 아래 있다가 8세기경 프랑크 왕국의 카를 대제가 점령하면서 변경백이 되었다가 바르셀로나 백작령을 거쳐 10세기에 독립했다. 1137년 아라곤과 합병했고, 지중해 무역으로 번영을 누렸다. 카스티야-아라곤의 연합으로 스페인 통일왕국이 형성되자 통합되었고, 1640~59년과 1705~14년 2차례 반란이 실패해 독립하지 못했다. 19세기 후반 자치·독립과 노동운동의 중심지가 되었다가, 20세기 이후 1932~34년, 1936년 자치권을 얻었으나, 프랑코 정권 때 다시 잃고 카탈루냐어의 공식 사용도 금지당했다가 지금은 자치권과 공용어 위치도 되찾았다. 현재 카탈루냐인들은 완전한 분리독립을 요구하고 있다.
* 지브롤터 섬(6km^2)은 이베리아의 남쪽 끝에 있는 영국령이며, 피센 섬은 프랑스와 공동 관리하고 있다. 피레네 근처의 작은 마을 이비아는 프랑스에 둘러싸여 있다.

영국: 4권역 연합국

잉글랜드	9개 지역(region)과 48개 주(county)
스코틀랜드	32개 주(council area)
웨일스	22개 주(unitary authority)
북아일랜드	26개 주(district)

* 유럽과 세계의 수도로 불리던 런던을 비롯해 글래스고, 리버풀, 애든버러 등의 주요 도시들이 오랜 역사와 축구의 영향으로 귀에 익숙한 경우가 많다.
* 크게 잉글랜드·스코틀랜드·웨일스가 있는 브리튼(브리타니아) 섬과 북아일랜드가 있는 아일랜드(아일랜드어로 에이레) 섬으로 구성되어 있다. 브리튼은 유럽 대륙과 이어져 있다가 5만년 전에 분리되어 도버 해협(34km)을 사이에 두고 있다.
* 4개국 연합으로 이루어져 정식 국호가 '그레이트 브리튼 북아일랜드 연합 왕국'이지만 줄여서 'UK'라는 약칭으로 사용한다. 국기 유니언 잭(Union Jack)은 잉글랜드의 흰 바탕에 수호성인 성 조지의 상징인 붉은 십자, 스코틀랜드의 파란 바탕에 수호성인 성 안

드레의 상징인 흰 X자 십자, 북아일랜드의 흰 바탕에 수호성인 성 패트릭의 상징인 붉은 X자 십자를 합쳐 만들었다(잭은 배의 앞에 내거는 국적표시 선수기를 말한다).
* 4개 지역의 수도는 런던, 에든버러(에딘버러), 카디프, 벨파스트다.

이탈리아: 20개 주

라치오(로마), 롬바르디아(만토바, 밀라노, 파비아), 리구리아(제노바), 마르케, 몰리세, 바실리카타, 발레 다오스타, 베네토(베로나, 베네치아, 파도바), 사르데냐, 시칠리아(팔레르모), 아브루초, 에밀리아-로마냐(라벤나, 모데나, 볼로냐, 파르마), 움브리아, 칼라브리아, 캄파니아(나폴리), 토스카나(피렌체), 트렌티노-알토아디제, 풀리아, 프리울리-베네치아-줄리아, 피에몬테(토리노)

* 로마(영어로 롬)는 테베레강에 접한 로마 제국의 수도였고, 교황청이 있어 가톨릭의 본산이며, 현재 이탈리아의 수도로 역할하고 있다(문명사적으로 볼 때 전성기 인구가 100만명에 이르렀고, 당시 신라의 경주도 100만명에 이르러 동·서 문명의 양끝이자 실크로드의 종착지인 2곳이 세계에서 가장 큰 도시를 이루고 있었다).
* 로마와 이탈리아는 구분해서 접근할 필요가 있다. 모두 라틴족의 나라이고 이탈리아 반도를 근거지로 한 점에서는 같다. 다만 이탈리아 반도에서는 로마의 멸망 후 도시국가들이 난립하여 르네상스를 일으키고 교역·금융·산업으로 번영을 누리기도 했지만 분열 속에 군사력이 취약하여 외세의 침입과 지배가 이어졌다. 그러다가 1870년 이후에야 이탈리아라는 하나의 국가 아래 통합되었다.
* 밀라노(밀란)는 북부 최대 도시로 정치·행정 수도인 로마에 대비해 경제 수도로 여겨진다. 인구는 로마 다음이지만 광역권으로 보면 최대의 대도시권을 형성하고 있다. 롬바르디아(롬바르드·랑고바르드·롱고바르트)는 북부의 중심지이자 전체에서도 가장 중요한 지역으로, 알프스를 통해 유럽 대륙으로 이어지는 통로였다(남자가 턱수염을 길게 기르는 풍습이 있어 '긴 턱수염(long beard)'이란 뜻에서 유래했다).
* 베네토에는 독립 공화국으로 유명한 베네치아와 셰익스피어의 소설 〈로미오와 줄리엣〉의 무대가 된 베로나가 속해 있다.
* 사르데냐(사르디니아)는 이탈리아 통일국가의 성립을 주도했다. 제노바, 롬바르디아, 토스카나 등지에 이어 가리발디의 도움으로 나폴리 왕국과 시칠리아 왕국의 연합왕국인 양시칠리아 왕국을 합쳐 1861년 이탈리아 왕국을 성립했다. 1870년 교황령을 합병하고 현재의 영역으로 통일을 마무리했고, 1871년 수도를 토리노와 피렌체를 거쳐 로마로 옮겨 오늘에 이르고 있다(나폴레옹 3세의 도움을 받은 대가이자 통합국가의 성립을 위해 니스와 사보이를 프랑스에 할양했다).
* 시칠리아(시실리)는 반도 남서쪽 2.5만km^2에 이르는 지중해 최대의 섬으로 아름다운 풍경과 에트나산을 비롯한 활화산들과 마피아로 유명하다.
* 제노바(제노아)는 밀라노·토리노와 북부 산업의 중심을 이루며, 이탈리아 제1의 항구

도시로 유명하다. 문화예술과 관광도 발달했다. 탐험가 콜럼버스, 바이올린 연주로 유명한 작곡가 파가니니, 이탈리아 통일운동의 3걸 중 1명이자 공화주의자인 마치니의 고향이다.

* 토스카나는 이탈리아의 첫 원주민이자 문명을 일으킨 에트루리아인을 거쳐 로마가 정복했다. 그리스인은 티레니아라 불러 앞바다를 티레니아 해로 부른다.

* 피렌체(플로렌스)는 로마로부터 뻗은 카시아 가도의 중심으로 발전했다. 12세기 초 독립과 함께 모직물의 발전 및 직물·귀금속 조합 아래 번영하면서 유럽의 상공업과 금융업의 중심지가 되었다. 13세기 구엘프파(교황파)와 기벨린파(황제파)의 전쟁이 이탈리아 전역을 휩쓸 때 구엘프파를 이끌었고 강성한 공화국을 성립했다. 1300년을 넘어서자 인구 10만명의 대도시로 올라섰고, 산업과 문화에서 이탈리아의 중심이 되었다. 15세기 메디치 가의 주도 아래 정치적 안정과 경제적 번영 속에 르네상스를 개화하고 완성하며 절정기를 구가했다. 그러나 로렌초의 죽음 이후 혼란기를 거쳐 1532년 메디치 가의 세습제가 확립된 후 1569년 피렌체를 수도로 한 토스카나 공국으로 성립하여 존속했다. 지금도 르네상스의 중심지로 많은 예술작품이 남아 있어 도시 자체가 하나의 박물관이라 아테네에 이어 유네스코 세계문화유산 2호에 등록되었다. 미술관·도서관·고문서관이 있는 메디치 가의 우피치 궁전, 시정의 중심인 베키오 궁전, 도나텔로 등의 작품으로 알려진 산 로렌초 성당, 독창적인 고딕 양식의 산타 마리아 델 피오레 대성당, 조토의 벽화와 단테·미켈란젤로·갈릴레이·마키아벨리 등의 276명이 묻힌 산타 크로체 교회, 바르젤로 미술관으로도 불리는 국립미술관, 우피치 궁전과 베키오 궁전이 자리한 시뇨리아 광장 등이 있는 시가 중심부는 피렌체의 심장이자 보석이다. 그 밖에 메디치 가에서 매입한 저택이었다가 미술관이 된 피티 궁전, 미켈란젤로의 작품으로 이름 높은 아카데미아 미술관, 안젤리코의 벽화로 유명한 산 마르코 수도원 등이 있다. 또한 대학을 비롯해 문화·학술 기관과 단체들이 포진하고 있다.

* 이탈리아는 그리스인이 이탈리아 반도 남쪽에 도착해 소를 발견한 뒤 '송아지의 땅(Vitelia)'이라 부르면서 유래했다. 국호로는 1802년 프랑스의 나폴레옹이 밀라노와 그 주변을 영토로 하는 '이탈리아 공화국'을 건국하면서 처음 등장한 뒤, 이탈리아 왕국을 거쳐 오늘날의 이탈리아로 이어지고 있다. 국토 면적이 30.1만km^2이며, 인구 6100만명으로 유럽에서 독일·프랑스·영국에 이어 4번째로 인구가 많고, 국내총생산(GDP)은 세계 8위이자 유럽에서 4번째 경제대국이다. EU를 이끌어가는 주도국이자 새로운 지구촌 질서기구인 G20의 일원이다. 국방예산도 세계 8위로 만만찮은 전력을 갖고 있다(2000년 이후 징병제를 폐지하고 모병제를 실시하고 있다).

* 로마의 멸망 후 오랜 기간을 도시국가들로 존속하여 도시별로 특징이 뚜렷하다. 여기에 더해 민족적·문화적으로 달라 베네치아·피렌체 등의 북부는 금발과 파란눈에 큰 키, 중부는 갈색 눈과 밤색 머리색에 중간 키, 남부는 검은 눈과 곱슬머리에 작은 키와 굵은 골격 같은 차이가 난다. 특히 로마를 기준으로 남부는 지중해 문화의 색채가 강하고, 북부는 유럽화가 많이 진행되었다.

* 이탈리아는 워낙 오래 동안 나폴리, 로마, 밀라노, 베네치아(영어로 베니스), 제노바, 피

렌체 같은 도시국가들로 유지되어 한 국민이라는 의식보다 로마 시민, 베네치아 시민, 피렌체는 전통이 강하다. 그러다보니 분리독립을 원하는 곳도 많다. 잘사는 북부와 못사는 남부는 서로 갈등이 깊고 같은 국민이라는 의식도 약한 데다, 부패한 중앙정부와 대책 없이 의존하는 남부에 대한 거부감이 높아 북부의 독립 의지가 강해 롬바르디아 정당 같은 지역정당이 활동하고 있다(북부는 패션·섬유를 비롯해 상공업이 발달해 1인당 국민소득이 4만3000달러를 넘어 유럽에서도 부유하지만, 남부는 농업 중심에 2만3000달러에 지나지 않아 남북의 빈부 차가 심하다).

프랑스: 해외 레지옹 5개를 포함한 27개 레지옹

노르-파드칼레(릴), 랑그도크-루시용, 로렌, 론알프(리옹), 리무쟁, 미디-피레네(툴루즈), 바스-노르망디, 부르고뉴, 브르타뉴(렌), 상트르, 샹파뉴-아르덴, 아키텐(보르도), 알자스(스트라스부르), 오베르뉴, 오트-노르망디(루앙), 일-드-프랑스(파리), 코르시카, 페이드라루아르(낭트), 푸아투-샤랑트, 프랑슈-콩테, 프로방스-알프-코트다쥐르(마르세유, 칸-니스, 아비뇽), 피카르디(아미앵)

* 레지옹(région) 아래로 데파르트망(départements), 아롱디스망(arrondissements), 캉통(canton), 코뮌(commune)으로 5계층화한 행정구역 체제를 갖고 있다.
* 노르망디는 원래 노르만족이 개척하여 성립한 노르망디 공국에서 유래했다. 이 공국의 윌리엄 1세가 영국을 정복한 이후 영국이 가진 유럽 대륙의 영토였으나, 이 땅을 원한 프랑스와 오래 대립하다가 백년전쟁 끝에 프랑스의 영토가 되어 오늘에 이르고 있다. 1944년 6월 6일 연합군이 역사적인 노르망디 상륙작전으로 2차대전의 결정적인 승기를 잡은 곳으로 유명하다(채널 제도는 노르망디의 일부였고, 현재 영국의 일부다).
* 리비에라는 '목걸이'를 뜻하며, 칸·니스·모나코·산레모 등의 유명 관광지들이 마치 목걸이처럼 이어져 있다고 하여 붙여진 이름으로, 지중해에 접한 채 프랑스령 칸에서 이탈리아령 라스페치아에 이르는 해안을 말한다. 프랑스 리비에라(서 리비에라)와 이탈리아 리비에라(동 리비에라)로 나누며, 프랑스에서는 라 리비에르 또는 코트다쥐르라고도 부른다.
* 부르고뉴는 동부의 레지옹(3.1만km^2)으로 1369년 부르고뉴 공이 플랑드르 백작의 딸과 결혼해 결합한 뒤 필립(재위 1419~67)의 치세 때 네덜란드 거의 전역을 지배했고, 한때 프랑스왕을 능가하는 번영을 누렸다. 르네상스가 파급되어 건축물과 더불어 플랑드르 화가들이 주도한 미술활동이 활발했다. 프랑스에 병합된 이후 오늘에 이르고 있다(부르고뉴의 어원은 부르군트에서 유래했다. 부르군트 왕국(413~36, 443~534)은 부르군트족이 세운 중세 초기의 왕국으로 436년 훈족의 공격으로 멸망했다. 하지만 나머지 부족들이 서로마의 허락을 받아 론강·손강 일대로 이동해 443년 제네바를 수도로 왕국을 재건했다. 한때 서고트족에게 프로방스를 빼앗는 등 나름대로 번성기를 누리다가 500년 프랑크 왕국의 클로비스 1세에게 패해 복속되었다가 프랑크의 잇단 침입으로 멸망했다).
* 브르타뉴는 대서양에 접한 반도 지역(2.7만km^2)으로 5세기경 켈트족이 색슨족의 탄압

을 피해 영국의 브리튼 섬에서 옮겨와 정착한 뒤, 켈트족을 브리튼족으로, 그 지역을 브리타니아로 부르면서 유래했다. 프랑크의 지배를 받다가 9세기경 잠깐 독립했으나 9~10세기에 걸친 노르만족의 침입으로 브르타뉴 공의 자리계승 문제로 영국과 프랑스가 분쟁을 벌이며 번갈아 지배하다가 1532년 프랑스에 병합되어 오늘에 이르고 있다(프랑스에서 얼마 남지 않은 켈트어를 사용하며, 특히 서부에서 토착어인 브르타뉴어를 소수가 쓰지만 유일한 공식어인 프랑스어의 확산으로 줄어들고 있다).

* 알자스-로렌(독일어로 엘자스-로트링겐)은 농업과 유럽 최대의 철 생산지라 프랑스와 독일의 분쟁이 끊임없이 이어져다. 신성로마 제국의 영토였다가, 30년전쟁(1618~48) 후 프랑스령이 되었으며, 1871년 프로이센-프랑스 전쟁(보불전쟁)으로 다시 독일의 영토가 되었다. 1차대전 후 독일의 패전으로 프랑스 영토가 되었으며, 1940년 히틀러에 의해 다시 독일에 병합되었다가 1945년 2차대전 종전 후 프랑스의 영토가 되어 오늘에 이르고 있다(로렌(2.35만km²)은 프랑크의 로타르 1세가 두 동생들에게 패전한 뒤 왕국의 영토를 3분해 서프랑크(프랑스)와 동프랑크(독일)로 나눈 뒤 남은 중프랑크(로타르)의 중심지로 생겨났다. 로타르 왕국이 사라진 뒤 다시 분할되었다가 신성로마의 로렌 공국이 되었다. 처음에는 오일어(프랑스어 중에 프로방스어를 포함하는 남부의 오크어와 대비되며, 프랑스 북부, 벨기에 남부, 스위스 북부에서 사용)와 게르만어의 경계였고, 신성로마의 중요한 일부였지만 프랑스의 영향에서 벗어나지 못한 채 결국 프랑스의 일부가 되었다. 알자스(0.83km²)도 지역적으로 붙어 있는 로렌과 같은 운명을 걸었다).

* 일드프랑스는 '프랑스의 섬'이란 뜻으로 센강, 마른강, 우아즈강, 엔강을 경계로 삼아 강에 둘러싸인 파리를 중심으로 한 평원이 형성되어 유래되었다. 파리를 둘러싼 대도시권에 해당하는 지역(1.2만km²)으로 프랑크 때 영지가 된 후 왕가의 직령지로서 왕국 형성의 중심이 되었다. 프랑스가 파리를 중심으로 발전하면서 외곽·배후 지역으로 역할하고 있다.

* 프로방스는 남동부의 레지옹으로 정식 명칭은 프로방스-알프-코트다쥐르다. BC 6세기경 그리스인에 의해 마살리아(지금의 마르세유)가 건설되었다가 BC 2세기 때 로마 에 정복되면서 속주 프로빈키아에서 유래해 프랑스 남부와 이탈리아 북서부 일대를 가리켰다. 게르만 대이동 때 부르군트 왕국에 속했다가 프랑크에 귀속되었으며, 신성로마의 일부였다가 12세기부터 프로방스 백령이 되었고 영주국가로 존속하던 중에 1486년에 프랑스령이 되어 오늘에 이르고 있다. 서쪽에서 동쪽으로 아비뇽, 마르세유, 칸, 니스가 있고, 독립국인 모나코와 국경 너머 이탈리아에 산레모가 있다(칸은 지중해의 피한·피서지로 19세기에 나폴레옹 3세가 대규모 호텔을 건립한 후 세계적인 관광지가 되었다. 1946년 3대 국제영화제의 하나인 칸 영화제가 해마다 열려 유명하다. 니스는 3.5km에 걸쳐 이어지는 해변 산책로를 비롯해 따뜻하고 아름다운 풍경을 대표하며, 화가들의 별장에다 마티스미술관과 샤갈미술관이 있다. 이탈리아의 통일 영웅 가리발디가 태어난 곳이다).

* 코르시카는 남동쪽 지중해에 있는 섬(0.87만km²)이자 레지옹이다. 관광지로 유명하지만 대부분 산지와 구릉지대라 산악활동에 그만이며, 관목림으로 덮여 있다. 처음에 이베리아인이 정착했으나, 페니키아·에트루리아·카르타고·로마 등이 차례로 식민지로 삼

았으며, 8~10세기에 아바스 제국이 지배했다. 이후 제노바의 지배를 거쳐 1768년에 프랑스가 사들여 오늘에 이르고 있다. 아작시오는 나폴레옹이 태어난 곳으로 유명하며, 섬 전체가 세계문화유산에 등록되어 있다(나폴레옹은 원래 이탈리아인이었으나, 아버지가 국적을 바꾸면서 프랑스에서 활동하게 된 것이다).

중소 유럽국들: 수도를 중심으로 일부 명소들이 유명함

노르웨이(릴레함메르, 베르겐, 오슬로), 덴마크(코펜하겐), 루마니아(부쿠레슈티), 벨기에(브뤼셀, 브뤼허), 벨라루스(민스크), 불가리아(소피아), 세르비아(베오그라드), 스웨덴(스톡홀름), 스위스(로잔, 바젤, 베른, 제네바, 취리히), 아일랜드(더블린), 오스트리아(빈, 잘츠부르크), 우크라이나(키예프), 체코(프라하), 포르투갈(리스본, 포르투), 폴란드(폴란드 회랑), 핀란드(헬싱키), 헝가리(부다페스트)

---

* 루마니아는 동유럽 국가들 중에 '로마인의 나라'라는 말 그대로 라틴 계통이다. 이웃한 몰도바도 한 계통이다. 트란실바니아(10.4만km^2)는 루마니아 중·서부의 드넓은 평원으로 1897년 아일랜드 출신의 영국 소설가 브램 스토커가 쓴 뱀파이어의 원조격인 〈드라큘라(흡혈귀 드라큘라 백작)〉의 무대로 유명하다.
* 체코는 체히, 모라바, 슬레스코의 3지방으로 구성된다. 역사적으로 체히는 원주민의 부족명에서 유래했다. 이 지방에 유랑민족인 집시가 많이 살아 보헤미안이라 부르기도 한다. 19세기 후반부터 자유롭게 방랑 생활을 하는 문인·예술가·지식인을 나타내는 말이 되었다(집시(Gipsy)는 코카서스 인종에 속하는 유랑민족으로 적어도 400만명에 이르며 주로 유럽에 살고 있다. 일반적으로 인도에서 생겨나 소아시아를 지나 발칸과 도나우강을 거치면서 서쪽으로 이동했다고 보며, 범어 즉 산스크리트계의 언어를 사용하고 있다. 스스로를 롬(Rom)·돔(Dom)이라 하며, 집시어를 로마니(Romany)라 한다. 다만 영국에서 처음 집시들이 이집트에서 온것으로 잘못 알아 이집트인(Egyptian)이라 했고, 첫머리의 E가 떨어져나가면서 집시라 부르고 있다. 또한 프랑스에서는 보헤미안, 북유럽과 독일 북부에서는 타타르·사라센인, 독일에서는 치고이너, 헝가리에서는 치가니, 이탈리아와 스페인에서는 히따노로 불린다). 그래서 체코의 보헤미안과 우리가 흔히 말하는 보헤미안과 다르다. 슬레스코(5.6만km^2)는 체코 동북부는 물론이고 폴란드 서남부에 걸쳐 있는 방대한 지역으로 전략상의 가치로 인해 우리에게도 익숙하다(독일어로 슐레지엔, 라틴어로 실레시아, 영어로 실레지아, 체코어로 슬레스코, 폴란드어로 실롱스크로 불린다).
* 헝가리 국토 중·서부에 있는 판노니아는 트란실바니아와 함께 유럽에서 2곳뿐인 방대한 평원이다. 대초원 북방세력이 유럽으로 진출할 때 항상 근거지가 되었으며, '훈족의 나라'라는 이름 그대로 지금도 훈족의 후손들이 나라를 이루고 있다.

소국 또는 도시국가: 국가 자체가 유명한 도시이거나 관광지인 경우

라트비아(리가), 룩셈부르크, 리투아니아(빌뉴스), 리히텐슈타인, 마케도니아(스코페), 모나코, 몬테네그로, 몰타, 바티칸 시국, 보스니아-헤르체고비나(사라예보), 산마리노, 슬로바키아(브라티슬라바), 슬로베니아(류블랴나), 아이슬란드(레이캬비크), 안도라, 알바니아(티라나), 에스토니아(탈린), 코소보, 크로아티아(자그레브), 키프로스

* 인구 500만명 정도에 경상도(3만2267km², 인구 1330만명)보다 영토가 좁은 소국들로 여행 차원에서라면 2박3일이면 어느 정도 둘러볼 수 있다.
* 알바니아인은 독특한 혈통으로 알바니아와 코소보에 주로 살고 있으며, 이슬람교를 믿는다. 보스니아-헤르체고비나는 슬라브족에 속하지만 이슬람교를 더 많이 믿는다.

유럽의 건축 양식과 대표 건축물

그리스 건축(BC 3000~BC 146)	
도리아식 (도리스식)	엘리스의 헤라 신전(헤라이온. BC 640), 아그리 겐룸의 제우스 올림푸스 신전(BC 470), 페스툼의 포세이돈 신전(BC 450), 아테네의 파르테논 신전(BC 448~32)
이오니아식	사모스 섬의 헤라 신전(헤라이온. BC 540), 아테네의 에렉테이온 신전(BC 420~393), 아르테미스 신전(BC 356), 밀레투스의 아폴로 디 디메우스 신전
코린트식	아테네의 제우스 신전, 올림피에이온(BC 174)

* 크레타 문명 때 중심지인 크레타(미노아·미노스) 섬의 크노소스 궁전과 카마이지 타원 주거 등이 있다. 미케네 문명 때는 티린스 궁전와 미케네 궁전 등이 손꼽힌다.
* 파르테논 신전은 도리아식 건축의 대표작으로 아테네의 수호여신인 아테나에게 바친 신전이다. 아크로폴리스 중에 가장 아름답고 웅장한 건축물로 그리스 건축의 대표 건축물로 손꼽힌다. 유네스코 세계문화유산 1호로도 유명하다.
* 프로필레아 신전처럼 외부는 도리아식, 내부는 이오니아식으로 혼용되거나, 파르테논 신전처럼 내부에 일부 이오니아식이 반영된 경우도 있다.
* 신전은 물론이고 아고라(광장), 스토아(열주랑·회랑), 디오니소스(극장), 히포드로모스(히포드롬, 대형 경마·전차 경기장), 스타디온(육상경기장), 짐나지온(짐나지움, 실내 체육관), 팔레스트라(씨름장·레슬링장) 등도 방대한 그리스 전역에 건설되었다.

로마 건축(BC 753~AD 330)	
로마	디오클레티아누스 욕장, 마르스 울토르 신전, 성 마리아 마조레 성당(산타 마리아 마지오레 대성당·리베리오 대성당·성모 대성당·성모 설지전), 성 베드로 대성당, 베스타 신전(원형평면), 아우구스투스 개선문, 카라칼라 욕장, 콜로세움(원형경기장), 성 클레멘트 성당, 키르쿠스 막시무스(최대 25만명을 수용한 대전차경기장), 판테온(로마의 모든 신들게 바친 원형평면 신전), 포룸 로마눔
노세라	세례당
라벤나	세례당
티볼리	하드리아누스 별장

피렌체	성 로렌초 성당
레바논	발베크 대신전(유피테르(제우스·주피터)·베누스(아프로디테·비너스)·바쿠스(디오니소스·바커스)의 3개 신전 배치)

* 로마시민을 위한 극장과 경기장, 승리와 영광의 상징인 개선문, 황제가 직접 명해 지은 대형 욕장(공중목욕탕), 법정·상업거래소·집회장 같은 큰 홀 형식의 바실리카(중세 성당 건축 양식의 기준이자 전형이 되어 성당 그 자체로도 불림), 도무스(상류층 도시주택)–빌라(상류층 별장)–인술라(평민들 연립주택) 등도 로마를 대표하는 건축물들이다. 특히 로마인에게 밀가루 무료급식을 제공해 대전차경기장과 원형경기장뿐만 아니라 극장, 모의 해전장 등을 설치해 먹고 보며 즐기도록 만들었다. 키르쿠스에서 서커스란 말이 유래되었다.
* 로마시의 심장부는 원로원 의사당과 신전을 비롯한 복합 공공시설이 배치된 포룸 로마눔(포로 로마노)을 중심으로 동쪽으로 콜로세움, 서쪽으로 테베레강, 남쪽으로 팔라티노 언덕, 북쪽으로 캄피돌리오 언덕으로 이어진다(도시에 포룸(포라, 영어 포럼 유래)이라 불리는 광장이 설치되어 정치와 종교의 중심지로 역할했다).
* 콜로세움은 로마의 중심지인 포로 로마노에 위치한 상징적인 건축물로 72~80년에 걸쳐 지은 타원형의 경기장이다. 최대 7만명이 수용 가능한 4층의 원형 경기장으로 경기장의 원형이 되어 제국 전역으로 확산되었다. 그리스 건축의 계승자답게 1층은 도리아식, 2층은 이오니아식, 3층은 코린트식으로 되어 있다. 4층은 관중용 햇빛 가리개인 벨라리움(천막)을 고정하기 위한 장대장치를 지탱하는 240개의 기둥들로 배치했다. 이 천막을 펼칠 때 가까운 오스티아항에서 배를 이용해 줄을 끌어당겼다. 계단과 독립 공간인 갈레리아(휴게실, 갤러리아), 나무와 언덕까지 설치한 모래로 덮인 바닥과 검투사·노예·맹수들의 수용시설이 있었다.

비잔틴 건축(330~1453)	
콘스탄티노플	셀기우스와 바커스 성당, 성 소피아 성당, 성 이레네 성당
라벤나	성 비탈레 성당
베네치아	성 마르코 성당

로마네스크 건축(10세기 후반~12세기)	
피사	피사 성당과 종탑, 세례당
로마	조반니 수도원, 파오르 후로리 레 무라
밀라노	성 암브로지오 성당, 성 제노 마지오레 성당

베네치아	몬리일 성당, 폰다 코 디 투르키 궁전
피렌체	성 미니아토 성당
독일	보름스 대성당
영국	더램 성당
오스트리아	잘츠부르크의 성 베드로 성당
프랑스	아비뇽의 노트르담 성당

* 로마 제국의 본산이라 이탈리아 반도의 도시들이 상대적으로 번성하며 건축물을 많이 세울 수 있었다.

고딕 건축(12~15세기)	
독일	아우크스부르크 성당(성모마리아 대성당), 울름 성당, 쾰른 성당
영국	캔터베리 성당, 솔즈베리 성당, 옥스퍼드 대학, 요크 민스트(성공회 성당), 웨스트민스터 성당, 케임브리지 대학
스페인	톨레도 성당, 바르셀로나 성당
이탈리아	밀라노 성당, 베네치아 도제 궁전(두칼레 궁전=팔라초 두칼레), 시에나 성당, 피렌체 대성당(두오모 대성당)
체코	프라하 성당
프랑스	파리 노트르담 성당·생드니 성당·샤르트르 성당, 랭스 성당, 르망 대성당(르망 생 쥘리앵 대성당), 아미앵 성당

* 그 밖에 이 시대의 대표적인 건축물로 극장, 성곽, 다리 등에 걸쳐 다양했다.
* 피렌체 대성당은 산타 마리아 델 피오레 대성당을 말하며, 두오모(돔)로 유명하다.
* 생드니 성당은 고딕 성당의 시초가 되었다. 랭스 성당은 국왕의 대관식장으로 사용되어 유명하다.

르네상스 건축(15~16세기)	
피렌체	루첼라이 궁전, 메디치 궁전(리카르디 궁전), 베키오 궁전, 산타크로체 성당의 파치 예배당, 성 로렌초 성당, 성 마리아 노벨라 성당, 피렌체 대성당 두오모(돔), 피티 궁전(피렌체에서 가장 큰 건축물로 지금은 미술관)
로마	산 피에트로 인 몬토리오 성당의 템피에토(중정에 세운 로텐더(로텐다·로톤도·로톤다) 형식의 기념예배당), 성 베드로 대성당, 칸셀레리아 궁전, 캄피돌리오 광장, 파르네제 궁전
베네치아	성 마르크 도서관
만토바	델 테 궁전, 성 안드레아 성당
비첸차	빌라 알메리코 카프라, 올림피코 극장
프랑스	블로아 성(프랑소아 만사르), 루브르 궁전(루브르 박물관)

* 아르놀포 디 캄비오가 맡은 베키오 궁전 · 피렌체 대성당, 브루넬레스키가 맡은 최초의 르네상스 건축인 '고아원'을 비롯해 산타 크로체 성당의 파치 예배당·성 로렌초 성당·피렌체 대성당·피티 궁전, 알베르티가 맡은 성 마리아 노벨라 성당·성 안드레아 성당, 브라만테가 맡은 칸셀레리아 궁전, 브라만테와 미켈란젤로가 맡은 성 베드로 성당, 산소비노의 성 마르크 도서관 등이 대표적이다.
* 성 로렌초 성당(바실리카 디 산 로렌초)은 393년 건립한 후 1421~26년 브루넬레스키가 피렌체 최초의 르네상스 양식으로 재건축했다. 메디치 가의 사람들이 잠들어 있다. 바로 옆에는 미켈란젤로가 설계·건축한 라우렌치아나 도서관이 붙어 있다.
* 캄피돌리오 광장은 로마의 발상지인 7개 언덕의 하나인 카피톨리노 언덕에 3개의 건축물을 갖춘 미켈란젤로의 대표작으로 바로크 양식의 시초로 보기도 한다. 올림피코 극장은 현존하는 가장 오랜 르네상스 극장이자 실내 극장으로 팔라디오의 마지막 작품이다.
* 이니고 존스가 17세기 전반에 팔라디오를 계승해 활약하며 영국 건축의 기초를 놓았다. 바로크의 영향도 일정하게 반영하고 있다. 그리니치의 여왕전(왕비관), 런던의 세인트폴 교회당·윌튼 하우스·코번트 가든·화이트 홀 향연전 등을 남겼다.
* 유럽의 건물은 인명·지명과 마찬가지로 언어에 따라 다르게 사용되는 경우가 많고, 특징이나 별칭·약칭을 사용하면서 다양하게 불리기도 한다. 특히 한국에서는 영어로 바꿔 쓰는 탓에 현지에 가면 혼선이 생기는 경우가 적지 않다. 이 책에서는 영어로 세인트, 이탈리아어로 산으로 표현할 경우 가급적 한국식으로 '성'을 붙였고, 해당국의 언어를 우선으로 했다. 다만 어원이나 국제적인 통용에 따라 다른 경우도 있다. 그래서 빌라 알메리코 카프라는 빌라 로톤다, 라 로톤다, 빌라 라 로톤다, 빌라 카프라, 빌라 알메리

코 등으로 불리며, 피렌체 대성당은 이탈리아어로 산타 마리아 델 피오레 대성당 또는 초대형 돔(두오모)이 상징적이라 두오모 대성당이라고도 한다. 팔라초 베키오는 궁전의 이탈리아어인 팔라초를 현지어 그대로 반영해 표현한 것이다(궁전, 정청, 대저택을 '팔라초'로 부른다).

바로크 건축(17~18세기)	
독일	비에르젠하일리겐 순례교회, 위스 교회
영국	블레넘(블렌하임) 궁전, 성 파울 성당, 하워드 성, 옥스퍼드의 라드클리페 도서관
오스트리아	벨베데레 궁전
이탈리아	바르베니 궁전, 성 베드로 광장, 성 카를로스 성당, 성 로렌초 성당
프랑스	베르사유 궁전, 소르본느 성당, 앙발리드 성당

* 베르사유 궁전은 파리 남서쪽으로 20km 정도 떨어진 매우 호화로운 건축물이다. 길이가 685m, 정원이 여의도 크기만 한 8.15km²에 15만그루의 나무, 너비 62m·길이 1650m의 운하, 1000여개의 분수대 등이 들어서 있다. 중앙에는 '거울의 방(17개 거울이 설치된 방 하나가 75m)', '비너스의 방(벽면 전체가 대리석)', '전쟁의 방' 등으로 구성된 수십개의 방과 홀이 있다. 루이 14세가 세운 이후 프랑스의 정치와 외교 및 상류층의 사교 중심지였다. 하지만 백성들은 수십만명이 동원되어 하루 내내 일하고도 빵 2~3개의 대가밖에 받지 못한 채 숱한 희생을 치르며 지어졌다.

로코코 건축(18세기)	
프랑스	베르사유 궁전의 예배당을 비롯한 홀과 통로, 퐁텐블로 궁전 회의실
독일	상수리 궁전, 뮌헨 궁정극장
오스트리아	쇤부룬 궁전, 인스부르크 헬블링 하우스

* 로코코 양식의 첫 작품으로 베르사유 궁전의 예배당을 손꼽는다.

신고전주의 건축(18세기 중반~19세기 중반)	
프랑스	생 쉴피스 성당, 베르사유 궁전의 프티 트리아농, 오데옹 극장

영국	노팅엄 성당·성 어거스틴 성당, 국회의사당과 빅벤, 버킹검 궁전
독일	베를린 위병본부

* 신고전주의의 첫 작품으로 생 쉴피스 성당을 손꼽는다.

낭만주의 건축(18세기 후반~19세기)	
영국	치즈윅 가든, 벨로나 신전, 뉴게이트 감옥, 스트로베리 힐
프랑스	베르사유 궁전의 벨베데레, 사랑의 신전, 트리아농 정원, 트리아농의 시골마을

인명과 지명

– 명칭의 어원과 나라별 언어에 따른 표기와 발음 –

〈인명〉

레오	
유래	'사자'라는 뜻으로 레오 1세 이후 즐겨 사용
용례	영어로 라이언, 독일어로 레오폴트, 라틴어·영어로 레오, 레오나르도, 스페인어로 리오넬, 포르투갈어로 레오니다스, 프랑스어로 나폴레옹

* 나폴레옹(황야의 사자), 레오니다스(사자의 아들), 레오폴드(성난 사자)같이 부가적인 의미를 갖기도 한다.

루이	
유래	'위대한 전사'를 뜻하는 게르만어에서 유래해 자주 씀
용례	독일어로 루트비히, 스페인어·포르투갈어와 영어로 루이스, 이탈리아어로 로도비코·루이지, 프랑스어로 루이·클로비스, 헝가리어로 러요시

* 원래 클로비스 1세로 인해 주로 사용되다가 게르만어에서 라틴어로 넘어가면서 변용을 거쳐 루이로 통용되고 있다.

류리크	
유래	게르만어를 슬라브어로 표기하면서 유래
용례	러시아어·우크라이나어로 류리크, 영어로 로더릭, 스페인어로 로드리고, 포르투갈어로 호드리구

* 스페인어 이름인 로드리게스는 '로드리고의 아들'이란 뜻으로 널리 쓰이고 있고, 포르투갈어로는 호드리게스가 된다.

마이클	
유래	히브리어에서 비롯한 이름으로 널리 사용되고 있음

용례	그리스어·라틴어·히브리어로 미카엘, 독일어로 미하엘, 러시아어로 미하일, 스페인어·포르투갈어로 미겔, 아랍어로 미카일, 영어로 마이클·미셸, 폴란드어로 미하우, 프랑스어로 미셸

메리	
유래	예수의 어머니인 마리아 이후 여성 이름으로 널리 쓰임
용례	독일어·프랑스어로 마리, 아랍어·히브리어로 미리암, 영어로 마리·메리, 러시아어·스페인어·영어·아틸라이어·한국어로 마리아

바울	
유래	'작은, 낮은'을 뜻하며 기독교의 사도 바울 이후 두루 쓰임
용례	그리스어로 파울로스, 라틴어로 파울루스, 영어로 파울·폴, 프랑스어로 폴, 히브리어로 사울

* 유대교에서 사울, 로마가톨릭에서 바오로, 개신교에서 바울, 동방 정교회와 성공회에서 바울로라 한다.

요한	
유래	히브리어(헤브라이어·유대어)에서 유래하여 널리 쓰임
용례	게르만어로 요하네스·요한, 그리스어로 요한네스, 네덜란드·헝가리어로 얀, 독일어로 한스, 라틴어로 요안네스, 러시아어로 이반, 불가리아어로 야니, 스코틀랜드어·아일랜드어로 숀, 스페인어로 후안, 영어로 존, 이탈리아어로 조반니·잔, 카탈루냐어로 조안, 포르투갈어로 주앙, 프랑스어로 장

* 한국에서는 요환이라 부르기도 한다. 여성 이름으로 에번, 에번스, 잔, 재닛, 제인, 조앤 등이 유래되기도 했다.

윌리엄	
유래	게르만어로 '투구'를 뜻하는 빌러헬름에서 유래
용례	네덜란드어로 빌럼, 독일어로 빌헬름, 영어로 윌리엄, 이탈리아어로 굴리엘모, 프랑스어로 기욤

* 윌리엄을 줄여 윌, 빌, 윌리, 리엄 등으로 변용해 사용한다.

조지	
유래	'농부'를 뜻하는 그리스어에서 유래하여 두루 쓰임
용례	그리스어로 게오르기우스, 네덜란드어로 쇼르스·요리스, 독일어로 게오르기·게오르크·위르겐, 라틴어로 그레고리우스·게오르기우스, 러시아어로 게오르기·유리·그루지야, 영어로 조지, 이탈리아어로 그레고리오·조르조, 프랑스어로 조르주

찰스	
유래	'자유민'이란 게르만어에서 유래하여 널리 쓰임
용례	네덜란드어·체코어로 카렐, 노르웨이어·스웨덴어와 영어로 칼, 독일어로 카를, 라틴어로 카롤루스, 루마니아어·폴란드어로 카롤, 스페인어로 카를로스, 영어로 찰스·샬리, 이탈리아어로 카를로, 포르투갈어로 카를루스, 프랑스어로 샤를, 핀란드어로 카를레, 헝가리어로 카로이

카이사르	
유래	로마의 정치가·장군인 율리우스 카이사르를 거쳐 널리 쓰임
용례	라틴어로 카이사르·케사르, 영어로 시저, 독일어로 카이저, 러시아어로 차르(짜르), 이탈리아어로 체사레, 포르투갈어로 세사르, 프랑스어로 세자르

토마스	
유래	'쌍둥이'를 뜻하는 아람어에서 유래해 도마 후 두루 쓰임
용례	네덜란드어.독일어.라틴어.스페인어로 토마스, 영어로 토머스, 프랑스어로 토마

프랜시스	
유래	라틴어에서 유래하여 널리 쓰임

용례	독일어로 프란츠, 스페인어·포르투갈어로 프란치스코, 스페인어로 프란시스코, 영어로 프랜시스, 이탈리아어로 프란체스카 · 프란체스코, 프랑스어로 프랑수아

프리드리히

유래	게르만어에서 유래하여 군주를 비롯해 독일에서 유달리 애용
용례	노르웨이어·덴마크어·스웨덴어로 프레드리크, 독일어로 프리드리히, 영어로 프레더릭 또는 줄여서 프레드, 이탈리아어로 페데리코, 체코어로 베드르지흐, 프랑스어로 프레데리크

* 독일은 제후들이 할거해 군주들만 해도 수십명이 넘는다. 독일 왕일 때 프리드 리히 1세지만 제후국에서는 프리드리히 3세가 되듯이 유럽에서는 한 군주를 놓고 국가 또는 제후국에 따라 명칭이 달라지는 경우도 많다.

피터

유래	그리스어에서 유래하여 베드로 이후 두루 사용되고 있음
용례	그리스어로 페트로스, 라틴어로 페트루스, 러시아어로 표트르, 스페인어로 페드로, 아랍어로 부트로스, 영어로 피터, 이탈리아어로 피에트로, 포르투갈어로 페드루, 프랑스어로 피에르

필리프 또는 펠리페

유래	예수의 12제자 중 1명인 빌립 이후 두루 사용되고 있음
용례	그리스어로 필리포스, 라틴어로 필리푸스, 스페인어로 펠리페, 영어로 필립·필·빌립, 이탈리아어로 필리포, 프랑스어로 필리프

헨리

유래	게르만어에서 유래하여 두루 쓰임
용례	독일어로 하이네.하인리히, 스페인어로 엔리케, 영어로 헨리, 이탈리아어로 엔리코, 포르투갈어로 엔히크, 프랑스어로 앙리

헬렌	
유래	그리스 신화에서 유래되어 널리 쓰임
용례	그리스어로 엘레네, 영어로 헬렌, 프랑스어로 엘렌, 독일어로 헬레나, 스페인어·이탈리아어로 엘레나

〈지명〉

이아(-ia)	
유래	라틴어에서 유래하여 남유럽을 비롯해 널리 확산되어 사용
용례	나라명인 이탈리아·러시아, 이탈리아 중서부의 베네치아, '이베르인의 지역'이란 뜻으로 스페인·포르투갈이 있는 이베리아, '불가르족의 지역'이란 뜻인 불가리아, 중남미의 볼리비아, 아프리카 국가인 소말리아, 토머스 모어가 지은 유토피아

란트(랜드, -land)	
유래	게르만어에서 유래하여 즐겨 사용
용례	도이칠란트(독일인의 땅), 잉글랜드(앵글족의 땅), 네덜란드(홀란드), 아일랜드(서쪽 지역), 폴란드, 핀란드(핀족의 땅), 뉴질랜드(원 네덜란드어인 노바 제일란트의 영어식)

* 원래 클로비스 1세로 인해 주로 사용되다가 게르만어에서 라틴어로 넘어가면서 변용을 거쳐 루이로 통용되고 있다.

부르크(-burg)	
유래	독일을 중심으로 성과 요새 도시에서 사용하다가 확산
용례	독일의 함부르크와 린덴부르크, 룩셈부르크(독일·프랑스·벨기에에 둘러싸인 작은 성채도시), 상트페테르부르크(도시의 수호성인 성 베드로의 도시를 뜻하며 표트르 대제가 건설한 러시아 제2의 도시)

그라드(-grad)와 스크(-sk)	
유래	러시아를 비롯한 슬라브어권의 지명에 흔함
용례	○ 러시아의 볼고그라드(볼고강의 성채도시), 세르비아의 수도 베오그라드(흰 성채도시) ○ 러시아의 노보시비르스크(몽골계인 시비르 칸국에서 유래, 시베리아도 유래), 이르쿠츠크(이르쿠트 강의 마을)

* 비슷한 사례로 중앙아시아에는 스탄(-stan)이 '땅'이란 뜻으로 카자흐스탄을 비롯한 대다수 국가에서 사용하고 있다. 이란에는 칸드(-kand), 한국과 중국에는 벌(伐)·주(州)·산(山) 등이 있다.

유럽 전쟁사

고대	페르시아 전쟁(페르시아 전쟁. BC 492~48) 펠로폰네소스 전쟁(BC 431~04) 레욱트라 전쟁(BC 371) 카이로네이아 전투(BC 338) 알렉산드로스의 원정(BC 334~23) 이수스 전투(BC 333) –가우가멜라 전투(BC 331) 포에니 전쟁(BC 264~146) 카이사르의 갈리아 정복전쟁(BC 58~51) 악티움 해전(BC 31) 아틸라의 유럽 대륙 정복전쟁(434~53)
중세	윌리엄 1세의 영국 정복전쟁(1066) 만지케르트 전투(1071) 십자군 전쟁(1096~1270) 몽골의 1차 유럽 원정(1221~23) 몽골의 2차 유럽 원정(1236~41) 백년 전쟁(1337~1453) 몽골의 3차 유럽 원정(?~1347) 오스만 – 동로마 전쟁(1453)

* 레콩키스타(711~1492)
  이탈리아 전쟁(1494~1559)

외부에 의한 유럽 지배사

민족.국가	인명	지역
페르시아 아케메네스	다리우스 대제, 크세르크세스 1세,	그리스와 발칸반도 일부를 뺀 나머지 남유럽(그 밖의 지역은 비문명권)
카르타고	한니발	이베리아, 프랑스 남부, 이탈리아 일부·시칠리아·사르데냐와 해역
기독교	예수, 베드로.바울	유럽 거의 전역
훈족	아틸라	러시아, 동유럽, 서·북유럽
아바르족	바얀 1세	러시아 남부, 동유럽, 서유럽 일부
우마이야 제국	왈리드 1세	이베리아 반도
후우마이야 제국	라흐만, 아브드 알라흐만 3세	이베리아 반도
아바스 제국	마문	시칠리아 섬, 크레타 섬 일대를 비롯한 그리스 해역
몽골 제국	주치, 바투 칸, 자니베크 칸	러시아, 동유럽
오스만 제국	메흐메트 2세, 쉴레이만 대제, 메흐메트 4세	남·동 유럽, 서유럽 일부
티무르 제국	티무르	러시아 남부
미국	루스벨트, 아이젠하워, 트루먼, 레이건	서유럽 일대 (지금은 독일에 미군 주둔)
소련	스탈린	동유럽

* 아케메네스 제국은 아르타크세르크세스 1세, 다리우스 2세, 아르타크세르크세스 2세 때도 그리스를 침공하거나 개입했다.
* 대초원 북방 세력의 한 갈래인 마자르족은 헝가리를, 불가르족은 불가리아를, 핀족은 핀란드와 에스토니아를 성립하여 주류를 형성하고 있다.
* 후우마이야 제국을 서칼리프국, 아바스 왕조를 동칼리프국이라 구분하기도 한다. 더러는 이슬람 세력, 사라센, 무어인이라 부른다.
* 유럽에서 기독교를 신봉하지 않는 곳은 보스니아-헤르체고비나·알바니아·코소보 등으로 이슬람 국가들이다.

○ 유럽인(백인): 아프리카에서 인류가 발생되어 이동해 서아시아를 거쳐 유럽에 정착하여 오늘의 백인사회를 형성했다.

○ 알파벳: 지중해를 낀 서아시아 해안 일대를 거점으로 활동했던 페니키아인이 창안하고 전해, 그리스어(헬라어·코이네)와 로마의 언어인 라틴어에 영향을 주어 유럽국들의 공통 언어가 되었다.

○ 기독교: 메소포타미아에서 형성된 유목 민족인 유대인이 현재의 이스라엘로 이주한 후 예수의 만민공동사상에 따라 로마에 전파되면서 유럽 전역이 기독교의 땅이 되었다.

* 페르시아로도 불린 아케메네스 제국을 창건한 키루스 대왕(키루스 2세·키루스 대제·고레스 대왕, 재위 BC 55~29)이 관용 정책에 따라 '바빌로 유수(BC 586~38)'로 노예 생활을 하던 유대인의 귀환을 허용하자, 일부 유대인들이 예루살렘으로 돌아가 민족 공동체를 결속시키기 위해 유대교를 형성했다.

* 기독교의 경전인 성경에서 창조 유일신, 선-악, 천사-악마, 최후의 심판, 점토로 빚은 사람, 노아의 방주, 바벨탑 등을 비롯한 구약의 근간과 대강이 메소포타미아(특히 신바빌로니아(바빌론·칼데아)와 페르시아(특히 조로아스터교))에서 결정적인 영향을 받아 기록되었다.

* 보스니아-헤르체고비나, 알바니아, 코소보 같은 이슬람 국가들도 있다.

○ 그리스.로마 신화: 천지창조, 신들의 이야기, 영웅들의 이야기, 트로이(터키의 일리오스·일리움, 여기에서 〈일리아드〉가 유래) 전쟁 같은 4대 구성이 서아시아와 인도 등지에서 유입된 신화와 역사를 기반으로 형성되었다.

유럽 지도

아이슬란드
노르웨이
스웨덴
핀란드
러시아
에스토니아
라트비아
리투아니아
벨라루스
북해
덴마크
아일랜드
영국
네덜란드
벨기에
독일
폴란드
우크라이나
체코
슬로바키아
룩셈부르크
프랑스
스위스
오스트리아
헝가리
몰도바
루마니아
흑해
슬로베니아
크로아티아
보스니아
-헤르체고비나
세르비아
불가리아
코소보
스페인
이탈리아
몬테네그로
마케도니아
그리스
터키
알바니아

유럽을 만든 사람들

초판 1쇄 펴낸 날 | 2015년 6월 30일

지은이 | 현경병
펴낸이 | 이금석
기획 · 편집 | 박수진
디자인 | 김경미
마케팅 | 곽순식
경영 지원 | 현란
펴낸 곳 | 도서출판 무한
등록일 | 1993년 4월 2일
등록번호 | 제3-468호
주소 | 서울 마포구 서교동 469-19
전화 | 02)322-6144
팩스 | 02)325-6143
홈페이지 | www.muhan-book.co.kr
e-mail | muhanbook7@naver.com
가격 16,000원
ISBN 978-89-5601-389-3 (03920)